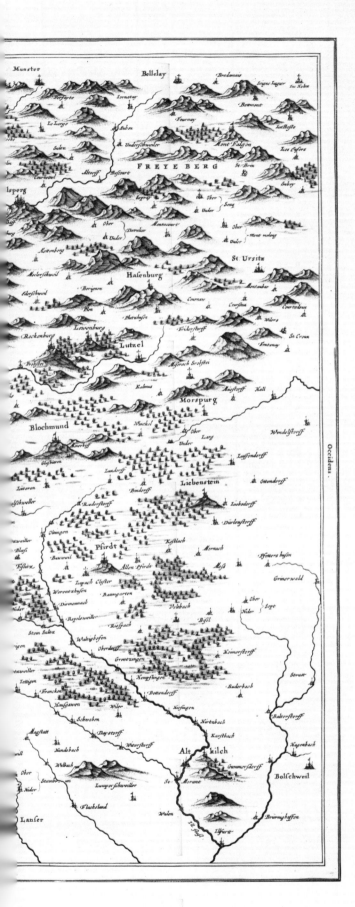

ein Meier Buch

über die Regio Basiliensis
in drei Bänden
aus dem Birkhäuser Verlag Basel

Eugen A. Meier

Rund um den Baselstab

Drei historische Bildbände
über 235 Städte und Dörfer
in der Regio Basiliensis

Band 3
Markgräflerland
Sundgau

Mit einem Vorwort
von Regierungsrat Dr. Edmund Wyß

Birkhäuser Verlag Basel

Frontispiz
Eine Baslerin in der Hebeltracht, 1857. Ölgemälde von August
Bauer.

Seite 6
‹Basel und seine Umgebungen›, publiziert von Achille Holden-
ecker, 1836. Der Radius der Karte ist nur um weniges grösser, als
der vom Autor gesteckte Zirkelkreis für das dreibändige Werk
‹Rund um den Baselstab›.

CIP-Kurztitelaufnahme der Deutschen Bibliothek

Rund um den Baselstab : 3 histor. Bildbd. über
235 Städte u. Dörfer in d. Regio Basiliensis /
Eugen A. Meier. – Basel : Birkhäuser.
NE: Meier, Eugen A. [Hrsg.]
Bd. 3. Markgräflerland ; Sundgau / mit e. Vorw.
von Edmund Wyss. – 1978.
    ISBN 3-7643-0994-6

© Birkhäuser Verlag Basel, 1978
    Layout der Eugen A. Meier ‹Basler Regiobuch-Serie›:
        Albert Gomm swb/asg, Basel
    Elektronischer Filmsatz, Kupfertiefdruck,
    Reproduktionen und Einband: Birkhäuser AG, Basel
        ISBN 3-7643-0994-6

Zum Geleit

Wenn heute die dritte und letzte Folge der Trilogie ‹Rund um den Baselstab› druckfrisch vor mir liegt und einladend ihren reichen Inhalt auf 320 Seiten ausbreitet, dann muß ich sagen: Glücklicherweise ist die ursprüngliche Absicht von Autor und Verlag, die Regio Basiliensis in einem Band darzustellen, nicht verwirklicht worden. Was für ein rudimentäres Werk hätte ein solches Unternehmen bleiben müssen, wenn wir nun die erstaunliche Fülle von aussagekräftiger historischer Information zu ermessen und die Vielfalt von weitgehend völlig unbekanntem Bildmaterial mühelos zu betrachten in der Lage sind. Es bedurfte der dynamischen Produktivität und der mit Akribie betriebenen Forschertätigkeit von Eugen A. Meier wie der Leistungsfähigkeit des Birkhäuser Verlags und der Kreativität von Albert Gomm, damit uns, die wir im Raume Basel leben und verwurzelt sind, bewußt werden konnte, aus welchen und aus wie vielen Mosaiksteinchen sich unsere Region eigentlich zusammensetzt, wie farbig diese sind und wie verschiedenartig jedes gewachsen ist. 235 größere und kleinere, maximal 30 Kilometer von der Stadt entfernte Gemeinwesen zeigen uns ihr charaktervolles Gesicht, das den wenigsten von uns auch nur in den Grundzügen vertraut war. Wer kennt die vielen Dörfer auf der alten Landschaft Basel, im Leimental, im Schwarzbubenland, im Laufental, im Fricktal, im Markgräflerland oder im Sundgau, die vom Zentrum der Stadt aus innerhalb einer guten halben Stunde erreichbar sind? Wer weiß von ihrer Vergangenheit, von ihrer Entwicklung, von ihrem jahrhundertealten Kontakt zu Basel? Wer hat von den zahllosen menschlichen Schicksalen, die sich in ihren Bännen vollzogen, gehört? ‹Rund um den Baselstab› gibt auf Fragen über das facettenreiche Gebilde unserer nähern und weitern Umgebung in einer Form Auskunft, die wir uns gerne gefallen lassen: konzentriert und präzis, unaufdringlich und unterhaltsam.

So einzigartig die durchwegs feststellbare Verbundenheit von Stadt und ‹Land› ist, so einmalig und bedeutsam erscheint mir das nun abgeschlossene große Werk Eugen A. Meiers über den zentralen Bestandteil des ehemaligen Fürstbistums Basel. Die beeindruckende Arbeit des Autors hat dann den großen Aufwand gelohnt, wenn die schönen Bildbände nicht als bibliophile Kostbarkeiten im Bücherschrank stehen, sondern zu Spaziergängen anregen, die Kleinode landschaftlichen Zaubers und kulturhistorischer Kunst zu schauen und zu beglückenden Begegnungen mit Mitmenschen führen, die uns in der Tiefe ihrer Herzen nahe sind. In diesem Sinne wünsche ich auch dem ‹elften Meier› eine weite Verbreitung und nachhaltige Beachtung.

Regierungsrat Dr. Edmund Wyß

Markgräflerland

Sundgau

Das Markgräflerland

Aufs neue werden wir uns der Wichtigkeit Basels für die umliegenden Lande bewußt. Wie die Stadt am königlichen Rheine ruht, im Duft und Flimmer der weiten Ebene, einst vom Gelände scharf gesondert und mit all ihrem Wesen eingespannt durch einen Gürtel von Mauern, heute nach allen Seiten ihre Kraft ausströmend, in die Fläche zerfließend, griff doch schon vor Jahrhunderten über alle Sonderung hinweg der nachbarliche Verkehr. Ein nie nachlassendes, stets wachsendes, tausendfach geartetes Zusammenleben städtischer und markgräflicher Bevölkerung, in wirtschaftlichen und persönlichen Berührungen sich bezeugend, vom Derbleiblichen bis zum Allergeistigsten, wogte unaufhörlich über die Grenze hin und her. Der mächtigen Einheit des Hinüber- und Herüberlebens von Basel und Markgrafschaft zugrunde liegt all der wunderbaren Bewegung freilich der Gegensatz des harten heiligen Ackerwerkes, des kleinen Daseins in Dorf und Landstadt, der Schloßherrschaft und der Villeggiatur zum straffen, einheitlichen, in alle Fernen blickenden und immer höher greifenden Leben der Stadt. Dennoch erscheint das tiefe Verbundensein der zwei so verschiedenen Mächte wie ein durch die Natur selbst gewiesenes. Wenn die Steine der Wiesentäler Brüche sich zu städtischen Kirchen und Häusern zusammenfügen, das badische Holz dem

Städter die Säle wärmt, der Markgräfler Wein ihn labt, die feine Schönheit der Markgräflerinnen ihn erfreut, solches und unzählbares anderes zeigt die stolze Stadt lebend und sich kräftigend und schmückend aus den uralten und immer wieder jungen Reichtümern des gesegneten Landes, das vor ihren Toren liegt. Und dem gegenüber das Andre, der Dienst der Stadt am Lande, dem sie vor Zeiten alles gewesen ist, dem sie noch immer Brücke und Markt darbietet zum Austausche seiner Produktion, dem sie ihre Fabriken öffnet und ihre Kaufläden, das sie ruft zu Fest und Genuß, dem aus ihr das Große kommt, das Weise und das Schöne, das Allumfassende, das Ewigdauernde.

Der hierin überall webt und lebt, der große Begriff Basel-Markgrafschaft, gibt sich uns in einziger Lebendigkeit und Leiblichkeit verkörpert dar durch Johann Peter Hebel. In Basel war Hebel 1760 geboren und zeitlebens blieb ihm der ‹Winkel des Rheins zwischen dem Fricktal und ehemaligen Sundgau› das Land, in dem sein Geist und seine Sprache zuhause waren. Mit der ‹Stadt› der alemannischen Gedichte und der Hausfreunderzählungen ist Basel gemeint. Wie gestaltenreich und in wie frischen Farben lebt es bei ihm! Ob er die badischen Marktweiber über das ihnen vertraute Basel oder im Dengelegeist den jungen Basler selbst von den Kaufherren dort und von den zu allen Toren einströmenden Waren reden läßt; ob er im Lied an Frau Miville Basel schildert mit seiner milden und lauen Luft, mit der Münsterschule, der Rheinbrücke, dem Petersplatz und den grünen Schanzen; ob er die Geschichte vom teuren Salat im Basler Wirtshaus erzählt; ob er in der Vergänglichkeit, aufs tiefste bewegt, das grandiose Ruinenbild des untergegangenen Basel malt – überall fühlen wir: Basel ist dem Markgräfler Hebel die Heimatstadt.

Rudolf Wackernagel, 1923

Adelhausen

Als eine der letzten Gemeinden, die sich auf freiwilliger Basis der Stadt Rheinfelden angeschlossen haben, hat Adelhausen völlig seine ländliche Struktur bewahrt. Das Gemeindegremium wußte auch, daß die ausschließlich auf Zuschüsse des Landes angewiesene Gemeinde nie den gestellten Aufgabenkomplex zu bewältigen vermocht hätte.

Adelhausen ist eine der höchstgelegenen Siedlungen des Dinkelbergs, deren Ursprung völlig im dunkeln der Geschichte blieb. Hügelgräber, die bei Bauarbeiten gefunden wurden, lassen darauf schließen, daß diese Höhen früh besiedelt worden sind. Die Römerstraße durch den Ottwanger Wald verrät auch, daß schon römische Soldaten hier durchzogen. Die drei Ortsteile Adelhausen, Ropperswyhl und das entferntere Ottwangen waren bis vor rund hundert Jahren selbständig. Letztere sind älter als Adelhausen, das zeitweilig sogar in das benachbarte Eichsel eingemeindet war. Bis 1218 gehörten die Siedlungen den in Rheinfelden residierenden Zähringern, kamen später aber an das Reich. Schon unter den Auseinandersetzungen zwischen Rudolf von Habsburg und dem Basler Bischof hatten die drei Gemeinden schwer zu leiden, noch mehr im Dreißigjährigen Krieg. Daher steht auch kaum ein altes Haus aus der Zeit zuvor. Nach den Napoleonischen Kriegen zu Beginn des 19. Jahrhunderts besserten sich die Verhältnisse, und die Bevölkerung wuchs auf 618 Menschen an. Dann wurden viele Bewohner durch die mißliche Situation der Landwirtschaft zur Auswanderung gezwungen. Obwohl ebensogroß wie das benachbarte Eichsel, war Adelhausen immer dorthin eingepfarrt. Allerdings war Eichsel auch für den Dinkelberg ein religiöses Zentrum.

Ein lexikographischer Eintrag von 1843 beschreibt das Dorf als ‹zur Pfarrgemeinde Eichsel gehörig, liegt 2

3   Der Dinkelbergerhof, um 1900

Der kurz vor der Jahrhundertwende am Kulminationspunkt der Straße vom Rheintal in das Wiesental gebaute Dinkelbergerhof hat sich in seinem Äußern bis heute kaum verändert. Einzig Autos bringen nun anstelle von Pferdedroschken die Gäste zum gerne besuchten Ausflugsziel. – Photo Höflinger.

3

Der 1870 vom Adelhauser Wirt Karl Kirchhofer neu erbaute «Adler» trägt aus Anhänglichkeit an die österreichische Vergangenheit immer noch den Doppeladler im Wirtshausschild. Photo Höflinger, um 1910.

Ottwangen; das öfters und besonders aufgeführte Rappersweier ist bloß der untere Theil des Ortes Adelshausen. Die Einwohner nähren sich von Feld- und Wiesenbau und Viehzucht, die ärmeren mit Holzmachen in den benachbarten Staatswaldungen. Im Ganzen sind die Bewohner nicht unbemittelt zu nennen. Unter den Feldfrüchten wird der Dinkel auf dem sog. Dinkelsberg hier von vorzüglicher Güte, und findet guten Absatz. In A. ist ferner ein besuchtes Wirthshaus und Ziegelbrennerei. Die Gegend um A. ist reich an Petrefakten, wovon im Pfarrhause eine durch den früheren Pfarrer Fr. Joseph Martin angelegte, und vom jetzigen Pfarrer Alois Schreiber vermehrte Sammlung aufbewahrt ist. Der hier vorkommende weißliche, halbdurchsichtige und sehr harte Chalcedon wird zu Feuersteinen benützt. Zwischen Minseln und A. liegen alte Heidengräber, wie Nachsuchungen gezeigt haben.›

Stunden südwestlich vom Amtsorte Schopfheim, auf dem hier 1401 Fuß über d. M. erhabenen Kalkgebirge, das die Südgränze des Wiesenthales bildet. Es hat 561 kath. Einw. in 85 Familien und 78 Häusern. Zu A. gehört noch

Auggen

‹*Das Pfarrdorf, ³/₄ St. südöstlich vom Amtsorte Müllheim entfernt, liegt am westlichen Fuße des Schwarzwaldes, in einer reichen und fruchtbaren Gegend, nur wenige Schritte von der Straße nach Basel entfernt, und hat in 213 Häusern und 229 Familien 1089 evang. und 47*

Der Marktbrunnen, 1975

«Auf dem Marktplatz steht schon seit alten Zeiten ein Dorfbrunnen, der im Jahre 1770 zur Erinnerung an den verstorbenen Vogt Eckenstein als Eckensteinbrunnen geweiht wurde»: Dietrich Eckenstein war Vogt in Auggen von 1741 bis 1749. Sein Name und die Zahl 1771 sind auf der Säule des Brunnenstocks eingemeißelt. Ob der Brunnen in den folgenden Jahrhunderten zerfallen ist oder schwer beschädigt und abgetragen wurde, ist nicht bekannt. Jedenfalls fand man Teile des Brunnenstocks in der ersten Hälfte unseres Jahrhunderts in einem Schutthaufen. Beherzte Männer, wie Kunstmaler Julius Kibiger, dem wir diese Federzeichnung verdanken, und Rebstockwirt Fritz Bolanz beschlossen, die alten Teile zusammenzusetzen und den Brunnen im Jahre 1953 neu zu erstellen und der Gemeinde zum Geschenk zu machen.

kathol. Einw., welche trefflichen Wein ziehen und schöne Felder haben. Es fehlt dem Dorfe an Holz und gutem Wasser. An der Landstraße steht das Wirthshaus zum Bären; in der Gemarkung findet man gutes Eisenbohnerz und derben Eisenstein, die Einwohner des Ortes sind ziemlich vermöglich.> (1843)

Während sich die erste urkundliche Erwähnung Auggens im Jahre 752 unter der Bezeichnung ‹Ougheim› vollzog, ist der Dorfname ‹Augheim› seit dem 17. Jahrhundert gebräuchlich. Reiche Klöster, wie St. Gallen, Beromünster, St. Blasien und St. Peter sowie St. Trudpert im Münstertal, hatten hier ihren Grundbesitz und sorgten für eine großzügige Besiedelung. Aber auch der Breisgauer Minnesänger und Neuenburger Stadtschultheiß Ritter Brunwart von Augheim stand im 13. Jahrhundert mit dem Winzerdorf in enger Beziehung. Andrerseits unterhielten die Auggener zahlreiche Kontakte mit Auswärtigen. Be-

sonders in Zeiten von Not und Elend nach Basel, wie Anno 1727, als das halbe Dorf einer gierigen Feuersbrunst zum Opfer fiel. Eines der markantesten Gebäude, das bis heute allen Gefahren trotzte, ist – wie das kurz nach dem Ende des Dreißigjährigen Krieges als Schulhaus errichtete Fachwerkhaus beim Friedhof – das seit 1706 im Besitz der Familie Pfunder befindliche Gasthaus ‹Zum Bären›. Mit ihm bezeugen noch viele stattliche Bauernhöfe den bäuerlichen Charakter des Dorfes. Die um 1830 unter Pfarrer Ferdinand Zandt im Weinbrennerstil erbaute Kreuzkirche spricht für die Wohlhabenheit und den Kunstsinn der Bürger. Beides mag dem Umgang mit Trauben entsprungen sein, zählt Auggen doch mit seinen 200 Hektaren Reben zu den größten Weinbaugemeinden des Markgräflerlandes. Aber das gemütliche Winzerdorf hat seinen ‹Kurgästen› auch einen einzigartigen Waldlehrpfad zu bieten!

Badenweiler

‹Die Sonntagsstube des Markgräflerlandes› nannte J. P. Hebel den Thermalkurort Badenweiler, der auf eine 1900jährige Tradition zurückblicken kann. Am Westhang des Blauen (1165 m) schmiegt er sich in die Wälder ein, gleichsam Schutz suchend in den Falten eines Mantels. Rund 4000 Einwohner zählt der Ort seit der Eingemeindung von Lipburg (mit Sehringen) und Schweighof, die schon vor 1809 Teile der Vogtei Badenweiler waren. Die große Mehrzahl der Einwohner widmet sich dem Fremdenverkehr (5000 Betten). Mit 800 000 Übernachtungen pro Jahr nimmt Badenweiler unter den deutschen Heilbädern einen beachtlichen Platz ein.

Nicht immer war der Badebetrieb in Badenweiler vorrangig. Im Mittelalter dominierte der Bergbau, der vor allem auf Silber und Blei betrieben wurde. Zu seiner äußern Sicherheit entstand wohl auch die Burg, die 1122 erstmals als ‹Burg Baden› urkundlich erwähnt wird. Noch weiter zurück reicht die Tradition der Kirche, die 774 als Basilika in ‹Wilare› genannt wird. ‹Wilare› – Weiler – war wohl die ursprüngliche Siedlung im Tal des Klemmbachs, die heute in den Siedlungskernen Oberweiler (Ortsteil von Badenweiler) und Niederweiler (Stadtteil des benachbarten Müllheim) weiterlebt. Baden als weiterer Ortsteil (1028 erstmals erwähnt) am Fuße der gleichnamigen Burg wird im Laufe des 14. Jahrhunderts zu Badenweiler. In seinem Namen schwingt die Tradition des Kurortes durch das Mittelalter herüber in die Neuzeit. Als die Silber- und Bleigruben, deren Existenz in

Flurnamen heute noch nachklingt, infolge der Unrentabilität im 19. Jahrhundert eingingen, wurde gewissermaßen die Goldgrube des Fremdenverkehrs entdeckt. Denn, so wie einst zur Römerzeit die Hauptzahl der Besucher Badenweilers aus dem römischen Augusta Rauricorum (Augst) gekommen sein dürften, so reisten auch die Badegäste des 17. Jahrhunderts vorwiegend aus Basel nach Badenweiler. Anders hätte Nikolaus Döderlein, markgräflich-badischer Landmedikus in Kandern, 1672 nicht schreiben können: «Badenweyler wird heutigen Tages viel besucht von den umliegenden Orten mit Willen und Rath der Herren Doktoren, sonderlich denen zu Basel.» Auch heute noch schätzen die Basler ihr sonntägliches Kaffeestündchen und ihren Rundgang im Kurpark in Badenweiler!

6   Badenweiler, um 1900

Von der schon 1122 erwähnten ‹Schildmauer› bietet sich ein prächtiger Blick auf den Thermalkurort, aus dem sich seit 1898 weithin sichtbar der Turm der protestantischen Kirche erhebt. Anstelle der Baumgruppen in der Tiefe ist 1973 der Neubau des Kurhauses mit seinen sich fächerförmig um den Burgberg schmiegenden Terrassen errichtet worden. Das am obern Bildrand links sichtbare Mauerwerk gehört zum Pallas (Herrenhaus) der alten Zähringerburg. Im Hintergrund die über 1000 Meter hohen Hügelzüge des Schrennengrabenkopfs, des Brandecks und des Hohen Sirnitz. – Photo Höflinger.

7

7 Die Burgruine, um 1820

Vermutlich im 11. Jahrhundert von den Herzögen Zähringens erbaut, hatte die Burg Baden bis zu ihrer Zerstörung am 6. April 1678 manchem Sturm zu trotzen. Besonders Anno 1408 hatte sich der Wehrbau zu bewähren, als die damalige Besitzerin, Katharina von Burgund, die Schweizer Nachbarn zu einem Kriegszug provozierte, der schließlich acht Dörfern in der Umgebung schwere Schäden zufügte. Dann aber hatte die Burg namentlich auch während des Bauernkrieges 1525 und des Dreißigjährigen Krieges ihre eigentliche Funktion als ‹unbezwingbare› Festung zu erfüllen. Was solchermaßen verschiedentlich den Belagerern nicht gelang, vollbrachten die Söldner Ludwig XIV. im Zuge des Holländischen Krieges (1672–1678). Nach mehrfachem Besitzerwechsel (u.a. durch die Herzöge und Grafen der Welfen, von Staufen, von Freiburg, von Straßberg, von Fürstenberg und der Markgrafschaft von Baden-Durlach) befindet sich die Burgruine nun im Eigentum des Bundeslandes Baden-Württemberg. – Aquarell eines unbekannten Meisters.

Das Bad- und Gasthaus ‹Zum Römerbad›, um 1830

8

«Die vortreffliche Lage dieses Cur-Ortes ist zu allgemein bekannt, als daß solche einer neuen Empfehlung bedürfte. Ich habe diesem Gasthause den schönsten Platz gewählt, welcher mit Recht in den Rang der ersten Teutschlands gehört. Reinlichkeit, Billigkeit und prompte Bedienung werde ich nie aus dem Auge verlieren und alles aufbieten, um das Zutrauen, um welches ich bitte, zu bewähren.» Mit diesen Sätzen bot Christian Wilhelm Schnell als Inhaber des 1823/24 erbauten Gasthauses sein Unternehmen in einem Empfehlungsblatt den Gästen an. Alle guten Absichten aber scheiterten an der finanziellen Belastung, die sich der Wirt zugemutet hatte: Er mußte bald darauf seinen Gasthof an Johann Jakob Joner verkaufen. Joner und seine Söhne verbesserten den Betrieb so, daß der großherzogliche Badearzt Dr. Wever in seiner Chronik (1869) schreiben konnte: Das Römerbad «war der größte und am besten ausgestattete Gasthof jener Zeit, und es ist nicht nur deswegen sein Bau als ein einflußreiches Ereignis zu bezeichnen, sondern weil hierauf die übrigen Wirte doch nicht zurückbleiben wollten und nach und nach ihre Gasthöfe im Innern und Äußern zu verbessern anfingen.» Das Haus blieb bis zum heutigen Tag im Besitz der Familie Joner, wurde mehrfach vergrößert und ständig modernisiert, so daß es in seinen Räumen und Einrichtungen dem Gast alle Annehmlichkeiten bieten kann, die er für sein Geld erwartet. Wer aber waren die übrigen Wirte? Und was bewog Dr. Wever zur Feststellung, daß sie zu begrüßenswerten Verbesserungen angeregt wurden? Der Gasthof ‹Zum Römerbad› entstand 1823/24 als fünftes gastronomisches Unternehmen in Badenweiler. Von einem Badegasthaus wird schon 1408 berichtet. Es sei damals so baufällig gewesen, daß der Besitzer die behördliche Anordnung, es zu schließen, mit einem Neubau beantwortet habe. Erst mit der Errichtung eines zweiten Badegasthauses um 1660 tauchte die Notwendigkeit auf, den Häusern unterscheidende Namen zu geben. Als ‹Sonne› und ‹Krone› erscheinen sie nach 1660 in den Akten. Beide stehen heute nicht mehr, sondern mußten 1870 bzw. 1902 dem Markgrafenbad und dem Offenen Thermalbad (den staatlichen Kurmitteleinrichtungen) Platz machen. Erhalten dagegen blieben der 1723 erbaute ‹Hirschen› (‹Hotel garni Central›) und der Gasthof ‹Zur Stadt Karlsruhe› (‹Parkhotel›) aus dem Jahre 1735. Wie es um diese vier Gasthöfe um die Mitte des 18. Jahrhunderts bestellt war, geht aus einem Bericht hervor, der damals dem Markgrafen von Baden-Durlach zugeleitet wurde. Dieser besagt, daß das seit einigen Jahren «im Credit sinkende Baad, welches nicht nur ein bloßes Wasch- und Säuberungsbaad, sondern vor ein wahrhaftig Heyl- und Gesund-Baad zu halten ist und folglich auf alle mögliche Weise zu begünstigen» sei, gefördert werden müsse. Vor allem den Wirten wurde Lässigkeit vorgeworfen: «Sie glauben, daß der vornehmste Badgast, wie sie, mit einem groben Bett, hölzernen Stühlen, einer dunklen Cammer und ungehobelten Tischen sich begnüge, daß er Rind- und Hammelfleisch mit Kraut-Salat und Speck esse.» Die vorgeschlagenen Verbesserungen wurden jedoch kaum beachtet, bis eben der fünfte Gasthof, ‹Zum Römerbad›, durch seine Sorgfalt der Gleichgültigkeit der andern Wirte ein Ende bereitete. Heute widmen sich in Badenweiler weit über 200 Betriebe der Beherbergung und der Betreuung von Kurgästen. – Lithographie von B. Herder.

14

9 Badenweiler, um 1825

Keines der Häuser, die sich um die Kirche gruppieren, hat seine Gestalt bewahrt. Unverändert geblieben sind einzig die Ruine der Burg Baden und das kleine Gebäude am rechten Abhang des Burgberges, das sogenannte Belvedere, das 1811 als Tee- und Lusthaus der Großherzogin Stephanie, der Adoptivtochter Napoleons, erbaut wurde. Eine Ortschaft ist jedoch mehr als eine Summe von Bauwerken: Zum Bild eines Ortes gehören die Menschen und ihre Art, wie sie leben. Und das hat der Zeichner hier festzuhalten versucht. Damit hat er etwas erfaßt, was sich in Badenweiler bis zum heutigen Tag nicht geändert hat: das Bemühen, dem Gast einen unterhaltungsreichen und erholsamen Aufenthalt zu gewähren. Gewiß hat sich die Form dieser mannigfaltigen Vergnügungen teilweise gewandelt. Man promeniert und lustwandelt allerdings heute noch, wie es einige Kurgäste auf unserer Zeichnung tun, aber das nennt man nun ‹Bewegungstherapie›. Die Lieblingsbeschäftigung scheint vor 150 Jahren der Umgang mit Eseln gewesen zu sein. Das Reiten auf ihnen war gut organisiert. Es gab Standplätze, auf welchen die grauen Vierbeiner auf Kundschaft warteten (der Eselweg unterhalb der evangelischen Kirche). Taxordnungen schirmten vor Übervorteilungen ab, und Eseltreiber, sogenannte ‹Eselstupfer›, sorgten dafür, daß der Gast sein Ziel erreichte. Ironisch nennen sich die Fasnachtsnarren von Badenweiler ‹d Eselstupfer›, denn sie wollen ihre Mitbürger aus dem Alltagstrott heraus zu einer zügigen Gangart ermuntern. So lebt längst Vergangenes auf und reift durch die Gegenwart der Zukunft entgegen. – Lithographie von C.R. Gutsch.

15

Bellingen

Wo Bellingen liegt, war noch vor dreißig Jahren kaum jemandem bekannt. Heute aber weiß fast jeder Einwohner der Regio Basiliensis, wie man nach Bad Bellingen kommt, seitdem dort 1956 eine Thermalquelle erschlossen und im Laufe von zwei Jahrzehnten ein Badebetrieb aufgebaut worden ist, der sich ohne weiteres mit anderen Heilbädern messen kann. Vom alten Bellingen wußte hingegen schon der Klosterschaffner von Muri bei Bern im Jahre 1064, als der Ort noch ‹Pallinchoven› hieß, gut Bescheid, denn er mußte für seinen Abt die Besitzverhältnisse des Klosters und die Pflichten der Bauern gegenüber den Mönchen genau fixieren, vor allem alles, was die Pflege der Rebanlagen betraf. Dabei mag manches Schöpplein Bellinger Wein den Schaffner bei dieser Aufzeichnung, die man als die älteste Rebordnung in Deutschland bezeichnet, getröstet haben … Neben den Reben, die an den sonnigen Lößhängen oberhalb des Dorfes prächtig gediehen, war für das alte Bellingen die

10

Fischerei ein bedeutsamer Erwerbszweig, denn der Rhein mit seinen verzweigten Seitenarmen floß dicht am Dorf vorbei. Dies wurde anders, als im 19. Jahrhundert Oberst Tulla daran ging, den Flußlauf zu korrigieren und zwischen Uferdämme zu bannen. Zwar hörten nun die Überschwemmungen auf, die so manche Not gebracht hatten, und aus der in viele Inseln geteilten Flur im Bereich des Tiefgestades entstand ein zusammenhängender und dadurch leichter zu bewirtschaftender Komplex. Aber der nun schnell dahineilende Strom schnitt sich tiefer ins Gelände, so daß der Grundwasserspiegel absank. Der so eingeleitete Versteppungsvorgang verstärkte sich nach dem Bau des Rheinseitenkanals auf elsässischer Seite. Die Landwirte waren gezwungen, sich teilweise nach andern Erwerbsmöglichkeiten umzusehen, und die Fischerei mußte wegen der neuen Verhältnisse völlig aufgegeben werden.

10 Das Bad in der Bütte, 1956

Der denkwürdigste Tag in Bellingens jüngerer Geschichte war wohl der 28. November 1956, als sich erweisen sollte, ob die Öffnung des Bohrlochs gelingen würde. Als der Erfolg feststand, war die Freude so groß, daß man eine ausgediente Bütte heranholte und ungeachtet des herbstlich-kühlen Wetters ein erstes Bad riskierte. Rasch sprach sich das Ereignis herum, und bald rumpelten die ersten Autos aus dem Markgräflerland, der Schweiz und dem Elsaß über die Feldwege hinunter in die Rheinniederung. Zwischen den kümmerlichen Sanddornbüschen parkten die ‹Gäste›, zogen sich im Wagen rasch um, eilten in die Bütte und verschwanden ebenso rasch, wie sie gekommen waren. Ein provisorisches holzverschaltes Badebecken konnte schon im März 1957 in Betrieb genommen werden. Rohrmatten boten bescheidene Umkleidemöglichkeiten. In zwei Bauabschnitten wurden 1958/59 feste Badegebäude und ein auszementiertes Becken errichtet. Eine neue Verrohrung der Thermalquelle war notwendig, um die Schüttung nicht zu gefährden. 1962 ermöglichte eine zweite Bohrung den weitern Ausbau des Bades. Während man der ersten Quelle zu Ehren des zur Zeit der Erdölbohrversuche amtierenden Bürgermeisters Markus Ruf den Namen Markus-Quelle gab, erhielt die zweite den Namen des Patrons der Dorfkirche: St.-Leodegar-Quelle. Den 47 Gästebetten im Jahre 1958 stehen heute 1700 gegenüber. Die Übernachtungsziffern sind im gleichen Zeitraum von 5350 auf über 277000 angestiegen, und die Zahl der einzelnen Bäder erreicht nun rund eine halbe Million!

Noch ziehen sich ausgedehnte Rebanlagen entlang der Bahnlinie, und die sanft geschwungenen Hänge des Hellbergs sind mit Weinstöcken bepflanzt. 1958 aber begann der stete Wandel vom Weindorf zum Kurort. Auch die Pappeln und Ulmen in der Landschaft der Rheinniederung, links hinter dem Dorf, haben der Neuzeit durch Absenken des Grundwasserspiegels weichen müssen, was zu einer Veränderung der Fauna führte. – Photo Höflinger.

Was geschah dem Dorf sonst in den langen, oft bangen Jahren? 1409, 1445 und 1675 wurde es völlig niedergebrannt. Zwischen den weltlichen und kirchlichen Inhabern der Landes- oder Grundherrschaft gab es oft Fehden, bei denen man nicht viel Federlesens mit den Bellingern machte. Auch die Bereinigung der oft umstrittenen Besitzverhältnisse, die der Anschluß der Schloßherrschaft Bellingen an Baden (1805) brachte, befreite die Bauern und Handwerker nicht von ihrer Not: Sie mußten mit Napoleon nach Rußland marschieren, wurden in den Strudel der Revolutionsunruhen der Jahre 1848/49 hin-

eingerissen, und im Krieg 1870/71 überquerten französische Truppen bei Bellingen den Rhein. Am 20. April 1955 begann für die Geschichte Bellingens ein neuer Abschnitt. Eine Probebohrung sollte Aufschluß darüber geben, ob die andernorts im oberrheinischen Raum aufgetretenen Erdölvorkommen auch hier vorlägen. Zwar mußte die Bohrung am 29. Juli 1955 abgebrochen werden, erfolglos für die Erdölsucher, aber nicht ohne Folgen für Bellingen, denn während der Bohrung hatten sich Wassereinbrüche gezeigt. Die Untersuchung ergab, daß es Thermalwasser mit einer Temperatur von 37°C und einer Mineralisation von 4381 mg/l war. Die Gemeinde erwarb die Nutzungsrechte an der Bohrung und ließ 1956 das provisorisch verschlossene Bohrloch wieder aufbrechen. Das war der Anfang der Entwicklung, die schließlich dazu führte, daß sich Bellingen heute Bad Bellingen

nennen darf und daß sein Thermalwasser bekannter wurde als sein Wein, auch für die Bürger von Basel, die früher schon gerne die Badeorte im südbadischen Raum besuchten und mit Erfolg medizinische ‹Pflichtübungen› mit leiblichen Genüssen zu verbinden wußten.

12

12 Beuggen, um 1840

«Das Haus Beückhen: stehn 14 Bruoder, der sind sechs Ritter Bruoder, siben Priester und ein Grauröckler, der heißt Bruoder Peter zur Gembs» (um 1393). «Pfarrdorf, vom Amtsorte Säckingen 3 St. westlich entfernt, liegt dicht am Rheine an der Straße von Basel nach Säckingen und zählt in 14 Familien und 10 Häusern 119 evang. und 73 kathol. Einw., welche vortreffliches Getreide, Dinkel, Weizen, Roggen, Gerste, ferner gute Kartoffeln und Hanf pflanzen, bedeutenden Vieh-

stand und gute Wiesen haben und ziemlich wohlhabend sind. Es ist hier eine Post, und eine Weinwirthschaft. Ferner besteht seit der Aufhebung der Deutsch-Ordens-Commende eine freiwillige Armen-Schullehreranstalt, welche durch milde Gaben von Wohlthätern des Auslandes unterstützt und unterhalten wird. In der Nähe ist das sog. Tschamberloch, welches eine Tropfsteinhöhle ist, und mit jener in Hasel zusammenhängen soll.» (1843) – Lithographie von G. Dantzen nach J. Bürgi.

Beuggen

Eine halbe Stunde oberhalb Badisch-Rheinfelden liegt verträumt am deutschen Rheinufer eine Häusergruppe, eine halbkreisförmige Wehranlage, geschützt durch den Rhein und einen Wassergraben. In der Mitte erhebt sich ein wuchtiger mittelalterlicher Wohnturm, links außen ein kleinerer Wohnturm, der sogenannte Storchenturm, mit einem Storchennest. Eine steinerne Brücke führt über den Burggraben in den Schloßhof mit seinen mächtigen Bäumen. Der Ringmauer entlang gruppieren sich zahlreiche Ökonomiegebäude. Das mächtige Schloß selbst reicht bis zum Rheinufer. Es besteht aus einem gegen den Rhein zukehrenden gotischen Teil mit Spitzbogentor und Doppelfenstern. Nördlich an das alte Schloß angebaut liegt ein vierstöckiger Kastenbau. Aus dem 18. Jahrhundert stammt die östlich an das Schloß angebaute katholische Kirche mit einem Dachreiter: Es ist das alte Deutschordenhaus Beuggen, eine Schenkung des Rheinfelder Burgvogts, des Ritters Ulrich von Liebenberg, und nach dem Erdbeben von 1356 am jetzigen Ort neuerbaut.

Der Deutschritterorden entstand 1190, während des dritten Kreuzzuges, und stellte sich die Krankenpflege zur Aufgabe. Im Deutschen Reich wie in der Schweiz entstanden sogenannte Deutschritterkommenden. Durch Güterbesitz, Schenkungen um des persönlichen Seelenheils willen, Abgabe des Zehnten und der Bodenzinse, aber auch durch das Patronatsrecht stand Beuggen mit vielen Gemeinden der Landschaft Basel, dem Fricktal, der Grafschaft Laufenburg, dem Elsaß und der Herrschaft Rheinfelden in Beziehung. Wenn Beuggen als Orden anfänglich eine gewisse politische Rolle spielte, so begann der Zerfall, verursacht durch die Sittenverwilderung der Ordensbrüder, bereits im 15. Jahrhundert. 1805 wurden sämtliche Deutschritterhäuser in Baden und Württemberg aufgehoben und zum Staatseigentum erklärt. Die 560jährige Geschichte des Ritterhauses Beuggen hatte damit ihr Ende gefunden.

Fünf Jahre stand das Ritterhaus leer. Als aber 1813/14 die Heere der Alliierten durch Stadt und Landschaft Basel zogen und der Flecktyphus unter den Truppen grassierte, wurden die Gebäulichkeiten des Beuggener Schlosses als Lazarett eingerichtet. Unter schrecklichen Umständen starben in den Jahren 1813 bis 1815 in Beuggen 3000 Soldaten an Verwundungen oder Typhus. Nach Beendigung des Freiheitskrieges blieben die Gebäude wiederum fünf Jahre leer. Fahrendes Volk schlich in die Räume und nahm mit, was nicht niet- und nagelfest war. 1820 wurden die Gebäulichkeiten, nachdem sie besonders durch Basler Familien wieder notdürftig instand gestellt worden waren, zur Armen-Schullehreranstalt und zur Rettungsanstalt für verwahrloste Kinder eingerichtet. Gründer waren der Sekretär der deutschen Christentumsgesellschaft, Christian Friedrich Spittler (1782–1867), und Christian Heinrich Zeller (1779–1860). Das Wirken beider Männer ist nur im Zusammenhang mit den religiösen Bewegungen des Frühpietismus, der Aufklärung und der Erweckungsbewegung zu verstehen. Zeller betrachtete die Anstalt als ein Werk der innern Mission. Während des Ersten Weltkriegs wurde die Lehrerbildungsanstalt Beuggen aufgehoben, nachdem 585 Zöglinge als Erzieher ausgebildet worden waren. Nur das Kinderheim, die einstige Rettungsanstalt, blieb bis heute in Betrieb. 1937 sind die öffentlich-rechtlichen Verhältnisse Beuggens zwischen der Schweiz und Deutschland neu geregelt worden, und am 25. März 1954 schenkte der ‹Verein Anstalt Beuggen in Basel› die Anstalt mit den dazugehörenden Grundstücken der Vereinigten Evangelisch-Protestantischen Landeskirche Baden mit der ausdrücklichen Bestimmung, die Gebäude ihrem Zweck nicht zu entfremden.

13

13   Bis zur Eröffnung der Grossherzoglich-badischen Eisenbahnlinie Basel–Säckingen Anno 1856 stand dem ‹Anker› als Poststation bemerkenswerte lokale Bedeutung zu, wurden hier doch auch die Pferde gewechselt. Noch heute erinnern die Kellergewölbe der Post im ‹Anker› an die ‹gute alte Zeit›. Photo Höflinger, um 1910.

Binzen

Wer von der ‹Lucke› aus, dem einzigartigen ‹Lueginsland›, die heimeligen Dörfer in den Obstgärten und Feldern sucht, den wird zunächst der weiße Kirchturm von Binzen in der Talmulde zwischen den Rebhängen am Ötlinger Berg und Läufelberg grüßen und ihn an das Loblied Pfarrer Cherlers (1540–1600) erinnern: «Auf dem Lande lebe ich, wo man edle Vergnügen nicht kennt, frei lebt von Sorgen und nicht gestört wird von des Marktes Lärm, wo durch grasreiches Wiesenland die Kander schleicht, die reich ist an edlen Krebsen und kleinen Fischen. Auf beiden Seiten stehen Mühlsteine bereit, die Körner zu zermahlen. Weithin breiten sich fruchtbare Äcker, mit goldenen Saaten bedeckt: ein arbeitsfrohes

14 **Der Dorfplatz, um 1900**

Auf dem auch Brunnenplatz genannten Dorfplatz wurden einst zwei Jahrmärkte abgehalten, doch war der Belag des Bodens von solch schlechter Beschaffenheit, daß noch vor hundert Jahren amtlich vermerkt wurde, der Markt gegen das Schulhaus zeige ein ganz ruiniertes Pflaster. Neben dem Brunnen steht das Eichhäuslein für die Prüfung der Maße und Gewichte. – Photo Höflinger.

14

Land! Ausgedehnte Weinberge erzeugen guten Wein, ringsum lachen die prächtigsten Gärten die bewundernden Augen an; überall siehst du früchteschwere Obstbäume. Der benachbarte Wald spendet Holz, Geflügel, Wildpret und nährt im Winter mit Eicheln Herden von Schweinen. So sieht Binzen aus, das ist das Bild des Landes.» Durch diese gesegnete Landschaft wandert der beschauliche Besucher hinab ins Dorf, vorbei am kürzlich entdeckten Alemannenfriedhof des verschwundenen Dorfes Eplikon, durch die alten Gassen rund um die Kirche, der 1824 erbauten Weinbrennerkirche, deren Vorgängerin schon vor 1000 Jahren als ‹basilica san laurencii› urkundlich erwähnt ist. Mit sechs andern Dörfern in der Nachbarschaft war Binzen zur Zeit Karls des Großen im Besitz des fränkischen Königsklosters St-Denis bei Paris und Sitz eines Zentenargerichts. Diese Vorrangstellung in der Landschaft bezeugte u. a. die Wasserburg an der Kander, welche während Jahrhunderten von den Dorfherren von Binzen, von Ramstein, von Grünenberg und von Baldeck bewohnt war. Die kulturellen und wirt-schaftlichen Verbindungen zu Basel waren immer vielseitig: Die bischöfliche Schaffnei empfing den Hauptanteil des Frucht- und Weinzehnten, und die Burgvögte walteten im Niedergericht des Dorfes neben dem rivalisierenden Vogtgericht des Markgrafen. Auch die Basler Klöster bezogen vom Frucht- und Weinsegen des Landes ihre Zinsanteile, welche die Binzener mit ihren Nachbarn nur allzugern bestritten oder vergaßen und gelegentlich gar

15   Große Wäsche am Dorfbach, um 1910

Tag für Tag war der Binzener Wäschplatz am Dorfbach von den Wäscherinnen aus dem ganzen Dorf und einer anhänglichen Kinderschar belegt. Dabei wurden nicht nur die sogenannte ‹große Wäsche› nach dem ‹Buuche›, dem Einweichen in der Aschenbrühe zu Hause, auf ins Wasser gestellten schiefen Brettern gerieben und geschlagen und im klaren Wasser geschwenkt, sondern auch tüchtig die Dorfneuigkeiten durchgehächelt.

die Mahner von Basel aus dem Dorfe jagten. Die ‹Revoluzzer› des Vogts Tonner, die ‹Tonnerknaben von Binzen›, mußten am Ende des 15. Jahrhunderts in der Stadt Urfehde schwören. Dann aber suchten auch die Binzener in notvollen Zeiten Schutz und Zuflucht in Basel, besuchten die Märkte und Messen und wallfahrteten, zusammen mit den Schallbachern, mit Kreuz und Fahnen zur Heilig-Kreuz-Prozession rund um das Münster.
Die günstige Verkehrslage am Ausgang des Kandertals zog zur Gründung einer Textilindustrie schon früh Unternehmer aus der Schweiz an, die aber wenig Glück und Erfolg hatten. Drei Mühlen standen am idyllischen Bachufer, und gastfreundliche Wirtschaften im Dorf laden die Basler Freunde des ‹Markgräflers› ein. Heute wandelt sich das ehemals rein bäuerliche Dorf mehr und mehr zur Wohnsiedlung und wird bald von 2000 Einwohnern bewohnt, die immer noch ‹zum Theil sehr wohlhabend sind und in regem Verkehr mit dem $1\frac{3}{4}$ St. entfernten Basel stehen›.

16   Schille-Meiers-Haus, um 1910

Das markante Haus an der Dorfstraße hatte im Zuge vielfacher Realteilungen eine merkwürdige innere Form erhalten. So war das Gebäude nicht nur ‹vom Scheitel bis zur Sohle› vollständig in zwei Hälften geteilt, sondern es schachtelten sich in seinem Hinterbau die Wohnrechte an Kammern und Stuben wechselseitig ineinander. Zur Zeit dieser Aufnahme befand sich im Erdgeschoß links die Bäckerei des Franz Brombachers, während der Teil rechts von der Familie des ‹Schille-Meiers›, so genannt wegen eines Aufenthalts in Chile, bewohnt wurde. – Photo Höflinger.

17   Der letzte Postillon, um 1890

Bis zur Inbetriebnahme des ‹Chanderli›, der Schmalspurbahn durch das Wiesental, war Posthalter Schanzlin von Kandern für den Transport der Güter verantwortlich. Die Postagentur in Binzen wurde damals, wie das Bild zeigt, von der Lehrerstochter im Schulhaus betreut.

18   Aussterbendes Gewerbe, um 1955

Meister Albert Irion in Binzen ist der letzte Gerber im Land. Das einst weitverbreitete handwerkliche Gewerbe ist in jüngster Zeit vollständig in der industriellen Lederverarbeitung aufgegangen.

19 **Bauernmetzgete, um 1890**

An einem kalten Wintertag hat der Metzger in einer geräumigen Hofstatt eben eine ‹trüehigi› Sau gestochen und das mit heißem Wasser und Harzkörnern von Borsten und Klauen gereinigte Tier am Galgen ausgeweidet: Ein Schauspiel für die wunderfitzige Kinderschar aus der Nachbarschaft, die bei solcher Gelegenheit auf das Znüni mit dem gekochten Schwänzli und Leberli zu warten pflegte. Der Metzger aber trennte fein säuberlich die Fettwülste vom Fleisch, die sich zum Auslassen zu ‹Schmutz› eigneten. Dann schickte er sich an, den Wurstbrei vorzubereiten und das ‹Chesselifleisch› samt Sauerkraut für das Mittagessen zu kochen, zu dem natürlich auch eine rechte Portion ‹Brägel› gehörte. Zum Nachtessen wurden dann Blut- und Leberwürste serviert, wobei auch ‹bräglete Grundbire und Wiichrüüsli› nicht fehlen durften.

Blansingen

Wer möchte es nicht liebgewinnen, das 390 Seelen zählende Markgräflerdorf auf der nördlichen Höhe des Isteiner Klotzes mit seinen sonnigen Rebbergen, seinen fruchtbaren Feldern und Obstgärten, seinem fleißigen Völklein und seiner herrlichen Aussicht nach Ost und West! Was zuerst den Blick des Besuchers einnimmt, ist die altehrwürdige Kirche mit dem Schulhaus und dem alten Pfarrhof, einzigartig in ihrer malerischen Gruppierung, ganz abseits vom Dorf, in der Nähe nur der Gottesacker mit der Gruft der Freiherren von Rotberg. Der Kirchturm, ein echter Markgräfler, einer der schönsten weit und breit, trägt die Jahreszahl 1498. Die Kirche ist älter. Darauf deuten die spitzbogige Türe des Schiffes wie auch die Fresken, die aus der Mitte des 15. Jahrhunderts stammen und aus der Schule eines Basler Meisters stammen. Bemerkenswert ist das hochberg-sausenberg-badische Wappen an der alten Sakristeitür aus der Zeit vor 1503 sowie die Epitaphe, die das Andenken bekannter Geschlechter auch von Welmlingen erhalten.

Blansingen ist ein Winzerdorf. Schon in einem alten Bericht lesen wir: «Zu Feldberg, Auggen im Letten, zu Blansingen und Kleinkems im Wolf wuchs ein extra Glas roth und weißer Wein, so in der Nachbarschaft gesucht,

in Frankreich, Holland und Schwaben verschickt und verführt» wurde. Im Jahre 1772 gab es allerorts so viel Wein, daß das Oberamt die Gemeinden ermahnen mußte, den reichen Herbstsegen zur Abtragung der Schulden, keinesfalls aber zur Abtragung der ‹Saufschulden› zu benutzen. Wieviel Grad Öchsle zählte wohl der Wein des Jahres 1232, dessen Sommer so heiß war, daß man im Juli und August die Eier im Sande kochte?! Das ‹Schlößli› zu Blansingen erinnert an die alten Adelsgeschlechter, die hier im Mittelalter einst ihre ‹Gerechtsame› wahrnahmen. So wird im Jahre 1169 ein ‹Wernhero, Cunrado, burcardo de Blansingin› erwähnt. 1223 urkundet ein ‹Wernherus de Blansingin›. Auch andere Herrschaften waren hier begütert. So vermachte ein «Walcho von Waldeck im Jahre 1113 mit Zuthun und

Gewalt Mächthildens mins gemachels und Gerungs mins sun dem Gotzhus sant Blesien Besitzungen». Nach dem Aussterben des Ortsadels kam das Dorf an die Herren von Rötteln, die den Schutz der Bewohner übernahmen und dafür den sogenannten Steuerwein und Steuerroggen erhielten. Als der letzte der Rötteler starb, gelangte dessen Herrschaft an die Markgrafen von Sausenberg-Hachberg (1315) und schließlich (1503) an den Markgrafen von Baden. Im Jahre 1556 wurde die Reformation im Lande eingeführt, erster Pfarrer in Blansingen war Bartholomäus Schweigausreuter aus Braunau. Er legte 1574 das erste Kirchenbuch an, was von großer historischer Bedeutung ist. 1806 kam die Markgrafschaft an das Großherzogtum Baden, dem 1918 der Freistaat und 1952 der Südweststaat Baden-Württemberg folgten.

Auch Blansingen hat seine Römerstraße. Vor 1900 Jahren, um die gleiche Zeit, als der römische Kaiser Vespasian durch seinen Sohn Titus die Stadt Jerusalem erobern ließ (70 n. Chr.), nahm der Kaiser durch seine straff organisierten Legionen die Gegend in Besitz und erschloß sie durch ein ausgedehntes Straßennetz. Aus jener Zeit stammen die Meierhöfe oder ‹Villen›, deren Fundamente in der Nähe des Dorfes aufgedeckt wurden. Der Sturm der Alemannen hat um 300 n. Chr. die römischen Adler weggefegt. In jene Zeit fällt die Gründung von Blansingen. Darauf deutet die Endung -ingen, die bei den ältesten alemannischen Sippenansiedlungen gebraucht wurde. Der Dreißigjährige Krieg brachte viel Leid in die Gegend. Blansingen gehörte zum Tannenkircher Fähnlein und mußte 40 Doppelsöldner, 26 Musketiere und 9 unbewehrte Männer stellen. Aber auch Frauen, Kinder und Greise wurden von den Kriegsstürmen nicht verschont. Plünderung, Mord und Gewalttat, Hungersnot, Pest und Teuerung wüteten dermaßen, daß nur noch ein Drittel der Bevölkerung der Markgrafschaft übriggeblieben war. Basel war damals, wie auch zu andern Zeiten, für viele ein sicherer Zufluchtsort. In einer Chronik steht der Satz: «Was wäre damals das Markgräflerland ohne den Nachbarschutz von Basel gewesen?» Heute teilt Blansingen das Los der meisten Markgräfler Gemeinden: Es wird immer mehr zur Wohngemeinde der auswärts arbeitenden Bevölkerung. Das Dorf an sich ist schöner geworden, die Straßen und öffentlichen Einrichtungen sind gepflegter, aber das Dorfbild als solches hat viel von seinem einstigen Charme verloren.

20   Der ‹Römische Hof›, um 1900

Um 1790 war's, da hatten der damalige Wirt Kiebiger im ‹Römischen Hof› und sein Schwiegersohn Brödlin, ein studierter Landwirt und unternehmender Mann, ihren großen Tag. Markgraf Karl Friedrich, der ‹Gesegnete›, und seine zweite Gemahlin, die Reichsgräfin von Hochberg, statteten der Gast- und Landwirtschaft, die als Musterhof landauf und landab bekannt war, einen Besuch ab. Der Markgraf, der wollte, daß es seine Untertanen zu etwas bringen, und der selbst gern mit Musterwirtschaften auf den Domänengütern experimentierte und viel vom Bauernhandwerk verstand, sprach sich lobend über den Zustand des Hofes aus. An dem Mahl in der Herrenstube durfte übrigens auch der Präzeptoratsvikari (Lateinlehrer) von Lörrach, Johann Peter Hebel, teilnehmen, der seinen Schulkameraden Brödlin besuchen wollte und unversehens mit dem ihm wohlbekannten Fürsten zusammentraf. Hebel soll die Gelegenheit benützt haben, den ihm gutgesinnten Markgrafen um die Zuweisung eines Pfarramts zu bitten. Der Erfolg blieb nicht aus. Kurze Zeit darauf wurde er zum Hofdiakonus nach Karlsruhe berufen. Während des Gesprächs mit dem Erlauchten soll die Uhr des Brödlinshofes geschlagen haben, die heute noch zu sehen ist. Wenige Jahrzehnte später waren die Kym Besitzer des ‹Römischen Hofes›. – Photo Höflinger.

Die Gottvergessenen

Nebenbei bemerkt: Huttingen! Das erinnert mich an ein unrühmliches Ereignis. Ob's wahr ist? Immerhin erzählt man es. Ich berichte dir's ganz leise, denn man soll ja nicht aus der Schule plaudern! Es war in der Zeit, bevor die Markgräfler evangelisch wurden. Da nahmen die Blansinger an einer Prozession in Huttingen teil, wohl um den Feldsegen zu erbitten. Sie brachten zwar den ‹Himmel› mit, aber das Wichtigste, die Monstranz, hatten sie vergessen. Seitdem – so berichtet der Chronist – nennt man die Blansinger allerorts ‹die Gottvergessenen› – W. Kost.

Brombach

Brombach hat sich seit der Niederlassung der Schweizer Textilindustriellen Arntz & Hove Anno 1831 und Riggenbach & Großmann (1837) von der reinen Bauernsame immer mehr und mehr gelöst und zu einer großen Industrie- und Wohnsiedlung mit rund 6000 Einwohnern entwickelt, deren überbauter Gemeindebann nun über die Talebene hinaus bis auf die Höhen des ‹Bühl› reicht. Brombach zählt heute, dank der günstigen wirtschaftlichen Entwicklung und der fortschrittlichen Einstellung der Verwaltung, zu den gesündesten Gemeinwesen im Markgräflerland. Und so verwundert es nicht, daß sich Behörden und Einwohner demonstrativ gegen die nun doch vollzogene Eingemeindung mit der Stadt Lörrach gewehrt haben.

Schon Anno 786 wird Brombach mit seiner dem Heiligen Germanus geweihten Kirche als Gerichtssitz in einer Schenkungsurkunde für das Kloster St. Gallen genannt. Das Dorf mit seinem Herrensitz, einem respektablen Weiherschloß, im Zentrum war wohl Grundbesitz der Familie des ‹Vogts von Brombach›, der Vorfahren der bekannten Herren von Bärenfels, welche schon 1273 Bürger zu Basel waren und ihren Besitz den einflußrei-

cheren Herren Reich von Reichenstein überlassen hatten, welche Dorf und Schloß 1294 als Eigentum dem Basler Bischof verkauften und wieder als Erblehen der Familie zurückerhielten. Eine Generation später erscheint der Familienbesitz als Lehen der Markgrafen von Rötteln, und dieses Besitzerverhältnis blieb bis zur Ablösung der Feudalrechte durch das Großherzogtum Baden im Jahre 1845 in Kraft. Das Weiherschloß selbst wurde im Jahre 1356 durch das Große Erdbeben zerstört: «Am St. Luxtag um Vesper Zit kam ein großes Erdbidem, und demnach etlich klein, und do es ward um die Zechne vor Mitternacht, do kam noch ein größerer und gar grausamer Erdbidem, der vil Stett, Schlösser, Kilchen und Kilchthürn niederfällt. Die kaiserlich Statt Basel am Rhin verfiel gar mit einander –, und ging in der verfallenen Statt fhür uff,

21 Der Bahnhof, um 1905

Bei der Inbetriebnahme der Wiesentalbahn von Basel nach Schopfheim Anno 1862 genügte für das Dorf eine gewöhnliche Haltestelle vollauf. Als dann aber durch das neue Werk der ‹Druckerei und Appretur› wie durch die Ausdehnung der Textilindustrie Großmann eine Bahnstation notwendig wurde, kam 1904 auch Brombach zu einem eigenen Bahnhof. – Photo Höflinger.

21

22 Mit dem Aufkommen der Industrie vergrößerte sich auch der Anteil der katholischen Dorfbevölkerung, was im Jahre 1900 zum Bau der St.-Josefs-Kirche samt eines Pfarrhauses führte. Photo Höflinger, um 1905.

23 **Johann Peter Hebel mit seiner toten Mutter, 1773**
Auf der Heimfahrt von Basel nach Hausen verschied am 16. Oktober 1773 auf der Straße zwischen Brombach und Steinen Ursula Hebel-Örtlin, die Mutter des 13jährigen Johann Peter Hebel. Sie muß ihrem Sohn ein Vorbild an Liebe und Zucht, Güte und Strenge gewesen sein, hat Hebel doch seiner Mutter, die ihn ‹an die Allgegenwart Gottes denken gelehrt hat›, durch das Gedicht ‹Vergänglichkeit› ein literarisches Denkmal gesetzt. – Federzeichnung von A. Glattacker, 1954.

und kont etlich Tag niemand gelöschen vor dem steten Erdbidem. Im Basler Bisthumb verfielen 46 Schlösser; im Costanzer Bisthumb 38 Schlösser; und anderswo auch viel, dero Namen hier verzeichnet sind: Branbach, Ottlikon.....» Nach der Verwüstung von 1678 wurde der neu-

errichtete Herrensitz nicht mehr aufgebaut. Das Areal innerhalb des Schloßgrabens ging schließlich an die Fabrikantenfamilie Großmann, die auf den Ruinen mit dem übriggebliebenen Rundturm eine herrschaftliche Villa erstehen ließ, die heute als Rathaus dient.

24

25

24   Die Belegschaft der Gebrüder Großmann, 1892

Als Nachfolger der Basler Unternehmer Arntz, Hove und Riggenbach übernahmen 1840 die Gebrüder Großmann aus Aarburg die Wolltuchfabrikation in Brombach. Sie bauten den Betrieb zu einem weit über die Grenzen hinaus bekannten Unternehmen aus mit Baumwollspinnerei, Weberei, Färberei und Kunstbleiche. Die Großmannsche Fabrik, die in ihren besten Jahren bis zu 1400 Arbeiter beschäftigte, mußte 1937 im Zeichen der Weltwirtschaftskrise geschlossen werden, was dem Dorf viele Probleme brachte.

25   1903 wurde die Dorfkirche von 1479 umgebaut und mit neugotischen Schiffen, die den Kunstsinn der Gemeinde versinnbildlichen sollten, zur evangelischen Kirche erweitert. Photo Höflinger, um 1906.

Degerfelden

Alemannische Kistengräber deuten daraufhin, daß der am Zusammenfluß zweier bedeutender Bäche gelegene Ort Degerfelden schon sehr früh besiedelt war. Auch die Bebauung entlang den Gewässern zu einem Straßendorf läßt auf alemannische Besiedlung schließen. Hingegen verdankt das Dorf seinen Namen dem Geschlecht der Edlen von Tegerfelden, die sich auch im Surbtal im Aargau niedergelassen hatten. Jene Gemeinde behielt ihren Namen, während ihn Degerfelden einige Male wechselte und auch erst in den Jahren nach dem Ersten Weltkrieg das Ortswappen mit dem einköpfigen Adler bekam. Die ersten Urkunden verraten, daß sich im Spätmittelalter die Johanniterkommende, das Rheinfelder Spital, das Kollegiatstift St. Martin und im späten 13. Jahrhundert auch die Deutschritter in Beuggen im Besitz teilten. Von den letzteren ist am Hagenbacherhof noch ein hübsches Wappen angebracht. Oftmals mußte das Dorf als Pfand bei den ewig leeren Kassen der Lehensherren herhalten,

und die Bewohner erfuhren es nur, wenn sie ihren Zehnten neuen Herren abzuliefern hatten. Auch Basel hielt es vorübergehend im Besitz, bis das Dorf 1749, im Frieden von Breisach, zu Österreich kam. 1843 lebten in ‹117 Häusern 111 Familien, welche sich von Feld- und Wiesenbau sowie von Viezucht nähren und Steinhandel treiben›.

Während Jahrhunderten hatte sich die an der heutigen Bundesstraße 316 gelegene Gemeinde langsam, aber stetig entwickelt. Der Ackerbau wurde durch den Weinbau verstärkt, bis Kälte und Rebenbefall diesen Erwerbszweig stillegten. Interessant ist die Feststellung, daß zwischen Degerfelden und benachbarten Orten im 13. Jahrhundert die Urbare eine Gemeinde Geitlikon vermerken (im Bereich des Gölkenhofes), die, ohne eine Spur zu hinterlassen, unterging. Nur ein später von den beiden Nachbargemeinden um die Güteraufteilung geführter Prozeß gibt von der Existenz des offenbar nur kleinen Dorfes Kunde. In der wasserreichen Gemeinde hatte sich eine Reihe von Mühlen und Sägewerken niedergelassen, die von den jeweiligen Lehensherren vergeben wurden. Unter diesen sind bekannte Namen wie Steinmar von Klingnau, ein bekannter Minnesänger, Walter von Hohenklingen, Ulrich von Tiefenstein und Walter von Klingen zu finden, die alle in der Manessischen Liederhandschrift verewigt sind. Der nahe gelegene Hagenbacherhof erinnert an eine ebenfalls verschwundene Siedlung, deren Überreste nur durch die Zugehörigkeit zu Beuggen erhalten blieben. Sonst teilte Degerfelden das Schicksal der früheren Landschaft Rheintal und mußte Nöte, Brandschatzungen und Plünderungen erleiden. Trotzdem sind im Südteil des Dorfes bemerkenswerte Bauten erhalten geblieben, wie das Amtshaus, ein im Stil der Spätrenaissance errichteter Bau. Eine eigene Kirche besaß Degerfelden nie, denn der Ort war immer nach Herten eingepfarrt. Nur eine kleine Kapelle, dem Heiligen Theobald geweiht, steht im Dorf, das sich in den letzten Jahren mehr und mehr zur Wohngemeinde wandelte. 1971 ist Degerfelden als Ortsteil in der Stadt Rheinfelden aufgegangen, in der die Mehrzahl seiner Bewohner Arbeit gefunden hat.

26   Der alte ‹Adler›, um 1900

In dem um 1850 am Ortseingang, von Rheinfelden her, erbauten Gasthof ‹Zum Adler› wurde bis zum Ersten Weltkrieg auch Bier gebraut, wie das in ländlichen Regionen üblich war. Die Wirtschaft dürfte eine Vorgängerin gehabt haben, denn der Name ‹Adler› deutet auf vorderösterreichische Zugehörigkeit, die 1802 durch den Frieden von Lunéville ihr Ende fand. – Photo Höflinger.

Efringen

Rund 700 Jahre lang (1113–1805) stand Efringen im Status eines grundherrlichen Dorfes des Klosters St. Blasien und wurde von dessen Propstei beim Basler Bläsitor verwaltet. Das historische Landgasthaus ‹Zum Ochsen› am westlichen Ausgang war ein Teil des umfangreichen Dinghofs, zu dem 26 Hof- und Schuppisgüter mit Land und Leuten in Efringen, Huttingen und Wintersweiler gehörten. Aber auch das Basler Hochstift besaß in der Frühzeit bedeutsame Grundrechte, das Patronat über die Kirche und den Zehntenbezug, die dann allerdings von den Herren von Wart angefochten wurden und schließlich 1193 gegen eine Entschädigung von 18 Pfund Silber an die Abtei St. Blasien übergingen. ‹Die wohlhabenden Einwohner, von deren Wohlstand schon das äußere freundliche Ansehen des Dorfes und der ein-

27 Der ‹neue› Kirchturm, um 1905

Trotz lebhafter Opposition seitens der Bevölkerung ließ 1899 Pfarrer Lörz den für das Markgräflerland typischen ‹Käsbiß-Turm› der Kirche durch einen neugotischen Helm ersetzen, weil er nur eine ruinenhaft aussehende, monströse Steinmasse darstelle und, wie die altersgrauen, plumpen Türme der Umgebung, ohne jeglichen Stil und ohne jegliche Zier sei! Als 1956 der Kirchturm wieder in seiner ursprünglichen Form erstand, jubelte Hermann Burte: «Am neue Durn isch treu biwahrt, die igeborneni alti Art … Un grüeßt mit syne helle Wänd, die andere Dürn im Heimetgländ.» – Photo Höflinger.

zelnen Häuser Zeugnis gibt, ernähren sich von Wein-, Feldbau und Viehzucht (221 Stück Rindvieh). Der Efringer Wein gehört, besonders in neuerer Zeit, zu den besten und gesuchtesten Markgräfler-Weinen. Ehemals wurde hier auch Marmor gegraben. Die Einwohner haben eine Sparkasse und einen Gesangverein› (1859). Wie die Nachbarn von Istein und Kirchen, waren auch die Efringer auf den vorgelagerten Rheininseln begütert, doch führten fortwährende Grenzstreitigkeiten mit den Sundgauern und Übergriffe der nahen Hüninger Besatzung zum Verkauf der Besitzungen an die Rosenauer Bürger. Freundschaftlich dagegen war der Kontakt der Efringer Rebbauern zu den Basler Rebleuten, mit denen man sich alljährlich zu Weinproben traf und sich dabei angeregt über Qualität und Preis der Rebsäfte unterhielt. Und ein Efringer, Nikolaus Däublein (1795–1853), fand gar wegen seiner großen Verdienste um die Naturwissenschaften in der Basler Region als korrespondierendes Mitglied der Naturforschenden Gesellschaft Basel Aufnahme. Er hatte seine reichen Bestände, u. a. drei riesige Mammutzähne, dem Naturhistorischen Museum und seinem Freund Peter Merian vermacht.
Efringen, seit 1942 ein Doppeldorf mit Kirchen, wandelt sich heute mit seinen über 2000 Einwohnern immer mehr zu einer reinen Wohnsiedlung, welche nach Süden wächst und in der Mitte, im neuen Schulzentrum, mit der Schwestergemeinde Kirchen zusammentrifft. Nun ist das Doppeldorf Sitz einer acht Dorfgemeinden umfassenden Großgemeinde mit anhaltend lebhafter Entwicklung.

Bis zum Ersten Weltkrieg war die Umwelt mit ihrem altüberlieferten und gepflegten Brauchtum im Lebenslauf zwischen Wiege und Bahre im typischen Markgräfler Rebdorf noch heil und in Ordnung. Dies kann auch das vorliegende Bild einer Dorfhochzeit veranschaulichen: Den stattlichen Hochzeitszug mit über 30 Gästen führt das Brautpaar A. Müller-Bär am 25. März 1897 zur Dorfkirche auf dem Hochgestade über dem Dorfbach. Dem Paar folgen der ‹Ehrgsell› und die ‹Ehrejumpfere› in der Festtracht des Landes mit dem Kranz an der ‹Hörnerchappe› und dem kreuzweise über die Brust geschlagenen weißen Mailänder Spitzenhalstuch, während am Ende des Zuges die verheirateten Vettern, im Gehrock und Zylinder, die Basen, wie die Braut, im schwarzseidenen oder dunkeln Spitzenhalstuch sich anschließen. Die Frau in der Mitte ohne Kopfbedeckung trägt als ‹ausgeheiratete› Baslerin bereits städtische Tracht, nachdem sie ihre Efringer Mädchentracht, die sie erstmals voll Stolz bei der Konfirmation tragen durfte, abgelegt hatte.

Nach der Trauung in der Kirche zieht der festliche Zug auf dem sogenannten Hochzeitsweg nach Hause, der nur für den Gang der Brautpaare mit ihren Gästen vorgesehen ist. Gotte und Götti, einst ebenfalls in festlicher Tracht, hatten dagegen ihren Täufling auf dem ‹Täufiweg›, über die steile Treppe bei der Straßenbrücke, zur Kirche hinaufzutragen. Auf der gegenüberliegenden Seite wurden die Verstorbenen im ‹Totebaum› vom Trauerhaus zum Gottesacker geleitet.

Egringen

In der vorgeschichtliche Spuren aufweisenden Talmulde des Feuerbachs gelegen, erscheint Egringen erstmals im Jahre 758 in einer Urkunde. Darin wird die Verschreibung von Gütern im Dorf ‹Aguringa› an das Kloster St. Gallen festgehalten. Das 1928 ausgegrabene und inzwischen aber wieder verlorengegangene ‹Egringer

Schwert› ließ indessen die Anwesenheit von Menschen bis in die Bronzezeit zurückverfolgen, und Steingeräte führten gar in die Jungsteinzeit. 1392 ging der ‹Dinghof zu Egringen› mit allen Gerechtigkeiten gegen 500 Goldgulden in den Besitz des Basler Bürgerspitals. Die Verwaltung wurde einem Spitalmeier übertragen. Das Amt war erblich und lag während 500 Jahren in den Händen der Familien Eckenstein und Hopp. Neben der Verwaltertätigkeit betrieb der Spitalmeier auch die zum Dinghof gehörende Taverne und schenkte dort den Zehntenwein aus. Als Inhaber des Mannslehen mit ‹allen Leuten, Gerichten und Rechten› geboten von 1390 bis 1458 die Ritter von Grünenberg über das Dorf. Später zeichneten wieder die Markgrafen von Hochberg als Oberlehensträger. Markgraf Rudolf IV. ließ 1473 die aus dem 13. Jahrhundert stammende Galluskirche mit Chor und Altar neu ausstatten. Der vergoldete Kelch von 1487 gilt heute als einer der schönsten und reichsten aus spätgotischer Zeit am Oberrhein.

Vom bewegten Leben der Bürgerschaft berichtet ein Eintrag aus dem Kirchenbuch von 1634: «Zu all dem Jammer und Elend kam noch ein neues Leiden, die Pest, welche vorher schon längere Zeit in Basel herrschte. Es starben vom September bis Ende Dezember 126 Personen, obwohl die Bevölkerung durch die Flucht mancher Einwohner (meistens nach Basel) gelichtet war, die meisten Todesfälle zählt der Monat November, nämlich 70 im

29 Egringen, um 1900

«Das Pfarrdorf mit Schule und 696 ev. und 6 kath. Einwohnern in 121 Häusern liegt in dem freundlichen Wiesenthälchen des Esselbachs, auch Feuerbach genannt. Der Ort ist wohlhabend, und die Einwohner treiben Feld-, Wein- und Wiesenbau und Viehzucht (222 St. Rindvieh). Das Hauptgetreide ist Weizen und Gerste. Sie haben mit Fischingen, Schallbach und Mappach eine gemeinschaftliche Sparkasse. Es gibt im Dorf 2 Gastwirthschaften (Rebstock, Sonne), 1 Mühle, 1 Sägmühle, 1 Hanfreibe, 1 Wundarzt, Mühlemacher und Mechaniker.» (1859)

30 Die Egringer Taverne, um 1920

Die einst vom Basler Bürgerspital betriebene Egringer Taverne erhielt mit dem Übergang von Landarzt Zollikofer an Altvogt Jakob Gempp Anno 1825 den Namen ‹Rebstock›. 1853 erwarb Bürgermeister Johann Georg Aberer den Gasthof um 7000 Gulden, in dessen Familie er bis heute verblieb.

Ganzen. Am 21. wurden 8 Personen begraben. Ein Fußpfad heißt das ‹Todtenwegle›, weil man die vielen Leichen auf diesem abgelegenen Weg zum Kirchhof brachte.» Seit einigen Jahren versucht die immer noch

bäuerlich strukturierte Gemeinde, die außer einem kleineren Landmaschinenbetrieb kein Gewerbe besitzt, durch Ausweisung geeigneter Baugebiete die Einwohnerzahl anzuheben.

Eichsel

Eichsel ist eine typische Dinkelberg-Gemeinde, bestehend aus den beiden Ortsteilen Nieder- und Obereichsel, die seit 1. Januar 1975 zur Stadt Rheinfelden gehört. Von Obereichsel hat der Wanderer einen schönen Blick durch das Degerfelder Tal nach Augst, und wer auf der Straße Rheinfelden–Basel entlang dem Rhein fährt, erblickt hin und wieder den schmucken Kirchturm auf der Höhe des Dinkelbergs. Noch um die Mitte dieses Jahrhunderts ein Bauerndorf mit knapp 300 Einwohnern, zählt der Ort heute über 700 Seelen. Aber nur noch wenige Bewohner leben von der Landwirtschaft. Der Zug vom Berg zur Fabrik am Rhein hat eine Umstrukturierung gebracht, und Eichsel entwickelte sich im Rahmen der Erschließung neuer Baugebiete am Südabfall des Dinkelbergs zur schmucken Wohngemeinde für die nahen Industrieplätze. Der Kern des Dorfes liegt auf altem Kulturboden, obwohl es erstmals am Ende des 12. Jahrhunderts erwähnt wird. Römer und Alemannen erschlossen sich die Dinkelberghöhen. Auf der Gemarkung wurden Überreste aus der Römerzeit gefunden, und die Lage des Eichsler Kirchturms läßt die Vermutung aufkommen, daß hier ein römischer Wachturm stand, dessen Besatzung die Aufgabe hatte, die Truppen in Augst durch Feuersignale vor Angriffen zu warnen. Die Nähe des römischen Gutshofes auf der Nollinger Höhe

31 Bedeutsame religiöse Kunst

Als alter Kirchenort wie als Wallfahrtsstätte birgt Eichsels Kirche wertvolle Kostbarkeiten. Neben dem Reliquienschrein der Heiligen Jungfrauen Mechtund, Kunigund und Wibranda sind auch der Wandtabernakel von 1478, zwei eindrückliche Arbeiten oberrheinischer Schnitzkunst – Madonna mit Kind und zwei gotische Altarflügel – und ein goldenes Vortragekreuz aus der zweiten Hälfte des 15. Jahrhunderts besonders bedeutsam. – Photo Willy Oser.

32 «Eichsel, vom Amtsorte Schopfheim 2 St. südwestlich entfernt, wird auch Obereichsel genannt, liegt ziemlich hoch, und hat in 30 Familien und

27 Häusern 3 evangelische und 174 katholische, mit seinen Parzellen 493, Einwohner, welche sich durch Feld- und Wiesenbau, Viehzucht und Holzmachen ernähren und dem Mittelstande angehören. Mit Vieh und Getreide, besonders Dinkel, welcher auf dem Dinkelsberge vortrefflich gedeiht, wird Handel getrieben. Den Namen soll es von den Eichen haben, welche früher in großer Anzahl vorhanden waren. In der Nähe entdeckte man mehrere Heidengräber. Auch sollen die 3 heil. Ursulerinnen Kunigundis, Mechundis und Wibrandis hier begraben sein; ein naher Brunnen wird davon noch Mägdebrunnen genannt. In Eichsel lebte 40 Jahre lang der als Naturforscher bekannte Pfarrer F.J. Martin.» (1843)

läßt diese Annahme bestärken. Aber erst unter der Herrschaft der Herren von Rheinfelden tritt Eichsel ins Licht der Geschichte, nachdem das Gebiet vorher zum Breisgau gehörte. Zwischen Habsburg und Basel gelegen, versuchten Herzog und Bischof den Dinkelberg an sich zu ziehen. Der Kampf zog sich bis ins 15. Jahrhundert. Der Basler Krieg von 1409, der Zürcher Krieg von 1443 bis 1447 wie auch der Schweizer Krieg von 1468 bis 1469, hier ihre Spuren hinterließen, zeugen von der strategisch wichtigen Lage. Mit der Herrschaft Rheinfelden wechselte Eichsel oft den Besitzer oder den Pfandherrn, und während zahlreicher, kriegerischer Auseinandersetzungen wurde das Dorf von Truppen besetzt, verwüstet und gebrandschatzt. Auch ließen hohe Reparationskosten die Gemeinde sichtlich verarmen. Maria Theresia benützte die Not, um auch die geplagten Bürger von Eichsel 1759 zur Auswanderung nach Ungarn aufzufordern. Im Rahmen der napoleonischen Flurbereinigung kam Eichsel dann von der vorderösterreichischen Landschaft Rheintal (in der Herrschaft Rheinfelden) unter großherzoglich-badisches Regiment.

33 Der Eichsler Umgang, um 1970

Weit in den Schweizer, Elsässer und Süddeutschen Raum hinein bekannt ist Eichsel als Wallfahrtsort. Der Eichsler Umgang – auch Jungfrauenfest genannt – findet jeweils am dritten Sonntag im Juli statt. Im Laufe der letzten Jahre ist er zu einem Volksfest geworden, an dem nicht nur die Eichseler aus nah und fern teilnehmen, sondern das wegen der von der Dorfjugend gestalteten Blumenteppiche vor den Altären am Prozessionsweg viele fremde Besucher anlockt. Der Umgang ist mit einer alten Legende verknüpft, die im Jahre 1504 bereits Anlaß gab, Mittelpunkt einer Untersuchung und eines Heiligenprozesses zu sein. Seit Ende des 12. Jahrhunderts wurden in der Pfarrkirche zu Eichsel drei Jungfrauen verehrt: Kunigund, Mechtund und Wibranda. Wie die Legende berichtet, gehörten diese drei zur Schar der 11 000 frommen Jungfrauen der Heiligen Ursula. Auf der Rückreise von Rom erkrankten sie in Basel. In Rapperswir (Ortsteil von Adelhausen in der Nähe des sogenannten ‹Mägdebrunnens›) starben sie und wurden bei der Eichsler Kirche begraben. Und bald ist von wundersamen Erscheinungen berichtet worden: Eichsel avancierte zum vielbesuchten Wallfahrtsort. Unter Leitung eines päpstlichen Kardinallegaten gelangte 1504 ein Heiligenprozeß in Basel zur Durchführung, wobei in einem Protokoll Krankenheilungen, Gebetserhörungen und Wunder bezeugt wurden, die Kardinal Peraudi so beeindruckten, daß man am 16. Juli 1504 die Gebeine der Jungfrauen in einem Reliquienschrein auf den Altar stellte und zur Verehrung darbot. Den Berichten nach wohnten Tausende von Gläubigen dieser Feierlichkeit bei. Die Wallfahrt nach Eichsel ist erst im Rahmen der josephinischen Reformen 1783 abgeschafft worden. Doch um die Mitte des 19. Jahrhunderts lebte sie als ‹Eichsler Umgang› wieder auf und brachte es erneut zu großer Popularität. – Photo Willy Oser.

34   Eimeldingen im frühen 17. Jahrhundert

Matthäus Merians Stich von 1625 zeigt im Vordergrund den Steg über die Kander und dahinter denjenigen über den Mühlebach. Links die Niedere Mühle, die letzte der drei in den vergangenen Jahrzehnten stillgelegten Mühlen. Rechts vom Dorfweg das stattliche ‹Stapflehus› (heute Rathaus). In der Ferne der Käsbissenturm der Kirche, deren Chor und Fenster aus edlem Maßwerk ausgehende Hochgotik verraten. Zwischen den Jahren 1560 und 1648 wirkten drei Generationen der angesehenen Pfarrerdynastie Birmann aus Basel an der Efringer Dorfkirche.

Eimeldingen

Das Markgräfler Dorf an der Kander zählt zu den frühesten Siedlungen im überlieferten Kulturraum des altdeutschen Oberlandes. Es wird erstmals als ‹Agimotingen› – zusammen mit sechs benachbarten Orten – in einer karolingischen Urkunde des fränkischen Königsklosters erwähnt. Die Martinskirche an der alten Heeres- und Verkehrsstraße im Rheintal weist ebenso auf eine frühe Kulturzeit; sie gehörte seit 1230 mit Gütern, Pfarrsatz und Zehnten dem Basler Stift St. Peter. Am nordwestlichen Dorfausgang stand seit 1295 eine Elendenherberge, das Sondersiechenhaus für Leprakranke, während

35 Im schon 1717 genannten ‹Ochsen› wurde im alten Eimeldingen traditionellerweise jeweils der ‹Bauerntag der Gemeinde› abgehalten, der zu den größten Festlichkeiten des Dorfes gehörte. – Photo Höflinger, um 1905.

an der Landstraße seit 1241 die Herberge ‹Zum Steinkellerhof› (heute ‹Ochsen›) die Reisenden zur Rast und Bleibe einlud. An der Kanderbrücke erhob ein Basler Wartmann den Stadtzoll für alle nach Süden fahrenden Warenzüge. ‹Die wohlhabenden Einwohner ernähren sich von Feld-, Wiesen-, Wein-, Obstbau, besonders Kirschen, welche nach Basel verkauft werden, und Viehzucht (224 St. Rindvieh.) Das Dorf zeigt ein freundliches und wohnliches Aussehen, und hat in neuerer Zeit besonders dadurch gewonnen, daß, während früher nur ein einziger Pumpbrunnen im Orte war, jetzt die sogenannte Brunnackerquelle aus der Gemarkung von Binzen hieher geleitet, und damit 3 laufende Brunnen mit gesundem Wasser gespeist wurden. Den Bemühungen der wackern Vorstände des Bezirksamtes und der Gemeinde gebührt dafür der wohlverdiente Dank der Gemeinde› (1859). Seit 1973 gehört Eimeldingen mit seinen 1115 Seelen zum Verwaltungsverband Vorderes Kandertal. Das einst bäuerliche Dorf zählt nur noch wenige landwirtschaftliche Betriebe und trachtet im Zuge der Zeit nach Industrieansiedlung und Ausweitung seines Wohngebietes nach Westen ins Ackerland.

36 Die Dorfstraße, um 1905

Die alte Landstraße führte über den Schlienger Berg zur Poststation ‹Kalte Herberge› und weiter über den ‹Susenhart› zur Pritsche und von dort schnurgerade nach Eimeldingen zur Kanderbrücke, wo Zollgebühren für die Stadt erhoben wurden. Das Stapfelhaus aus dem Jahre 1584 im Hintergrund diente vorübergehend als Gaststätte, wird nun aber seit Jahrzehnten als Rathaus benutzt. – Photo Höflinger.

37 Das Anwesen der Baumer-Klucker, um 1900

Zimmerleute und Maurer haben es verstanden, den kleinen Fachwerkbau im Unterdorf derart massiv mit eichenen Balken aufzurichten und mit Lehmwickeln auszufüllen, daß das Mauerwerk während Jahrhunderten standhielt. Die Lehmwickel wurden aus gespaltenen Brettchen, aus einem Teig von Lehm, Gerstengrannen und Wasser und mit langem Stroh gewickelt. Lehm und Sand konnten sich die Bauhandwerker in den gemeindeeigenen Gruben ‹Stalten› und ‹Blauen› beschaffen.

Feldberg

Feldberg, das 1972 zur Stadt Müllheim gekommen ist, liegt in einem lieblichen Tal. Während 1200 Jahren ist die Geschichte des Dorfes zu verfolgen, zu dem auch die kleinen Ortschaften Gennenbach und Rindel, das heutige Rheintal, gehören. Im Jahre 774 vergabte ein gewisser Lantpert seinen Hof und seine Güter in Rindel an das Kloster Lorsch in Hessen, und 890 wird Feldberg zum ersten Male in einer Urkunde von St. Gallen erwähnt. Der Ururenkel Karl des Großen, Arnulf von Kärnten, schenkte seinem Vasallen Egino hier ein Bauerngut mit Mühle und was dazu gehörte. Bis gegen 1400 gab es ‹Herren von Feldberg›. Hier besaßen verschiedene Klöster Höfe und Güter, vor allem Reben, wie das Domstift Basel, St. Blasien, St. Trudpert und die Propstei Bürgeln. Das Klösterchen in Rindel hatte später zeitweilig nach Arlesheim zu zinsen. Vom Jahre 1078 an blieb das Dorf in der Hand der Zähringer, der Markgrafen von Sausenburg-Rötteln, und wurde 1503 badisch.

Schon vor 1200 wurde die erste Kapelle errichtet, die den Chor im Turm hatte, der heute noch steht. 1420 wurde südlich an den Turm ein größeres Schiff mit gotischem Chor gebaut. Hier wirkte um 1730 Pfarrer Johann Gottfried Tulla, der Urgroßvater von Oberst-Ingenieur Johann Gottfried Tulla, dem ‹Bezwinger des Rheins›. Von einer gewissen Bedeutung waren zu allen Zeiten die Chirurgen von Feldberg, die als Heilkundige die Bevölkerung medizinisch betreuten. Aber auch die Hafner, Weber und Öhler aus dem Dorf erwiesen sich als tüchtige Meister ihres Fachs. «Man baut hier guten Wein und die Weinhandlung von Däublin macht starke Geschäfte mit der Schweiz. Die Gemeinde ist holzarm, besaß aber noch vor 200 Jahren große Waldungen» (1843). Bis in unsere Zeit war Feldberg ein reines Bauerndorf und hat heute gegen 600 Einwohner. Obwohl nur wenig landwirtschaftlich betriebene Höfe übriggeblieben sind, hat jeder noch etwas Feld und Reben; in jüngster Vergangenheit wurden 25 Hektaren mit neuen Rebsorten angelegt. Kürzlich bekam das Dorf ein neues Rathaus, einen Gemeindesaal und einen Kindergarten. Die gutgeführten Vereine tragen intensiv zur kulturellen Weiterentwicklung und zur engen Verbundenheit mit dem alten Dorf bei, das noch weitgehend in seiner ursprünglichen Form dasteht.

Grenzach

38 **Holzmacher ‹Sehringer-Bartli›, um 1930**

Bis in die neuere Zeit fanden bis zu 16 Feldberger im ‹Hörnli-Wald› und in den ausgedehnten Staatswaldungen am Blauen als Holzmacher ausreichenden Verdienst. Waren die Männer nicht zu weit vom Dorf entfernt, brachten ihnen ihre Frauen warmes Essen und trugen dann auf dem Kopf einen Bündel Reisig nach Hause. Feldbergs Holzmacher waren bärenstarke und frohe Leute, denen – wie dem ‹Sehringer-Bartli› – der Schalk aus den Augen blitzte. Während ihrer harten Arbeit besorgten die Frauen Geißen und Gütchen und dienten den Fuhrlohn für das Holz bei den Bauern ab, die ihre Äckerlein pflügten und ansäten.

38

Grenzach wird erst verhältnismäßig spät urkundlich erwähnt, nämlich im Jahre 1275. Doch liegt der Ort auf uraltem Siedlungsboden, da schon zur Hallstattzeit (750–450 v. Chr.) die Kelten hier gesiedelt haben. In der Römerzeit war dieser Rheintalabschnitt ebenfalls bewohnt, wie es zwei Römervillen am Südhang des Dinkelbergs beweisen. Auf eine dieser Niederlassungen geht der Ortsname Grenzach zurück, der nichts mit der hier erst 1501 entstandenen Schweizer Grenze zu tun hat, sondern vom galloromanischen ‹Carantiacum› (Gut des Carantius) abzuleiten ist. Nach der Unterwerfung der Alemannen durch die Franken im Jahre 476 n. Chr. gehörte Grenzach zum Breisgau, in dessen Bereich sich aber schon im 12. und 13. Jahrhundert kleinere Grundherrschaften bildeten. Während dieser beiden Jahrhunderte muß der Ort zur Herrschaft Rötteln gekommen sein, denn 1315 übergab der letzte der Herren von Rötteln, Dompropst Lütold von Basel, dem Markgrafen Heinrich von Hachberg-Sausenberg das Dorf als Besitz. Als Lehensleute dieses Hauses besaßen seit 1357 die Edelknechte von Lörrach und seit 1427 das Basler Geschlecht ‹Zur Sonne› den nördlichen Ortsteil mit der eigentlichen Wohnsiedlung. Der vor allem aus Feld und Wiesen bestehende Teil unterhalb der heutigen Bundesstraße 34 gehörte schon damals zur vorderösterreichischen Herrschaft Rheinfelden. Im Jahre 1491 erhielt Lütold von Bärenfels, der sich als erster ‹Herr von Grenzach› nannte, das Dorf sowohl für sich als auch für seine Erben als sogenanntes Mannslehen.

Von besonderer Bedeutung für die Entwicklung Grenzachs war die Erbauung eines Schlosses auf seiner Gemarkung. Schon im Jahre 1315 wird dieses erstmals als Besitz einer Familie Hagedorn genannt. Bei dieser Adelsfamilie handelt es sich um das Basler Geschlecht der Vorgassen, genannt Hagedorn. Zusammen mit dem Dorf fiel dann auch das Schloß an die Bärenfels und diente nach der Spaltung dieses Hauses in eine Hegenheimer und eine Grenzacher Linie der letzteren bis ins 18. Jahrhundert als Wohnsitz. Nach wechselnden Besitzern wurde es später von dem Basler Fabrikanten Im Hof erworben. Heute gehört es der Firma Hoffmann-La Roche & Co. AG und wird erfreulicherweise immer mehr für Kunstausstellungen zur Verfügung gestellt.

Besonders vielfältig waren die wirtschaftlichen Beziehungen zwischen Stadt und Land. Dabei interessierten sich die Basler schon früh für die Grenzacher Gipsgruben am Horn. Im Jahre 1428 verliehen der Bürgermeister und der Rat der Stadt dem ‹Conrad Labahürlin dem

39   Das alte Bauern- und Rebdorf, um 1908

Noch hat das Dorf keine wesentliche Ausweitung erfahren. In der Tiefe sind allerdings schon das Kamin und der Wasserturm der Niederlassung der 1896 von Fritz Hoffmann gegründeten ‹Roche› zu erkennen. Rechts außen stehen die Gebäude der Salubra-Tapetenfabrik, die 1898 durch die Basler Firma Engeli & Co. entstanden ist. Die 1426 erbaute und 1481 mit einem schönen Altar ausgestattete Kirche hat ihren Turm im Jahre 1501 erhalten. – Photo Höflinger.

40 Im Steinbruch am Hornfelsen, um 1900

Das Bild zeigt Grenzacher Bauern in einem Steinbruch am Hornfelsen. Das 1262 erstmals erwähnte Horn hat seinen Namen von der Form des Bergvorsprungs. Vor dem Abbau der Kalksteine ragte es nämlich hornartig bis in die Nähe des Rheinufers. Mit dem Abbruch der Steine ist bereits früh begonnen worden, denn schon 1379 wird ein Steinbruch erwähnt. Im Laufe der Jahrhunderte wurde schließlich ein großer Teil des Bergvorsprungs abgegraben, weil man beim Ausbau der nahen Stadt Basel viele Steine benötigte. Für die Grenzacher Bauern stellte die Arbeit in den Steinbrüchen oder der Steintransport nach Basel einen wichtigen Nebenverdienst dar, zumal das kleine Grenzacher Feld nur eine bescheidene Landwirtschaft zuließ.

41 Die Hauptstrasse, um 1915

Der Anblick der Hauptstraße mit dem Gasthof ‹Zum Ochsen› hat sich bis heute kaum verändert, wenn

Maurer und Bürger von Basel› das dortige Gipshaus mit allen Rechten und ‹Zugehörden›. 1780 wurde eine Gipsgrube an den Basler Gerichtsherrn Ritter verliehen, die dann 1796 von Benedict Sarasin übernommen wurde. Am Horn befanden sich auch zwei Ziegelhütten, wovon mindestens eine in schweizerischem Besitz war, denn 1743 erhielt ‹Jakob Müller Burger zu Ebtingen baßler gebieths› die Erlaubnis, dort eine zweite Ziegelhütte zu erbauen. Von besonderer Bedeutung für Basel war natürlich der bekannte Grenzacher Wein, auf den es vor allem die Basler Klöster abgesehen hatten. Jahrhundertelang befand

sich der große Weinzehnten des Dorfes sogar im Besitz des Klosters St. Clara.
Daß auch andere Basler Klöster zahlreiche Rebbesitzungen in Grenzach hatten, zeigen uns die Flurnamen ‹Kartäuserreben› (1434), ‹Kartäusler› (1547–1692), ‹Tummattenboden›= Dommattenboden (1698–1734) und ‹Barfüßer›. Hebel zählt den Grenzacher Wein in seiner Erzählung ‹Lange Kriegsfuhr› zu den besten, und Scheffel preist ihn in seinem ‹Trompeter von Säckingen› wie folgt: «'s ist ein alter / Auserlesener Wein von Grenzach. / Glänzend blinkt er im Pokale, / Schwer, ge-

42

wir von den beidseitigen Trottoirs, die 1977 angelegt worden sind, absehen. Im Hintergrund die Wehrkirche von Muttenz und der Turm der Ruine Wartenberg. «Nördlich von dem Dorfe führt ein freundliches Thälchen zwischen dem vordern und hintern Theile des Gebirges aufwärts nach der Chrischona-Kirche, wo jetzt Basler Missionszöglinge gebildet werden». – Bleistiftzeichnung.

42 **Das Kaiserliche Postamt, 1902**
Das ehemalige Kaiserliche Postamt an der Ecke Baslerstraße/Jacob-Burckhardt-Straße, gegenüber dem Gasthaus ‹Zum Ziel›, diente von 1924 bis 1966 als Bezirkssparkasse. Hinter dem nunmaligen Wohn- und Geschäftshaus ist das nach der letzten Jahrhundertwende errichtete Schulgebäude, das jetzt zur Bärenfelsschule gehört, zu sehen. – Photo Höflinger.

diegen, lauterm Gold gleich, / Und er haucht ein Düftlein, feiner / Als die feinste Blum' im Treibhaus. / Angestoßen, Herr Trompeter!» Auch der ‹badische Hauptbummler› Jacob Burckhardt schätzte den Grenzacher Wein ebenfalls und hat ihn oft im ‹Waldhorn›, im ‹Ziel› und vor allem in der ‹Krone› genossen.

Die weltlichen Herren der Stadt besaßen ebenfalls schon früh Güter auf der Gemarkung Grenzach. Zu Beginn des 14. Jahrhunderts wird bereits ein ‹Vizeherrenacker› genannt. Dieses Gewann gehörte dem Basler Viztum, dem weltlichen Vertreter des Bischofs und eigentlichen Verwalter des Stadtregiments. Von grundlegender Bedeu-

tung erwies sich für Grenzach gegen Ende des letzten Jahrhunderts die Niederlassung von Basler Industriewerken: der Hoffmann-La Roche und der Ciba-Geigy sowie der Tapetenfabrik Salubra und der Druckwalzenfabrik Walter Wetzel KG. Mit der Fertigstellung eines großzügigen Ortszentrums im Jahre 1972 erhielt Grenzach einen immer mehr städtischen Charakter. Heute wohnen nahezu 7000 Einwohner in dem einstigen Bauern- und Rebdorf. Auf Grund der baden-württembergischen Gemeindereform wurde Grenzach schließlich am 1. Januar 1975 mit Wyhlen zur neuen Gemeinde Grenzach-Wyhlen zusammengeschlossen.

43

43   Der Ortsteil ‹Grenzacherhorn›, um 1910

Das dritte Gebäude auf der linken Straßenseite, nach dem Schweizer Zollhaus, zeigt den 1744 erstmals genannten Gasthof ‹Zum Waldhorn›. Der Schornstein

im Hintergrund bildet das Wahrzeichen der 1893 gegründeten Seidenbandweberei Seiler & Co. (1957 wurde die Produktion eingestellt). Der Hornfelsen in der Ferne ist durch Steinbrucharbeiten entstanden. Um

44 Lauschige Reblaube, um 1905

Mit besonderer Vorliebe hielt sich Jacob Burckhardt in der Reblaube des ‹Waldhorns› über dem steilen Rheinufer auf, die heute noch steht. So sinnierte Basels berühmter Sohn 1877 in München, offenbar von Sehnsucht geplagt, in einem Brief an seinen Freund Gustav Stehelin: «Ich glaube, der September bleibt schön, wenn auch nicht so warm, daß man noch spät in Vogelbachs Pavillon», dem Hörnlipavillon in Grenzach, sitzen könnte. – Photo Höflinger.

1860 ließ der Lörracher Hirschenwirt Markus Pflüger die dadurch entstandenen Schutthalden einebnen und mit roten Burgunderreben bepflanzen, die nun den bekömmlichen ‹Grenzacher Roten› liefern. Der heute stark verkleinerte Rebberg heißt in Erinnerung an den tüchtigen Hirschenwirt immer noch ‹Hirzenberg›. Gegenüber dem deutschen Zollhaus steht seit 1957 ein Abfertigungsgebäude. – Photo Höflinger.

45

45   Das Oberdorf, um 1905

Links an der Hauptstraße steht das 1747 erstmals erwähnte ‹Gasthaus zum Ochsen›. Am Ende der Straße befindet sich das 1839 fertigerstellte Rathaus, das bis 1902 auch als Schulhaus diente. Im Hintergrund die im Jahre 1426 erbaute evangelische Kirche, deren Schutzpatron bis zur Einführung der Reformation im Jahre 1556 der Heilige Leodegar war. Südlich und östlich des Ochsenbrunnens erstreckte sich die römische Siedlung Carantiacum, auf die der Ortsname Grenzach zurückgeht. Der 1894 errichtete Ochsenbrunnen ist in den letzten Jahren zu einem Verkehrshindernis geworden, so daß er abgetragen werden mußte. Die Reben vor dem ‹Gasthaus zum Ochsen› sind heute nicht mehr

vorhanden, weil der Gasthof 1956 durch einen Vorbau erweitert wurde. – Photo Höflinger.

46   Das Gasthaus ‹Zum Waldhorn›, um 1835

Das unmittelbar an der Schweizer Grenze gelegene ‹Waldhorn› wird 1744 erstmals erwähnt und als ‹Neues Wirtshaus› bezeichnet. Im Jahre 1875 zählt es Jacob Burckhardt in einem Brief an Preen zu seinen Markgräfler Lieblingswirtschaften. Besonders gerne hielt sich Burckhardt in dem südlich der Straße gelegenen Pavillon auf. Im Hintergrund des Bildes erhebt sich der Hornfelsen mit den an den steilen Halden gepflanzten Reben. Im Jahre 1844 berichtete der damals 26jäh-

44

rige Jacob Burckhardt von einem Spaziergang zum Horn: «Gestern Abend spazierte ich mutterseelenallein nach Deutschland, wo nahe über dem Zollhaus einer der letzten Ausläufer des Schwarzwaldes in Gestalt einer Felswand gegen den Rhein abstürzt. Unten ringsherum auf tausendjährigem Felsschutt wuchern und wachsen die schönsten Reben, von steilen Pfaden durchkreuzt. Ach wie liebreich streckten sie ihre Ranken nach mir aus. Ich war drauf und dran, Verschen zu machen.» – Stahlstich von W.J.E. Nilson.

46

7

47 Das Emilienbad, um 1895

Im Jahre 1863 ist die Großherzoglich-Badische Regierung bei einem Bohrversuch in einer Tiefe von ungefähr 30 Meter auf eine Bitterwasserquelle gestoßen, welche in der Stunde über 3000 Liter kohlesäurereiches Wasser lieferte. Eine chemische Analyse setzte dieses Mineralwasser in seiner Beschaffenheit demjenigen von Karlsbad, Marienbad, Franzensbad und Tarasp gleich. Von 1867 bis 1972 wurde das Heilwasser kommerziell genutzt. Das 1878 errichtete Kurhaus nannte der Erbauer, Emil Ferdinand Schoch, wohl in Anlehnung an seinen ersten Vornamen ‹Emilienbad›. 1881 wurde dem Kurhaus eine Trinkhalle angegliedert, und schließlich entstand um die Quelle und die Trinkhalle eine schöne Parkanlage, die heute teilweise noch erhalten ist.

Optimistische Entwicklung

Lange Jahre hindurch war die hiesige Bevölkerung auf die Landwirtschaft und den Weinbau angewiesen, Industrie und Gewerbe waren nicht vorhanden. Seit etwa drei Jahren ist das anders geworden; das landwirtschaftliche Dorf hat sich nun zu einem wichtigen Industrieort entwickelt und das hat Grenzach ausschließlich der Basler Industrie zu danken. Erstellt und in Betrieb gesetzt wurde eine größere chemische Fabrik, sowie eine Tapetenfabrik und einige kleinere industrielle Anlagen. Dadurch kam natürlich eine starke Bauthätigkeit in Fluß, denn für die vielen hier thätigen Arbeiter mußten Wohnungen geschaffen werden. So hat die chemische Fabrik allein zehn hübsche Arbeiterwohnhäuschen zwischen ihrer Fabrik und dem Bahnhof erstellt. Jenseits der Bahnlinie sind eine Reihe von größeren Wohnhäusern erstanden, die fast schon ein Dorf für sich bilden. Der gesteigerte Geschäftsverkehr machte natürlich auch die Erstellung eines neuen Postgebäudes nötig. Infolge der Vermehrung der Einwohnerschaft genügte auch das alte Schulhaus nicht mehr und es mußte ein neues erstellt werden. Dasselbe erhielt seinen Platz inmitten des Dorfes, neben dem Postgebäude und ist nun im Rohbau vollendet. Entsprechend der Vermehrung der Bevölkerung haben auch einige Wirtschaften Vergrößerungen und Verschönerungen ihrer Lokalitäten vorgenommen, um auch ihrerseits dem modernen Zeitgeist Rechnung zu tragen. Das Emilienbad an der Baslerstraße hat einen Konzertsaal direkt an der Baslerstraße erstellen lassen. (1902)

48

Lebenslustige Grenzacher

Die Grenzacher waren, als die Industrie noch nicht ihr Dorf erobert hatte, ein munteres Volk, vielleicht das lustigste und lebensfrohste im Markgräflerland. Komische Situationen wurden ebenso prompt erfaßt, als leidenschaftlich und gründlich genossen, ausgeschöpft und in der Erinnerung festgehalten. Läßt heute ein gebürtiger Grenzacher einen andern den Preis einer Ware erraten, sei es nun ein Öchslein oder ein Untertschoben, so hält er ihm, nennt dieser eine zu niedere Summe, die Worte entgegen: «Jo, und d Guttere!» Eine ‹Guttere› ist eine Flasche. Vor etwa 80 Jahren brannte der Grenzacher Bürger J. einmal ‹Chirsiwasser›. Er mag es wohl auch mehr als gerade nötig versucht haben; kurz, als er eine strohumflochtene 3 Liter haltende Schnapsguttere in den Keller tragen wollte, stolperte er auf der Treppe und sauste mit der kostbaren Last köpflings in die Tiefe. Unterwegs berechnete er den Schaden, der ihm erwachsen werde, mit den Worten: «Dreimal zwei isch sechs, und d Guttere, d Guttere!» Er stotterte nämlich ein wenig. Daß des Lebens ungemischte Freude keinem Irdischen zu teil wird, weiß man natürlich auch in Grenzach und bringt diese Lebenserfahrung, weniger klassisch als humorvoll, in der Fassung eines früheren Bahnwarts am Gemeiniweg zum Ausdruck: «'s isch halt überall öbbis, nur in miim Chuchichänsterli isch nüt!» Seine Genugtuung darüber, daß ein Schädling erledigt ist, z.B. eine Wespe, Schnake oder dergleichen, äußert man in Grenzach durch die merkwürdige Frage: «Het's di, Diddi?» Auch begrüßt man wohl mit diesen Worten einen Bekannten, der ‹Öl am Hut› hat. ‹Diddi› ist die Grenzacher Lokalform für Judith. Diesen nicht mehr so häufigen Vornamen führte eine Frau, die mit ihrem Manne nicht eben glücklich lebte. Er stand in Basel in Arbeit und verjubelte gar häufig am Samstag seinen Lohn. Um dies zu verhindern, faßte ihn seine Judith meistens am Zahltag auf der Arbeitsstätte ab und bugsierte ihn, ein energischer Lotse, an den Wirtshäusern vorbei nach Hause. Einmal war ihr das nicht gelungen; ihr Mann war in einer Basler Beize ‹aufgelaufen› und hatte stark Schlagseite bekommen. Mit Müh' und Not brachte sie ihn flott und bis ans ‹Hörnli›; dort wollte er mit Teufels Gewalt noch einmal vor Anker gehen. In voller Verzweiflung drohte sie ihm, sie werde sich in den Rhein stürzen, wenn er nicht mit ihr heimgehe, und eilte dann auch richtig durch die Reben zum nahen Fluß hinunter. Dort warf sie einen schweren ‹Waggen› ins Wasser, daß es nur so patschte, und verhielt sich dann ganz still, damit ihr Mann auf der Straße oben glauben sollte, sie habe ihre Drohung wahrgemacht. Eine Weile blieb alles ruhig; dann aber schallte es von der Straße herab: «Het's di, Diddi?» Der brave Ehemann hatte sich aber zu früh gefreut, denn seine treue Judith kam wütend wieder die Rheinhalde herauf und schaffte ihn mit sanfter Gewalt heim. – Karl Herbster.

48 **Das Gasthaus ‹Zum Löwen›, um 1905**

Im Jahre 1814 erhielt das Dorf neben den vier schon bestehenden Schildwirtschaften, ‹Waldhorn›, ‹Ochsen›, ‹Ziel› und ‹Bären›, eine neue: den an der damaligen Rheinfelderstraße von Vogt Muggenfuß betriebenen ‹Löwen›. Um 1910 ist der linke Teil des Hauses zu einer Metzgerei umgebaut worden, und 1957 erfolgte die Neugestaltung der Liegenschaft zu einem dreistöckigen Gebäude. – Photo Höflinger.

Gresgen

«Gresgen, liegt 2 Stunden nördlich von seinem Bezirksamte Schopfheim und eine Stunde von Zell auf einem hohen Berg nahe am Zeller-Blauen. Es gehört in das Kirchspiel Tegernau, macht aber eine eigene Vogtey aus und hat eine eigene Kirche und Schule, zählt 46 sehr zerstreut liegende Wohnhäuser und 48 Nebengebäude, welche von 321 Seelen bewohnt werden. Die Gemarkung besteht aus 30 Jauchert Gärten, 150 Jauchert Äcker, 114 Thauen Matten, 314 Jauchert Wald, 694 Jauchert Waide und 120 Jauchert ungebautes Land. Im Orte giebt es viele reiche Leute und alle Bewohner nähren sich einzig vom Ackerbau und der Viehzucht.» (1813) – Das in einer Mulde auf der Wasserscheide zwischen Großer und Kleiner Wiese gelegene Dorf wird urkundlich erstmals 1113 als ‹Bresken› genannt, und 1288 erscheint ein «Bertolt von Gressekon, der da ze Totonowe sizzet». Wie die meisten Ortschaften dieser Täler ursprünglich der Verwaltung von St. Blasien unterstellt, kam Gresgen später nach wechselvoller Geschichte zur Herrschaft der Markgrafschaft Baden-Durlach. Obwohl selbst im Besitz einer Kirche, «in welcher bei Leichen und an den Abendmahlstagen gepredigt wird», ist es Filiale der Pfarrei Tegernau. Seit der letzten Jahrhundertwende, als der Löwenwirt seinen Gästen «Frühstück, Mittagessen, Nachmittags-Kaffee, Abendessen einschließlich Zimmer, zu 4 Mark» anbot, hat sich das Bauerndorf zu einem beliebten Kurort von neuzeitlicher Struktur entwickelt.

49   Das Grether-Haus, um 1930

Bis in unser Jahrhundert hinein verliehen habliche Strohdachhäuser dem Dorf das Antlitz einer auch äußerlich intakten Gemeinschaft, die sich völlig der Tradition verpflichtet fühlte. Mit dem Abbruch des Hauses des Metzgers Fritz Grether im Jahre 1932 verschwanden auch andere prachtvolle mit Stroh bedeckte Häuser, so daß dem Aufstieg zur komfortablen Wohngemeinde für Pendler und erholungsuchende Fremde nichts mehr im Wege stand.

Haagen

Das Dorf am Fuße des Burgrains bildete ursprünglich mit Röttelnweiler und Hasenloch einen Teil der Rötteler Vogtei, zu der auch Tumringen mit dem ‹Chilf› (Kirchhof) und Hauingen gehörte. Gleichsam als dienende Paladine reihten sich diese verträumten Ortschaften um die stolze Herrenburg, deren Fürsten (bis 1316 die Herren von Röttelnn, bis 1503 die Markgrafen von Hachberg-Sausenberg und bis 1913 die nachmaligen Großherzöge von Baden-Durlach) einen bedeutenden Platz in der Geschichte der Markgrafschaft einnahmen. Alle drei Vogtsgemeinden hatten in der Bannmeile der Residenz ihren Anteil am Aufstieg des Fürstenhauses, wie sich auch in ganzer Härte die Leiden während der Belagerung durch die Basler Anno 1332, der Besetzung durch die Bauern (1525) und der Zerstörung durch die Franzosen (1678) zu spüren bekamen. Als dann während längerer Zeit sich die Amtsleute mit der Registratur in der ‹Burgvogtei› im Kleinbasel aufhielten, erwarben einige der Dienstleute eigene Häuser. So die Landschreiberfamilie Gut von Winterbach in Röttelnweiler, die Familie Pauli in Haagen und Scharfrichter Heidenreich im Hasenloch. Nach der Erhebung des Dorfes Lörrach zur Amtsstadt (1682) bezogen dann die Amtsleute ihre obrigkeitlichen Stuben in der neuen Stadt, was bewirkte, daß den Tumringern und Haagener die niedern Hofdienste verblieben, wie die bescheidenen Beamtungen als Hoffischer, Trottenknechte, Mattenknechte, Hofküfer und Hofmüller. Nach der Zerstörung des Schlosses (1676) und dem Abzug der Landvogtei, der Burgvogtei, der Geistlichen Verwaltung und der Lateinschule aus dem Bannkreis der

Vogteiorte fristete Haagen im Schatten der zerfallenden Burg ein bescheidenes, kleinbäuerliches Dasein. Die Vogtei Rötteln löste sich in einzelne Gemeinden auf (1769–1788), und Haagen leistete sich 1786 eine eigene Schule. Doch ihren altehrwürdigen Kirchhof teilen die Dörfler bis heute mit den Tumringern.

50

50 **Empfang des Großherzogs, 1903**

«Am Sonntag war das ganze untere Wiesental in festlicher Stimmung, da der Großherzog von Baden mit Gemahlin, Sohn und Schwiegertochter es durch seinen Besuch erfreute. Am Morgen fand in der Kirche von Rötteln eine gottesdienstliche Feier statt, die dem 500jährigen Bestehen dieses Gotteshauses und dessen Renovation galt. Es folgte ein von der Kirchgemeinde Rötteln veranstaltetes Festmahl im Gasthaus zum Röttlerweiler. Sowohl an der Feier in der Kirche wie am Festmahl nahm das großherzogliche und das erb-großherzogliche Paar teil. In seiner Bankettrede ge-dachte der Großherzog besonders freundlich der guten Beziehungen zur Schweiz und trank auf das Deutsche Reich und seine Freundschaft mit der Schweiz. Als Vertreter von Regierung und Kirchenrat von Basel sprach Reg.-Rat Jselin. Am Nachmittag folgte auf der Tüllinger Höhe die Einweihung des Denkmals für den Sieger von Friedlingen, Markgraf Ludwig Wilhelm. Diese Feier trug mehr militärischen Charakter. Am Abend ließ sich der Großherzog in Lörrach noch die Beamten und Notabilitäten des Markgrafenlandes vor-stellen. Die Bevölkerung zeigte überall große, unge-heuchelte Freude über den Besuch des greisen Landes-vaters und seiner allverehrten Gemahlin.» (1903)

Die Burg Rötteln

Auf diesem verfallenen Bergschloß liegt viel Geld vergraben, bei dem ein Fräulein in weißem Kleid und Schleier umgeht. Am Tage sitzt sie öfters auf der Burgbrücke und spinnt, oder sie lustwandelt in der Umgebung des Schlosses. Von da hat sie einmal Kindern ver-gebens gewinkt, zu ihr zu kommen. Beim Mondschein wurde schon ein Unsichtbarer gehört, der, wie unter einer Last keuchend, nach der Burg ging. In dieser erscheinen in manchen Nächten gespensti-ge Lichter, auch schwebt zuweilen aus dem nahen Wald eine ein-same Flamme herbei und fährt an der steilen Mauer hinauf und zu einem Erkerfenster hinein. Auf dem Burghof hat schon ein Mann eine mannsdicke, baumlange Schlange in der Sonne liegen sehen, und in früherer Zeit sind manchmal Nachts feurige Drachen von dem Schloß nach der Chrischonakapelle oder von dieser nach je-nem geflogen. Daselbst befindet sich ein Kegelspiel, welches derjeni-ge, der es fortnimmt, nicht behalten kann, sondern wieder her-bringen muß. Was man in den Felsenkeller thut, wird in der Nacht von unbekannter Gewalt herausgeworfen. Von der Burg geht ein unterirdischer Gang, unter dem Wiesenfluß hinweg, in das Brom-bacher Schlößlein; er ist aber großen Theils verschüttet. (1859)

Rötelen.

51   Das Schloß Rötteln, 1644

«Rötlerschloß, liegt ganz in seinen Ruinen, doch steht noch ein Mayerhof mit einem Wohnhause und 2 Nebengebäuden mit 6 Bewohnern dabey; ein trauriger Überrest seines ehemaligen Glanzes und seiner zahlreichen Bevölkerung. Es hat unter den vielen alten Schlössern am Rheinstrom eine der schönsten und interessantesten Lagen, im Anfange des Wiesenthales, dritthalb Stunden von Basel, und ½ St. von Lörrach, auf einem nicht sehr hohen fruchtbaren Berge, am nördlichen Ufer der Wiese. Ungeachtet der geringen Höhe des Berges hat man doch auf demselben die vortrefflichste Aussicht, besonders in das schöne Thal. Wann das Schloß erbauet worden, läßt sich nicht bestimmen, wohl aber, daß es im Anfange des 11ten Jahrhunderts schon den Herren von Röteleim, oder Rötelein, von welchen, nach Münster schon im Jahr 938 einer dem ersten Turnier in Magdeburg beygewohnt haben solle, gehöret habe. In der Zeit, von 1315 bis 1503, da die Hochberg-Sausenbergische Linie ausstarb, und das Schloß mit der Herrschaft an den Markgrafen Christoph I. von Baden fiel, wurde dasselbe, welches unter seinen Dynasten schon ansehnlich und groß war, noch mehr verschönert, erweitert und befestiget. Es bestund damals aus zwey festen Burgen, der obern und der untern, von welchen die letztere die Vorburg genannt wurde. Nach der Theilung der badischen Lande 1535 fiel es nebst der ganzen Herrschaft der jüngeren Linie zu, daher auch in derselben unter Karl II. die lutherische Religion durch Baseler Theologen, namentlich den Dr. Sulzer eingeführt wurde. Das Schloß wurde in vielen Kriegen belagert und eingenommen. 1333 belagerten es die Basler, weil ein Markgraf einen Bürgermeister von Basel erstochen hatte, die Sache wurde aber in Güte beygelegt. Im 16. Jahrhundert litt es viel in dem Bauernkriege, 1638 wurde es von Herzog Bernhard von Weimar mit Sturm erobert, da kaiserliche und lothringische Völker darinn lagen. 1678 eroberten es die Franzosen, sprengten und zerstörten es zu gleicher Zeit mit den Schlössern Sausenberg und Badenweiler. Seit der Zeit liegt das Schloß in Rötteln ganz in seinen Ruinen, welche noch von seiner ehemaligen Größe und Schönheit zeugen.» (1803) – Kupferstich von Matthäus Merian.

52 Der sogenannte Wechlin-Bott, um 1910

Der im ganzen Markgräflerland bekannte Postbote Johann Friedrich Wechlin (1835–1913) stellt sich mit seinen sieben Söhnen stolz dem Photographen. Während Vater Wechlin die Uniform eines Dragoners des 2. Badischen Dragoner-Regiments aus der Zeit von 1856 bis 1859 trägt, zeigen sich seine Söhne in ihren Waffenröcken als badischer Leibgrenadier, Unteroffizier, Tambour, Hornist, Infanteristen und als Unteroffizier (von links nach rechts).

Haltingen

Das seit über 1200 Jahren beurkundete Dorf in Sichtweite des Münsters war gleichsam der Rebgarten und die Weinstube der Basler. Nicht nur das fränkische Königskloster St-Denis bei Paris hatte hier schon 767 Besitzrechte, sondern auch die Abtei der Alemannen in St. Gallen und der Basler Bischof, der in bester Lage einen 24 Jucharten großen Weingarten besaß und daraus von seinen Zinsbauern reiche Zinsweine bezog. Zum Zeichen ihrer Dienstbarkeit waren die vier vom Bischof bestellten Rebbammerte verpflichtet, im Herbst die schönsten ‹Henkel-Trübli› an einer Stange auf den Schultern über die Rheinbrücke und hinauf zum bischöflichen Schaffner ‹auf Burg› zu tragen. Die Basler Jugend zog alle Jahre mit ihren Pferden zur Kirchweihe St. Georgs und zur Segnung der Tiere nach Haltingen, wo es mit Feiern und Zechen meist hoch herging. Gegen Ende des 15. Jahrhunderts verbot der Rat von Basel aber seinen Bürgern am sogenannten St.-Georgs-Ritt teilzunehmen, weil er revolutionäre Umtriebe befürchtete. ‹Die Lage des Dorfes an dem Fuße der rebenbedeckten Hügel, in einem Walde von Obstbäumen, von fruchtbaren Feldern umgeben, ist eine äußerst freundliche, der Ort selbst macht in seinem Innern, mit seinen breiten Straßen, seinen gut unterhaltenen Häusern, seinen stattlichen Öco-

Die Industrie hat in Haagen Einzug gehalten,
53 um 1910

Als nach dem Anschluß Badens an den Deutschen Zollverein 1835 die Basler Seidenbandfabrikanten Sarasin und Heusler an der Wiese auf dem ehemaligen Areal einer Sägemühle und einer Lohstampfe einen Spinnereibetrieb aufbauten, eilte Haagen mit Riesenschritten der industriellen Entwicklung entgegen. «Die Fabrik besteht aus 8 Gebäuden, hat einen Kanal mit 20 Fuß Fall, der 2 Räder treibt, und beschäftigt gegen 300 Personen; es werden hier täglich an 10 Zentner meist amerikanische Wolle gesponnen.» 1976 ist die eigenständig gewachsene und wirtschaftlich unabhängige Gemeinde mit Lörrach verschmolzen worden. Der 1878 erbaute pfeilerlose eiserne Steg führt zur Spinnerei Sarasin & Staehelin Cie. – Photo Höflinger.

nomiegebäuden und umfangreichen Hofraithen einen sehr wohlthuenden Eindruck. Die Einwohner sind fleißig, intelligent und wohlhabend. Die Gemarkung liefert viel Getreide und Feldfrüchte, vorzügliches Obst (Kirschenwassser) und nicht minder guten Wein. Es sind im Ort 35 Pferde, 399 St. Rindvieh, 242 Schafe, 223 Schweine.› (1859)

Neben dem Bischof waren auch viele Basler Klöster und Stifte in Haltingen begütert und holten im Herbst die fälligen Zinsweine von der Trotte. Die herbstlich geschmückten Weinfuhren wurden, wie die Marktwagen, jeweils auf der Otterbachfähre über die Wiese gesetzt, wofür die Haltinger dem Fergen am St.-Stefans-Tag einen Laib Brot oder 4 Pfennig abzugeben hatten. 1432 erlangte Markgraf Rudolf auch für Haltingen die Zollfreiheit für die neue Wiesenbrücke bei Kleinhüningen mit der Verpflichtung, den Weg zwischen dem Otterbach und der Wiese in Pflege zu halten.

Wenn die Gaststätten im Herbst freundlich zum ‹Neuen›, zum ‹Süesse› und ‹Chrezer›, zum abgeklärten ‹Alten› mit Nuß und Brot einladen, fehlt es nie an Baslern. Vor allem hat es den Städtern der stattliche ‹Hirze› angetan, in welchem auch Jacob Burckhardt einkehrte und gar einmal mit Friedrich Nietzsche zu Gast war. Auch trifft sich die Studentenverbindung ‹Zofingia› seit Jahrzehnten regelmäßig hier.

54   Als weithin sichtbares Wahrzeichen des Dorfes thront die vermutlich aus dem 14. Jahrhundert stammende gotische St.-Georgs-Kirche über den Weingärten. Photo Höflinger, um 1900.

54

55 1866 leistete sich das selbstbewußte Rebdorf auch ein repräsentatives Rathaus, das für einige Jahrzehnte allerdings auch noch als Schulhaus und Lehrerwohnung dienen mußte. Photo Höflinger, um 1900.

56 Große Jubiläumsfeier, 1913

Zur Erinnerung an die Völkerschlacht bei Leipzig von 1813 hielt die Dorfbevölkerung im ‹Hirschengarten› eine große Jubiläumsfeier ab. Besondern Beifall fand dabei ein historischer Wagen mit deutschen und französischen Uniformträgern aller Waffengattungen. – Photo Karl Däublin.

57 Die Kirchgasse, um 1937

Über tausend Jahre war Haltingen eine kleine bäuerliche Dorfgemeinschaft. Die Weinberge prägten

das Bild der Landschaft zwischen den westlichen Vorbergen des Schwarzwaldes und dem Rhein. Die alte Kirchgasse bot oft auch Basler Malern und ihren Schülern ein gerne dargestelltes Motiv. Der Dorfbrunnen wurde 1888 vom Basler Steinmetz Friedrich aus einem ‹selten schönen Jura-Stein› gehauen; der 14 Tonnen schwere Trog mußte mit vier Pferden vom Bahnhof Leopoldshöhe an den Standort gezogen werden.

58   An der Großen Gasse, um 1900

Von den bekannten Haltinger Gaststätten wurde der ‹Hirzen an der Großen Gasse› mit seinem lauschigen Sommergarten und dem gemütlichen Pavillon besonders gerne von der Basler Intelligenz zur Pflege leiblicher Genüsse aufgesucht. Der leutselige Hirschenwirt Carl Beck und seine als ‹Hebelvögtin› verehrte Frau standen bei allen Gästen aus nah und fern hoch im Kurs. – Photo Höflinger.

59 Die Schlacht am Tüllinger Berg, 1702

Im Spanischen Erbfolgekrieg (1702–1714) kämpften die französische Armee unter General Villars und die deutsche Reichsarmee unter dem sogenannten ‹Türken-Louis›, dem Markgrafen Ludwig von Baden, um den Rheinübergang zwischen der Festung Hüningen und der Schusterinsel. Die beiden rund 20 000 Mann starken Heere lieferten sich am Westhang des Tüllinger Bergs eine mit tiefer Verbitterung geführte blutige Schlacht. Über der Schiffsbrücke sind die Ruine Hiltelingen (links außen) und das Schloß Friedlingen zu erkennen.

54

Gruss aus Haltingen

Verlag d. Wiesenth, Handelsdruckerei
A. Schelle, Loerrich.

60 Hiltelingen, 1625

Hiltelingen, das nur noch dem Namen nach bekannt ist, grenzte mit seinem Bann an Haltingen, das vor 250 Jahren die vom Krieg zerstörte Siedlung mit Land und Leuten vereinnahmte. Das Fischerdörfchen in der Stromniederung zwischen den Gießen und Altrheinen und dem Hochgestade wurde schon 845 als ‹Hiltaninga› erwähnt. Sein 1721 von einem Sturm völlig zerstörtes Kirchlein St. Michael wurde vom Klosterstift Säckingen verwaltet. Nur wenige Hofstätten und einige Fischerhäuschen lehnten sich an das Schloßgut mit seinem Weiherhaus. Das Herrengut gehörte ursprünglich wohl dem Kleinbasler Geschlecht der Ziegler von Hiltelingen. 1460 vermachte der Propst von St. Peter, Johann Ner, sein ‹Wiger-Hus› zu Hiltelingen seinem Sohn Hans. Als Erbauer des Wasserschlosses gilt Junker Mathias Eberler vom Engelhof, Stifter der Eberler-Kapelle in der Peterskirche. Ihm folgten die Familien Bischoff-Grünenzweig, Imeli und Umstorfer, bis das Weiherschloß 1557 von Markgraf Karl II. erworben wurde, der es seinen Landvögten als Amtssitz zur Verfügung stellte. 1676 wurde Hiltelingen von den Franzosen eingenommen und zerstört.

61 «Haltingen, vom Amtsorte Lörrach ¾ St. westlich entfernt, liegt ganz eben, am Fuße freundlicher Rebhügel, und hat in 136 Häusern und 148 Familien 755 evang. und 41 kath. Einw., welche von Wein-, Feldbau und Viehzucht leben, gutes Kirschenwasser produziren und wohlhabend sind. Es befinden sich hier 3 Wirtshäuser: zum Hirsch, zum badischen Hof und zur Gemeindestube. Zu H. gehörte früher das von den Franzosen abgebrannte Dörfchen Hältelingen, das nicht mehr aufgebaut wurde; auch Kleinhüningen gehörte hierher.» (1843)

Hasel

«Das Pfarrdorf mit eigener Schule liegt in dem freundlichen Thale des Haselbaches, welcher aus mehreren, von Glashütten, Schweigmatt und sonst vom Gebirge kommenden Bächen sich bildet und reich an köstlichen Forellen ist. Während das nahe Wiesenthal vermöge seiner Richtung von Osten nach Westen heftigem Ostwind ausgesetzt ist, liegt Hasel in seinem durch die hohen Gersbacher Berge geschützten Thale, dagegen im vollen Genusse der Mittags- und Abendsonne, entschieden milder und sommerlicher. Die Einwohner sind, nach dem im Jahre 1853 70 Arme nach Amerika ausgewandert, durchschnittlich ziemlich wohlhabend, trieben früher einen bedeutenden Viehhandel nach Frankreich und ernähren sich von Feld-, Wiesen-, Obstbau, Viehzucht (34 Pferde, 368 Rinder, 61 Bienenstöcke) und Holzhandel. Sie bauen in der großen Gemarkung Dinkel, Haber, etwas Roggen und Gerste, Hanf, Kartoffeln, Klee und vieles Obst. Weidgang besteht für Schweine und Ziegen» (1859). Ur-

ERDMANNSHÖHLE B.HASEL.
Bachhöhle
Gasthaus z. Erdmannshöhle
Eingang z. Höhle

sprünglich im Besitz der Herren von Bärenfels, ging das Dorf an die Markgrafen von Hochberg-Sausenberg. Zwei Jahre später übergab Markgraf Otto seinem Neffen Rudolf III. den halben Teil der Schlösser Sausenberg, Brombach und Lörrach mit den dazugehörigen Leuten und Dörfern Brombach, Lörrach und Hasel. Mit der Landgrafschaft Sausenberg fiel 1503 auch Hasel an Baden. Zehnten und Pfarrsatz standen den Deutschherren auf Beuggen zu, die für den Unterhalt von Gotteshaus und Pfarrhaus aufzukommen hatten. Anstelle der alten Peterskirche, aus welcher ein kunstvoller Taufstein aus dem Jahre 1627 erhalten ist, erhielt das Dorf 1779 eine neue, nach den Plänen von Landesbaumeister Meerwein erbaute Kirche. Das Deutschordenskreuz am Turmportal erinnert an die Stifter. Der Ortsteil Glashütten im tief in das Urgestein des Schwarzwalds eingeschnittenen Tal des Haselbaches weist auf das zu Beginn des 17. Jahrhunderts betriebene Glasbläsergewerbe hin. Die Eisenbahn Schopfheim–Säckingen unterfährt bei Hasel in einem 3170 Meter langen Tunnel den Dinkelberg. Einen bedeutsamen touristischen Anziehungspunkt weist die Arbeiter- und Bauerngemeinde ohne Industrie durch ihre Erdmannshöhle auf, deren merkwürdige Tropfsteingebilde auch Viktor von Scheffel im ‹Trompeter von Säckingen› besungen hat. Auch der Gesteinswechsel vom Kalk über den Sandstein zum Urgestein des Schwarzwaldes ist in der Gemarkung beachtenswert.

62   Gruß aus Hasel, um 1904

«Weitumher auf dem Ackerfeld zeugen kesselförmige, bald tiefere, bald flachere Einsenkungen von der allgemeinen Unterhöhlung des Bodens, und wo in solcher Gegend der Fuß des Wanderers die Erde stampft, oder ein schwerer Stein zur Erde fällt, dröhnen hohl und dumpf die unterirdischen Erdkammern. Vor Hunderten von Jahren sollen vor der Mühle der Dunghaufen und Obstbäume eingesunken, das Gebäude selbst sich gesenkt haben. In den Jahren 1771, 1799 und 1800 schreckten dumpfe Donner unterirdischer Einstürze die Bewohner des Dorfes, und vor den Augen des Pfarrherrn sank im Pfarrgarten ein stattlicher Zwetschgenbaum in die Tiefe. An der Stelle, wo er versank war später ein Schacht gegraben, durch welchen die Bergleute des Gersbacher Vitriolwerkes hinabstiegen, um die dem Pfarrhaus drohende Gefahr zu untersuchen. Sie fanden in der Richtung unter dem Hause durch, gegen die Kirche hin, tief unten, vielleicht 60 bis 70 Fuß unter der Oberfläche, Gänge, Höhlungen, fast haushohe Gewölbe, von einem rauschenden Bache durchflossen. Der Schacht wurde zugeworfen, aber noch steht mitten in dem Pfarrgarten, durch eine schwere Fallthüre geschlossen, eine senkrechte Öffnung in die Erde. Auf einer Leiter von 80 Sprossen steigt der neugierige

Forscher hinab in die finstere Tiefe, in deren Grunde öffnet sich eine niedere, schwarze, gähnende Schlucht. Achtsam horchend vernimmt er das ferne Rauschen des Wassers in der verborgenen Nacht der Erde. Aber tiefer in die unheimlichen Räume gelüstet ihn nicht vorzudringen. Er steigt wieder den steilen Pfad empor, und begrüßt mit leichterem Herzen das heitere Gestirn des Tages. Seit 70 Jahren ruhen hier die verborgenen Mächte im Schoße der Erde, und ohne Bangen schläft seitdem auch der Pfarrherr den ungetrübten Schlummer des Gerechten ...» (1859)

63   Die Haseler Höhle, um 1905

Den dolomitischen Kalken des Muschelkalks im Dinkelberg verdankt Hasel unter den vielen unterirdischen Klüften und Spalten auch die sogenannte Erdmannshöhle. Sie ist die ausgedehnteste ihrer Art in Deutschland. 560 Meter von den 3000 Metern Gesamtlänge sind begehbar. Als besonders charakteristisch sind die großen Hallen mit waagrechten Decken und zahllosen bizarren Tropfsteinen, die bis zu 4 Meter

56

Höhe erreichen, zu bezeichnen. Die Höhle wird schon 1271 erwähnt und ist seit 1899 elektrisch beleuchtet. Sage und Dichtung haben sich immer wieder der geheimnisvollen unterirdischen Welt angenommen und wohl auch zur heutigen Bezeichnung ‹Erdmannshöhle› geführt. – Photo Höflinger.

Erdleute

Als in der Höhle bei Hasel noch Erdleute wohnten, kamen sie nicht allein in dieses Dorf, sondern auch in die andern Orte der Umgegend. Die Erdweiblein brachten den Leuten von ihrem frisch gebackenen Kuchen, wiegten in Abwesenheit der Mütter die kleinen Kinder, fanden Abends mit ihren Rädern sich in den Spinnstuben ein, blieben aber nie länger als bis zehn Uhr, weil sonst, wie sie sagten, ihr Herr sie zanke. Auch halfen sie und die Erdmännlein Hanf schleißen, das Vieh pflegen (welches dabei vorzüglich gedieh), die Frucht schneiden und in Garben binden. Hierbei sprang einmal einem der Männlein ein Knebel so heftig an den Kopf, daß es ein klägliches Geschrei erhob. Auf dieses liefen alle Erdleute aus der Nähe herbei und fragten, was geschehen sey; aber als sie es erfuhren, gingen sie mit den Worten: «Selber than, selber han» wieder auseinander. Bei Hausen hatten sie eine kleine Höhle, die das Erdmännleinsloch hieß, und in die dortige Hammerschmiede kamen oft Nachts solche Männlein und arbeiteten wacker mit. Ein anderes Erdmännlein pflegte bei Nacht in der Wehrer Mühle, wenn der Müller schlief, für ihn zu mahlen. Weil es immer so schlecht gekleidet war, ließ er ihm heimlich einen neuen Anzug machen, legte ihn Abends auf den Mühlstein und dann sich oben an eine Speicheröffnung, um das Männlein zu beobachten. Als dasselbe kam und die Kleider sah, zog es sie sogleich an, ging darauf hinweg und betrat die Mühle niemals wieder. Für ihre Dienstleistungen begehrten die Erdleute nur hie und da Obst oder reinlich bereiteten Kuchen. Wo sie hinkamen, brachten sie Glück und Segen; durch Fluchen aber wurden sie augenblicklich vertrieben. In dem Thälchen zwischen Wehr und Hasel war ein Erdloch, worin ein Mann einen Dachs vermuthete. Er ließ seinen Hund hinein und hielt einen offenen Sack hart an dasselbe. Nicht lange, so sprang etwas in den Sack, welchen der Mann sogleich zuband und, ihn auf den Rücken nehmend, davon ging. Plötzlich rief in der Nähe ein Erdmännlein: «Krachöhrle! wo bist du?» «Auf dem Buckel, im Sack!» antwortete aus diesem eine Stimme und belehrte so den Mann, daß er, statt eines Dachses, ein Erdmännlein gefangen habe, welches er dann ungesäumt in Freiheit setzte. (1859)

Die interessanteste Höhle

Geht man von der großen Höhle aus, ehe man noch zum Bache kommt, rechts vorwärts, so führt eine 23 Stufen hohe Treppe zu der interessantesten Höhle von allen, welche zuerst südlich, dann aber etwa 300 Schritte lang östlich führt, bis sie endlich zum Weiterdringen zu enge wird. Um in diese Höhle zu gelangen, muß man etwa 8 Schritte lang fast auf Händen und Füßen fortkriechen, denn die Decke ist äußerst niedrig. In dieser Höhle sind besonders schön die Fürstengruft und der Sarg; sie ist jedoch meistens naß, weshalb man Bretter zum bequemen Gehen gelegt hat. (1843)

64   Das Gasthaus ‹Zur Erdmannshöhle›, um 1905

Mit der zunehmenden Erschließung der Höhlen wurde nicht nur die Organisation eines geregelten Besucherverkehrs notwendig, sondern auch die Errichtung eines Gasthofs, der um die Jahrhundertwende am Dorfeingang entstand. «Die Erdmannshöhle, welche zu den merkwürdigsten dieser Art gehört, liegt etwa 500 Schritte südlich an dem Wege nach Wehr, und ist verschlossen. Wer sie zu sehen wünscht, muß sich dieselbe von dem Schullehrer des Ortes zeigen lassen, der den Schlüssel dazu hat, und den Fremden eigene Überkleider gibt, damit die Kleider nicht verdorben werden. Die Höhle war früher wenig bekannt; erst zu Anfange dieses Jahrhunderts wurde dieselbe genauer untersucht und zugänglich gemacht; so daß im J. 1811 die Groß-

herzogin Stephanie dieselbe besehen konnte. Die ganze Gegend von H. scheint von unterirdischen Höhlen durchzogen zu sein. Einsenkungen des Bodens zeugen an verschiedenen Punkten dieser Gegend vom Vorhandensein solcher Höhlen, wie überhaupt alle Bäche zwischen der Wehr und Wiese von H. an bis zum Rheine in unterirdischer Verbindung miteinander zu stehen scheinen. Das Wasser,welches durch die Höhle fließt, hat keinen ersichtlichen Ausgang, und scheint unter der Erde bis in den Rhein fortzufließen. Auch der Eichener See scheint damit im Zusammenhange zu stehen. Man hat von dieser Höhle Abbildungen in 6 Kupferstichen mit Beschreibung vom Landkommissär Lembke, welche 1803 in Basel erschienen sind.» (1843) – Photo Höflinger.

Hauingen

Als im Jahre 1083 Bischof Burkhard von Basel dem eben gegründeten Kloster St. Alban zahlreiche Schenkungen zuteil werden ließ, gehörte auch die Kirche von Hauingen mit allen ihren Gütern dazu. Die Rechte und Pflichten zwischen St. Alban und der Hauinger Kirche bestanden bis zum Neubau der Kirche Anno 1768, denn erst mit der Einwilligung des Direktoriums in Basel, das seit der Reformation die Baupflichten St. Albans am Chor der Kirche übernommen hatte, konnte die Kirche ihre heutige äußere Gestalt erhalten. Wenn es auch keine frühgeschichtlichen Belege gibt, so darf man doch annehmen, daß bereits mit der ersten Siedlungswelle der Alemannen etwa im 5. Jahrhundert sich Menschen hier niedergelassen haben. Seit 751 wissen wir auch von der Existenz der Vogtei Rötteln, zu der Hauingen bis zu ihrer Auflösung 1769 gehörte. Die wenigen Urkunden, die uns aus mittelalterlicher Zeit berichten, befassen sich mit Zehntenstreitigkeiten mit den Grundherren, zu denen auch die Freiherren von Wart (Weitenau) und das Basler Kloster St. Maria Magdalena gehörten. Auch Schuld- und Kaufbriefe vermitteln ein lebendiges Spiegelbild guter und schlechter Zeiten. Von 1373 datiert der älteste Bericht über ein Gasthaus. Im folgenden Jahrhundert – 1492 erstmals bestätigt – setzt die Badstube die Tradition der Gastlichkeit fort und besteht, wenn auch mit veränderter Zielsetzung, bis heute.

Die Entwicklung einer Gemeinde mißt sich oft an der Baugeschichte ihrer Kirche. Das gilt von der Zahl der Bevölkerung wie von der wirtschaftlichen Kapazität der Gemeinde. 1469 hatte die baupflichtige Dorfgemeinschaft den Turm errichtet; und gewiß ist damals auch das 1768 neu aufgeführte erweiterte Kirchenschiff entstanden. Die Zahl der Einwohner reduzierte sich nach der Katastrophe des Dreißigjährigen Krieges 1648 auf etwa 100, erreichte aber schon 1910 einen Stand von 1820 und stieg bis heute auf rund 3000. Zeiten der Auswanderung und der Kriege haben nicht nur deutliche Spuren in der Bevölkerungskurve hinterlassen, sondern prägten auch die Bewegung des wirtschaftlichen Aufschwungs, durch welche, neben dem alten Ortskern, neue Wohnviertel entstanden sind, wie jenseits der Wiese (1896) gegen Brombach und im ‹Hinterdorf› gegen Steinen (1960). So hat Hauingen seinen modernen Akzent als Wohnsiedlung bekommen, denn auch der alte bäuerliche Kern beherbergt nur noch 5 Bauernbetriebe (1948 waren es noch 64). Mit dem zunehmenden Verlust des bäuerlichen und dörflichen Charakters sind der Gemeinde zahlreiche neue Aufgaben erwachsen; vieles ist neu entstanden, und manches Haus ist für einen neuen Verwendungszweck umgewandelt worden: Das 1823 errichtete Rathaus, in dem bis 1903 noch die Schule untergebracht war, wurde 1968 umgebaut. Dem Schulhaus, das seit 1973 nur noch die Grundschule beherbergt, wurde 1970 eine Turn- und Festhalle angebaut. Auf dem 1900 angelegten Friedhof konnte 1974 die neue Kapelle eingeweiht werden. Mit der Erschließung der Neubaugebiete entstanden zahlreiche neue Straßen und Kanalisationen. Auch die 1893 gebaute Wiesebrücke mußte 1974 einer größeren weichen. 1975 ist Hauingen schließlich im Zuge der baden-württembergischen Gemeindereform mit Brombach und Haagen in den Stadtbereich Lörrach aufgenommen worden.

65 Dorfansicht, um 1905

Noch liegt das Dorf völlig geschlossen und harmonisch in der Landschaft. Der mittelalterliche Turm der St.-Niklaus-Kirche überragt die Bauernhöfe und Wohnhäuser. «Als nicht ortsangehörig wohnen hier ziemlich viele Fabrikarbeiter aus dem Schwarzwalde und der Schweiz. Die Einwohner, welche nicht besonders bemittelt sind, deren Wohlstand aber in neuerer Zeit sich hebt, beschäftigen sich sonst mit Feld- und Weinbau, Obst- und Viehzucht. Der rothe Sandstein der hiesigen Gruben hat einen bedeutenden Absatz.» (1859) – Photo Höflinger.

Johann Peter Hebel (1760–1826)

Johann Peter Hebel, am 10. Mai 1760 am Totentanz 2 geboren und in der Gemeindeschule St. Peter und im Gymnasium am Münsterplatz zeitweilig zur Schule gegangen, bewahrte auch nach seiner Übersiedlung nach Karlsruhe Anno 1791 seine Verbundenheit mit Basel. Noch ein Jahr vor seinem Tod ließ er seine Freundin Gustave Fecht in Weil wissen: «In noch fünf Jahren bin ich 70. Alsdann bitte ich um meinen Ruhegehalt und komme heim. Ich bin bekanntlich in Basel daheim vor dem Sandehansemer Schwiebogen das zweite Haus. Selbiges Häuslein kaufe ich alsdann um ein paar Gulden – aber ich bin kein Burger! – also miete ich es, und gehe alle Morgen, wie es alten Leuten geziemt, in die Kirchen, in die Betstunden und schreibe fromme Büchlein, Traktätlein, und Nachmittag nach Weil.» Der Wunsch des unvergänglichen Dichters und Kalendermannes, ‹des Meisters der Darstellung, des Plastikers des Ausdrucks und des Satzgefüges, des Freundes lebensunmittelbarer Gegenständlichkeit und Anschaulichkeit› aber sollte keine Erfüllung finden: Er starb völlig unerwartet am 22. September 1826 auf einer Dienstfahrt. – Pastellbildnis von Ph. J. Becker.

Hausen

Dort, wo die Wiese das enge, ehemals vorderösterreichische Schwarzwaldtal verläßt und ins hügelige Markgräflerland fließt, liegt Hausen: Hebels Heimatdorf. Schon die älteste Urkunde von Hausen (1362) weist auf eine Beziehung zu Basel, übten damals doch zwei seiner Bürger, Dietschmann und Lienhart zur Sonnen, die niedere Gerichtsbarkeit im Dorf aus. Als stärkstes Bindeglied zwischen Basel und Hausen aber erwies sich das Andenken an Johann Peter Hebel. Als in der Stadt sein 100. Geburtstag gefeiert wurde, betonte Festredner Fritz Burckhardt, Hebel hätte die Absicht gehabt, den alten Mannen in Hausen jeden Sonntag einen Schoppen Wein ausschenken zu lassen, doch sei es beim guten Willen geblieben. Nun aber wäre es an der Zeit, die Absicht Hebels wenigstens jeweils am Hebeltag zu verwirklichen. So kam es zur Gründung der ‹Basler Hebelstiftung 1860›. Ihrer Institution verdanken seither alljährlich zwölf bestandene Bürger und Frauen eine Einladung zum ‹Hebelmähli›, zwei Mädchen eine Hochzeitsgabe und vier Schüler ein Hebelbuch.

Eine Verbindung zu Basel ergaben auch Holz und Eisen. Von 1726 bis 1759 wurden jährlich bis zu 6000 Klafter Holz nach Basel geflößt; der Lauf der ‹Wasserstraße› ist heute noch zu erkennen. 1736 erhielt der Basler Samuel Burckhardt die Konzession zum Betrieb der Eisenhütte Hausen, die Markgraf Friedrich Magnus 1680 trotz ernsthaftem Basler Interesse dem Juden Löwel verpachtet hatte. Burckhardt mußte sich verpflichten, vom Zentner Gußeisen 30 Kreuzer und vom Zentner Stabeisen 50 Kreuzer abzuführen, alle in Hausen geschmolzenen Masseln auch an Ort zu verschmieden und jährlich nur 1000 Fuder badische und dafür 2000 Fuder ausländische Holzkohle einzukaufen. Bereits 1738 ersuchte Burckhardt um die Bewilligung zum Bau einer Stahlfabrik. Die Errichtung eines solchen Unternehmens, das aber zum Schutz der umliegenden Waffenschmieden nur im Lande bis anhin noch nicht produzierte Erzeugnisse anfertigen durfte, erwies sich als glänzenden Einfall. Man hatte schon seit Jahren verschiedentlich, aber ohne Erfolg versucht, in Hausen Stahl zu fabrizieren, ehe Burckhardt einen geglückten Versuch unter Beiziehung von fünf Tiroler Facharbeitern startete. Schon nach kurzer Zeit mußten die

Gebäulichkeiten bedeutend erweitert und die Gerätschaften erneuert werden. Es wurden ein Laborantenhaus, zwei Kohlenscheuern und mehrere Wasserbauten erstellt und drei Blasebälge aufgestellt. Nach dem Ausbau vermochte das Werk Hausen eine Kapazität von gegen 10 000 Zentnern Eisen im Jahr zu bewältigen. Bis 1770 verblieben die Eisenwerke Burckhardts Erben, dann gebot der Markgraf Selbstbewirtschaftung. Von 1794 bis 1823 unterstand der Betrieb wieder einer Basler Familie (Paravicini). 1865 erfolgte die Liquidation der Hüttenwerke, und in den Gebäulichkeiten hielt die Textilindustrie Einzug. Heute zählt Hausen rund 2000 Einwohner, die durch eine günstige wirtschaftliche Entwicklung Ruhe und Wohlstand genießen.

67 Das Hebelhaus, um 1800

Im ältesten Fachwerkbau Hausens (um 1600 erbaut) ist heute das Hebel- und Volkstummuseum untergebracht. Es zeigt neben Möbeln aus der Barockzeit und Erzeugnissen des Eisenwerks Erinnerungen an Hebel und Bilder der Hebelpreisträger. Im Obergeschoß vermitteln Küche, Wohnstube mit Kunst und Ofenbank, Schlafkammer und Webstube ein Bild aus der Zeit Hebels.

Reiter mit Geisfüßen

Ein Mann aus Zell erzählte: «Als ich in einer Winternacht auf dem Heimwege in der Hausener Hammerschmiede eingesprochen hatte, hörte ich nach 11 Uhr einen Reiter herankommen, in dem ich ein Begleiter zu finden hoffte. Ich machte die Thüre auf und sah im Scheine des Schmiedfeuers draußen einen Rappen vorbei schreiten, welcher seinen jenseits neben ihm gehenden Reiter fast ganz verdeckte. Nur so viel konnte ich wahrnehmen, daß derselbe Ziegenfüße habe. Neugierig folgte ich ihm bald und war, da er sehr langsam ritt, in Kurzem nicht mehr weit von ihm. Plötzlich stürzte er mit seinem Pferde links in den Straßengraben.

Erschrocken rief ich ihm zu, ob ich ihm helfen solle, erhielt jedoch keine Antwort, und im Graben war Alles mausstille. Da machte ich mich weiter; aber bald hörte ich den Reiter mir nachsprengen. Um ihn im Vorüberreiten zu betrachten, blieb ich stehen, allein da hielt auch er, bis ich wieder fortging. Eben so machte er es, als ich bei der Ziegelhütte ihn erwartete. An der Zeller Kapelle stellte ich mich zum dritten Male auf, um ihn beschauen zu können; aber sobald er in ihre Nähe kam, warf er schnell sein Pferd herum und jagte das Thal hinunter, daß die Funken umher stoben. Jetzt wußte ich, daß der Reiter ein böser Geist sei und deshalb davon scheuchte.» (1859)

67

61

Die Wiese von Johann Peter Hebel (Auszug)

Halt mer e wenig still, i will di jez lutherisch chleide;
's schickt si nümme barfis z'laufe, wemme so groß isch.
Do sin wißi Bauwele-Strümpf mit chünstlige Zwickle,
(leg sie a, wenn d'chasch!) und Schueh und silberni Rinkli;
do ne grüene Rock! vom breit verbendlete Liibli
fallt bis zu de Chnödlenen abe Fältli an Fältli.
Sitzt er recht? Thue d'Häftli i! und nimm do das Brusttuech,
sammet und roseroth. Jez flichtider chünstlige Zupfe
us de schöne, sufer g'strehlte, flächsene Hoore.
Obe vom wißen Aecken und biegsem in d' Zupfe verschlunge,
fallt mit beiden Ende ne schwarze sidene Bendel
bis zum tiefe Rock-Saum abe. – G'fallt der die Chappe,
wasserblaue Damast und gstickt mit goldene Blueme?
Zieh der Bendel a, wo in de Ricklene durgoht,
unter de Zupfe dure, du Dotsch, und über den Ohre
fürsi mittem Letsch, und abe gegenem Gsicht zue!
Jez e side Fürtuech her, und endli der Hauptstaat,
zwenzig Ehle lang und breit e Mailänder Halstuech!
Wie ne luftig Gwülch am Morgehimmel im Früehlig
'schwebts der uf der Brust, stigt mittem Othem, und senkt si,
wahlet der über d'Achsle, und fallt in prächtige Zipfle
übere Rucken abe, sie ruusche, wenn de'n im Wind gohsch!
Het me's lang, so loßt me's henke, hör i mi Lebtig.
D'Ermel, denk wol, henksch an Arm, wils' Wetter so schön isch,
aß me's Hemd au sieht, und dini gattigen Aermli,
und der Schie-Huet nimmsch in d'Hand am sidene Bendel;
d'Sunne git eim wärmer, und schint eim besser in d'Auge,
wer en in de Hände trait, und 's stoht der au hübscher!
Jez wärsch usstaffiert, as wenn de hofertig stoh wottsch,
und de g'falsch mer selber wieder, chani der sage.

Wienes si iez freut, und wie's in zimpfere Schritte
tänzelet, und meint, es seig d'Frau Vögtene selber,
wie 's si Chöpfli hebt, und jeden Augeblick z'ruck schielt,
Öb me's echt au bschaut, und öb men em ordeli noluegt!
Jo, de bisch io hübsch, und io du Närrli, mer luege,
Du Marggröver-Meidli, mit diner goldige Chappe,
mit de lange Zupfen und mit der längere Hoorschnuer,
mittem vierfach z'semmegesetzte flattrige Halstuech!

Aber rothet iez, wo's hofertig Jümpferli hi goht!
Denk wol uffe Platz, denk wol zuer schattige Linde,
oder in d'Weserei, und zue de Husemer Chnabe?
Hender gmeint? io wol! Am Bergwerch visperlets abe,
lengt e wenig duren, und trüllt e wengeli d'Räder,
was der Blos-Balg schnufe mag, aß d'Füürer nit usgöhn.
Aber 's isch si Blibes nit. In d'Husemer Matte
schießt's, und über d'Legi ab mit große Schritte go Farnau,
laufsch mer nit, se gilts mer nit, dur 's Schopfemer Chilspel.

Am Hebeltag, 1970

Am Hebelfest holen Hanseli und Vreneli, die He-
belmusik in Tracht und alte Männer mit der Fahne die
Basler Gäste am Bahnhof ab und geleiten sie zur Festhalle. Hanseli und Vreneli sind Personen aus Hebels
Gedichten. Die Vrenelistracht ist die Vorläuferin der
jetzigen Tracht der Markgräflerinnen mit der ‹Hörnerchappe›. Im reizvollen Gedicht ‹Die Wiese› schildert
Johann Peter Hebel ausführlich Feldbergs Töchterlein
in der schmucken Vrenelistracht. Die Hebelmusiker
tragen die traditionelle Tracht des Markgräfler Kalendermannes, wie er die Titelseite des ‹Rheinländischen
Hausfreundes› ziert.

Herten

Der Name der ehemaligen Gemeinde Herten geht auf das germanische ‹Hart› bzw. auf das latinisierte ‹Harta›, der Wald, zurück. Erstmals ist das Dorf 807 erwähnt, als nach sanktgallischen Urkunden eine Dorfadelige dem Kloster am Bodensee bedeutenden Besitz überließ. Reste römischer Bauten lassen aber den Schluß zu, daß schon vor mehr als 2000 Jahren im heutigen Dorfbereich eine Siedlung stand. Auch die große Zahl von alemannischen Gräbern deutet auf eine dichte Besiedlung. In spätrömischer Zeit stand auch eine Brücke über dem Fluß, deren Reste erst durch den Stau des Rheins beim Kraftwerkbau zu Beginn unseres Jahrhunderts im Strom verschwanden. Sonst teilt das Dorf das Schicksal der Landschaft, gelangt von den Zähringern zu den Habsburgern und verbleibt in der Landschaft Rheintal, bis durch den Frieden von Lunéville das ganze Land nördlich des Rheins zu Baden kommt. Wohl fand die Gemeinde in der Mitte des vorigen Jahrhunderts Anschluß an die Rheintallinie der Eisenbahn, doch der große Industrieboom, der die Wirtschaft und das Werden der Stadt Rheinfelden und der benachbarten Gemeinde Grenzach bestimmte, ließ Herten unberücksichtigt. Es blieb eine wohlhabende bäuerliche Gemeinde, deren Bewohner mit allen Schicksalsschlägen fertig wurden. Bis zur Gegenwart erhalten geblieben ist das Gewerbe des Rebbaus. Die günstige Hanglage und eine gute Sortenzucht ließen in den letzten Jahren das Weinbauareal sogar ausweiten. 1879 legten zwei tatkräftige und fortschrittliche Priester die Basis für das St.-Josefs-Haus, in dem heute 350 körperlich und geistig behinderte Kinder mit ihren Erziehern und Schwestern fast eine Gemeinde für sich bilden. Viel innere Not sah das Haus im Verlauf von fast hundert Jahren, die es zu lindern galt, und unzähligen vom Schicksal hart angepackten Menschen ist zum Weg ins Leben verholfen worden. Nach dem Zweiten Weltkrieg vollzog sich in Herten die Umwandlung zur Wohngemeinde. Die Ciba-Geigy schuf neue Wohnviertel, die neue Kindergärten, eine neue Schule und ein erweitertes Verwaltungszentrum bedingten. Geblieben ist der alte Dorfkern mit seiner Barockkirche und den alten Giebelhäusern, deren Besitzer vernünftig genug waren, den Baucharakter ihrer Liegenschaften unverändert zu lassen. Die dem Heiligen Theobald geweihte Kirche ist ein Werk des jüngeren Bagnato, dessen Vater vom Bodensee bis in den Breisgau, dies- und jenseits des Rheins, unzählige Kirchen und Profanbauten errichtete. Als Baumeister der Deutschritter gab er allen Bauten den durch die damalige Ordensregel vorbestimmten Charakter. Der Übergang an Rheinfelden hat das Eigenleben in der ehemaligen Gemeinde nicht beeinflußt. Ursprünglich sollte Herten mit Wyhlen und Grenzach eine Verwaltungseinheit bilden. Die Unentschlossenheit der westlichen Randgemeinden führte Herten aber zu Rheinfelden, dessen Bürgermeister und Gemeinderat die Integrierung mit viel Geschick einleiteten.

69 Der Markhof, um 1908

Bis zur Aufhebung der im Jahre 1304 von der adeligen Berta von Nollingen gegründeten Prämonstratenserabtei Himmelspforte im benachbarten Wyhlen lag der Markhof in klösterlichem Besitz. Zu Beginn des 19. Jahrhunderts gelangte der respektable Sitz an den im aargauischen Rheinfelden wirkenden Bierbrauer Franz Joseph Dietschy. Dessen Sohn Franz Johann zog sich beim Säubern des Brandweihers eine tödliche Infektion zu. An ihn erinnert der im Weiher stehende Gedenkstein. – Photo Höflinger.

70

Das St.-Josefs-Heim, um 1905

1879 von den aufgeschlossenen Geistlichen Rollfuß aus Herten und Danner aus Säckingen für behinderte Kinder gegründet, entwickelte sich das St.-Josefs-Haus zu einem modernen Lehr- und Erziehungsinstitut mit einem Bestand von einigen hundert Kindern und Betreuern. Rechts im Bild ist der alte Wohntrakt der ‹Insassen› zu sehen. Anstelle des vor einigen Jahren abgebrannten, der Selbstversorgung dienenden Wirtschaftsgebäudes im Hintergrund gegen die Hauptstraße steht heute eine neuzeitliche Unterkunft für pädagogische Mitarbeiter. – Photo Höflinger.

71 Die im Areal des St.-Josefs-Heims liegende Lourdesgrotte wird vornehmlich von den Schwestern zum Heiligen Kreuz aus dem Schwyzer Stammkloster Ingenbohl, die das Heim heute leiten, zur stillen Andacht aufgesucht, um 1905. Photo Höflinger.

Hütten

Hütten auf der gegen Wehr steil abfallenden Hochfläche erscheint mit Namen erstmals um das Jahr 1300: In einem Berain des Klingentalklosters wird ein Heinrich von Hütten aufgeführt, der im Dorf, das sich in Oberhütten und in Unterhütten teilte, Güter besaß. Über einen großen Hof, das sogenannte Heiligkreuzgut, verfügte auch das Kloster Säckingen. 1396 hatte ein Heini Kunzer diesen Hof als Lehen inne. Er verpfändete ihn dann aber an Anna Grieb von Säckingen, und diese vermachte die Einkünfte dem Stift Säckingen zu einer Jahrzeitstiftung, wo-

mit das Stift zu doppelten Einkünften kam. Die ursprüngliche Zugehörigkeit zur Grafschaft Wehr hat sich in der kirchlichen Unterstellung von Hütten und Rüttehof, einem Weiler, der ebenfalls in der Gemarkung Hütten liegt, in die Pfarrei Wehr bis ins 18. Jahrhundert erhalten. Das Kloster Klingental, als Inhaber der Pfarrei Wehr, blieb damit während langer Zeit auch Zehntenbesitzer von Hütten. Die Klingentalerinnen waren bereits 1272 von Wehr nach Basel übersiedelt. Und als nach der Reformation das Kloster samt allen Rechten der Stadt zugeschlagen wurde, waren dabei auch die Zehntrechte der Wehrer Pfarrei inbegriffen. Bis zur Zuteilung von

Hütten und Rüttehof zur Pfarrei Rickenbach Anno 1787 bezogen demnach die Basler Zinse von diesen einstigen Einzelhofsiedlungen auf dem westlichen Hotzenwaldkamm. Als ausgesprochen landwirtschaftliche Gemeinde mit mittelmäßigen Ertragsverhältnissen galt ihre Bevölkerung um die Mitte des letzten Jahrhunderts als wenig bemittelt. Mit dem Anbau von Roggen, Hafer und Kartoffeln ließen sich keine Reichtümer scheffeln. Auch der Einzug der Seidenbandweberei, die 1906 74 Bewohnern Arbeit und zusätzlichen Verdienst bot, änderte die bescheidene ökonomische Basis nicht wesentlich. Während der letzten fünfundzwanzig Jahre aber hat Hütten eine erfreuliche Aufwärtsentwicklung erlebt. 1954 wurde eine

72 Die Hüttener Feuerwehr Anno 1912. Hundert Jahre zuvor zählte das Dorf mit den ‹ärmlichen Strohhütten› 448 Einwohner, 70 Familien und 41 Häuser.

zentrale Wasserversorgung gebaut, und 1974 konnte die Kläranlage Rüttehof in Betrieb genommen werden. Ein Flurbereinigungsverfahren brachte Ordnung in die Wald- und Feldflur und bescherte den Segelfliegern einen herrlichen Flugplatz. Neuüberbauungen in Hütten und Rüttehof minderten die Abwanderungslust, so daß die Ortschaft Hütten, die 1973 mit Rickenbach vereinigt wurde, heute wieder beinahe 350 Einwohner zählt.

Huttingen

Abseits vom großen Verkehr, aber von Eisenbahn und Autobahn begrenzt, liegt das noch beinahe rein bäuerliche Dorf mit seinen 350 Einwohnern am Osthang des Isteiner Klotzen. So gelassen und bescheiden sich das schmucke Dorf heute darbietet, so duldsam erlebte es das wechselhafte Auf und Ab seiner Geschichte im Wind-

schatten großer Ereignisse: Unweit der heutigen Siedlung sollen die Römer ihre Straße über den Efringer Berg zum Schliengener Berg gebaut und auf dem Kapellenbuck ein Kastell errichtet haben. 1365 hat dann der Basler Bischof auf seiner Klotzen-Veste, im Tausch gegen Höllstein, Huttingen aus dem Besitz des Rötteler Markgrafen übernommen, unter dessen Hoheit es bis 1802 verblieb. Trotz seiner Abgeschiedenheit litt das wehrlose

73 Die St.-Nikolaus-Kapelle, 1912

Das erste und recht bescheidene Kirchlein Huttingens auf der Höhe neben der Römerstraße stand auf dem Gut des Klosterstifts adeliger Frauen in der hintern Klotzenbucht am Rhein, welches in Huttingen über Höfe und Güter verfügte. Um die Jahrhundertwende ließ der damalige Pfarrer Schuler unter großen persönlichen Opfern die erste St.-Nikolaus-Kapelle durch einen stattlichen Neubau aus rotem Sandstein ersetzen. Das weit ins Land grüßende neuromanische Gotteshaus aber sollte nur wenige Jahre als Stätte der christlichen Begegnung dienen, denn schon 1914 wurde es auf Anordnung der Festungskommandanten von Istein in die Luft gesprengt und völlig zerstört. Die dritte ‹Santi-Chlaus-Kapelle› konnten die opferbereiten Huttinger 1971 einweihen.

Dorf unter dem Einfall der Schweden im Dreißigjährigen Krieg schwer: Keller, Speicher und Ställe wurden bis auf die Grundmauern geplündert. Und so werden die 300 Einwohner noch um die Mitte des 18. Jahrhunderts als ‹nicht wohlhabend› geschildert, die mit Viehzucht und etwas Rebbau ein bescheidenes Leben fristeten.
Bis ins 18. Jahrhundert bildete Huttingen als Filiale politisch eine Vogtei und war familiär eng mit Istein verbunden. Das bedeutendste Unternehmen der Gemeinde vor der gesetzlich verordneten Zusammenlegung mit der Großgemeinde Efringen-Kirchen bildete zweifellos die Flur- und Feldbereinigung ihrer fruchtbaren Gemarkung, welche die bäuerliche Grundstruktur lebensfähig erhalten soll.

74 Palmenbuben auf dem Kirchgang, 1970

Nach alter Väter Sitte werden in Huttingen auch heute noch am Palmsonntag die Palmen geweiht. Wie es in den katholischen Gemeinden der badischen Rheinebene und im Schwarzwald immer noch üblich ist, wird der Palmmaien an einen glatten, handfesten,

etwa 1,5 Meter langen Stecken gebunden, wobei der unten rundgestutzte Buchsbart und die immergrünen Stechpalmen, die mit drei weißen Kreuzen gekrönt sind, von einem breiten Seidenband umschlungen werden. Jeder Palmenträger, d.h. jeder Knabe des Dorfes, hat den Ehrgeiz, einen Maien mit dem schönsten und buntesten Seidenband zur Kirche zu tragen. Nach der

Weihe umgehen die jugendlichen Träger den Kirchhof. Zu Hause wird der abgeänderte Maien zunächst in den Garten gestellt, damit er vom Osterhasen gebührend beachtet und dementsprechend mit Eiern belegt werde. Später gelangen einzelne Büschel als segenheischende Schützlinge gegen Unwetter und Ungefäll in die Ställe der Bauern.

Inzlingen

In unmittelbarer Nähe des Wiesentals, aber doch abgeschieden vom großen Durchgangsverkehr, liegt die kleine Grenzgemeinde Inzlingen. Das schmale, nach Westen sich öffnende Aubachtal des Dinkelbergs hat der von Wald, Bergen und Grenzen umgebenen Siedlung ihre eigenwillige historische Note bis auf den heutigen Tag gegeben, denn auch 1975 hat sich Inzlingen seine politische Selbständigkeit bei der Gemeindereform bewahrt.

Schon das Gemeindewappen erinnert mit der schwarzen Saufeder im gelben Feld an die in Basel wohlbekannten Herren von Reichenstein, die seit dem 14. Jahrhundert dieses markgräfische Lehen innehatten. Ihnen verdanken wir auch das einzige in Südwestdeutschland erhalten gebliebene Weiherschloß, das nach seiner gründlichen Renovierung seit 1978 der Öffentlichkeit als Gemeindezentrum und Rathaus zur Verfügung steht. Nicht nur die allgemeinen kriegerischen Ereignisse des Landes brachten dem Dorf in den vergangenen Jahrhunderten viel Un-

ruhe und Not, sondern auch der uralte, über lange Zeit sich hinziehende Streit über die rechtliche Zugehörigkeit zur Markgrafschaft bzw. zum österreichischen Breisgau. Vieles aus den rechtlich teilweise sehr verworrenen Verhältnissen erklären auch die Ansprüche, die im Laufe der Zeit die Klöster St. Blasien, Säckingen, St. Klara, das Spital Basel und das Chorherrenstift St. Martin, Rheinfelden, hier geltend machten, aber auch die privilegierte Stellung der Herren von Reichenstein, die neben der niederen auch die hohe Gerichtsbarkeit besaßen.

Anno 1859 wird Inzlingen als 1058köpfiges Pfarrdorf mit Schule und Waidhof beschrieben, das «in einem freundlichen Hochthale des nordwestlichen Dinkelberges, 16 Stunden von Freiburg und 1 Stunde südwestlich von Lörrach liegt. Zwischen Lörrach, Stetten und Inzlingen zieht sich über den Gebirgsrücken des Maienbühls ein langer, wenige hundert Schritte breiter Streifen Stadt Basler Gebiet und in demselben liegt das Haus zum Maienbühl, ein bedeutendes Hinderniß für die genaue Bewachung der Zollgrenze und früher ein bequemer

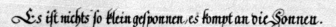

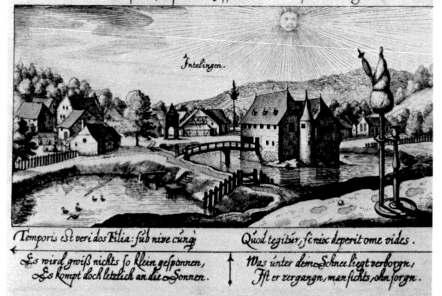

Das Weiherschloß, 1625

Die erste Erwähnung des Inzlinger Wasserschlosses, das 1563 aus einer mittelalterlichen Wasserburg entstanden war, fällt ins Jahr 1511. Seine Erbauer waren Mitglieder der Familie von Reichenstein, die schon seit 1394 im Besitz des Inzlinger Lehens war. 1731 ließ Paul Nikolaus von Reichenstein vor der alten Holzbrücke eine überlebensgroße Statue des Heiligen Nepomuk aufstellen. Bis 1807 verblieb das Schlößchen im Besitz der Reichenstein. 1840 etablierte sich eine Seidenbandweberei in den herrschaftlichen Räumen, die noch heute an einer schönen Stuckdecke die Reichensteinischen Schlösser Brombach und Münchenstein, Landskron und Inzlingen zeigen. 1969 gelangte das Weiherschloß in den Besitz der Gemeinde, die es mit großem Aufwand renovieren ließ. – Kupferstich von Matthäus Merian.

76 Die Dorfkirche, um 1910

Inmitten seiner reformierten Umgebung hat sich Inzlingen als katholischer Pfarrort behauptet. Die früheste Nachricht über die Kirche datiert aus dem Jahre 1238, als diese aus dem Besitz der Herren von Üsenberg an das Aargauer Zisterzienserkloster Wettingen ging. Zehn Jahre später erwarben die Mönche von St. Blasien die Rechte an dem den Aposteln Petrus und Paulus geweihten Gotteshaus, von dem nur noch der Turm erhalten geblieben ist. Die heutige Kirche wurde im Jahre 1832 erbaut. – Photo Höflinger.

77 Auch der ‹Adler› hatte im 1015-Seelen-Dorf (1843) als zweite Wirtschaft seine Gäste. Aber seine Inhaber waren nicht immer erfolgreich, und so wurde er nach wechselvoller Geschichte kürzlich abgerissen. Photo Höflinger, um 1900.

Unterschlupf für vielfachen Schmuggel. Die nicht sehr wohlhabenden Einwohner Inzlingens treiben Feld-, Obst- und Weinbau und starke Viehzucht (344 St. Rindvieh und 213 Schafe). Ergiebige Steinbrüche von feinkörnigem Kalk, welcher an Ort und Stelle verarbeitet wird, *geben Beschäftigung und Verdienst. Fabrikant Kern von Basel betreibt eine Fabrik von Atlas- und Taffetbändern.» Heute ist Inzlingen ein Dorf mit rund 2000 Einwohnern und dient vornehmlich als Wohngemeinde für die Industrien und Dienstleistungsbetriebe der Regio.*

78

79

78   Die alte Dorfstraße beim Turnplatz und das Rathaus im Hintergrund. «Man scheidet gewöhnlich das Dorf mit 104 Häusern in Ober- und Niederinzlingen nebst dem sogenannten Waidhofe. Es hat auch zwei Mühlen.» Photo Höflinger, um 1900.

79   **Der Gasthof ‹Zur Krone›, um 1898**

Anno 1714 an der Riehenstraße erbaut und seit 1771 im Besitz der Familie Eyer, gehört die ‹Krone› seit Menschengedenken ins vertraute Inzlinger Dorfbild. Neben der ansässigen Bauernsame und den Basler Studenten kehrten hier besonders auch die Fuhrleute ein, die täglich Bruchsteine in die Stadt führten. Es soll nicht selten vorgekommen sein, daß einige der bis zu 40 Pferde, die für den Transport jeweils eingespannt wurden, den Weg ohne Fuhrmann zurück an die Futterkrippe vor der ‹Krone› gefunden hatten, weil die Karrer in einer Basler ‹Baiz› allzu ausgiebig den Durst löschten! Bis 1912 produzierten die Eyers auch ihr eigenes Licht in einem Karbidhäuschen hinter dem Wirtshaus. – Photo Höflinger

70

Istein

Istein und Klotzen, Namen voller Klang und Farbe, die weit über den Bannkreis der engern Heimat vertraut sind, wissen dem aufmerksamen Besucher Mannigfaches und Merkwürdiges aus der Geschichte zu berichten. Schon vor fünftausend Jahren wohnten Menschen in den Felshöhlen am Klotzen und am Hartberg und bearbeiteten in der Zeit der sogenannten Isteinkultur den hier aus Kalkstein geheuerten Feuerstein zu Werkzeugen. Aber erst verhältnismäßig spät taucht Anno 1139 erstmals der urkundlich überlieferte Name des Dorfes im Zeichen des baslerisch-bischöflichen Krummstabs auf, unter dessen Herrschaft die Landschaft um den Klotzen bis ins Jahr 1802 stand. 1409 hatte sich die Bergfeste auf dem steil aufragenden Jurafelsen gegen den Ansturm der vereinigten Basler, Berner und Solothurner zu wehren: ‹Am Mor-

80   Das Innerdorf, um 1900

Das sogenannte Rotbrückli führte vom Mühlengrund, der dem Dorf vorgelagerten Rheininsel, zum Innerdorf in ‹unser kleines Italien›, wie einst Jacob Burckhardt Istein nannte. Quellfrisch benetzt der Dorfbach die Schöpfe und die niedern Häuser in der Fischerau. «Fruchtfeld hat die Gemeinde wenig, der Viehstand ist gering, der Weinbau desto ergiebiger. Die Edelweine des Herrn von Freystedt, welcher hier ein Rebgut und ein Schlößchen besitzt, erreichen einen hohen Preis» (1859). – Photo Höflinger.

gen des 11. November rückten 5000 Basler vor die Feste, von dem schweren Geschütze, das den ganzen Tag gegen die Mauern spielte, zertrümmert, stürzt ein Theil des untern Mauerwerks in den Strom, der Feind schlägt die Thore ein, bricht mit stürmender Hand in das Innere, die untere Feste ist erobert, die obere ergibt sich gegen die Gewähr freien Abzuges. Am nemlichen Tage ziehen die Sieger wieder in den Mauern ihrer Heimathstadt ein, in der eroberten Burg blieb eine städtische Besatzung. In dem 1410 durch den Markgrafen Rudolph III. vermittelten Frieden bleibt die Herrschaft dem Hause Oestreich, während die Basler Herren der Feste bleiben. Diese aber

sprengten im Januar 1411 die Mauern der beiden Burgen in den Rhein, luden die mächtigen Quadern des obern Thurmes auf ihre Schiffe, und bauten damit zum Schutze eigener Sicherheit nach außen das Riehenthor zu Basel.› Waren es nicht kriegerische Ereignisse, die das Dorf bedrohten, dann waren es verheerende Hochwasser, welche

81

8

81 **Beim Fischen in den Altwassern, um 1930**

Außer der Lachsweid im November mit Ger und Garn, auf dem Weidling und auf der Salmenwaage, gingen die Rheinfischer in ihren nach Familien zugeteilten Fanggebieten mit Bähren und Garnen (Segenen) auf die Jagd nach den begehrten Flossentieren, die seit der Wasserableitung in den Elsässerkanal (1928) und der Wasserverschmutzung heute kaum mehr erfolgreich ist. Die Photographie zeigt Großvater Meirods-Frieder aus dem uralten Fischergeschlecht

der Wunderlin, der das Garn vor dem Auslegen ausbessert, wobei ihm der eine Sohn hilft, während der andere mit dem Enkel den Weidling im Altwasser zwischen Schilf, Weiden und Pappeln ankehrt. Fischen und ‹Storen› im Bach gehören jetzt der Vergangenheit an. Nur noch selten gelingt den Enkeln der letzten Berufsfischer Brändlin, Wunderlin und Thüring mit der Galgenbähre an den verlandeten Ufern des Restrheins im Tullabett ein wirklich erfolgreicher Zug von Weißfischen, Nasen, Rotteln oder Barben.

die ansässigen Fischer und Bauern um wertvolles Kulturland brachten. Die beiden Weltkriege setzten den Bewohnern um die Festung Istein (1902–1910, 1936–1944) hart zu. Aus Not und Leid aber schöpfte die tapfere Bevölkerung Kraft zum Wiederaufbau. Und als schließlich seit den 1930er Jahren die Lachszüge ausblieben und das einstige Fischerparadies verkümmerte, boten die Kalksteinbrüche in der Umgebung die Lebensgrundlage.

Weitherum geschätzt ist der ‹Isteiner›, den Jacob Burckhardt als den besten Wein zwischen Grenzacher Horn und Schliengen gerühmt hatte. Der alte Dorfkern Isteins

hat heute auf der ehemaligen Mühlegrund-Insel eine natürliche Ergänzung gefunden; dort ist eine neue, reine Dorfsiedlung mit Schule, Festhalle und Rathaus erstanden. Das vorwiegend zur Industrie- und Wohngemeinde gewandelte Istein zählt nun rund 1000 Einwohner.

83

82 Dengeler Benedikt Schittenhelm, um 1930

Der alte Dengeler, eines der letzten Isteiner Dorforiginale, beim geruhsamen Schärfen der ‹Sägese› auf dem massiven Dengelistock unter seinem heimeligen ‹Chänzeli›. Die sogenannte Chanzel, ein einzigartiges Bauwerk aus dem 16. Jahrhundert, mit einer Verstrebung aus einem gestelzten Eichbaum, ist heute noch erhalten, allerdings ohne die zweiteilige Eichentür, das Fenster, die Hausbank und den Lattenhag.

83 Der Friedhof am Klotzen, um 1900

Der Grabschmuck widerspiegelt die soziale Struktur der Bevölkerung: armselige Holzkreuze, bunte Perlkränze und Grabdenkmäler aus Marmor. In den Höhlennischen stehen kunstvolle Barockfiguren. Noch immer verehrt wird die Statue des Brückenheiligen St. Nepomuk am Pfeiler, welche von der Basler Rheinbrücke stammen und vom Hochwasser nach Istein geschwemmt worden sein soll. – Photo Höflinger.

84 Seppli Schmid von Istein, ein in der ganzen Gegend bekanntes Original, das nach der letzten Jahrhundertwende von Hof zu Hof zog und den Bäuerinnen Bürstenwaren anbot, 1914.

85 Istein im frühen 19. Jahrhundert

Der Basler Maler und Zeichner Peter Birmann (1758–1844) hat mit Vorliebe die Landschaft um den Isteiner Klotz im Bild festgehalten. Bekannt ist die im Kunstmuseum Basel verwahrte Darstellung der Basler Bucht mit dem Stromland vom erhöhten Klotzensteg bei St. Nepomuk und St. Vit am ‹großen Schiff›, wie die Felsennase im Volksmund heißt. Weniger vertraut dagegen ist sein Aquarell aus der Zeit um 1830, das man wegen seiner ausdrucksvollen Aussage besonders lieb

74

gewinnen muß: Von Süden her bespült der Klotzen-Gießen am Rank zum St. Vit die bescheidenen Fischerhäuschen. Das ‹Stapflehus› im Vordergrund gehörte mit seinen Wirtschaftsgebäuden der freiherrlichen Familie von Freystedt, welche den ehemaligen dompropsteilichen Dinghof 1850 zu einem Schlößchen mit Parkanlage ausbaute und bis 1918 bewohnte. Zwischen der Mühlegrund-Insel und dem Dorfweg führt ein Weidling auf dem Gießen Stroh zum armseligen Stall: ‹Istein ist arm›, verkündete die Turmuhr des Kirchleins St. Michael über dem Dorf mit jedem Stundenschlag der Nachbarschaft!

Kandern

Freunde und Kenner des liebenswerten Städtchens am Fuße des Blauen verbinden mit seinem Namen verschiedene Vorstellungen: Der Historiker mag an die faszinierende Gestalt des Johann August Sutter denken, der, Sohn eines in Kandern wohnhaften Basler Papierers, als ‹Kaiser von Kalifornien› ruhmvoll in die Geschichte eingegangen ist. Oder er erinnert sich an Friedrich Hecker und seine Freischärler, die im Jahre 1848 ihren Traum von einer Deutschen Republik mit Gewalt verwirklichen wollten. Liebhaber der schönen Künste verknüpfen mit Kandern Gedanken an Johann Peter Hebel, Karl Berner

86 Kandern, um 1800

Die Hügelzüge des ‹Häsler› und der beiden ‹Gleichen› gewähren Kandern eine außerordentlich geschützte Lage. Auf der Höhe links im Bild, wo die Berge zum Blauenmassiv ansteigen, ist das Schloß Bürgeln zu sehen. Im Mittelpunkt erhebt sich die alte evangelische Kirche, die Anno 1825 abgebrochen worden ist. Rechts im Hintergrund liegt die Siedlung um das Eisenwerk, darunter die schon 1564 erwähnte Papiermühle, in welcher 1803 Johann August Sutter geboren wurde. Die Bekleidung der Bürger läßt auf Wohlhabenheit schließen. – Lithographie von J. N. Höpfner.

86

75

und August Macke oder an die Kunstgewerbler der Ziegler, Hafner und Keramiker. Wer gute Lebensart schätzt, denkt an gepflegte Gastlichkeit in gediegenen, einladenden Häusern, an schöne Abende bei einem Viertele Feuerbacher Roten vom Faß, zu denen die röschen Kanderner Brezele herrlich schmecken.

Kandern, sein Name ist wahrscheinlich keltischer Herkunft, weist eine wechselvolle Geschichte auf: Seine erste urkundliche Erwähnung findet es in einem Codex des Klosters Lorsch. Darin heißt es, daß Lantsuint und seine Söhne Richbert und Zenzo dem Kloster eine Wiese und drei Joch Ackerland in der Gemarkung Kandern schen-

ken. Schutzherren Kanderns waren die Herren von Hachberg-Sausenberg, die im 13. Jahrhundert den ‹Susinberc› von den Mönchen St. Blasiens erworben hatten, um dort eine Burg zu erbauen. Ihnen fallen später die Herrschaften Rötteln und Badenweiler zu. Nach dem Tod des letzten Sausenbergers gerät die Markgrafschaft und damit auch Kandern im Jahre 1503 unter die führende Hand der Markgrafen von Baden. Von keinem Kriegsgetümmel verschont, spielte während der Bauernkriege ein Hans Hammerstein aus dem Kanderner Ortsteil Feuerbach als Anführer der Markgräfler Bauern eine wichtige Rolle. Auch der Dreißigjährige Krieg schlug

87

87   Hafnermeister Blume Karle, 1937

Kandern bezeichnet sich traditionsgemäß gerne als Töpferstadt. Das Töpfer- und Hafnerhandwerk ist hier seit Jahrhunderten fest verwurzelt. Wie seine Ahnen, so war auch Karl Blum ein Meister seines Fachs, der stolz auf die Früchte seiner Hände Arbeit blickt, die sich im Laufe seines Lebens zu Hunderten mehrten. – Photo Paul Wolff.

88   Blume Karles Frau beim Mustermalen, 1937

Nach dem Drehen des Geschirrs auf der Töpferscheibe wird das Geschirr im Freien lederhart getrocknet, grundiert, mit flüssiger Farbe übergossen und nochmals getrocknet. Dann folgt das Bemalen mit dem sogenannten Gießbüchsle. Und schließlich wird das Geschirr vor dem Brand mit einer Schöpfkelle innen und außen mit Glasur übergossen. – Photo Paul Wolff.

Kandern schwere Wunden: 1633 steckten die Kaiserlichen den Ort in Brand. Viele Häuser sanken in Schutt und Asche und mehr als zwanzig Bürger verloren ihr Leben. In jener Zeit, als Plünderung, Brand und Mord tobten und Pest und Mißwachs wüteten, flohen die Bewohner Kanderns in die dichten Wälder oder hinter die schützenden Mauern der Stadt Basel.

Was ist Kandern heute? Ein aufstrebender Fremdenverkehrsort von 6400 Einwohnern mit einiger Industrie, gesunder Landwirtschaft und mittelständischem Handwerk, Handel und Gewerbe. 1974 schlossen sich die selbständigen Gemeinden Feuerbach, Holzen, Kandern, Riedlingen, Sitzenkirch, Tannenkirch und Wollbach zur neuen Stadt Kandern zusammen. Gleichzeitig wurde eine Verwaltungsgemeinschaft mit der Nachbargemeinde Malsburg-Marzell eingegangen.

89 Kleinstädtisches Leben, um 1910

Auf der teilweise noch ungepflästerten Hauptstraße stellen sich Kinder dem Photographen, völlig ungestört vom Verkehr. Durch das Städtchen zieht sich das Trassee des Steinbruchbähnchens der Gebrüder Thiele, das seine schwere Fracht von Malsburg zum Kanderner Bahnhof transportierte und dabei das Geschirr in den Küchenkästen der Anwohner zum Klirren brachte. Rechts der Marktbrunnen, der unentwegt sein begehrtes Wasser spendet. – Photo Höflinger.

89

77

90 Die goldene Sau, 1605

Zu den originellsten und schönsten Markgräfler Goldschmiedearbeiten gehört die ‹goldene Sau› von Kandern. Sie wird im Forsthaus aufbewahrt und ist ein Geschenk des Markgrafen Georg Friedrich von 1605. Als silbervergoldetes Trinkgefäß erinnert sie an die zahlreichen herrschaftlichen Jagden in den Wäldern um den Munzenberg. Eine Notiz des Markgrafen im Gästebuch des Forstamts bestätigt die glückliche Jagd von damals. Auch spätere Eintragungen wie die des Hannibal von Bärenfels erinnern an die feuchtfröhlichen Gelage, bei denen die ‹goldene Sau› reihum ging: «Ein Schrein viel Goldes wert / hat mir das Haupt verkehrt / nicht aber tats sein goldner Schein / sondern weil es war voll Wein / danne ich satzt es an den Mund / und soff es aus bis an den Grund.» In diesen Zusammenhang gehört auch die im Bereich der ‹nassen Küche› gefundene, ebenfalls im Forsthaus aufbewahrte steinerne Tischplatte mit der Aufschrift: «Ao Domini 1729, den 17. Juny / Hier muß der dunkle Wald / Prinz Friedrichs Aufenthalt / und dieser Wildnus finstere Erden / zum Paradies der Fremden werden / Doch da der Himmel jetzt / die Jagdlust sehr benetzt / soll dieser Ort, wer solchen kennt / zur ‹nassen Kuchen› sein benennt.» Der Tischfuß ist mit dem alten badischen Wappen (Relief) verziert.

91 Der Tod Generallieutenants von Gagern, 1848

In der Karwoche 1848 zog Friedrich Hecker, der notfalls mit Waffengewalt eine Deutsche Republik errichten wollte, mit rund 1000 bewaffneten Gefährten vom Bodensee nach Kandern. Am Ortsausgang gegen die Scheideck traf die Schar auf badische und hessische Truppen des Bundes unter Führung von Generallieutenant von Gagern. Nach einer erfolglosen Unterredung mit Hecker kam es auf der Höhe zum Gefecht, bei welchem von Gagern tödliche Verletzungen erlitt. Nach dem Scheitern des Aufstands floh Hecker nach Muttenz, wo er im Hause von Regierungsrat Meßmer Asyl fand und resignierend seinen ‹Glauben an die Klarheit und Gerechtigkeit, ein großes Volk aus tausendjähriger Knechtschaft zu erlösen›, schweren Herzens aufgeben mußte. – Lithographie von J. Steinmetz.

Kaiserlicher Besuch

Die deutsche Kaiserin, die bekanntlich in Schloß Hausbaden bei Badenweiler weilt, machte am 14. Mai eine Wagenfahrt nach Kandern. Im ‹Gasthaus zur Krone› dort wurde eingekehrt. Da der kaiserliche Besuch vorher schon bekannt geworden war, so hatte sich eine große Menschenmenge angesammelt, um die Kaiserin zu bewillkommnen, die Schulkinder bildeten Spalier und überreichten Blumen. Die Kaiserin besichtigte die Thonwarenfabrik und machte daselbst größere Einkäufe in Kunsttöpfereien; auch der Kirche wurde ein Besuch abgestattet. (1902)

92 Die Hauptstraße, um 1910

Besonders erwähnenswert aus den Häuserzeilen des bis heute weitgehend unverändert gebliebenen Straßenzuges ist die erste Liegenschaft links im Bilde. Hier legte Bäckermeister Lacoste mit seinen Gesellen die berühmten Kanderner Brezel von Hand aus, und manches Dutzend des an einer Schnur aufgereihten knusperigen Gebäcks wanderte über die Straße zum Nachbarn Karl Müller, dem Blechner, der die Brezel des badischen Hoflieferanten für den Versand in die weite Welt in Weißblechdosen einlötete. Von Kanderner Brezeln, deren Ursprünge in der nahen Sausenburg zu suchen seien, ist 1772 in einem Kirchenbuch erstmals die Rede. – Photo Höflinger.

93 Stadtkirche und alte Schule, um 1910

Die 1827 eingesegnete Stadtkirche stellt eines der letzten Werke des Karlsruhers Friedrich Weinbrenner dar, des bekanntesten Baumeisters des Klassizismus in der Gegend. Im Turm hängt eine Glocke aus dem Jahre 1588, die jeweils während kriegerischen Auseinandersetzungen nach Basel in Sicherheit gebracht worden war. Der Neorenaissancebau der ‹alten Schule› stammt aus der Zeit um die letzte Jahrhundertwende und gilt als Zeugnis der seit 1557 bestehenden Tradition zielbewußter Jugenderziehung. – Photo Höflinger.

94 Der Marktplatz, um 1910

Seit 1756 mit einem zweiten Jahrmarkt privilegiert, erfreuen sich die Märkte in Kandern heute noch eines regen Besuchs, auch wenn an Samstagen nur die Bäuerinnen aus den Teilgemeinden des Städtchens ihre Waren feilhalten. Ausgesprochenen Bürgersinn haben das ausgewogene städtebauliche Bild keinem Wandel unterziehen lassen. – Photo Höflinger.

Volksspruch

Wenns Chabis-chrut regnet
Un Speckmögge schneit,
Drno isch e lustig Lebe,
Un e schmutzigi Zit.
Ufe Blaue bini gstiege,
Z Nacht, wenn d Lüt im Schlof liege,
Han uf Schwizerberg dört gschaut,
Wie sie, wenn dr Morge graut,
Prächtig z glitzere hän agfange,
Bis as d Sunne isch ufgange,
Die so schön und fürig hell
Ufgumpt äne an Marzell.

Die Kanderner Brezeli

Zur Zeit, als die Ritter noch auf ihren festen Burgen saßen, sei es Sitte gewesen, daß auf jedem Schlosse den fremden Gästen ein spezielles Gericht, Imbiß oder Backwerk unter anderem gereicht worden. So seien damals auf dem Schlosse in Badenweiler sog. mürbe Brezeli, wozu Mandeln und Honig verwendet wurden, in Brauch gewesen, auf dem Sausenberger Schlosse, ob Kandern und gegenüber Bürgeln gelegen, dagegen habe man zum löblichen Trunke insbesondere mit räsen Laugenbrezeln die Gäste traktiert. Von der Sausenburg sei dann dieses spezielle Backwerk nach Kandern gekommen, wo es immer als eine Besonderheit wie die Nürnberger Lebkuchen und die Basler Leckerli hergestellt wurde. Nach Grabsteinen, welche in der Kanderner Kirchhofmauer eingelassen worden, zu schließen, sei es hauptsächlich die Familie Roßkopf gewesen, die sich mit dem Backen der Brezeli befaßte, da in deren Wappen außer einem Pferdekopf, einer Arche und Taube mit Ölzweig ein Löwe zu sehen gewesen, der in den Klauen ein verhältnismäßig kleines Brezelein gehalten. Hervorzuheben sei dabei das Prädikat kleines, denn bei anderen Grabmonumenten, so andern ehrsamen und hochachtbaren Bäckermeistern errichtet worden, seien große Brezeli und Brote (Wecken) abgebildet gewesen. Das Backen der Brezeli sei je nach den Zeitläufen einmal mehr oder weniger im Schwunge gewesen. Der nötigen Lauge seien Haferstroh und Holzasche beigemengt worden. Und zu Zeiten großen Absatzes habe man sie nach der Schweiz, Dänemark, Italien, Frankreich, Algier und andern Ländern verkauft, woselbst die Händler mitunter monatelang unterwegs gewesen seien. – Otto Weiner.

Kandern

Da wo sich der 3600 Fuß hohe Blauen in südwestlicher Richtung, mit seinen vielen kleinern walddichten Nebengesellen, allmählig abdacht, bewässert das Flüßchen Kander, tiefer im Gebirge bei Marzell entspringend, das Thal, das gleichsam ein Becken bildet, und in demselben von grünenden Hügeln umschlossen liegt das romantische Städtchen Kandern mit seinen 216 Häusern und 1400 Einwohnern. Schützend vor den Zerstörungen der Zeit, waltete der Genius der Natur bereits mehr als vierzehn Jahrhunderte über diesem Sohne des Gebirges, ließ ihn in dem Wiesengrunde des Thals (das sich aufwärts gegen Malspurg und Vogelbach, abwärts gegen Hammerstein und Binzen hinzieht) das herrlichste Futter für seine Heerde, und auf den Anhöhen, köstliches Wildpret finden. Er führte ihn hinein in des Berges innere Gründe, entdeckte ihm reiche Vorräthe des nützlichsten Metalles, seinen Sinn für Industrie zu wecken, so wie seinen Wohlstand zu gründen. Der rüstige Bergmann baute sich seine Grube, fand Eisen und Gips in Überfluß, und es konnte sich oft sein Auge weiden an dem Glanze prächtiger Crystalle! er fand manches Schöne in der mineralischen Welt, und merkwürdige Versteinerungen. So entstand mit der Zeit das große und gewinnreiche herrschaftliche Eisenwerk mit seinen vielen Gruben, dessen Verwaltung den gesammten Bergbau in Kanderns Umgebung leitet und mehr als 300 Bergleute beschäftigt. Der fleißige Naturfreund und Forscher Bergrath Hug steht nun diesem Werke mit großem Verdienst vor, und besitzt eine Mineraliensammlung, die sehenswerth ist. Wenn dann die Bergleute ihr schweres Wochenwerk vollendet haben, so führt sie der Sonntag wiederum zu Lust und Freiheit, und es ertönt ihre trefflich geübte türkische Musik, deren rauschender Klang oft herrlich wiederhallt in den Gründen des heimischen Thales.

Seit mehreren Jahren gewährt auch der daselbst bestehende Musik- und Gesang-Verein zur winterlichen Jahreszeit an den Sonntagabenden manche freundliche Unterhaltung; und indem dieser Verein mit dem Schönen das Nützliche auf eine ruhmvolle Weise zu verbinden strebt, erwarb er sich dadurch die Mittel, dem Spitale daselbst jährlich 50 bis 70 Gulden als Gabe der Liebe darbringen zu können. Die schöne Kirche in Kandern giebt dem Städtchen ein heiteres Ansehen, in derselben ruht das Auge mit Wohlgefallen auf einem Himmelfahrtsgemälde über der Kanzel, welcher gegenüber eine treffliche Orgel steht. Die Stadt ist ferner im Besitz einer Seidenbandfabrik, einer Papiermühle, einer vorzüglich guten Bleiche, einer mechanischen Wollenspinnerei, und einer Halbleinfabrike. Seine Bewohner nähren sich folglich mehr von Handel und Industrie als von Ackerbau, und es fand die Idee eines Gewerbvereins daselbst vollen Anklang; derselbe bildete sich als der Erste im Oberland. – Kandern besitzt ein Forstamt; früher war hier auch der Sitz eines Bezirksamts; die Stadt verlor jedoch dasselbe durch die Organisation von 1821; für diesen und andere Verluste hofft die Stadt, durch die Erhöhung der Straße von Liel, Riedlingen, Kandern nach Rümmingen und Lörrach, zur Poststraße einige Entschädigung zu erhalten. An den beiden Jahrmärkten füllt sich das Städtchen; aus den zahlreichen Orten der Nachbarschaft strömt das Volk herbei, und die Wälder und Wälderinnen aus den näheren und ferneren Dörfern in heiterer Mischung finden sich ein. Sie zeichnen sich durch größere Lebhaftigkeit aus; in ihrem Charakter verbinden sie Lebenslust mit gutmüthiger Offenheit. Man findet unter ihnen Männer von Verstand, Scharfsinn und selbst Belesenheit. In einem entfernten Winkel des Waldes fand der Verfasser einst eine kleine auserlesene Bibliothek der besten deutschen Schriftsteller, und den Besitzer darin sehr bewandert.

Tüchtige Geistliche, und Lehrer mit begeistertem Gemüthe und aufopfernder Liebe fänden hier ein reiches Feld geistiger Aussaat. Allein eine Beharrlichkeit thut noth, die nicht Jedermanns Ding ist. Der öftere Wechsel dieser Stellen hemmt das Bessere. An den Kanderner Jahrmärkten drängen sich dann die Leute in der Straße, doch der rüstige Sohn des nahen Waldes weiß sich Raum zu verschaffen, nicht achtend den zartern Bau der niedlichen Städterin, und des ihm schüchtern ausweichen wollenden blondgelockten Mädchens. Der Sohn des Waldes ist gewohnt, über sich und nicht um sich zu schauen, und in seinem Blicke spiegelt sich die ihn zu Hause umgebende wild-schöne Natur. Neigt sich die Sonne zum Untergang, und röthen sich die Spitzen der Hügel, so röthet sich auch oft die Wange des muntern Waldsohnes; er schwingt freudig und kampflustig seinen Stab, wenn's Gelegenheit giebt, seine Kraft zu zeigen, und die kleinste Veranlassung ruft eine Fehde herbei. Sohn des Waldes du bist stark und kräftig, gutmüthig und bildsam, wann schlägt dir denn die Stunde schönern Erwachens und deiner geistigeren Ausbildung? ‹1839›

Wie mans machen muß

Donnerstags machte ich mit Bekannten einen Maibummel nach Kandern. Dort kaufte ich für drei Damen drei Ringe der beliebten Kanderer Bretzeli. Auf dem Heimwege passierten wir das schweizerische Zollamt an der Freiburgerstraße. Auf das Befragen des Hrn. Zollbeamten, was ich in meinem Rucksack habe, erwiderte ich ihm: «Drei Ringe Kanderer Bretzeli für drei Damen, die bei unserer Gesellschaft sind.» Der Beamte lud mich ein, mit ihm in das Zollamt zu kommen. Dort wurde mein Rucksack mit den Bretzeli und leeren Konservenbüchsen etc. auf die Wage gelegt und brutto für netto abgewogen. Nachdem ich den Zoll und die Extra-Abfertigung bezahlt hatte, gab mir der Beamte folgenden Ratschlag: «Wenn Sie wieder einmal nach Kandern gehen und für die drei Damen Bretzeli kaufen sollten so soll jede von den Damen ihren Ring Bretzeli in die Hand nehmen und so an dem schweiz. Zollamt vorbeigehen. Die Zollgebühr würde dadurch umgangen.» Ob die Damen mit diesem Vorschlag einverstanden sind, muß ich noch fragen. (1910)

Karsau

Karsau am Südhang des Dinkelbergs ist erstmals in den Urkunden um 1269 als ‹Karlisowe› erwähnt, als die Herren von Klingen dort über Rechte und Besitz verfügten. Um dieselbe Zeit trat aber auch der Deutsche Ritterorden die Herrschaft über die drei zusammengehörenden Orte Karsau, Beuggen und Riedmatt an. Kurz zuvor hatten die Ordensritter von Konrad von Buckein die nördlich des heutigen Schlosses gelegene Burg erworben, wenig später aber den heutigen Südteil des Schlosses am Rhein gebaut. Das Verhältnis zwischen der Kommende und den bäuerlichen Untertanen war keineswegs immer erfreulich, denn die Ritter übten trotz der angelobten Frömmigkeit ein hartes Regiment. Im Bauernkrieg besetzten die

Bauern auch das Schloß. Fünfzig Jahre später führten die Karsauer vor dem österreichischen Gericht in Ensisheim einen harten Prozeß gegen den Komtur Caspar von Jestetten wegen der unmenschlichen Frondienste, die von diesem gefordert wurden. Bis zum Untergang des Ordens blieb das Verhältnis zur Herrschaft gespannt. Neben der wirtschaftlichen Belastung waren es auch die Rechte an den Wäldern, die zu steten Auseinandersetzungen führten. Die Auflehnung gegenüber der Obrigkeit ist bis heute nicht gewichen. Als der Freischarenführer Georg Her-

95   Die Dorfmusik, 1911

Als 1911 der Badische Großherzog Beuggen besuchte, um ein Denkmal zu Ehren der 3000 während der Befreiungskriege von 1813 bis 1815 umgekommenen Soldaten zu enthüllen, bereitete ihm die eben gegründete Karsauer Dorfmusik einen fröhlichen Empfang. Zur Erfrischung bedienten sich die durstigen Musikanten des köstlichen dunkeln Biers aus der kleinen Dorfbrauerei Riedmatt.

95

wegh, der nach dem Scheitern der Badischen Revolution 1849 beim nahen Dossenbach mit seiner Truppe geschlagen wurde, rettete ihn ein Karsauer vor den Württemberger Truppen, die nach ihm und seiner Frau fahndeten, und brachte beide, als Knecht und Magd verkleidet, in die Schweiz in Sicherheit. Im Dreißigjährigen Krieg erlangte der Ort einige Bedeutung, als Bernhard von Weimar im Ordensschloß sein Hauptquartier aufschlug und wenig später bei Nollingen seinen kaiserlichen Gegner schlug und ihn als Gefangenen abführte.

Bis 1805 teilte das Dorf das Schicksal des Ordens und kam dann an das inzwischen entstandene Großherzogtum Baden, das in sämtliche Rechte eintrat. Nach dem Zweiten Weltkrieg geriet die Gemeinde Karsau in den Sog der Industrialisierung. Die Rheinfelder Aluminiumhütte errichtete das Werk III auf dem Gemeindeareal und schuf damit die Grundlage zur wirtschaftlichen Blüte. Der Landwirtschaft aber ward dadurch der Todesstoß versetzt, denn ganze Gemeindeteile wurden neu überbaut und lockten viele jungen Familien aus dem nahen Rheinfelden an. 1975 ist Karsau mit seinen Ortsteilen als Stadtteil Rheinfelden angegliedert worden.

96

Kirchen

Dem Zusammenschluß mit dem Nachbardorf Efringen im Jahre 1942 folgte 1975 die Eingemeindung weiterer acht benachbarter Orte im Rathaus Kirchen. Damit hatte Kirchen seine ursprünglich zentrale Bedeutung wieder zurückgewonnen, die es vor rund tausend Jahren als kirchlich-politischer Mittelpunkt in fränki-

96 Verschwundenes Kirchen: Das Gasthaus ‹Zur Linde› des Hermann Flößer ist 1940 zerstört und nicht mehr aufgebaut worden. Aber die alte Linde vor dem Geburtshaus der Dichterin Ida Guldenschuh hat die Stürme der Zeit überdauert. Photo Höflinger, um 1910.

scher Zeit eingenommen hatte. Anno 815 stellte sich das Dorf erstmals als ‹Chiriheim› vor, als Siedlung mit einer Kirche, aber auch mit einer Königspfalz auf dem Bergrain, in welcher Karl III., der Dicke, Reichstag hielt. Als Nachfolger der fränkischen Zentenare wohnten vermutlich später die ‹Freien von Kirchen› als Dorfherren auf dem Rain. 1007 schenkte Kaiser Heinrich II. das Dorf samt Hof und Bewohnern, Kirche und Zehnten und

97   Am Rathausplatz, um 1910

Rund um den Dorfkern verläuft die breite Dorfstraße mit dem alten und dem neuen Schulhaus, der Apotheke, dem Arzthaus, den Gasthäusern und Krämerläden. Neben dem Gugbrunnen und dem Eichhäuschen stand seit 1792 die Handlung des Salomon Bloch. Und dieser hatte seine liebe Mühe, sich gegen die harte Konkurrenz des Apothekers Roman zu behaupten, verkaufte jener in seinem ‹Specerei- und Kramladen› doch auch Salz, Kerzen, Branntwein, Lattennägel, Schießpulver und dergleichen. – Photo Höflinger.

98   Die Dorfstraße, um 1910

Rechts an der heutigen ‹Basler Landstraße› steht das Gasthaus ‹Zum Rebstock›, zu welchem auch ein kleiner Weingarten mit einer Reblaube gehörte. Gegenüber reiht sich eines der armseligen Hintersaßenhäuschen an einen hablichen Hof. Im Hintergrund ist die ‹Sonne› aus dem Jahre 1725 zu erkennen, deren Wirt unbemittelte Gäste mit einem eindeutigen Spruch zum Gugbrunnen vor der Wirtstüre wies: «Allhier zur Sonnen. Wer kein Geld hat, der geh zum Bronnen. Heut ums Gelt, morgen umsonst!» – Photo Höflinger.

99   Das Gasthaus ‹Zum Rebstock›, um 1910

Die 1875 eröffnete bäuerliche Herberge fand erst um das Jahr 1890 eine treue Gästeschar, als der Fischinger Hauptlehrer Karl Huck sich das Wirtsrecht erworben hatte und den Bedürfnissen der Bevölkerung Rechnung trug: denn im ‹Anker› verkehrten nur die Leute der bessern Gesellschaft, im ‹Ochsen› wurden nur Getränke von geringer Qualität ausgeschenkt und die israelitische Wirtschaft wurde kaum von Nichtjuden aufgesucht. Im Vordergrund des heute von der dritten Wirtegeneration Huck betreuten Anwesens steht einer der tiefen, im Markgräflerland oft gebräuchlichen sogenannten Gugbrunnen mit großem steinernem Trog. – Photo Höflinger.

dem Rheinzoll dem Kloster Stein am Rhein im Kanton Schaffhausen, gleichzeitig mit Eimeldingen und Märkt. 1241 gingen die Kirchen dieser drei Dörfer dann in den Besitz des Basler Chorherrenstifts St. Peter, das bis zur endgültigen Ablösung im 19. Jahrhundert seine wohl dotierten Rechte dort wahrnahm.

Die Gemarkung der Gemeinde reichte weit über das Strombett des Rheins, der Inseln und Auen bis hinüber nach Hüningen, Neudorf und Rosenau, was oft zu Grenzstreitigkeiten und Händeleien über die Gerechtsame der Weiden und Wälder führte. Den Verkehr mit den anliegenden Ufergemeinden besorgte bis 1914 eine Rheinfähre. Die Kirchener Jugend besuchte mit Vergnügen die Kilben auf der andern Seite des Rheins, während die Neudörfer und Rosenauer ihre Medizin in der Kirchener Apotheke holten. Auch wenn das ansehnliche Bauerndorf sein eigenständiges und reges Gemeindeleben führte, pflegte es doch auch mannigfaltige Kontakte mit Basel: Es führte seinen Wein mit stolzen Fuhren über die Wiesenbrücke in die Wirtsstuben der Stadt, die Marktfrauen brachten ihre Kirschen und Eier in Zainen auf den Markt, und die Fischer stachelten ihre Beute in schweren Weidlingen den Rhein hinauf. Für kurze Zeit besaß Kirchen ein Marktrecht, auch war während 200 Jahren eine jüdische Gemeinde mit Synagoge, Friedhof und Wirtshaus ansässig.

100   Das erste Schulhaus, um 1895

Was können wir uns wohl unter der ‹Beibrechi›, dem ersten Kirchener Schulhaus, vorstellen? Daß die Böden der alten ‹Chlimse› schief und durchlöchert zwischen den Mauern hingen, die hölzerne Stiege morsch und der Dachstuhl faul waren. Schon 1736 berichtete der Vogt dem Oberamt, das Schulhaus sei dem Zerfall nahe, und die Gemeinde wisse nicht, wo sie die 130 Pfund Geld für die Reparatur hernehmen solle. Erst 1905 wurde die sagenumwobene ‹Beibrechi› durch einen Neubau ersetzt, ohne daß man aber in Erfahrung hätte bringen können, wer im alten Schulhaus einst ein Bein gebrochen hat.

100

Kleinkems

Die ersten Fischer und Rebleute von ‹Kleinen-Kems› bauten sich ihre bescheidenen Wohnstätten vom Rheinufer steil in die Rebhänge, rund um ihr Kirchlein St. Georg. Vorgeschichtliche Funde und Ortsnamen künden von der Anwesenheit verschiedener Völkerschaften: Das an den nahen Felsfluhen entdeckte Jaspisbergwerk aus der mittlern Steinzeit, in welchem wichtige Rohstoffe (Jaspisknollen) bergmännisch abgebaut worden sind, erinnert ebenso an frühe Besiedlung wie der aus dem Keltischen stammende Name ‹Kembs› und der römische Flurname ‹Wallis›. Im Mittelalter reichte die Bannmeile des Basler Bischofs bis zur St.-Niklaus-Kapelle bei Rheinweiler, und die Stadt hatte hier die im Jahre 1421 erworbene Zollstelle gegen die Ansprüche des Markgrafen zu verteidigen. Weidstreitigkeiten mit den Großkemsern wegen den begehrten Inselweiden hielten die Anwoh-

101 Die Eisenbahnbrücke von Kleinkems, 1845

Die schöne Sandsteinbrücke über den Wallisgraben und die frischen Felsabbrüche bei der Hohen Flueh. Der Eisenbahnbau hatte zwischen den Dörfern Kleinkems und Efringen die schwierigsten Geländeverhältnisse zu überwinden, mußten doch vier Tunnels durch die Kalkfelsen gebohrt werden. – Lithographie von E. Kaiser.

102 Die Felsenmühle, 1832

Die romantische Darstellung von der sagenumwobenen Felsenmühle mit dem riesigen oberschlächtigen Wasserrad, das mit einem kleinen Wasser aus dem Wallisgraben getrieben wurde und bei Trockenheit oft stillstand, kann vieles von diesem abgelegenen Ort erzählen: Ursprünglich diente das kleine Wasserwerk als Bannmühle des Klosters ‹Unserer lieben Frauen› in der hintern Klotzenbucht, mit dem es nur durch einen Saumpfad für Knechte und Esel verbunden oder mit dem Weidling des Klosterfischers zu erreichen war. Die Mühle wechselte oft ihre Herren und Pächter, die kaum zu bescheidenem Wohlstand gelangen konnten. Der letzte Müller, J. Ebner, zog 1845 fort, weil sein Mühlenhaus dem Bahnbau weichen mußte. Das Lied von der Felsenmühle ist ausgeklungen, aber in der Erinnerung der Nachbarschaft noch überliefert: Mueß i denn nonemol ume? / Hit un morn, mahl i Chorn. / Hit un gester, mahl i Sester. / Mueß i denn nonemol ume? – Lithographie von H. Winkles.

ner der Vogtei Blansingen-Kleinkems dauernd in nachbarlicher Spannung. Schon früh besaßen hier die Schwarzwaldklöster St. Georgen und St. Blasien einen Dinghof mit den zugehörigen Rebgütern, Grund-, Zins- und Zehntenrechten, dafür aber auch die Baupflicht an der Kirche und an der Pfarrwohnung. Tüchtige, volksverbundene Priester bewohnten das idyllische Pfarrhaus auf der Höhe, unter ihnen Dichterpfarrer Hermann Albrecht (1878–1885), der hier seine liebenswerten Erzählungen über den ‹Präzeptoratsvikari› Hebel und die ‹Häfnetjungfer› verfaßt hat.

Der Bohnerz-, Bahn- und Rheinbau brachte dem Fischer- und Rebdörfli Anfang des 19. Jahrhunderts hinreichenden Verdienst; vor allem die 1907 von Schweizer Unternehmern gegründete Portlandzementfabrik, welche noch um die Mitte der 70er Jahre über 200 Leute beschäftigte. In den vergangenen Jahrzehnten hat sich Kleinkems zum Industrie- und Wohndorf mit etwa 600 Einwohnern gewandelt und ist am 1. Januar 1975 der Sammelgemeinde Efringen-Kirchen einverleibt worden.

103 Der ‹Rheinische Hof›, um 1905

Mit dem Bau der Eisenbahnlinie ergab sich 1845 die Notwendigkeit, für die vielen Arbeiter ein Gasthaus zu errichten. Die Wirtegerechtigkeit wurde nur für die Dauer der Bauarbeiten erteilt, damit dem ersten Wirtshaus im Dorf, der ‹Blume›, keine unliebsame Konkurrenz erwachse. Dies war aber zu jener Zeit kein Problem, da die Bewohner der Gemeinde als ‹sehr arm› geschildert wurden. Als dann 50 Jahre später ein Fährbetrieb zwischen den beiden korrigierten Rheinufern eingerichtet wurde, kam der ‹Rheinische Hof› wieder zu einem Patent. Seit 1908 wird die Wirtschaft am Bahnwegli von der Familie des Basler Bierbrauers R. Rais geführt. – Photo Höflinger.

103

87

Bis 1897 stand das Reitertürmchen des weit ins Land grüßenden gotischen Dorfkirchleins von Kleinkems nicht auf dem Kirchturm, sondern auf dem Kirchdach. Dann wurde es auf den gotischen Turm versetzt und mit bunten Tonziegeln gedeckt. «Im Orte befindet sich weder ein Bäcker noch ein Metzger, und die Gemeinde hat fast gar kein Holz. Mit Fischen und Wein wird einiger Handel getrieben. Es stand hier ein Schloß, Vollenburg genannt» (1843). Photo Höflinger.

104

Lörrach

Die bekannten Anfänge menschlicher Spuren im alten Gemarkungsbereich von Lörrach gehen bis in die jüngere Steinzeit zurück, auf welche etwa 50 kleinere Grabhügel auf dem Höhenrücken des Homburg hinweisen. Einzelfunde sind auch aus der Zeit der Kelten (500 v. Chr.) auf den Dinkelberghöhen zu verzeichnen. Eine eindeutige Siedlung ist durch den Alemannenfriedhof (450 n. Chr.) im Gebiet des heutigen Kaufhauses Hertie mit rund 50 Gräbern und teilweise kostbaren Grabbeigaben belegt. Aus dem Jahre 1102 ist dann eine Urkunde des Klosters St. Alban in Basel überliefert, dem Bischof Burkhard die Kirche samt Pfarrhaus und einigen Liegenschaften in Lörrach (‹Loracho›) übergab. Gleichzeitig erhielten die Herren von Rötteln die Hohe Gerichtsbarkeit und damit die Schirmvogtei über den rechtsrheinischen Besitz des Klosters St. Alban. Auch besaßen die Herrscher auf der Veste Rötteln seit dem Jahr 1300 eine Wasserburg auf dem heutigen Burghof hinter

105 Blick gegen Lörrach, um 1820

Im Vordergrund der Zeichnung von Gustav Wilhelm Friesenegger von der Burg Rötteln gegen das vordere Wiesental ist die Burgschenke und das Untere Tor zu sehen. In breitem Fluß wendet sich die Wiese bei der alten Holzbrücke von Tumringen nach Süden Basel zu. Nur spärlich sind die Wege nach Lörrach im weitauslaufenden Überschwemmungsgebiet des Flusses erkennbar. Pappeln, Weiden und Erlen prägen die noch fast unberührte Aulandschaft. Lörrach – der Gefängnisturm und die bereits umgebaute Stadtkirche heben sich deutlich aus dem Stadtbild – besaß damals etwa 2000 Einwohner. Die Kirche von Stetten zeigt noch ihren alten Käsbissenturm aus dem 15. Jahrhundert. Es ist die Landschaft, wie sie Johann Peter Hebel noch erlebte und beschrieben hat und wie sie für weite Teile der reizvollen Markgrafschaft so unverkennbar typisch erscheint.

Wiesentaler Kinderrätsel

's isch ne rund Ding un Hoor drum rum. Sag, was isch's, un rot nit dumm. – Das Aug'.

's stoht öbbis am Rai un het numme ei Bei, hat's Herz in sim Kopf, isch ne armer Tropf. – Der Kabiskopf.

Wenn ne Pfund Mehl e Sechser koscht, wia hoch kummt derno e Knöpfli? – Bis unter d Nase; denn derno rutscht's jo wieder abizue.

Jme Stall sin vieli roti Küeh. Do kummt uf's mol e schwarzi dri un macht sie alli hi. Was wird das si? – Die Glüehte im Kuchiherd, im Füerherd.

Wo isch der erst Löffel gno worde? – Am Stiel.

's isch ne arme Tropf, goht allewilig uf em Kopf. Wer isch's? – Der Schuehnagel.

's het menggi Füeß un goht eineweg uf em Rucke hei. Was mag das si? Sag mir's doch gli. – D Egge.

Was isch scho lang, lang ferig un wird doch all Tag frisch gemachet? – 's Bett.

der Stadtkirche, die aber während des Dreißigjährigen Krieges zerstört worden ist. Das von König Ruprecht 1403 erteilte Marktrecht führte nicht zur erwarteten Entwicklung des Rebbauerndorfes am Fuße des Rötteler Schlosses gegenüber dem aufstrebenden Basel. Es war schließlich vielmehr der große Nachbar am Rhein, der im 15. Jahrhundert mit Lörrach eine rege Handelstätigkeit entfaltete und mit Darlehen den Aufschwung des heimischen Handwerks und Gewerbes ermöglichte.

Die Zerstörung Rötteins zwang den Markgrafen, seine Residenz ins Tal zu verlegen. Er entschied sich für Lörrach, das schon vier Jahre später (1682) zur Stadt erhoben wurde. Diese Stellung nutzte das dynamische Gemeinwesen, um sich zur Metropole des Markgräflerlandes und des Wiesentals aufzuschwingen, deren Bedeutung nach außen 1688 durch die Errichtung einer Stadt-

106   Lörrach, um 1910

Der Postkartenentwurf zeigt im Vordergrund die Arbeitersiedlung der Firma Suchard, ein treffendes Beispiel des sozialen Wohnungsbaus. Dahinter die eben fertigerstellte Realschule (heute Hans-Thoma-Gymnasium mit 1100 Schülern). Das kleine Wäldchen markiert den jetzigen Rosenfelspark. Rechts oben im Hintergrund der sonnige Rebberg des Leuselhard. Links unten hinter den Bäumen die Stettengasse. – Photo Höflinger.

106

mauer sichtbar werden sollte. Im 18. Jahrhundert wandelte sich das einstige Dorf auch architektonisch zur Stadt, indem repräsentative Barockbauten, wie das Dekanat und das Museum, einfache Bürgerhäuser ersetzten. Auch die Industrie fand fruchtbaren Boden: 1753 wurde eine Indiennefabrik (heute KBC) gegründet, und wenig später eine Tuchfabrik, eine Seidenstoffweberei, eine Bierbrauerei, eine Seifenfabrik und eine Zinngießerei. Die über Lörrach nach Müllheim und zum Feldberg führenden Postlinien brachten auch dem Gastgewerbe größere Umsätze. Der ‹Versuchsballon›, von Lörrach aus die Deutsche Republik aufzubauen (21. September 1848), beunruhigte die weiter anhaltende wirtschaftliche Entwicklung kaum. Im Gegenteil. Unternehmer jenseits der Landesgrenzen, wie Sarasin, Suchard und Koechlin-

Baumgartner, entdeckten günstige Voraussetzungen für die Errichtung von Tochtergesellschaften.
Die Industrie mit ihren guten Verdienstmöglichkeiten wirkte besonders auf die Landbevölkerung wie ein mächtiger Sog. Die Stadt dehnte sich nach Süden und nach Norden aus, gegen die Hänge des Tüllinger Bergs und des Hünerbergs. Die Eingemeindung von Stetten, Tumringen, Tüllingen, Haagen, Brombach und Hauingen sowie ein Strom von Flüchtlingen und Vertriebenen aus den Ostgebieten stellte die Stadt, deren Bevölkerung von 20000 Personen im Jahre 1940 auf heute 45000 stieg, während der letzten Jahrzehnte vor kaum lösbare Probleme. An ihnen aber sind Weitblick und Tatkraft der Bürger gewachsen, und so darf Lörrach heute auf solidem Fundament einer geordneten Zukunft entgegenblicken.

107 Kornernte, um 1900

Auf den Tumringer Feldern am Fuße des Tüllinger Hügels wird die Kornernte eingebracht. In der Ferne steigen die Türme der Bonifatiuskirche, der Realschule und der Stadtkirche auf. Die Hochkamine der Spinnerei-Weberei Vogelbach, der Lörracher Tuchfabrik und der Stoffdruckerei Koechlin-Baumgartner & Cie. künden bereits von der Gegenwart leistungsfähiger Industrien im 8000 Köpfe zählenden Städtchen. Links im Vordergrund liegt außerhalb des Perimeters das Wasserwerk im heutigen Bereich des städtischen Schwimmbads. – Photo Höflinger.

108 Lörrach, 1858

Die recht phantasievolle Darstellung von C.R. Gutsch zeigt hinter der Wiese und den Bleicher- und Färberwiesen der Stoffdruckerei Koechlin-Baumgartner den stark überhöhten Turm der Stadtkirche sowie zahlreiche Fabrikanlagen als romantische Idylle eines aufstrebenden Industriestädtchens.

Lörrach wird erneut die Stadtwürde erteilt
Den 24. August 1756 wurde der margräfische Flecken Lörrach, anderthalb Stund von Basel, aus Anstiftung vom dasigen ambitiösen Residenten und gegen unsere Statt passionirten H. Landvogdt von Waldbrunn, aus Befelch Ihro Durchlaucht H. Margrafen von Baden-Durlach erstlich geistlich in der Kürchen, zweitens mit Feuren und militarischer Paradirung und drittens debochirlich mit Essen und Trincken sambt allen beschriebenen Prifilegien solaniter und ceremonialisch zu einer Statt – notabene Stättli – proclamirt.

109   Seiltänzer im Burghof, um 1910

Der Buchbinder August B., ein Lörracher Kind aus guter Familie, in seinem Alter unter dem Spitznamen ‹Zeddli› bekannt, hatte in der 1860er Jahren an einem Sonntagnachmittag in Basel die Bekanntschaft einer ‹Dame› gemacht und angeregte Stunden mit ihr verbracht. Feurig, wie er auch in seinen alten Tagen noch war, machte er beim Abschied seiner Schönen den Vorschlag, die angenehme Bekanntschaft fortzusetzen. Gerne willigte sie ein und bestellte den liebestollen ‹Zeddli› auf den kommenden Sonntag um die vierte Nachmittagsstunde nach Lörrach hinter die evangelische Kirche. B. war pünktlich zur Stelle; statt der erhofften Einsamkeit fand er aber ein großes Volksgewühl um eine Seiltänzergruppe, und auf dem hohen Turmseil gewahrte er seine Basler Dulzinea im Trikot, die ihn auch erspähte und vor allem Volk mit süßen Wörtern an ihr Herz rief. Die eine Hand auf der Brust, die andere nach der Dame ausgestreckt, rief B. in voller Verzweiflung zu ihr hinauf: «Die Liebe vermag alles, aber seiltanzen kann sie nicht.»

110   Die Wallbrunnstraße, um 1910

Während auf dem eigentlichen Marktplatz rechts unter den Kastanienbäumen sich der Kleinverkauf durch die Bauersfrauen aus der Umgebung abwickelte, dehnte sich mit der zunehmenden Bevölkerung der Marktbetrieb mehr und mehr in die Wallbrunnstraße und die Baslerstraße aus. Hinter dem Gasthaus ‹Zur Sonne› ist deutlich das 1869 im ‹leeren Prunkstil› umgebaute alte Rathaus mit dem Glockentürmchen zu erkennen. Die linke Straßenseite mit der 1860 veränderten Löwen-Apotheke von 1739 hat sich bis heute kaum gewandelt. – Photo Höflinger.

111   Die Budenstadt des Sängerfestes 1914

Zwischen den um die Jahrhundertwende erbauten Häusern an der Gretherstraße in der Nähe des heutigen Rathauses bot sich genügend Platz für gelegentliche Festanlässe. Zum 75jährigen Bestehen des Bürgerlichen Sängervereins, eines Ereignisses, das die Herzen der festfreudigen Lörracher höher schlagen ließ, wurde eigens eine attraktionsreiche Budenstadt aus dem Boden gestampft.

111

112 Zwischen Markt und Kirche, um 1910

Im 1903 errichteten Kaufhaus Friedrich Asal, anstelle des 1732 eröffneten Gasthofs ‹Zum Schwanen›, ist heute die Dresdner Bank untergebracht. In der ‹Krone›, mit dem Brunnen davor, hatten in der Neu-

jahrsnacht 1813/14 die drei verbündeten Potentaten Alexander I. von Rußland, Kaiser Franz I. von Österreich und König Friedrich Wilhelm III. von Preußen auf ihrer aufsehenerregenden Durchreise Beherbergung gefunden. – Photo Höflinger.

112

113 An der großen Kreuzung, um 1905

Am Eingang zur Tumringerstraße erhebt sich der ausgewogene klassizistische Bau des Gasthauses ‹Zum Hirschen› im Weinbrennerstil. In dieser schlichten Form lud die 1728 in Betrieb genommene gastliche Herberge von 1827 bis 1965 Durchreisende wie Einheimische in seine gemütlichen Stuben ein. Dann mußte sie dem Neubau des Kaufhauses Hertie Platz machen. Das gegenüberliegende Textilgeschäft Vortisch aus dem Jahre 1902 ist um 1960 als ‹Kaufhaus für Alle› völlig umgebaut worden. Die Merkurfigur, die über dem Stadtwappen das Jugendstilhaus bekrönt, ist seither im Rosenfelspark aufgestellt. – Photo Höflinger.

113

114 Geschäftsreiche Innerstadt, um 1900

In auffallender Dichte reihten sich zwischen dem ‹Hirschen› und der Bonifatiuskirche an der Tumringerstraße die kleinbürgerlichen Geschäftshäuser der ansässigen Kaufmannschaft. So die Drogerie Glaser, das Konfektionshaus Fendrich, die Lederhandlung Guggenheim, die Handelsdruckerei Auer, die Velohandlung Birkenmaier, das Bettwarengeschäft Weil, die Viehhandlung Weil und das Musikhaus Seidl. – Photo Höflinger.

115 Die Turmstraße, um 1905

An der Stelle, wo die Kinder gespannt ‹s Vögeli› des Photographen erwarten, stand der 1688 errichtete und 1867 abgetragene Gefängnisturm, welcher der Straße den Namen gab. Der rechts sichtbare Hebelpark diente von 1610 bis 1864 als Friedhof. Gegenüber stand bis 1560 die 1522 vor der Stadt erbaute St.-Anna-Kapelle. – Photo Höflinger.

Handwerkerkrieg

Die Kriegsstimmung, die zwischen den zur Zeit in Leopoldshöhe beschäftigten Hamburger Zimmerleuten und den übrigen Lörracher und auswärtigen Bauarbeitern besteht und, wie bekannt, bereits kürzlich zu einer regelrechten Schlacht in Leopoldshöhe führte, hat ein neues blutiges Treffen gezeigt, das in der Freitagnacht ebenfalls wieder in der Form einer offenen Feldschlacht an der Wiese in Lörrach unterhalb des Gaswerks zum Austrag kam. Die beiden gegnerischen Parteien hatten sich in der Altbayrischen Bierhalle in der Teichstraße, dem Stammlokal der Hamburger Zimmerleute, getroffen. Wie nicht anders zu erwarten war, kam es im Verlaufe des Abends bald zu zunächst mündlichen Auseinandersetzungen, in deren Verlauf die Lörracher Arbeiter erklärten, daß sie für die Ausweisung der ständig nur Streit suchenden Hamburger sorgen würden. Letztere schlugen ihren Gegnern vor, mit hinunter an die Wiese zu kommen, wo man die ‹Ausweisung› gleich vornehmen könne. Der Vorschlag oder besser gesagt, die Herausforderung zum Waffenduell wurde angenommen, und, kaum an der Wiese angekommen, begann auch schon die Schlacht, bei der man mit Stöcken, Knüppeln, Steinen, besonders aber mit Messern und sogar mit dem Revolver gegeneinander vorging. Der Kampf wurde von beiden Seiten sehr erbittert geführt, so daß auf beiden Seiten eine große Anzahl Verletzter zu verzeichnen ist, von denen ein Teil ins Krankenhaus verbracht werden mußte. Bei mehreren derselben besteht Lebensgefahr. Die genaue Anzahl der Verletzten steht noch nicht fest, sie dürfte sich jedoch auf mehr als 20 belaufen. (1923)

116 Das Gasthaus ‹Zum Wilden Mann›, um 1910

Dem ‹Meyerhof›, dem klassizistischen Grether-Haus und dem alten Marktplatz folgend, schwingt sich der Blick zum Gasthof ‹Zum Wilden Mann›, einem der wenigen Häuser im Stadtzentrum, die über die Jahrhundertwende in ihrer baulichen Struktur erhalten geblieben sind. Ehe 1682 an dieser Stelle der Sohn des aus Liestal kommenden Kronenwirts den ‹Wilden Mann› erbauen ließ, stand hier die dem Kloster St. Alban zinspflichtige Dorfschmiede. Die Kastanienbäume markieren den alten Marktplatz. Ihm gegenüber die vorspringende Ecke des alten Amtshauses von 1775, das 1914 abgebrochen wurde. – Photo Höflinger.

117 Der Bahnhof, um 1912

Seit 1862 Bahnstation, erhielt Lörrach 1910 einen neuen großzügig angelegten und dem Rang seiner Bedeutung angepaßten Bahnhof. Ein Anblick im Weichbild der Stadt, der sich bis heute kaum verändert hat, wenn wir von dem heute hektischen Verkehr, der von über 400 Autobuskursen täglich geprägt wird, und dem Bahnhofhotel, das 1975 durch das moderne Park-Hotel ersetzt worden ist, absehen. – Photo Höflinger.

118 Lörracher Alltag, um 1905

Noch ist der Straßenverkehr auf holprigem Kopfsteinpflaster beschaulich und überblickbar, aber die Neuzeit hat sich bereits bemerkbar gemacht, wenn wir das mächtige Jugendstilhaus des Hamburger Kaffee-Imports an der Turmstraße und das Armbruster-Geschäftshaus betrachten, die das bescheidene Bürgerhaus des Reinhard Flößer beinahe zu erdrücken scheinen. – Photo Höflinger.

116

119

120

119 In den Reben, um 1910

Während Jahrhunderten war Lörrach ein typisches Rebbauerndorf. Betrug der Flächenanteil der Reben noch 1880 rund 10 Prozent der alten Gemarkung, so erinnern heute nur noch einige Flurnamen an das einst bedeutungsvolle Gewerbe. – Photo Höflinger.

120 Der Marktplatz, um 1912

Die Ecke Baslerstraße und Wallbrunnstraße (benannt nach Landvogt Gustav von Wallbrunn, 1748–1772) bildet mit dem Marktplatz seit alters den Kulminationspunkt der Stadt. Während der Dreißiger Jahre ist der seit 1403 abgehaltene Markt allerdings auf den gegenüberliegenden Platz verlegt worden, wo sich heute noch dreimal wöchentlich das beschauliche Stelldichein der Lörracher Hausfrauen abwickelt. Das ehemals barocke Gasthaus ‹Zur Sonne›, die vierte Lörracher Wirtschaft im Zentrum der Stadt, ist 1910 aufgestockt worden; 1962 hielt die Commerz-Bank in den untern Räumen Einzug. – Photo Höflinger.

121 Noch wird der tägliche Markt der Bäuerinnen aus dem Wiesental, dem Kandertal und vom Dinkelberg in der Baslerstraße und in der Wallbrunnstraße abgehalten, um 1925. Die Verlegung der Handelstätigkeit auf den neuen Marktplatz erfolgte wenige Jahre später.

Basler Tag in Lörrach, 1925

In der heutigen Stunde denken wir vor allem an die Hilfe zurück, die uns das Basler Volk in den schweren letzten Jahren gewidmet hat. Jeder von uns denkt noch an die Freude der Kinder, als in den Tagen bitterer Not das Basler Brot zu uns herauskam. Wir denken daran, wie die Schweizermilch, die Suppen, die zahlreichen Liebesgabenpakete, die Kleider und Schuhe uns eine Hilfe in schwerer Notzeit waren und wie auch durch Kredite uns geholfen worden ist. Es ist für uns eine besondere Freude, daß die Wendung der Dinge uns ermöglicht, unsere Geldverbindlichkeiten an die Stadt Basel und an alle andern Kreditgeber wieder zurückzuzahlen. Aber mit Geld können wir nicht zurückzahlen all die Hilfe, die das Basler Volk uns geleistet hat. Der Stadtrat Lörrach hat beschlossen, zum dauernden Gedächtnis an diese Hilfeleistung der Stadt Basel farbige Scheiben zu stiften, auf denen unser Dank im Bilde festgehalten werden soll. Wir bitten Sie, sehr geehrter Herr Regierungspräsident, diese Gabe freundlichst annehmen zu wollen als Ausdruck unseres Dankes an Regierung und Volk Ihrer Stadt. Auf den Scheiben steht der schlichte Spruch: «In schwerer Not gab Basel Brot.» Mögen die Scheiben, wenn sie in Ihrem schönen alten Rathaus hängen, künftigen Geschlechtern Kunde geben von Basler Hilfe, Lörracher Dankbarkeit und Basel-Lörracher Freundnachbarschaft. Sie aber, werte Mitbürger und Mitbürgerinnen, fordere ich auf, unsern Dank und die Freude über den Besuch unserer Gäste durch ein Hoch auf die benachbarte Alemannenstadt auszudrücken. Der Geist der Freundschaft und der Zuneigung, der uns heute beseelt, soll für alle Zeiten zwischen Basel und Lörrach und – wie wir zuversichtlich hoffen – auch zwischen der Schweiz und Deutschland herrschen. Möge die alte Alemannenstadt am Rheinknie die ruhige und weitausholende Entwicklung nehmen, die ihr nach ihrer Lage und der Tüchtigkeit ihrer Bevölkerung zukommt. Diese unsere Wünsche bitte ich Sie zusammenzufassen in dem Ruf: Volk und Regierung von Baselstadt und das ganze schöne Schweizerland sie leben hoch! – Oberbürgermeister Gugelmeier.

Meine lieben Freunde, es ist wenig genug gewesen, was wir für die uns so nahe verbundenen Markgräfler in dieser Zeit haben tun können; denn da erhob sich, als ein Wall, der kaum zu übersteigen war und der nicht durchbrochen werden durfte, die Grenze zwischen uns; die Grenze, deren Trennungsgewalt ganze Generationen auf beiden Seiten kaum mehr geahnt hätten. Wenn uns heute Euer Geschenk dargeboten wird, so nehmen wir das auf als ein Zeugnis dafür, daß in Euch, die Ihr Eurem Lande die schwersten Pflichten zu erfüllen hattet, jene Trennungsgewalt nicht den letzten und traurigsten Triumph zu feiern vermochte, nämlich den, Eure Herzen von den Nachbarn abzuwenden, denen ein gütiges Schicksal eine gleiche Belastung erspart hat. Die Gefahr, daß es dazu käme, hat gedroht. Ihr habt ihr widerstanden und habt bedacht, daß manches Zeichen der Hilfsbereitschaft und manche Hilfeleistung, die uns möglich war, der wahre Ausdruck unseres Fühlens seien. Ich darf das heute bestätigen, darf es insbesondere auch in lebendiger Erinnerung an manches Wort bezeugen, das in verschwiegenen Ratssälen zu Basel im Hinblick auf Eure Gefahr und Not gesprochen worden ist, in voller Gewißheit, daß unser Volk darüber mit den Behörden eines Sinnes sei. Darum nehmen wir Eure Erinnerungsgabe zwar bescheidenen, aber doch nicht beschämten Herzens entgegen, voll Dankes für die Besinnung, die sich darin kundgibt, und voll Freude, daß Ihr die unsere erkannt habt. – Regierungspräsident Im Hof.

Im Badischen

Markgräflerlätsche flattern im Winde,
Unter der sprossenden grünenden Linde,
Mädchen sind da mit tüchtigen Lenden,
Mattenblümchen in Küchenhänden,
Sitzen mit badischen Musketieren,
Die sich erquicken an bitteren Bieren,
Fröhlich zusammen an ländlichen Tischen.
Städter, vom Werkeltag sich zu erfrischen,
Städterinnen in modischen Hüten
Kommen daher unter Kirschenblüten,
Setzen sich hin mit ihren Begleitern
Und ergehn sich zusammen in heitern
Reden und essen und nippen am Wein,
Schau'n in die Welt, in die blütenhelle,
Auf des Rheines fernblickende Welle,
Freu'n sich am Frühlingssonnenschein.

                    Dominik Müller, 1922

122 **Die Baslerstraße, um 1910**

Im Sonnenlicht glänzt der ‹Meyerhof›, so benannt nach seinem Besitzer, der um die Jahrhundertwende den 1726 gegründeten ‹Adler› in eine Jugendstilfassade kleiden ließ und den Gästen nun nicht mehr hausgebrauten Gerstensaft vorsetzte, sondern Bier aus der Riegeler Brauerei. Der Kronen-Brunnen wurde im alten Lörrach nicht nur als Vieh- und Pferdetränke beansprucht, sondern auch als sauerstoffreiches Bassin für Forellenkisten. Das Gasthaus ‹Zur Krone› mußte 1955 der Deutschen Bank weichen. – Photo Höflinger.

122

123   Ballonaufstieg, 1908

Das 1903 im Zentrum der Stadt gegründete Konfektionsunternehmen Vortisch setzte für seine Werbung schon früh neuartige Methoden ein. So erwies sich der Aufstieg des Speltrini-Ballons nicht nur als ein weithin sichtbares Spektakel, sondern auch als geradezu ideale Freiluft-Modeschau der Schaulustigen, die sich in überaus großer Anzahl aus der ganzen Umgebung vor den Toren Lörrachs einfanden.

Basler Tag in Lörrach, 1925

Nahe der Heimat, in Blauhorizonten
Schimmert die Freistadt am Spiegel des Stroms.
Weithin erglänzen auf weißlich besonnten
Steilen Hochfirsten die Ziegel des Doms.

Senden ins wonnige Rebland Altbadens
Tief in des Weblands umflorenden Rauch
Licht ihres Lichtes, von Oekolompadens
Ernstem, erasmisch gebändigten Hauch.

Täler, von fließendem Wasser gerissen
Öffnen sich breithin am Bogen des Rheins.
Herzen, vom Geiste getroffen – Gewissen
Segnen dich, Basel, und schlagen wie deins!
           Hermann Burte

Badischer Rekrutenlärm

Weil da ein Einsender nicht weiter zu thun hatte, als über den Nacht-Güggellärm loszuziehen, so sei doch auch einmal über einen Lärm geklagt, der am hellen Tage in gegenwärtiger Zeit sich wieder bemerkbar macht. Wie alljährlich, finden auch heuer wieder in benachbarten deutschen Grenzstädten die üblichen Rekrutenaushebungen statt. Jedenfalls wird den Leuten vor ihrer Entlassung die gleiche Mahnung auf den Weg gegeben, wie den schweizerischen Rekruten bei ihrer Aushebung: «Ihr steht heute unter den Militärgesetzen, und wenn sich Einer etwas zu Schulden kommen läßt, wird er streng bestraft. Seid also ruhig und beträgt Euch anständig, wenn Ihr durch die Stadt geht.» Das ist das Mahnwort, dessen Übertretung sich jedenfalls noch wenige unserer Leute haben zu Schulden kommen lassen. Wenigstens merkt man in Basel nicht viel von der Aushebung. Die deutschen Rekruten aber machen es so: Schnell werden die Hüte mit Federn und Bändern aller Farben garniert, der nächstbeste Eisenbahnzug nach Basel genommen und so wird dann in Basel mit doppelter Kraft ausgeübt, was in der Heimat verboten ist. So konnte z. B. am Dienstag Vormittag ein Break mit solchen jungen Leuten durch die Stadt fahrend bemerkt werden, und es haben dieselben einen solchen Lärm und ein solches Gebrüll verursacht, daß es weithin gehört werden konnte. Das geschah, ohne daß Jemand nur einen Schritt that zum Reklamieren; während ein Hiesiger, der einmal mit etwas unmusikalischer Stimme durch die Straße zieht, so schnell als möglich einen deutlichen Wink zum Stillsein bekommt. Es wäre also sehr am Platz und angebracht, wenn diese jungen Leute angehalten würden, sich etwas anständiger aufzuführen, wenn sie nach Basel kommen wollen. 1897.

124

Wiesentaler Kinderreime

Was isch's Dümmste im Hus? – D Seechte (Milchseiher). – 's Guet loßt sie laufe, un der Dreck bhaltet sie.

's zipple un zapple fümf iseni Stange mit fleischige Dobe; 's mags niemes verrote. – D Strickete.

Wer goht allewilig z erst in d Kilche? – Der Bart vom Kilcheschlüssel.

's regnet nie zwei Täg hinterenand; worum nit? – Wil ne Nacht derzwischen isch.

's goht e Ma goh grase
mit ere lange Nase.
Er het au roti Stiefel a
undreiht sie wia ne Bettelma.
Wer isch's? – Der Storch.

Wenn fange d Ente a schwimme? – Wenn ihri Bei nimmi uf de Bode abe länge.

124 Beim Schlitteln, um 1912

Die Wege, die zu den Obst- und Rebgärten am Hünerberg führten, gehörten im Winter zum unumstrittenen Tummelplatz der Lörracher Jugend. Heute ist die idyllische und kinderfreundliche Stätte größtenteils überbaut, und von Schlittenbahnen kann keine Rede mehr sein ... – Photo Höflinger.

125 Gruß aus Lörrach, 1899

«Lörrach, Amtsstadt im Oberrheinkreise, liegt am Eingange in's Wiesenthal, am linken Ufer der Wiese, 1¾ St. von Basel entfernt, und hat in 235 Häusern und 477 Familien 2064 evang., 366 kath. und 152 israel. Einw., welche von Feld-, Weinbau, Viehzucht, Handel und Gewerben leben, und meistens wohlhabend sind. Es sind hier mehrere Fabriken, von welchen die Zitz- und Kattunfabrik des Herrn Köchlin ausgezeichnet ist;

124

obschon seit 1753 hier etablirt, erhielt sie aber erst seit dem J. 1808 eine größere Ausdehnung, hat im ganzen Wiesenthale eine Menge Stühle gehen, und beschäftigt über tausend Menschen; außer dieser sind in Lörrach eine Tabaksfabrik, mehrere Seidenweber, Halbleinfabriken usw., und viele Einwohner des Städtchens erhal-

ten dadurch ihren genügenden Unterhalt. Mit Manufakturstoff wird Handel getrieben, die Erzeugnisse der Köchlin'schen Indiennefabrik gehen in's Ausland und finden besonders auf den Messen zu Frankfurt und Leipzig starken Absatz. Nach Basel und der Schweiz geht der Zollverhältnisse wegen wenig mehr, um so stärker ist jedoch der Absatz der Handelswaaren von Basel nach Lörrach und die Umgegend; die Jahrmärkte sind unbedeutend. Es ist hier ein Pädagogium mit einer höheren Bürgerschule, wobei 6 Lehrer beschäftigt sind, eine Stadtschule, eine Fabrikschule, Apotheke, ein Postamt und Posthalterei, eine Buchhandlung, Buchdruckerei und lithographische Anstalt, 2 Leihbibliotheken, eine Lesegesellschaft usw. Von vorzüglicheren Gebäuden sind zu nennen: das Fabrikgebäude des Hrn. Köchlin, das vormalige Kapitelhaus, jetzt Pädagogium, die Stadtkirche, das Amtshaus, Dekanathaus, die Land- und Burgvogtei, die Zollgebäude, das Schneider'sche Haus und das Gasthaus zum Hirsch. Die Bierbrauereien sind unbedeutend; von besseren Wirtshäusern nennen wir die zum Hirsch (Posthalterei), zu den drei Königen, zum Schwanen, zur Sonne und zum Ochsen. Es ist hier der Sitz der Amtsstellen, einer Bauinspektion, Wasser- und Straßenbauinspektion, einer Obereinnehmerei, Domänenverwaltung und eines Nebenzollamtes erster Klasse. Es werden hier mehrere Gewerbe und Handwerke gut betrieben, namentlich sind hier Vergolder, ein Verfertiger von chirurgischen Instrumenten, ein Zeugschmid, 3 gute Handlungen, mehrere Kramladen, ein Glaswaarenlager, 3 Färbereien, 2 Mühlen, eine Sägemühle usw. Das Köchlin'sche Landgut hat schöne und große Gartenanlagen mit einem auf einer Terassenhöhe erbauten Pavillon.» (1843)

126 Der Hünerberg-Pavillon, um 1910

Während langer Jahre stand auf dem ‹Gipfel› des Hünerbergs (410 m), des Lörracher Hausbergs, ein Pavillon, der die Spaziergänger zum Verweilen einlud. Frühmittelalterliche Funde lassen hier den einstigen Standort einer Fliehburg vermuten. Die Bedeutung des schon 1395 erwähnten Namens ‹Hünerberg› ist noch immer unklar. Ob er mit dem Einfall der Hunnen etwas zu tun hat, bleibt ein fragwürdiger Gedanke des Historismus. Heute werden auf dem Hünerberg noch immer Fasnachtsfeuer und Scheibenschlagen abgehalten, wenn die Bevölkerung, der geheimnisvollen Tradition folgend, im Lichte der mächtigen Holzstöße, Fakeln und fliegenden Scheiben den Winter verabschiedet. – Photo Höflinger.

Märkt

Wer ‹Märt› hört oder denkt, dem steigt auch gleich der Duft von ‹Bräglete›, in Öl gebackenen Fischen, in die Nase, die nach altüberliefertem Brauch zu einer Kostprobe in die Dorfwirtschaft locken. Wie in Istein, Kleinkems und Rheinweiler sorgte einst auch hier ein reiches Fischparadies für die wichtigste Volksnahrung. Weil der ufernahe Ort zu den landärmsten zählte, gewährte der Markgraf sein landesherrliches Fischrecht, die kleine Fischweid, wie das Krebsen in der Kander, allen Leuten zu Märkt ganzjährig. Nur die große Lachsweid war zeitgebunden und wurde an die ansässigen zahlreichen Berufsfischer vertraglich verliehen. Die Fischerei bot hier fast die einzigen Bareinnahmen: Von den 31 Bürgern im Jahre 1803 werden 11 Fischer, neben 11 Kleinbauern und 9 Taglöhnern, genannt.

Mit Kirchen und Eimeldingen erscheint das Dorf urkundlich erstmals 1169 in einer Streitakte zwischen dem Kloster Stein am Rhein und den Freien von Kirchen.

Bald darnach ging das Patronat der drei Dorfkirchen an das Basler Chorherrenstift St. Peter. Was die Bewohner am unberechenbaren Strom immer von neuem an kargem Feld auf frisch geländetem Grien gewinnen, anbauen und schützen mußten, hatte das reißende Hochwasser immer wieder in einer Nacht weggeschwemmt und vernichtet. So zählt die Gemeinde mit ihrer 138 Hektaren großen Gemarkungsfläche heute noch – trotz der Tullaschen Regulierung – zur kleinsten im Kreis Lörrach.

«Märt, Märt, isch ke fuuli Bohne wert!», so lautet zur Armut noch der Spott seiner Nachbarn. Zur Landnot – Märkt besitzt auch keinen Rebberg – und zu den zahlreichen Hochwassern hatte das Dorf an der Grenze auch die Überfälle feindlicher Truppen und die Übergänge der französischen Armee 1792 und der Alliierten 1813/14 zu erdulden. Seit dem Bau des Stauwehrs am Rhein (1928–1932) und der Autobahn (1956) hat sich am Rande Märkts die Industrie angesiedelt, so daß der Ort heute rund 450 Einwohner zählt.

127 Die letzten Lachsfischer, um 1925

Die letzten Lachsfischer von Märkt mit einem kapitalen Lachs auf dem hölzernen Fischlogel. Die Rheinfischerei war keine reine Lust, sondern beschwer-

127

liche Arbeit und wurde genossenschaftlich mit Brüdern, Söhnen oder Nachbarn betrieben. Beim Lachsstechen mit dem Ger, bei Nacht mit ‹Zündeln›, auf der Salmenwaage, mit der ‹Seegene›, dem Langgarn, oder auf dem Weidling war gegenseitige Hilfe unerläßlich. Der Bau des Stauwehrs und zunehmende Gewässerverschmutzung brachte ganze Generationen Märkter Berufsfischer, die sich während Jahrhunderten dem Gewerbe gewidmet hatten, um ihr Brot.

128 Der letzte Gugbrunnen, 1939

Trotz guter Quellschüttung entlang dem Hochgestade, die zur Mattenwässerung gesammelt wurde, mußte in Märkt Grundwasser beansprucht werden. Dieses wurde in für Kinder gefährlichen Zisternen oder Ziehbrunnen angereichert, so daß die Behörden den Bau von Pumpbrunnen anordnen mußten. Der Märkter Gugbrunnen mit hölzernem Stock und Regendächlein, ein besonders schönes Beispiel handwerklicher Brunnmacherkunst, lieferte der Bevölkerung auch an heißen Tagen ein frisches, kühles Wasser.

Malsburg-Marzell

Im Hintern Kandertal liegt eine aus acht Ortsteilen (Dörfern) bestehende großflächige Gemeinde, deren höchster Punkt der bekannte Aussichtsturm auf dem Hoch-Blauen ist: Malsburg-Marzell. Das Tal mit seinen Nebentälern ist ein auch von Baslern gerne besuchtes Ausflugsziel. Mit ihren 1700 Einwohnern zählt die Gemeinde zum dünnbesiedelten Gebiet des südlichsten Schwarzwalds; 70 Prozent der 26 km² großen Gemarkungsfläche sind Wald. So kommt der Forstwirtschaft eine gewisse Bedeutung zu, während die Landwirtschaft (Viehhaltung) fast ausschließlich im Nebenerwerb betrieben wird und mehr landschaftspflegerischen Charakter hat. Den größten Arbeitgeber in der Gemeinde bilden die Spezialkliniken mit über 400 Krankenbetten. Viele Einwohner aber fahren auch täglich mit dem Auto nach Kandern, Lörrach, Weil und Basel zur Arbeit, wo besonders gut ausgebildete Fachleute und Handwerker begehrte Gastarbeiter sind.

Urkundlich wird ein Gemeindeteil erstmals in der ‹Chronicon Bürglense› (Chronik von Schloß Bürgeln) erwähnt. Nach ihr hat der Bischof von Konstanz im Jahre 1095 die Kirche von Kaltenbach, die heute noch steht, eingeweiht. Doch gibt es genügend Hinweise, daß schon Kelten und Römer das Hintere Kandertal gekannt und durchstreift haben. Im Gebiet der Fliehburg-Stockberg sind gar Gefäßfragmente aus der La-Tène-Zeit gefunden worden. Vor 1130 gehörte das Tal zur Herrschaft der Herren von Kaltenbach, die auch Güter in Rätien und Burgund besaßen. Um 1130 kam das Gebiet zur Propstei Bürgeln und damit zum Kloster St. Blasien. Der Abt von St. Blasien tauschte das Tal gegen Güter in Freiburg mit Markgraf Hermann dem Jüngern von Baden, der um 1240 unweit der heutigen Gemarkungsgrenze, auf dem Sausenhart, die Sausenburg erbauen ließ. So kam das Hintere Kandertal zur Herrschaft der Markgrafen von Baden, die ihren Besitz erweiterten, indem Lüthold von Rötteln, der ehemalige Propst der Basler Kirche, dem Markgrafen Heinrich auch noch die Burg Rötteln, das Vordere Kandertal und das Wiesental übertrug.

Zur Stadt Basel bestanden während der vergangenen Jahrhunderte, wie übrigens heute noch, vielfältige menschliche und wirtschaftliche Beziehungen. So haben sich in früheren Zeiten vornehmlich junge Leute in Basel als Dienstboten verdingt, sie haben in der Stadt geheira-

tet und sind dort geblieben. Die Köhler und Leinenweber im Tal haben ihre Erzeugnisse nach Basel gebracht und verkauft. Mit dem Ausbau der Straßen aber war es dann Brennholz, das in großen Mengen mit Pferd und Wagen nach Basel gefahren wurde. Ein Gespann war 18 bis 20 Stunden unterwegs; als Großabnehmer war lange Zeit der Lohnhof führend. Heute sind es u.a. 600 Tonnen Steine zur Birsregulierung, die täglich aus dem Hinteren Kandertal nach Basel transportiert werden. Auch enge menschliche Kontakte, zu denen während des Jahres verschiedenste Anlässe diesseits und jenseits der Grenzen Gelegenheit bieten, sind immer wieder zu beobachten. So ist das Tal wie vor Jahrhunderten ein über Ländergrenzen hinweg zur Region Basel zählendes Gebiet geblieben.

129 Das Steinbähnchen Kandern–Malsburg, um 1910

Mit dem Bau der Kandertalbahn gegen Ende des 19. Jahrhunderts nahm die Natursteinindustrie im Hintern Kandertal einen enormen Aufschwung. Es wurden mehrere Granitsteinbrücken eröffnet; und einer unterstand der Leitung des Basler Unternehmers Steyer-Düblin. Für den Transport des oft tonnenschweren Materials wurde von 1907 bis 1919 eine Kleinbahn mit zwei Lokomotiven eingesetzt.

130 Das Malsburger Steinauto, um 1919

Zur direkten Belieferung der Baustellen wurden nach dem Ersten Weltkrieg Lastwagen eingesetzt. Die Basler Kundschaft bestellte in Malsburg hauptsächlich Straßenschotter, Bausteine, Groß- und Kleinpflastersteine, Grenz- und Bordsteine, aber auch Treppen und Fensterbänke. Aus Kandertaler Steinen gebaut sind namentlich der Basler Rheinhafen, der Badische Bahnhof, der Centralbahnhof, der Friedhof am Hörnli und der Zoologische Garten.

129

131 **Malsburger Schwarzwaldhaus, um 1895**

Typisch am Schwarzwaldhaus ist sein tief herabgezogenes Strohdach wie die Hofeinfahrt zur Scheune. Auch haben Wohnhaus und Scheune ein gemeinsames Dach, das ohne Kamin ist, weil der Rauch der Feuerstellen durch schmale Luken und den geräumigen Dachstock entweicht. Um die Mitte des letzten Jahrhunderts bestand Malsburg aus 22 solchen Häusern, in denen gegen 200 Einwohner lebten.

Hausinschriften aus dem Kandertal
Ein warmes Bett, ein frommes Weib,
Gottes Gnade, gesunder Leib,
Ein gut Gewissen, viel bares Geld,
Das ist das beste auf der Welt.

Ein Mühlstein und ein Menschenherz
Wird stets herumgetrieben;
Wenn beides nichts zu mahlen hat,
Wird beides selbst zerrieben.

Mappach

Das Dorf am Mattenbach hat von diesem wohl seinen Namen erhalten (874: Madebach). Es verdankt, wie viele seiner Nachbargemeinden, seine erste Urkunde dem Kloster St. Gallen, das vor 1100 Jahren einen Schenkungsbrief über die ‹Basilica Madebach› ausgestellt hatte. ‹Das Pfarrdorf, vom Amtsorte Lörrach 2¼ St. nordwestlich entfernt, hat in 51 Häusern und 66 Familien 336 evang. und 3 kath., mit Maugenhardt 436 Einw., welche

von Feld-, Wiesenbau und Viehzucht leben, und dem Mittelstand angehören. Es ist hier ein Wirthshaus. In der Nähe lag das eingegangene Dorf Hältelingen. M. hatte durch die vielen Einquartierungen zur Zeit der Napoleon'schen Kriege sehr viel zu leiden.› (1843) Bis in die heutige Zeit hat Mappach, wo sich 1849 auch eine Rubinschleiferei niederließ, seine typisch markgräflerische Struktur erhalten und gehört mit seinen 330 Einwohnern zu den gepflegtesten Siedlungen im alten Bauernland. Am Westrand seiner Gemarkung führte, auf dem Rücken der historisch bedeutsamen Sausenhart, die uralte Landstraße aus dem Breisgau von der Kalten Herberg nach Basel. Auf dem weiten Feld zwischen Holzen und Tannenkirch versammelten sich einst die Markgräfler mit Fähnlein, Wehr und Waffen regelmäßig zur großen Heerschau vor dem Markgrafen und dem Rötteler Landvogt. Der weit ins Land grüßende ‹Chäsbißturm› der Kirche aus spätgotischer Zeit gibt Kunde vom Bischof von Basel, der in Mappach Grundrechte ausübte. Aber auch von der Anwesenheit der Herren Münch von Münchenstein, von Landskron und von Rotberg, die im Dorf reichlich begütert waren.

132 Rindergespann, um 1938

Gespanne mit Pferden, Ochsen und Rindern sind in allen Dörfern der Region zur großen Seltenheit geworden: Kummet, Joch und Saumzeug wie Waage und Wagenrad gehören heute zum ausgesuchten Schmuck von Haus und Garten!

133 Konfirmandinnen vor dem Kirchgang, 1958

«d Chappe stolz uf de Hoor, Halstuech um, Fürtuech vor. Bisch e Freud, bisch e Pracht, Markgräfler Tracht!» So rühmt Hermann Burte die Tracht der Markgräflerinnen. Kein familiäres Ereignis kann nach außen schöner zur Geltung kommen als durch die Tracht: Ganz in Schwarz zum Rock das Seiden- oder Mailänder Spitzenhalstuch, das kreuzweise über die Brust geschlagene Fürtuch und die ‹Hörnerchappe› mit den hängenden Seidenfransen.

Die Konfirmation an Judica (zwei Sonntage vor Ostern) ist ein echtes Familienfest, zu dem, durch den sogenannten Dankbrief, Gotti und Götti und die nächsten Verwandten eingeladen werden. In einem festlichen Zug werden die jungen Leute zum Examen und zur Einsegnung in die Kirche geleitet. Und anschließend sitzt die ganze Festgemeinde bei einem solennen Festmahl gemütlich beisammen.

«Gib's im Wächter in d Schelle» sagen auch heute noch Klatschtanten, die gerne und möglichst sicher eine üble Nachrede ins Dorfgespräch bringen möchten. ‹Wächter› wird Ernst Karlin aber nicht mehr tituliert, denn seit 100 Jahren werden in Mappach weder die Nachtwache aufrechterhalten noch die Stunden ausgerufen. Als Ortsdiener hat der ‹Wächter› auch vor einiger Zeit die letzten Zeichen seiner Würde, die blaue Uniform mit Mütze und Säbel, abgelegt. Wenn es jedoch wichtige Neuigkeiten im Dorf zu verkünden gilt, ruft er immer noch nach alter Sitte seine Mitbürger mit einer ‹Schelle› zur Aufmerksamkeit und zur Beachtung seiner Meldungen.

Maulburg

Das behäbig im breiten Tal der Wiese in der Nähe der Stadt Schopfheim gelegene Dorf hat sich mit seinen 4000 Einwohnern in jüngster Zeit von einer wohlhabenden bäuerlichen Siedlung zu einer betriebsamen Industrie- und Wohngemeinde gewandelt. ‹Murperch›, wie die ältesten Pergamente den Ort nennen, wird Anno 786, samt Kirche und Sitz eines Zentenars, als fränkisches Krongut bezeichnet. Im Hochmittelalter tritt dann als Inhaber von Patronat und Zehnten kein geringerer als der Minnesänger Walther von Klingen auf, der 1249 seine Rechte dem Kloster Wettingen, dessen Mönche bis zur Reformation im Dorf die Seelsorge ausübten, weitergab. Die Wettinger waren es auch, die bis 1540 den er-

tragreichen Wald auf dem Scheinberg jenseits der Wiese nutzten; dann verfügten die Basler über diesen mächtigen Baumbestand. Aber auch sonst lag manches in der Hand Basels: Die Nonnenklöster St. Clara und Klingental und das Domstift bezogen namhafte Zinse von ihren Gütern im Maulburger Bann, die Papierer Blum und Ferber betrieben um 1600 – wie später auch Rudolf Thurneysen (1834) – an der Wiese Papiermühlen, und Anno 1840 gründete Wilhelm Geigy eine Baumwollweberei, die bald über 1000 Arbeitern Brot und Verdienst bot. Als 1787 Maulburg von einem Großbrand heimgesucht wurde und dabei 17 Häuser eingeäschert wurden, waren sogleich auch die Basler mit Werken der Nächstenliebe zur Stelle, spendeten die Städter doch die beträchtliche Summe von runden 100 Pfund. ‹Die Einwohner, deren katholischer Theil zumeist Fabrikbevölkerung ist, sind fleißig, verständig, und obwohl dieselben früher in Folge eines ausgebrochenen, großen Brandes und großer Verluste während der französischen Revolutionskriege in tiefe Armuth gerathen waren, stehen sie dennoch jetzt durchschnittlich wieder in gedeihlichem Wohlstande. Sie beschäftigen sich mit Feld-, Wiesen-, etwas Wein-, Obstbau, Vieh-

135 **Das Maulburger Badhaus, 1892**

Daß das Heil- und Mineralbad von Maulburg schon im 16. Jahrhundert weit und breit bekannt gewesen sein muß, ist ‹Des Mulberg Badtsbeschreibung› zu entnehmen, die um 1570 Felix Platter (1536–1614), Basels berühmter Stadtarzt, wahrscheinlich als Kurreglement verfaßt hat. Die in Form eines mit feinem Humor durchsetzten Gedichts formulierten Empfehlungen geben zahlreiche Hinweise über den ‹schicklichen Verlauf› des Aufenthaltes. Von 1607 bis 1747 waren Angehörige der Familie Schanzlin für den Badebetrieb verantwortlich. Baderecht samt dazugehörigen Fischereiprivilegien hat zu Beginn des 17. Jahrhunderts ein Hans Schanzlin von Markgraf Friedrich V. erhalten, der sich damit für einen gastfreundlichen Aufenthalt erkenntlich zeigte. 1865 wird der letzte Maulburger Badewirt erwähnt: Friedrich Keßler, der mit einer Riehenerin verheiratet war. Dann wurde es im einst berühmten Bad still; die Basler bevorzugten andere Erholungsorte: Hauingen, Fischingen und Riedlingen. – Federzeichnung von F. Lederle.

zucht *(67 Pferde, 390 Rinder, 153 Schweine), Gewerben und Fabrikarbeit. Der Feldbau erzeugt besonders Dinkel, Roggen, Waizen, Hafer, Hanf, Kartoffeln u. s. w. Der Holzhandel des Dorfes liefert jährlich über 700 Klafter nach Basel, und auch der Heuhandel ist nicht unbedeutend; die Wiesen werden alle gewässert.› (1859) Trotz der Entwicklung zu einem Industriedorf ist die Bevölkerung heute immer noch sehr der Tradition verpflichtet und ehrt immer wieder aufs neue das Vermächtnis der beiden großen Söhne des Dorfes: des Dichters und Malers Dr. h. c. Hermann Burte (1879–1960) und des Malers Professor Adolf Strübe (1881–1973).*

136 Dörfliches Leben beim Gasthof ‹Zum Ochsen›, um 1910. Im Vordergrund der Wächter beim Ausrufen von Neuigkeiten. Noch immer steht links außen am Straßenrand eine Erdöllampe, obwohl im Dorf bereits die elektrische Beleuchtung Einzug gehalten hat. Photo Höflinger.

136

Der ‹Wiesenthäler-Hof›, das besonders von
Fuhrleuten oft besuchte Gasthaus, um 1910. Am
Wassergraben ist eine komplette Wäschereiein-
richtung mit Waschbrett, Waschzuber und dem
Ofen zum Kochen der Wäsche zu sehen.
Photo Höfling

Minseln

*Der seit 1971 zur Stadt Rheinfelden zählende Orts-
teil führt als Gemeindewappen noch immer die Insignien
der Apostelfürsten Peter und Paul, denen auch die katholische Dorfkirche geweiht ist. Die Verehrung dieser
Schutzpatrone deutet auf ein hohes Alter der Kirche. Tatsächlich hat der alemannische Adelige Cauzpert bereits
im Jahre 754 dem Kloster St. Gallen Güter in Minseln
und Warmbach verschrieben. Die Originalurkunde die-*

138 «Die Einwohner, deren Zahl 1855 743 Katholiken und 3 Evangelische betrug, sind arbeitsam,
häuslich und gutartig. In Folge ihres Fleißes hat
sich der früher tief stehende Wohlstand in neuerer Zeit sehr gehoben. Sie ernähren sich vom
Feldbau, bedeutender Viehzucht, besonders
Viehmastung (552 Stück Rinder) und Gewerben.
Die Gemarkung ist fruchtbar. Gepflanzt wird besonders viel Dinkel, Hafer, auch Waizen, Gerste,
Roggen, Hanf, nur für den Bedarf Obst und etwas Reben» (1859). Die Photographie von Karl
Vogel zeigt das alte Schulhaus im Jahre 1928.

ser Übertragung befindet sich noch heute in der Stiftsbibliothek des Klosters, das in karolingischer Zeit am Dinkelberg reich begütert war, seinen Besitz aber offenbar während der Auseinandersetzungen zwischen Heinrich IV. und seinem Widerpartner, dem Grafen Rudolf von Rheinfelden, im 11. Jahrhundert verloren haben dürfte. Aufzeichnungen darüber liegen nicht mehr vor. Als dann die ersten Habsburger Urbare im 13. Jahrhundert angelegt wurden, hatten sich die Besitzverhältnisse am Dinkelberg bereits beträchtlich geändert, gehörte das Dorf Minseln doch mit der gesamten Dinkelberglandschaft schon zur Grafschaft Rheinfelden, und die grundherrlichen Rechte waren aufgeteilt an verschiedene Geschlechter, wie derer von Hachberg, von Eptingen, von Wieladingen, von Liebegg und von Heidegg. Später zählte das Dorf zur Kameralherrschaft von Rheinfelden, bis es 1806 an Baden kam. Die grundherrlichen Rechte waren schon früher durch Schenkungen und Erbteilungen verschiedentlich an das Säckinger Stift und an die Ritter von Beuggen, zum Teil jedoch auch an Familien in der nahen Stadt Rheinfelden, gekommen, in deren Besitz sie größtenteils auch nach der Neuordnung der Länder verblieben sind.

Minseln wahrte bis zum Zweiten Weltkrieg seinen Habitus als reine Bauerngemeinde, obwohl bereits viele Bewohner in der Rheintalindustrie ihr Brot verdienten. Die Stadtnähe lockte zu Beginn der 1950er Jahre viele Baulustige an, und in wenigen Jahren entstanden neue Ortsteile, die Minseln zur Wohngemeinde umstrukturierten. Die hohen Lasten, die durch Neuauflagen, wie Kanalisation und Wasserversorgung, besonders aber durch den Straßenbau entstanden, ließen die alte Gemeinde im Jahre 1971 ohne jeden Widerstand zu dem Entschluß kommen, sich gemäß der Gebietsneuordnung, die das Land Baden-Württemberg anstrebte, an die Stadt Rheinfelden anzuschließen. Weil das Eigenleben der Bürgerschaft davon nicht berührt wurde, bedauert in der Gemeinde niemand diesen Entschluß.

Müllheim

«Z Müllen an der Post / Tausigsappermost! / Trinkt me nit e guete Wii! / Goht er nit wie Baumöl ii / z Müllen an der Post!» Mit diesem beschwingten Vers gedachte Johann Peter Hebel des Städtchens Müllheim, als er im Unterland seiner Sehnsucht nach der Heimat am Oberrhein Herr zu werden versuchte. In der ‹Post›, der alten Pferdewechselstation an der Landstraße von Basel nach Freiburg, mag er manches Viertele getrunken haben, wenn er auf seinen Wanderungen und Fahrten dort einkehrte. Im modernen Euromotel wird dem eiligen Autoreisenden noch heute das gleiche gute Glas Wein kredenzt wie damals. Aber die gastliche Stätte liegt weit draußen vor der Stadt, und einen Eindruck von Müllheim bekommt erst derjenige, der durch die Straßen und Gassen der Stadt wandert oder in die Rebberge hinaufsteigt und von oben auf das Gewirr der Dächer hinabschaut, die sich im ausschwingenden Tal des Klemmbaches drängen oder die Hügel empor klettern. Rund 8000 Menschen leben da beisammen.

Nur weniges vom alten Müllheim, das im Laufe der Jahrhunderte aus den beiden Dörfern Obermüllheim und Untermüllheim zusammengewachsen ist, haben die Ver-

139

139 Das Bahnhofhotel, um 1890

Als 1847 die Eisenbahnstrecke Freiburg–Schliengen eröffnet wurde, stand auch das Gasthaus ‹Zur Station› des Johann Georg Kittler zur Aufnahme von Reisenden bereit. Über Bankier Christian Mez und Georg Authenrieth kam das ‹Kaffeehaus Bahnhofhotel› dann 1917 an Jacob Grether. Nach einer Zwangsversteigerung gelangten 1937 Paul und Berta Bauer in den Besitz des Gastwirtschaftsbetriebs und bauten ihr ‹Hotel Bauer› zu einem bekannten gastronomischen Unternehmen aus, das bis heute im Familienbesitz verblieb.

wüstungen und Brandschatzungen übriggelassen, die über das Markgräflerland hinweggegangen sind. Ins Jahr 758 wird die älteste Urkunde datiert, die über den Ort Auskunft gibt, dessen ‹Häuser, Hörige, Vieh, Felder, Wiesen, Weinberge, Wälder, Gewässer und Bäche› dem Kloster St. Gallen geschenkt worden sind. Der Boden Müllheims hat jedoch Funde preisgegeben, die berichten, daß der Platz schon wesentlich früher Siedlern gefiel und diese zum Bleiben einlud. Kontinuierlich reihen sich Zeugnisse aus der mittleren Steinzeit bis zur Zeit der alemannischen Landnahme aneinander.

Im Münsterdreieck Basel–Breisach–Freiburg liegt Müllheim mitten drin. Kein monumentales kirchliches Bauwerk überragt die Stadt. Aber die ehemalige Martinskirche, die heute als Festhalle dient, zählt zu den schönsten Wahrzeichen, die Müllheim aufzuweisen hat. Der klotzige Turm mit dem in späterer Zeit aufgesetzten Pyramidendach birgt im Eingangsgewölbe Fresken aus der er-

140 Müllheim, um 1850

«Der Ort ist ländlich heiter gebaut und gewährt einen angenehmen Aufenthalt» (1844). Im Vordergrund liegt seit 1837 der langgestreckte, ummauerte Friedhof. In der Bildmitte überragt der Turm der alten Martinskirche die Häuser von Obermüllheim. Über dem Weilertal erhebt sich die Burgruine Baden. – Tonlithographie von Carl Rudolf Gutsch.

sten Hälfte des 14. Jahrhunderts, während im Schiff einige wertvolle Grabdenkmäler von vergangenen Zeiten berichten, so z. B. das schöne Doppelepitaph des Amtmannes Ludwig Wolf von Habsperg und seiner Gemahlin, der sich um die Einführung der Reformation verdient gemacht hat. Die ‹neue Lehre› kam von Basel ins Land, wo schon 1519 Reformator Oekolampad im Geiste von Martin Luther gewirkt hatte. Am 1. Juni 1556 führte Mark-

113

graf Karl II. von Baden-Durlach die Reformation in seinen Landen ein. In den konfessionellen und politischen Auseinandersetzungen des 17. Jahrhunderts war Basel oft Zufluchtsstätte der Markgräfler und auch einiger Familien aus Müllheim, deren Namen in den Kirchenbüchern der Stadt am Rheinknie auftauchen. Mit den zurückkehrenden Flüchtlingen kamen auch Schweizer Bürger in die Gegend, die am Wiederaufbau der entvölkerten Dörfer tüchtig mitwirkten. 1727 beschloß der Markgraf, den Amtssitz der Herrschaft Badenweiler, zu der Müllheim seit je gehörte, nach Müllheim zu verlegen. Das brachte neues Leben in den Ort. Schon 1699 hatte sich durch die Verleihung des Rechtes, Wochenmärkte abhalten dürfen, die Situation gebessert. Ab 1756 kam noch ein Jahrmarkt dazu. Und schließlich wurde am 27. Oktober 1810 dem Marktflecken Müllheim das Stadtrecht verliehen. Wenn auch das ländliche Gepräge noch lange erhalten blieb, so ist doch die Entwicklung in neue Bahnen gelenkt worden. Die Fortschritte, welche in der jungen Stadt Einzug hielten, vollzogen sich in immer kürzerer Folge. 1847 wurde die Badische Staatsbahn bis Schliengen in Betrieb genommen. Das brachte auch für Müllheim wirtschaftlichen Aufschwung. Schulen entwickelten sich, ein Amtsgericht wurde eingerichtet, die Bahnlinie Mülhausen–Müllheim und die Lokalbahn Müllheim–Badenweiler (heute Omnibusbetrieb) sorgten für nachbarschaftliche Verbindungen, und beide Konfessionen erhielten neue Gotteshäuser. Daß Müllheim 1972 seine Bedeutung als Sitz einer Kreisverwaltung verloren hat, mag manchen schmerzlich berührt haben, aber die Härte konnte inzwischen überwunden werden. Weitblickende Persönlich-

keiten hatten vorgebeugt und durch stärkere Industrieansiedlungen neue Entwicklungsmöglichkeiten eröffnet. Trotzdem blieben die Verantwortlichen auf dem Boden der Realitäten und strebten nicht eine uniforme Fabrikstadt an, sondern ein dem ländlichen Umkreis verbundenes Wirtschaftszentrum. Bei aller Geschäftigkeit, die heute in den Straßen pulst, ist Müllheim seinem Charakter als behagliche Mitte des nördlichen Teils des Markgräflerlandes treu geblieben.

141 Weinlese bei Müllheim, um 1850

Markgräfler Wein und Müllheim – das gehört zusammen wie Glocke und Klang, wie Flamme und Feuer. Der Markgräfler Wein gedeiht wohl am Grenzacher Horn so gut wie am Staufener Schloßberg, und die Palette von der kraftvollen Herbheit bis zur leichten, neutralen Milde ist weit gespannt. Jeder der zahlreichen Weinorte nördlich und südlich von Müllheim hat einen guten Ruf, den ihm niemand streitig macht. Aber wer seinen Namen auf dem Gebiet des Weinbaus verteidigen will, der bringt seine Erzeugnisse auf den Müllheimer Weinmarkt, der seit 1872 jedes Frühjahr abgehalten wird. Schließlich war Müllheim lange Zeit mit 125 Hektaren Gesamtweinbaufläche eine der bedeutendsten Weinbaugemeinden im Markgräflerland (nur Auggen übertraf es mit 140 Hektaren) und ist nach der Eingemeindung von Britzingen, Feldberg, Hügelheim, Niederweiler, Vögisheim und Zunzingen mit rund 320 Hektaren zur weitaus größten geworden.

Was wird nun an Rebsorten gepflegt und dem Kenner auf dem Weinmarkt kredenzt? Da dominiert zwischen Basel und Freiburg der Gutedel, schlechthin der Markgräfler Wein. Er hat die im Mittelalter und bis in die Neuzeit überaus stark vertretenen Sorten Heunisch, Elbling und Burgunder verdrängt. Der Anbau dieser ertragreichen Sorten mag einst vor allem wegen der hohen Zehntabgaben an geistliche und weltliche Herrschaften vorherrschend gewesen sein. 1780 brachte Markgraf Karl Friedrich von einer Reise an den Genfersee die ersten Gutedelreben mit, die dann im Markgräflerland besonders stark Fuß faßten. Diese Sorte soll schon vor 5000 Jahren in Ägypten bekannt gewesen sein – wo sie heute noch wächst – und wurde von den

114

Phöniziern nach Südfrankreich und von den Römern nach Burgund gebracht. Riesling-Sylvaner (Müller-Thurgau), Ruländer, Gewürztraminer, Traminer, Sylvaner, Weißburgunder, da und dort auch etwas Spätburgunder, ergänzen die Müllheimer Weinkarte. Nobling und Freisamer, zwei Kreuzungen von Sylvaner mit Gutedel bzw. Sylvaner mit Ruländer, verleihen ihr Akzente besonderer Art.

Vieles hat sich im Rebland geändert, wenn man das Bild aus der Mitte des vorigen Jahrhunderts mit den heutigen Verhältnissen vergleicht. Die Rebstecken, die einzeln in den Boden gerammt werden mußten und eng beieinanderstanden, sind breitgassigen Drahtanlagen gewichen. Der Feldhüter oder Bannwart (‹Bammert›), der im Herbst seine besondere Aufmerksamkeit den Reben widmete und der im ‹Bammerthüsli› übernachtete, ist nicht mehr die gewichtige Respektsperson, mit der man Kinder einschüchtert. Geteerte Wege führen heute durch die Reben, Traktoren haben die Pferdefuhrwerke verdrängt, und moderne Geräte erleichtern weitgehend die Arbeit im Rebberg. Geblieben aber ist durch alle Jahrhunderte der Fleiß und die Liebe, die der Markgräfler seinen Reben widmet, damit auf seinem Boden ein wirklich guter ‹Markgräfler› gedeiht.

142 Müllheim, um 1840

«Liegt am westlichen Abhange des Schwarzwaldes und hat 2000 evang., 262 kath., 1 men. und 280 israel. Einwohner in 450 Familien und 400 Häusern, liegt am Fuße des Hochblauen, nicht weit von der Straße von Freiburg nach Basel, in einer sehr fruchtbaren und weinreichen Gegend, und seine Bewohner sind sehr wohlhabend. Es sind hier mehrere gute Wirthshäuser, ein Casino, eine höhere Bürgerschule mit 3 Lehrern, eine Post, die jedoch von der Stadt etwas entfernt an der Landstraße liegt, mehrere schöne Privatgebäude; das ganze Städtchen hat ein freundliches Aussehen. Es ist hier auch eine lauwarme Quelle, welche zum Baden benutzt wird; wegen des nahen Badenweiler kann hier jedoch keine große Badeanstalt entstehen.» (1843) – Stahlstich von Joh. Poppel nach K. Corradi.

Neuenburg

An der nördlichsten Grenze des weiten Gebietes der Regio Basiliensis liegt auf der deutschen Seite des Rheins eine Stadt, die während ihrer 800jährigen Geschichte durch viel Leid und Vernichtung gehen mußte: die Zähringerstadt Neuenburg am Rhein. Wer heute durch die saubern Straßen mit den gepflegten Häusern und Anlagen geht, wird vergeblich das Bild einer alten freien Reichsstadt suchen, durch deren Zentrum Kaiser geritten waren und in deren Mauern Landtage, Jahrmärkte und Münztage abgehalten wurden. An seine bewegte Vergangenheit erinnern nur noch ein altes Kruzifix, das jahrhundertelang alle Kriege überdauert hat und heute Mittelpunkt des Gefallenendenkmals ist, und die Monstranz des im Rhein versunkenen großen Münsters. Das Gründungsjahr der Stadt liegt zwischen 1170 und 1180. Clementia, die Schwester des Zähringerherzogs Berthold IV., hatte sich mit Heinrich dem Löwen vermählt. Dieser gab ihre in die Ehe eingebrachte Herrschaft Badenweiler an den Hohenstaufen Barbarossa weiter, der seinerseits versuchte, von hier aus, über seine Besitzungen im Elsaß, Einfluß auf die Freigrafschaft Burgund zu gewinnen. Gegen diese Pläne einer verstärkten Hohenstaufenmacht sah sich Berthold IV. genötigt, einen Sperriegel zwischen Badenweiler und dem Elsaß zu schieben: Er gründete am günstigsten Rheinübergang die Stadt Neuenburg. Ihre Bestimmung als Sperriegel wirkte sich bis in die jüngste Zeit verhängnisvoll für sie aus. 1215 wurde Neuenburg erstmals Reichsstadt. 1254 kam sie in den Besitz des Grafen von Freiburg. 1272 empörte sie sich gegen dessen Herrschaft und verband sich mit dem Bischof von Basel. Auch Graf Rudolf von Habsburg stand gegen die sich tapfer verteidigende Stadt. Durch dessen Wahl zum König änderte sich die Lage: 1274 öffnete ihm Neuenburg die Tore und wurde zum zweitenmal freie Reichsstadt. 1292 erhielt sie von König Adolf von Nassau einen weitgehenden Freibrief, das sogenannte Adolphinische Privilegium. So entwickelte sich Neuenburg, neben Freiburg, Breisach und Basel, zum bedeutendsten Ort am südlichen Oberrhein. Durch Peter von Hagenbach, den Karl der Kühne von Burgund zum Verwalter der Österreichischen Lande im Sundgau und im Breisgau eingesetzt hatte, geriet die Stadt in der zweiten Hälfte des

15. Jahrhunderts in schwere Gefahr. 1474 rückte Hagenbach gegen die Stadt, die sich seinen Eingriffen widersetzt hatte. Es kam zu einem Bündnis mit Basel, und von Freiburg und Bern kam Hilfe: Peter von Hagenbach wurde gefangengenommen und in Breisach enthauptet. 1496 bot Kaiser Maximilian I. der durch die steten Angriffe bedrohten Rheinstadt das Land an den weiter zurückliegenden Hügeln des Reggenhags an, in Verbindung mit dem Zollrecht an der Landstraße. Die Bürger wollten aber ihren angestammten Platz nicht verlassen und dem Strom nicht weichen. 1498 wurde in der Stadt ein Münztag des Rappenmünzbundes abgehalten. 1522 bekannte sich Neuenburg zur Reformation; Otto von Brunfels wurde Prediger der neuen Lehre. Aber schon 1524 zwang das Edikt von Ensisheim die Stadt zur Rückkehr in den Schoß der alten Kirche. Die Beziehungen zu Basel wurden durch die Heirat Bonifatius Amerbachs, des berühmten Gelehrten und Rektors der Universität Basel, mit Martha Fuchs, der Tochter des angesehenen Bürgermeisters von Neuenburg, Leonhard Fuchs, nachhaltig verstärkt. Auch Erasmus von Rotterdam kam öfters in die Stadt. Während des Dreißigjährigen Krieges fiel Neuenburg 1633 in die Hände der Schweden. 1639 starb in Neuenburg, das Ende des Krieges noch ganze 76 Einwohner zählte, Herzog Bernhard von Weimar. 1675 legte General Vauban die Stadt in Asche. Aber schon 1704 mußten die Neubauten im Verlauf des Spanischen Erbfolgekrieges auf Befehl Marschall Tallards von den Bürgern wieder niedergerissen werden. 1806 ging Neuenburg im Gefolge der durch Napoleon vorgenommenen Neuordnung an das Großherzogtum Baden. Die durch keine Schicksalsschläge zu bezwingende Widerstandskraft der Bürger brachte die imponierende Leistung zustande, die Stadt wieder erstehen zu lassen und mit schaffendem Leben zu erfüllen. Die uralte Bestimmung zum Sperriegel aber wurde vom Bestreben abgelöst, nur noch als friedlicher Brückenschlag zwischen zwei Völkern zu dienen.

143   Die Stadt Neuenburg, 1643

Der illustrative Kupferstich von Matthäus Merian zeigt im Vordergrund Mauerreste des vom Rhein zerstörten Münsters. Der Strom war gleichzeitig Feind und Freund der Stadt. Erwiesen sich seine reißenden Hochwasser als überaus gefährlich und schädlich, so bot das Wasser doch andrerseits den Fischern und Schiffern guten Verdienst und ermöglichte der Stadt reiche Einnahmen durch florierenden Fährdienst und ergiebigen Rheinzoll.

Prospect der Statt Newenburg.

Bittschrift an die Basler Schiffleute

Als der furchtbare dreißigjährige Krieg die deutschen Lande durchtobte und der Verelendung entgegenführte, war es besonders Basel, dessen Wohltätigkeit und hilfsbereiter Sinn in großen und kleinen Dingen vielfach in Anspruch genommen wurde, in Erinnerung alter Freundschaftsverhältnisse. Ein interessantes Beispiel dieser Art bildet das nachfolgende Bittgesuch des seit uralter Zeit in reger Beziehung zur Rheinstadt stehenden, damals österreichischen Schifferstädtchens Neuenburg im Breisgau. Das denkwürdige Schriftstück hat folgenden Wortlaut:

«Demnach die Stadt Neuenburg durch das so lang continuierende, betrübte Kriegswesen in eine solche Armut geraten, daß sie dem mit Gewalt auf die Stadt fallenden Rhein, aus Mangel der Leute, erheischender großer Kosten, etwelche Jahre her mit Erhaltung und Gegenbauung der Wuhre und Werke nicht allein nicht mehr begegnen, bauen und Widerstand tun konnte, sondern auch die vor hundert und mehr Jahren schwerlich verbauten Werke, dazu die Stadtmauern und allbereits die halbe Kirche versinken und hinwegfallen mit höchsten Schmerzen und Schaden sehen muß, auch in zunehmender großer Sorge und Gefahr ist, wenn wir die in dem Kirchturm hängenden Glocken nicht aufs baldigste herunter tun lassen, daß dieselben auch bald möchten herabfallen und versenkt werden, so daß wir Willens, nächster Tage die Glocken herunter zu lassen, aber die dazu erheischenden Werkzeuge und Instrumente nicht mehr haben, noch vermögen, also gelangt und ist an die gesamten Herren der löbl. Ehrenzunft zu Schiffleuten unsere hochangelegentliche, dringende, freundliche Bitte, sie wollten aus nachbarlichem guten Willen uns so viel gratifizieren und zu solchem unserem Werk durch unsern deswegen abgeordneten Stadtschreiber einen Flaschenzug, zwei gute Scheiben samt den Nägeln und zwei starken Seilen, jedes zu vierundzwanzig Klafter lang, günstig erteilen und zukommen lassen. Sollen genannte Sachen, sobald die Glocken heruntergelassen sind, bei nächster Gelegenheit durch unsere Schiffleute mit höchster Danksagung wieder restituiert und eingehändigt werden und wollen wir solche nachbarliche Willfahr um die günstigen Herren und löblichen Ehrenzunft viel lieber auf anderem Weg als leider solcher Gestalt hinwiederum nachbarlich zu beschulden nicht unterlassen. Uns bei euch neben göttlicher Bewahrung allerseits wohlempfehlender, der Heren dienstwillige Burgermeister und Rat daselbsten.

Datum: Neuenburg, den 7. Novembris Ao: 1640

144 Die zerstörte Stadt, 1709

Die 1709 angelegte Beschreibung des Rheinübergangs bei Neuenburg beinhaltet im Bild auch die zerstörte Stadt: Am 25. April 1704 hatte Marschall Tallard der Bürgerschaft zur Kenntnis bringen lassen, daß die Regierung des Königs beschlossen habe, innerhalb von neun Tagen ihre Stadt dem Erdboden gleichzumachen, Mauern, Tore und Türme zu sprengen, die Befestigungsanlagen und Palisaden niederzureißen und einzuebnen. Gleichzeitig wurde dem Magistrat die Verfügung übermittelt, daß die Einwohner die Stadt innerhalb dieser Zeit zu räumen hätten. Am 1. Mai versammelten sich so die Bürger vor der Kirche, um klagend und jammernd die Stadt zu verlassen. Als sie sich zur Stadt zurückwendeten, sahen sie die Staubwolke der in sich zusammenstürzenden Pfarrkirche aufsteigen. Der Staub der niederbrechenden Häuser symbolisierte den Löschsand auf dem letzten Blatt der alten Geschichte der Stadt.

145 Neuenburg am Rhein, 1644

«Auch der Rhein hat hier große Verheerungen verursacht, und viele Häuser und Gärten mit sich fortgerissen. Das ehemalige Münster, wovon die Steinmaterialien sehr oft, so wie die abgestumpften Pfeiler von der Rheinbrücke im Rhein zu sehen sind, stand in der Mitte der Stadt. Unter Kaiser Maximilian wurde ein Theil der Stadt mehr landeinwärts gebaut. Ehemals war auch eine Maltheser-Ordens-Kommente, unter dem Titel des Hauses Neuenburg hier, die aber ebenfalls vom Rhein verschlungen, und kaum noch einige Fundamente von der Kirche zu bemerken sind. Sie wurde in der Folge mit der Kommente Villingen vereinigt. An der hiesigen Pfarrkirche ist ein Pfarrer und zwey Kapläne, deren Besoldung aus den ehemaligen Einkünften von 14 Benefitien der Stadt zusammengesetzt ist, angestellt, erstern setzt die Landesherrschaft, und die andern der Magistrat. An Gewerbe- und Handwerksleuten zählt Neuenburg 118 verschiedener

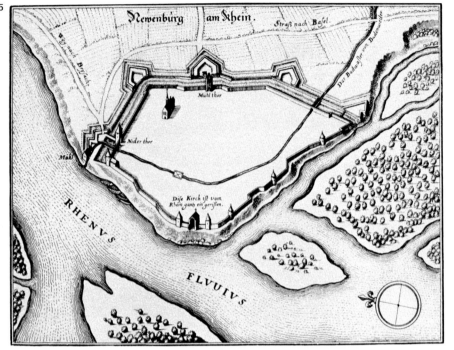

Gattung. Jahrmärkte, wobey auch Viehhandel getrieben wird, werden 3 gehalten; der erste am Samstag vor Lätare, der zweyte am Montag nach Maria-Himmelfahrt, und der dritte am 13. Nov., jedoch mit dem Unterschied, daß wenn dieser auf einen Sonntag fallen sollte, der Markt Montags hernach gehalten wird. Der Wochenmarkt, welcher sonst gewöhnlich am Freytag abgehalten wurde, ist in Abgang gekommen. Feldbau, der sehr fleißig auf einem steinigten Boden betrieben, Fischerey und die Schifferey, nebst einem kleinen Handelsbetrieb in das Ausland, sind die vorzüglichsten Nahrungsquellen der Einwohner. Der Magistrat der Stadt, welche in ihrem Wappen ein Zwerchbalken führt, besteht gegenwärtig aus einem Bürgermeister, einem Rechnungsrathe und zwey andern Räthen.» (1813) – Kupferstich von Matthäus Merian.

Unglück auf dem Rhein

Dienstag morgen kurz nach 8 Uhr ereignete sich auf dem Rhein zwischen hier und Eichwald ein schweres Unglück. Ein Langweidling, welcher mit Steinen beladen war, sollte vom elsässischen zum badischen Ufer befördert werden. Er war mit vier Männern besetzt, sämtliche Einwohner der benachbarten Gemeinde Eichwald (Elsaß). Etwa 500 Meter unterhalb der Schiffbrücke kippte der Weidling aus unbekannter Ursache um und die vier Schiffer stürzten ins Wasser. Zwei von der Besatzung, die Schiffer Hermann Ohnemus und Josef Brunner aus Eichwalden, ertranken. Die anderen wurden durch ein sofort ausgesetztes Faltboot des fünften Jägerregiments zu Pferd, die gerade ihre Vorbereitungen zu dem beabsichtigten Rheinübergang trafen, gerettet. Der umgekippte Weidling trieb, nachdem er sich von seiner Steinlast befreit hatte, rheinabwärts und konnte nicht mehr eingeholt werden, obwohl sofort Rettungs- und Bergungsboote von seiten der Jäger abgelassen worden waren. Die Leichen der beiden Ertrunkenen konnten bis Dienstag abend noch nicht geborgen werden. Von den Verunglückten hinterläßt einer eine Familie mit zehn Kindern. (1912)

Niedereggenen

Wer bei Schliengen die Bundesstraße verläßt und sich dem Schwarzwald zuwendet, gelangt ins Eggener Tal: Ein Begriff für viele Kurgäste aus Badenweiler, aber auch für zahlreiche Basler, vor allem zur Zeit der Kirschblüte, wenn das ganze Tal im Blust steht. Das war nicht so, als die ersten Menschen sich hier niederließen. Archäologen haben auf dem Hagschutz, einer Anhöhe südwestlich des Dorfes, terrassenförmig angelegte Siedlungen aus der Jungsteinzeit festgestellt. Damals dürften noch Laubwaldbestände die Berghänge bis hinunter zur Talsohle bedeckt haben. Allmählich wich der Wald den Äckern, Matten und Rebbergen der seßhaft gewordenen Bevölkerung. Aus den Hofsiedlungen bildete sich das Dorf ‹Eckenheim›, von dem die erste Urkunde aus dem Jahre 773 berichtet. In frühen Urkunden ist immer von ‹Eckenheim›, ‹Eggenhain›, ‹Eginhein› und ‹Echinaim› die Rede. Von Ober- und Niedereggenen wird erst nach 1166 berichtet. Ob sich aus der anfänglichen Streulage der Höfe nach und nach zwei Siedlungskerne entwickelt haben oder ob, wie eine Sage berichtet, das ursprünglich zusammenhängende Dorf durch einen Großbrand in zwei Teile zerrissen wurde, ist noch nicht geklärt.

Neben den klösterlichen Grundherren erscheinen Anfang des 14. Jahrhunderts die Herren von Üsenberg. Dann Herren von Krenkingen, die den Ort 1341 erwarben, aber schon 1345 ihre Rechte an den Basler Bürger Heinrich von Walpach verkauften. Dessen Familie übergab das Dorf 1380 als Pfandgut an die im benachbarten Liel residierenden Freiherren von Baden. Nachdem als letztes

119

Privileg auch das Einlösungsrecht an die Markgrafen von Hochberg verkauft worden war, gelangte Niedereggenen 1470 in markgräflich-badischen Besitz. Ältestes Gebäude im Dorf dürfte der Turm der Pfarrkirche sein, der etwa um 1080 entstand. Seine romanischen Klangarkaden geben Zeugnis von dieser frühen Zeit. Ein Ablaßbrief von Papst Martin V. brachte im 15. Jahrhundert die nötigen Gelder ein, um Langhaus und Chor der Kirche neu zu gestalten und sie mit prächtigen Fresken zu schmücken, die heute noch manchen Kunstfreund nach Niedereggenen locken.

Kriegslärm und Kriegslasten hatte auch das Eggener Tal immer wieder zu ertragen. Als zu Beginn des 18. Jahrhunderts eine Glocke nach Basel gerettet wurde, mußte man sie einem Goldschmied um 2000 Gulden versetzen, damit die Kriegsschulden bezahlt werden konnten. Mit großem Einsatz wollten die Niedereggener 1848 in die Revolutionswirren eingreifen. Und so bauten großherzogstreue Bürger aus einem hölzernen Brunnenrohr eine Kanone. Aber schon beim ersten Probeschuß ging das Rohr in Brüche. Dafür durften sich die Niedereggener stolz einen Spitznamen an die Brust heften: Die ‹Kanonentäler›! Seit 1973 bildet das Dorf einen Teilort der Großgemeinde Schliengen und gehört zum Kreis Lörrach. Die Landwirtschaft, besonders der Weinbau und der Obstbau, bestimmen das Gesicht Niedereggenens nach wie vor und lassen das Tal so zu einem fruchtbaren, lieblichen ‹Garten› werden.

146 Das Eggener Tal, um 1930

Das für die Vorbergzone des Schwarzwalds typische Landschaftsbild zeigt im Vordergrund Niedereggenen. Mitten im Dorf steht ein architektonisch reizvolles Haus mit Staffelgiebeln und dreifach gekoppel-

146

ten Fenstern. Die Hablichkeit der Bauernhöfe verliert sich in der Dichte der Obstgärten. Ein Teil der Rebäcker am ‹Niederberg› im Vordergrund ist inzwischen mit einer Zwetschgenplantage überbaut worden. Im Hintergrund liegt Obereggenen. Das nach wie vor von seinem markanten Kirchturm beherrschte Dorf hat sich in jüngster Zeit baulich stark gegen Niedereggenen ausgedehnt. – Photo Höflinger.

147 Das Gabelmannsche Haus, um 1906

Bis ins Jahr 1906, als die Familie Gabelmann aus Kürzell bei Lahr in Niedereggenen Fuß faßte, war das stattliche Anwesen an der Brückenstraße im Besitz der Zöllin. Adolf Zöllin gehörte zu den besonders initiativen Männern des Dorfes. Von Beruf Fuhrhalter und Weinhändler, begründete er in den 1890er Jahren auch eine Molkereizentrale mit Niederlassungen in zahlreichen Dörfern der Umgebung und galt dadurch als erster Verfechter des genossenschaftlichen Gedankengutes. Das Ladengeschäft wird von den Gabelmanns, neben der Landwirtschaft, immer noch betrieben. – Photo Höflinger.

Nordschwaben

Das kleine Dorf Nordschwaben am Fuße der Hohen Flum – heute ein Stadtteil von Rheinfelden – ist durch seine Mauritiuskapelle bekannt geworden, die viele Kunstfreunde anlockt. Interessant ist ebenso die Karstlandschaft des Dinkelbergs mit den vielen Dolinen, unter

denen sich eigenartige geologische Bildungen befinden, wie das Teufelsloch oder, weiter im Süden bei Riedmatt, die Tschamberhöhle. Der Name der Gemeinde hat sich vielfach geändert, nachdem sie als Ausbausiedlung bei der alemannischen Landnahme entstanden war. In den ersten Habsburger Urkunden wird sie als ‹Nortswaben› bezeichnet. Um diese Zeit bestand auch noch ein Ortsadel, der aber Ende des 14. Jahrhunderts aus der Geschichte verschwindet. Die Herrschaftsrechte im Dorf übte jedoch die Grafschaft Rheinfelden aus, und später gelangte die Oberhoheit an das Haus Habsburg-Österreich. Um 1500 erhob auch die Herrschaft Rheinfelden Anspruch auf Steuern, die aber abgelehnt wurden, weshalb es zu einem Prozeß vor dem Gericht im habsburgischen Ensisheim kam. Neben dem Stift St. Martin in

148 «Die 255 katholischen Einwohner, welche sich von Feldbau und Viehzucht (195 St. Rinder) ernähren, sind sehr arbeitsam, sparsam, nüchtern, religiös und kirchlich gesinnt und wohlhabend, wovon auch das freundliche Aussehen des Dorfes und der Häuser ein sichtbares Zeugniss gibt» (1859). Photographie aus einem Familienalbum, um 1910.

Rheinfelden hatten im Mittelalter auch das Kloster St. Blasien und die Ordenkommende Beuggen grundherrschaftlichen Besitz. Es ist interessant zu erfahren, daß die letzten Besitzablösungen aus den Ansprüchen des St.-Martins-Stifts erst vor hundert Jahren vollzogen wurden. Vermutungen gehen dahin, daß das Dorf in früheren Zeiten im Bereich der Mauritiuskapelle lag und, durch Kriegseinwirkungen bedingt, später nördlich davon auf dem heutigen Platz wieder entstand. Das ‹Quartier› Nordschwaben ist einer der wenigen Gemeindeteile des heutigen Rheinfelden, die ihre bäuerliche Struktur bewahrten, wenn auch die Bauern ihre Betriebe vielfach nur noch im Nebenerwerb betreiben und ihren Verdienst in der Industrie des Rhein- und Wiesentals finden.

Obereggenen

Obwohl das schmucke Dorf mit 630 Einwohnern, das heute in die Großgemeinde Schliengen einbezogen ist, abseits der vielbefahrenen Nord-Süd-Verbindungen liegt, ist es dem Freund Markgräfler Gemütlichkeit nicht unbekannt. Am Westhang des Blauen, dessen Gipfel auf 1164 Meter ü. M. ansteigt und den höchsten Punkt der Gemarkung Obereggenen bildet, versteckt sich der Ort im Tal des Hohlenbachs zwischen Kirschbäumen und Rebbergen; zu ihm gehören auch die Nebengemeinde Schallsingen, Schloß Bürgeln und der Lippisbacher Hof. Verschwunden sind die Ortsteile Eimuntal, Gorgendorf und der Bützenhof. Besiedelt wurde das Hohlenbachtal wohl von der Rheinebene aus. 773 taucht erstmals in Urkunden des Klosters Lorsch bei Worms der Name ‹Ekkenheim› auf. Von 1166 an wird nachweislich zwischen Ober- und Niedereggenen unterschieden. Die Trennung zwischen den beiden Gemeinden hat wohl in der Entwicklung der grundherrlichen Besitzverhältnisse ihre Ursache. Als Grundeigentümer zeichneten besonders, neben dem Markgrafen von Rötteln, das Kloster St. Blasien, die Herren von Bärenfels, ein Basler Bürger namens Fröwler und das Säckinger St. Fridolins-Stift.

Nach der Erbauung einer Eigenkirche auf dem Bürgelnberg durch die in Obereggenen und andern Dörfern begüterten Herren von Kaltenbach traten um 1100 mehrere Angehörige dieses Geschlechts in das Kloster St. Blasien ein und übergaben ihren Besitz den Mönchen. Diese versprachen dafür, auf Bürgeln eine Klosterzelle zu errichten. Dadurch fühlten sich die Weltgeistlichen und Leutpriester in ihrem Einfluß allerdings beeinträchtigt und setzten auf einer Tagung Anno 1130 durch, daß im Ort

Eckenheim eine neue Kirche gebaut werde. Diese wird anfänglich nur als Kapelle bezeichnet, dürfte aber bald Form und Charakter einer Pfarrkirche bekommen haben. In ihrer Grundanlage steht sie mit ihrem Chorturm und dem kleinen Langhaus heute noch mitten im Dorf, wenn auch im Laufe der Zeit manche Veränderung vorgenommen wurde. In Kriegszeiten mußten die Glocken sicherheitshalber nach Basel gebracht werden. 1714 berichtet der Pfarrer freudig: «Den 13. Mai wurde unsere größere Glocke sambt der Uhr von Basel nach 13jähriger Wegflucht wegen des leidigen Krieges wieder geholt und geläutet.» Aber nicht nur den Glocken bot Basel Asyl: Ganze Familien aus Obereggenen fanden während der kriegerischen Zeiten des 17. und 18. Jahrhunderts, die auch am versteckten Dörflein nicht spurlos vorbeigingen, in der Stadt Zuflucht.

Trotz harten Schicksalsschlägen hat Obereggenen seinen Charakter als bäuerliche Siedlung nicht verloren. Wer im Frühjahr zur Zeit der Kirschblüte das Tal durchwandert, kann erahnen, welch köstliches ‹Chriesewässerle› aus den reifen Früchten gebrannt wird. Und wenn im Oktober geherbstet wird, füllt sich manches Faß mit gutem ‹Markgräfler› aus dem Eggener Tal.

149 Schloß Bürgeln, um 1850

Zu den besondern Kostbarkeiten des oberrheinischen Raums zwischen Schwarzwald und Vogesen dürfte ohne Zweifel auch jener Platz am Südwesthang des Blauen gezählt werden, von dem aus der Blick weit hinausschweift zu den Höhen der Vogesen, des Schweizer Juras und zur fernen Kette der Berner Alpen: Schloß Bürgeln. Unbeschwert reisen wir heute von Kandern oder Müllheim hinauf zum Waldparkplatz und steigen die wenigen Schritte zur Höhe hinan, wenn wir nicht vorziehen, auf den Wanderwegen von Nord oder Süd dem lohnenden Ziel entgegenzustreben. Das war vor weniger als 200 Jahren noch anders, als ein Reisender berichtete: «Bürgeln liegt auf einem hohen, fast unzugänglichen Berge, der hinter Feldberg und Obereggenen in die Höhe steigt. Schrecklich ermüdend, gefährlich für Menschen und Tiere, sind öfters die Wege in diesen bergigen Gegenden.» Aber die Mühe des Aufstiegs lohnte sich schon damals, führte der Wanderer doch weiter aus: «Auf der Terrasse vor dem Haus

und von einigen Zimmern sieht man eine Gegend von 16 Stunden im Umfang. Mit dem Fernrohr kann man hundert Örter unterscheiden.» Wir können dem aufmerksamen Beobachter bedenkenlos zustimmen: Eine schönere Fernsicht, wie die von Bürgeln aus, dürfte selten sein.

Mehr als die Weite des Panoramas mag vor über 800 Jahren die Weltabgeschiedenheit des Platzes die Mönche von St. Blasien angelockt haben, als sie dort, auf Wunsch des Ritters Werner von Kaltenbach, ein Kloster errichteten. Von 1126 bis 1806 war Bürgeln Propstei des einflußreichen Schwarzwaldklosters und damit Keimzelle des christlichen Glaubens im südlichen Markgräflerland. Nur eine kleine, reizende Kapelle im Nordflügel des Rokokobaus erinnert noch an diese Mission. Von St. Blasiens Einfluß kündet aber noch der steigende Hirsch auf dem Türmlein, das die Firstlinie des Daches unterbricht. Nach dem Brand in der Christnacht des Jahres 1267 wurde das Kloster mit seiner Kirche 1268 neu erbaut, die Kirche selbst ist 1481 renoviert worden. Das weit ins Tal leuchtende Gebäude entstand 1762–1764 und lädt heute noch viele Besucher zum besinnlichen Verweilen ein. Die Anlage ist nun im Besitz des Bürgeln-Bundes, der sich aus Gemeinde- und Kreisverwaltungen sowie Privatpersonen

zusammensetzt. Ziel ist die Erhaltung des Schlosses Bürgeln, das man gern, und wohl mit Recht, ein Kleinod des Markgräflerlandes nennt.

Das große Gebäude im Vordergrund der Zeichnung stellt den 1826 erbauten ‹Breitehof›, auch ‹St. Johannisbreite› genannt, dar. Eine dem Bürgeler Schutzpatron St. Johannes geweihte Feldkapelle auf der Paßhöhe zwischen Sitzenkirch und Obereggenen mußte damals dem Hofgut Platz machen, lebt aber in der Bezeichnung des Anwesens weiter. ‹Breite› hieß die Ackerflur, die wohl zum Anfang des 16. Jahrhunderts verschwundenen Bützenhof gehörte. Am rechten Bildrand ist die Sausenburg zu erkennen, die um 1240 als markgräflicher Stützpunkt im südlichen Breisgau entstand. Sie war Verwaltungszentrum der Landgrafschaft Sausenberg, mit der 1315 die Herrschaft Rötteln vereinigt wurde. Das veranlaßte die Markgrafen von Hachberg-Sausenberg, in die größere Burg Rötteln umzuziehen und in der Sausenburg nur noch einen Burgvogt residieren zu lassen. Im Jahre 1678, in dem die Burgen Rötteln und Badenweiler in Schutt und Asche sanken, fiel auch die Sausenburg der Zerstörung anheim. Aber immer noch werden ihre Reste am Höhenwanderweg Basel–Pforzheim gerne aufgesucht. – Lithographie von C. R. Gutsch nach J. Schütz.

Ötlingen

*Das malerische Rebdorf am Nordwesthang des Tül-
linger Berges gehört seit 1971 zur Stadt Weil am Rhein.
Mit über 500 Einwohnern und einer Gemarkungsfläche
von 219 Hektaren, davon 118 Hektaren Acker, 55 Hektaren Wald und 18 Hektaren Reben, hat es bis heute seinen
typisch landwirtschaftlichen Charakter bewahrt. Durch
eine Urkunde Kaiser Heinrich IV. werden der Benediktinerabtei Ottmarsheim im Jahre 1064 erstmals Güter in
‹Ottlinchoven› bestätigt. Als Eigentümer von zwei Hofstätten erscheinen später die Basler Predigermönche.
Nach der Auflösung dieses Ordens kam 1529 dessen Ötlinger Besitz an das städtische Kirchen- und Schulgut.
Als weitere Inhaber von Zinsen und Gülten aus der nahen
Stadt werden auch die Klöster St. Clara und St. Maria
Magdalena, das Spital der Armen und Dürftigen sowie
die Dompropstei Arlesheim genannt. 1336 war die «vog-*

150 Ötlingen, um 1920

Im Mittelpunkt des Ölgemäldes von Hermann
Daur (1870–1925), der in Ötlingen beerdigt und durch
ein Denkmal geehrt wurde, steht die mit Fresken geschmückte Kirche. «Carol marggrave zu Baden hat
(1571) die pfar zu Ottlicken zu verleuhen, deßgleuchen
die kirch und kirchensatz uber die kirchen».

150

Der gute Pfarrer Ludwig

Eine hübsche Erinnerung von anno dazumal bewahrt die alte Chronik von Oetlingen auf. Sie berichtet von dem im 18. Jahrhundert in
Oetlingen amtenden Pfarrer, daß er am 26. Mai 1756 an die damalige fürstliche Verwaltung in Lörrach, der schlechten Fenster im
Pfarrhaus wegen, folgende poetische Eingabe gerichtet habe:

> Hochfürstliche Verwaltung,
> Hier sieht man die Veraltung
> Der schlechten Pfarrhausfenster.
> Sie stehen als Gespengster
> In meinem besten Zimmer.
> Ich mag sie wahrlich nimmer:
> Es sind derselben drei,
> An allen ist kein Blei
> Und keine gute Scheibe.
> Sie müssen mir vom Leibe!

> Ich bin mit Weib und Kind
> Vor Regen und vor Wind,
> Im Winter vor Erkalten
> Sehr übel aufgehalten.
> Zudem, so ist es endlich,
> Nicht zierlich, sondern schändlich,
> Ein Pfarrhaus wahrzunehmen,
> Deß Fenster so beschämen
> Und überall zerfetzet
> Und mit Papier verbletzet,
> Mit Lumpen ausgefüllt,
> Daß jedermann drob schilt.

> Drum bitte ich um neue,
> Worauf ich mich schon freue.
> Hochfürstliche Verwaltung,
> Ich bleibe ohn' Erkaltung
> Für das begehrte Glück.
> Ihr Diener Ludewig.

Darüber aufgebracht, sandten die strengen Herren den Bericht an
Markgraf Karl Friedrich. Dieser, der mehr Verständnis für solche
Sachen hatte, schrieb darauf:

> Hierzu wird resolvieret,
> Die Fenster reparieret.
> C. F. Karlsruhe, im Juli 1756.

Es wird behauptet, der Markgraf habe noch verlangt, der Pfarrer
müsse sich kürzer fassen, worauf dieser geantwortet:

> Gnädigster Herr und Fürst,
> Mich hungert, friert und dürst'!

Man sieht, die alte Zeit hatte Sinn für Humor und nahm nicht so
rasch etwas übel. Der gute Pfarrer Ludwig muß auch ein sehr ge-
mütlicher Mann gewesen sein, denn es heißt ausdrücklich von ihm,
daß er als freundliche Erscheinung in Oetlingen immer in gutem
Andenken geblieben sei. (1937)

Gasthaus z. Ochsen.

Gruss aus Oetlingen.

Verlag von J. Wehrlin z. Ochsen Oetlingen

151 «Das Pfarrdorf hat 487 evang. und 13 kath. Einw. in 86 Familien und 83 Häusern, liegt ziemlich freundlich, und seine ziemlich wohlhabenden Einwohner leben von Feld-, Wein-, Wiesenbau und Viehzucht; mit Wein wird Handel getrieben. Der erste hiesige protestantische Pfarrer im J. 1580 war Franz Gut aus Basel.» (1843)

tie ze Otlinkon des hern Cunrates des Münches von Münchenstein, und aber twing und ban und daz klein gerichte ze Otlinkon sint und süllent sin der geistlichen frowen ze Clingental ze minren Basele». Wegen seiner unmittelbaren Nachbarschaft mit Basel, der Burg Rötteln und der Festung Hüningen geriet das Dorf immer wieder in das Kreuzfeuer militärischer Auseinandersetzungen. So im Oktober 1702, als Markgraf Ludwig Wilhelm von hier aus die Friedlinger Schlacht entscheiden konnte.

Trotz beengender Platzverhältnisse ließ die Gemeinde in jüngster Zeit zwischen den in das Rheintal und das Kandertal abfallenden Hängen zielbewußt neue Wohngebiete erschließen. Die landschaftlich reizvolle Lage bringt dem Weindorf besonders über die Wochenenden einen beachtlichen Ausflugsverkehr. Neben der bemerkenswerten evangelischen Kirche finden sich im Dorf gediegene Zeugnisse bäuerlicher Baukultur, wie das um 1571 von der Basler Familie von Lichtenfels erbaute Kogerhaus.

Volksreim

Wer dur Ötlige chummt un wird nit agafft,
Un dur Haltige un wird nit usglacht,
Un dur Wil un wird nit gschlage,
Der cha vo Glück sage.

Raitbach

Am südwestlichen Abhang der Hohen Möhr liegt das Dorf Raitbach, dessen Name aber nicht, wie eigentlich anzunehmen wäre, von einem Bache abzuleiten ist. Vielmehr ist er bei seinem ersten Erscheinen Anno 1113 mit dem Buchwald des Raito in Verbindung zu bringen. In der Geschichte wird der Ort nur im Zusammenhang mit Verkäufen genannt. Trotzdem muß das Dorf an der Hanglage aber eine mehr als ortsübliche Bedeutung gehabt haben. Denn nicht weniger als drei Burgen standen einst auf seinem Gebiet. Die Herren vom Stein, Dienstmannen und Meier des Damenstifts Säckingen, hatten ihre Stammburg, den Altenstein, verlassen. Rudolf und Heinrich saßen 1283 auf der neu errichteten Festung, auf dem Neuen Stein. Der tiefe Graben und ansehnliche Mauerzüge im Turmhölzle dürften zu dieser Burganlage gehört haben, die heute Blumberg heißt. Ob die gleiche Familie die wesentlich kleinere feste Behausung im Burghölzle erbaut und bewohnt hat, geht aus keiner Urkunde hervor. Auch von der dritten Burg, der Steinegg, erfahren wir erst Anno 1400. Anna Hüruß, Rudolf

von Schönaus Witwe, und deren Sohn Albrecht verkauften in diesem Jahr für 2000 Goldgulden an Markgraf Rudolf III. «für frei, ledig und eigen die Veste, genannt der Neue Stein, mit den Dörfern und Höfen Gerispach, Schlechtbach, Sweymatt, Küremberg und Reippach, die Mühle zu Hasel, den Hof, genannt Sattellege, den Hof zu Blumenberg, den Hof zu Eichenbrunnen, den Hof zu Steinegg und die Steingruben zu Küremberg». Im 16. Jahrhundert gelangte die Steinegg in den Besitz des Apollinaris Höcklin aus Schopfheim, dessen Familie sich seitdem ‹von Steineck› rühmte. ‹Ein ruiniertes Schloß› wird es schon vor 1650 genannt und seine Lage als oberhalb des dazugehörigen Steinighofes beschrieben. Hundert Jahre später ist es nur noch ein Burgstall, eine vollständige Ruine. Als 1859 der neue Steinighof gebaut wurde, verwendete man die Steine des ehemaligen Schlosses für den Neubau. An der Stelle des einstigen Adelssitzes breitet sich heute Ackerland aus. Im Krieg um das pfälzische Erbe errichtete Markgraf Ludwig Wilhelm von Baden, der ‹Türkenlouis›, im Auftrag seiner österreichischen Herren auf dem Gebiet der Gemeinde Raitbach verschiedene zum Teil gemauerte Schanzen. Sie gehörten

152 Das Gasthaus ‹Zum Hirschen›, um 1910

Einsam und verlassen wartet der ‹Hirschen› auf seine «fleißigen und ziemlich bemittelten» Besucher, die in gastfreundlicher Umgebung Entspannung von der harten Tagesarbeit «im Feld- und Wiesenbau, bei Viehzucht und Försterei oder im Holz- und Kohlenhandel» suchen. – Photo Höflinger.

Rheinfelden

Rheinfelden, als jüngste Stadt am badischen Hochrhein, ist ein Kind der Industrie und der mit ihr verbundenen modernen Technik, zugleich aber auch eine der impulsivsten und lebenskräftigsten Siedlungen der letzten hundert Jahre. Bis um die Mitte der neunziger Jahre war es lediglich der Bahnhof, der neben einigen bäuerlichen Anwesen seit 1856 das weite ‹Rheinfeld› bestimmte. Dieser war mit Rücksicht auf die Schweizer Nachbarn am jenseitigen Ufer gebaut worden. Die Schweizer Bundesbahnen befuhren die Strecke von Basel rheinaufwärts erst später. Daher trug der Bahnhof auch die Bezeichnung ‹Bei Rheinfelden›. Anstoß zur Gründung von Badisch-Rheinfelden gab die Elektrizität, eine damals ganz junge Technik, für die sich der Rhein anbot, denn kurz zuvor war es gelungen, erstmals Strom über größere Entfernungen auf Überlandleitungen zu transportieren. Weitsichtige Ingenieure von Escher-Wyß und von Zschokke & Co. sowie der Maschinenfabrik Oerlikon, aber auch die Finanzexperten der AEG Berlin, wie Emil

zum Befestigungssystem, das von Säckingen über das Wiesental bis nach Freiburg zwischen 1689 und 1697 errichtet wurde.

Der Gemeindebann erhebt sich auf einer Höhe von 575 bis 800 Metern: «Die Gebirgsart ist in den südlichen und westlichen Vorhügeln Jurakalk, daran grenzend bunter Sandstein und sogenanntes rothes Todtliegendes, während die Kuppen bis zur hohen Möre hinauf aus Granit bestehen. Der Boden, in den untern Lagen noch fruchtbar und erträglich, geht nach den Höhen allenthalben in rauhes, mit Steinen und Felsblöcken besätes Bergland über, abwechselnd mit schönen Buchen- und Fohrenwäldern.» Die Landwirtschaft wird hier zum größten Teil in Kleinbetrieben ausgeübt. Nur knapp ein Dutzend Höfe weisen einen Besitz von über 10 Hektaren auf. Die Zahl der Häuser und der Bevölkerung blieb Anfang des letzten Jahrhunderts ziemlich konstant. In 30 Behausungen lebten 1813 über 600 Personen. Mit dem Aufkommen der Industrie im Wiesental erfolgte eine ständige Abwanderung. 1933 erreichte die Einwohnerzahl mit 383 Seelen den Tiefstand. Heute leben wieder über 500 Menschen in der Gemeinde Raitbach, die zur Hauptsache von der Landwirtschaft leben.

Rathenau, wußten alle Widerstände, die sich gegen den Bau eines Flußkraftwerkes erhoben, zu beseitigen. Obwohl die Opposition nicht weniger heftig war wie heute gegen die Atomkraftwerke. So konnte im Jahre 1898 das erste Flußkraftwerk, das gegenüber dem alten Zähringer Städtchen Rheinfelden entstanden war, in Betrieb genommen werden. Die Gesamtkapazität der zwanzig Turbinen betrug 16800 PS; sie ist inzwischen auf ein Mehrfaches angestiegen. Wenn mittlerweile auch veraltet, so hat das Kraftwerk Rheinfelden seine Bedeutung als Prototyp für den Bau traditioneller Kraftwerke bis heute nicht verloren. Verhandlungspartner für die Kraftwerkbauer war die Gemeinde Nollingen, die bei der Zusammenballung der vielen Zuzüge, die zum Bau notwendig waren, vor fast unlösbaren Problemen stand. In Baracken, Bauernhäusern und behelfsmäßig errichteten Notwohnungen mußten die Familien, die plötzlich die Einwohnerzahlen hochschnellen ließen, untergebracht werden. Prekär war ebenfalls die Schulfrage, denn das kleine

153 Bauarbeiten am Flußkraftwerk, das sich schließlich als Fundament der Entwicklung Rheinfeldens zur Industriestadt erweisen sollte, um 1895.

*Schulhaus der Gemeinde reichte nicht mehr aus, um alle
Kinder aufzunehmen.*

*Mit dem Kraftwerk entstanden auch die ersten Industrie-
werke, wie die Aluminium-Industrie Neuhausen. Dazu
kamen die Gründungen der heutigen Degussa und der
Dynamit-Nobel AG, denen genügend und günstiger
Strom als Garant für wohlfundierte Niederlassungen erschien. In diesen Unternehmen blieben viele der aus Italien, Polen und Frankreich stammenden Gastarbeiter
zurück. Mit ihnen waren aber auch zahlreiche Glücksrit-
ter gekommen, die glaubten, mit Bodenspekulationen
und billigen Neubauten gute Geschäfte zu machen. Auf-
sehenerregende Konkurse, die sich nach der Konsolidie-
rung der Verhältnisse einstellten, schufen aber gründliche Remedur. Wesentliche Teile der jungen Industrie
waren auf Karsauer Gelände errichtet worden. Dies be-
dingte eine politische Bereinigung der Standortfragen:
ein Vorgang, der für die Gemeinde Nollingen nicht leicht
zu bewältigen war. Dem Geschick von Bürgermeister
Senger gelang es jedoch, gegen eine Zahlung von rund
200 000 Goldmark die Ablösung zu vollziehen und die gesamte Industrie in seine Gemeinde zu integrieren. Schon
im Jahre 1905 hatte die neue Siedlung eine höhere Kopf-
zahl als die alte Muttergemeinde. Und wäre der Erste
Weltkrieg nicht ausgebrochen, hätte es damals schon
eine Korrektur gegeben, die notwendig wurde, um die*

*Gegensätze zwischen der alteingesessenen Bevölkerung
und den Neubürgern zu glätten, die verschiedentlich groteske Formen annahmen. Auch mit den sozialen Verhältnissen stand es bis 1914 nicht zum besten. Lange Arbeits-
zeiten, geringe Löhne und eine bis nach dem Zweiten
Weltkrieg bestehende Wohnungsnot schufen unter den
Arbeitern häufig Unzufriedenheiten, die im Jahre 1909
sogar zu Krawallen führten, die nur durch Militäreinsatz
gemeistert werden konnten; trotzdem gab es einen Toten
und zahlreiche Verletzte zu beklagen.*

*Im Jahre 1920 wurde das bis anhin zum Kreis Lörrach
zählende Warmbach eingemeindet. Zu dieser Zeit hatte
das junge Rheinfelden neben einer Schule auch wesentliche Selbständigkeit in der Verwaltung erhalten, und
zwei Jahre später wurden alle drei Ortsteile (Rheinfelden, Nollingen und Warmbach) unter dem Namen ‹Rheinfel-
den/Baden› zur Stadt erhoben. Das Wachstum der jungen Stadt zeigt sich deutlich an den Einwohnerzahlen:
1925 erreichte die Bevölkerung 5000 Personen, 1950 war
sie fast doppelt so groß, 1973 zählte man 24 000 Einwohner, und als in den letzten beiden Jahren durch die inzwischen in Baden-Württemberg erfolgten Eingemeindungen auch noch Herten, Adelhausen, Eichsel, Nordschwaben und Karsau zu Rheinfelden kamen, überstieg
die Einwohnerzahl 30 000 Menschen. Damit hatte die
Stadt den Status einer Großen Kreisstadt erlangt, der ihr
– nachdem sie auch mit benachbarten Landgemeinden
dem Landkreis Lörrach angeschlossen wurde – im Frühjahr 1975 verliehen wurde. So ist Rheinfelden zu einem
wirtschaftlichen Zentrum am Hochrhein geworden, auch
wenn zunächst Einrichtungen für eine gezielte kulturelle
Entfaltung noch weitgehend fehlten.*

*Vieles hat sich seit der Gründung der ersten Siedlung ge-
wandelt. Die Salzlager, die analog den geologischen
Schichten am Schweizer Ufer der Industrie nutzbar gemacht wurden, sind ausgeschöpft und erforderten deshalb
die Installation langer Leitungen, die bis zu 50 Kilometer
rheinaufwärts gelegt wurden, damit neue Vorräte erschlossen werden konnten. Auch das Gesicht der Stadt ist
aus der bäuerlichen Form längst herausgewachsen. Ge-
schäftsviertel entstanden und, wie überall, schossen am
Stadtrand Hochhäuser in den Himmel, die permanente
Wohnungsnot mildernd. Nur die neuen Ortsteile bewahrten größtenteils ihre bäuerliche Struktur.*

156 Die Friedrichstraße, heute die Hauptstraße der Stadt, im Jahre 1904. Links außen die Notkirche der Katholiken, die erst 1915 durch die St.-Josephs-Kirche ersetzt wurde.

157 Der Friedrichsplatz zu Beginn des Jahrhunderts, noch einen geruhsamen Anblick darbietend. Das bis heute bestehende Schuhhaus diente vorübergehend als Apotheke. Dahinter ist die Kapuzinerstraße zu sehen.

158 Die bis um 1910 betriebene Fischwaage samt einem Salmenfischer und dessen Frau und Kind, das auf einem Logel sitzt. Im Hintergrund die stilvolle Rheinfassade ‹Rheinfeldens in der Schweiz›, um 1905.

154 Das gemeinnützige St.-Josephs-Haus, welches nach der Stadtgründung dem katholischen Pfarramt für Verwaltungszwecke zur Verfügung gestellt wurde, und die 1902 erbaute heutige Schiller-Schule, um 1904.

155 Der Oberrheinplatz, um 1900. Der ‹Oberrheinische Hof›, während Jahrzehnten Rheinfeldens Musentempel, ist während der 1960er Jahre abgebrochen worden.

Rheinweiler

Nachdem die Herren von Kaltenbach die Wälder rund um den Blauen gerodet und die Propstei Bürgeln gegründet hatten, zogen sie gegen den Rhein weiter und nutzten als Patronatsherren die Güter im nachmaligen Banne Rheinweiler. Von einer ‹Ecclesia›, einer Kirche mit eigener Pfarrei, ist hier erstmals im 12. Jahrhundert die Rede, doch wird diese später als Filiale von Bamlach verwaltet. Die in alten Urkunden oft als Grenze der Basler Bannmeile genannte St.-Nikolaus-Kapelle am Rebhang über dem Strom ist verschwunden; nur der Flurname ‹im Kappelle-Grien› erinnert noch an das einstige Dorfkirchlein. Erhalten geblieben ist dagegen die seit 1756 dem Gottesdienst der Bürger dienende St.-Niklaus-Kapelle des Schloßgutes. Diese ist 1949 durch Wolf Kurt von Rotberg in den Besitz der Gemeinde übergegangen.

Wie in Bamlach, so hatten auch die Freiherren von Rotberg ihr Schloß zu Rheinweiler mit Gütern und Rechten als Reichslehen erworben. 1417 im Eigentum der adeligen Schaler in Basel, konnten die Schloßherren bis zur Ablösung der Feudalrechte im 19. Jahrhundert zahlreiche Privilegien beanspruchen. So stand ihnen die niedere und hohe Gerichtsbarkeit mit dem Galgen zu, die Fischerei mit der Lachsweide, der Fährbetrieb, der Salzverkauf und der Vogtwein. Das in seinen Grundmauern betont einfach errichtete Herrenhaus ist im Laufe der Zeit mehrfach umgebaut und erweitert worden und steht, wie eh und je, weit ins Elsaß grüßend, am Hang über dem Restrhein. Nach dem Ersten Weltkrieg ging das Schloß durch Verkauf an den Landkreis Lörrach, der es zu einem Altersheim umbaute.

Das kleine Fischerdorf, einst nur vom Rhein bespült und durch eine Fähre mit den jenseitigen Uferdörfern verbunden, wird heute von drei Verkehrsträgern bedient: von der Eisenbahn, der Autobahn und der Rheinstraße für den allgemeinen Verkehr. Durch den Bau des Rheinseitenkanals hat der Ort seine Bedeutung für die Fischerei wie für die Schiffahrt verloren. Und so konnte sich in dem nun nach Bad Bellingen eingemeindeten Dorf nur die Landwirtschaft behaupten.

Um die Mitte des letzten Jahrhunderts war das Gasthaus ‹Zur Sonne› der 380 Rheinweiler beliebteste Wirtschaft. – Photo Höflinger.

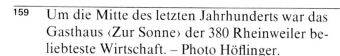

160 General Graf Jean Rapp, um 1815

Als Soldat in Napoleons Diensten zu hohen Ehren gekommen, ließ sich der Colmarer Jean Rapp (1772–1821) im Jahre 1817 auf Schloß Rheinweiler nieder. Er hatte, nachdem er sich einerseits auf den Schlachtfeldern als Haudegen und andrerseits als Frauenbetörer

bewährte, die um ein Vierteljahrhundert jüngere Albertine Charlotte von Rotberg 1816 in Rheinweiler zum Traualtar geführt. Nach dem Tode des in Ehren ergrauten Generals zog seine Witwe mit ihrem Söhnchen Maximilian, dem Bayernkönig Maximilian und Großherzog Karl von Baden Pate standen, nach Weimar, wo sie wegen ihrer Schönheit die Aufmerksamkeit Goethes fand. Als Charlotte von Rotberg 1828 auch noch ihren Sohn verlor, bekundete ihr Goethe seine tiefe Anteilnahme: «Warum gabst du ihr die Leiden, Ihr, die reinstes Glück verdient?»

Riedlingen

Der kürzeste Weg von Kandern in die sich von Bellingen an ausweitende Rheinebene führt über Riedlingen. In einer Schenkung an das Kloster Einsiedeln wird der Ort 972 urkundlich erstmals erwähnt. Es darf nicht verwundern, daß eine Vergabung aus dieser Gegend an das weit entfernte Kloster im finstern Wald erfolgte, stammten doch die ersten Äbte an der Zelle des Heiligen Mein-

rad aus dem noch weiter entfernten Straßburg. Und der Heilige selbst war bekanntlich aus Württemberg nach der Reichenau gekommen, von wo er als Einsiedler auf den Etzel und dann nach dem heutigen Einsiedeln gezogen war, nachdem er seinen Schulmeisterposten am obern Zürichsee aufgegeben hatte. Otto I. hatte schon fünfundzwanzig Jahre früher dem Kloster die freie Abtwahl gewährt und den Vorstehern die Reichsfürstenwürde verliehen. Hinter dem großen Otto wollte offenbar der

Sohn in seiner Gebefreudigkeit nicht zurückstehen. Und so bedachte er den Konvent mit Gütern in Riedlingen. 1147 heißt das Dorf noch Rüdelinghofen, ganz offensichtlich nach seinem Gründer und ursprünglichen Besitzer. Aber schon 1275 wird ein Plebanus, das heißt ein Pfarrer, erwähnt; ein Zeichen, daß sich der ehemalige Hof zu einer Gemeinde ausgeweitet hatte. Ein Kilchherr kommt 1352 vor, obwohl erst zwanzig Jahre später ein eigenes Gotteshaus genannt wird. Sogar eines ortseigenen Adels kann sich das Dorf rühmen. Zwischen 1169 und 1234 kommen die Herren von Rüdelikon in Urkunden vor. Ab 1297 besaßen die Herrren von Rötteln die Herrschaft über das Dorf. Nach deren Aussterben folgten ihnen die Grafen von Sausenberg (Baden-Durlach).

161 **Kirche und ‹Sonne›, um 1900**

Am Gemäuer des spätgotischen Kirchleins erinnert eine Grabtafel an den Friedhof, der das Gotteshaus einst umgab. «Das Dorf hat wegen geringer Pfarrgefälle keinen eigenen Pfarrer und muß von Holzen aus versehen werden. Der Pfarrer von Holzen hat jeden Sonntag an beiden Orten zu predigen, und alle 14 Tage auch Nachmittagsgottesdienst in Riedlingen zu halten» (1859). Im Gasthaus ‹Zur Sonne› sind oft auch fachkundige Steinsammler zu treffen, denn «in der Gemarkung gibt es viele Mineralien, unter andern einen schönen dendrirten (verästelten) Marmor, und Eisenerze», welche die Aufmerksamkeit der Fachleute erweckten. – Photo Höflinger.

Obwohl Riedlingen seit langem nach Holzen kirchgenössig ist, besitzt es heute noch ein altes, kleines Gotteshaus, in dessen schlichtem Chor noch ein spätgotisches Sakramentshäuschen an die Vergangenheit erinnert. Bei einer Renovation kamen 1896 unter dem Verputz Reste einer Wandmalerei zum Vorschein. Eine Dreikönigsdarstellung ließ sich erkennen. Doch wurden die als unbedeutend erachteten Bildspuren wieder zugedeckt. Auffällig ist die Bevölkerungszunahme, die sich im ersten Drittel des letzten Jahrhunderts vollzog. Um 100 Personen und 20 Häuser vermehrte sich das Dorf von 1816 bis 1843. Dieser Zuwachs steht offenbar im Zusammenhang mit dem industriellen Aufschwung im nahe gelegenen Kandern, das man leicht zu Fuß erreichen konnte. Auch heute noch suchen Leute, die in der herkömmlichen Landwirtschaft und im Weinbau nicht ihr volles Auskommen finden, dort Arbeit und Verdienst.

162 Bad Riedlingen, um 1830

In der Talsohle des Feuerbachs, zwischen Riedlingen und Holzen, steht seit 1742 ein weitbekanntes Badehaus, dessen Heilquelle schon 1564 urkundlich genannt wird. Das Wasser, «roh getrunken, öffnet und

reinigt den Leib und kuriert selbst die Oberländer, deren Naturel wegen ihrer groben und gewöhnlichen Speisen hart ist». Auch J. P. Hebel wußte um die Güte des Mineralwassers, schrieb er doch 1812 an die Weiler Jungfer Gustave Fecht: «Wie dankbar bin ich dem Riedlinger Bad, daß es Ihnen dort gut gefällt, und noch mehr, daß es Ihnen gut zuschlägt.» 1951 gelangten die Gebäulichkeiten in den Besitz des Landkreises Müllheim und wurden zu einem Altersheim umgebaut.

Rührberg

Auf dem abgeflachten Plateau des Dinkelbergs liegt auf rund 500 Meter Höhe der Weiler Rührberg. Er gehört politisch und kirchlich zur Gemeinde Wyhlen in der Rheinebene drunten. Bis zu Beginn des letzten Jahrhunderts befand sich hier eine Dreiländerecke. Rührberg lag damals in der Landgrafschaft Breisgau der vorderösterreichischen Herrschaft Rheinfelden. Beim ‹roten Bannstein›, wenig südlich von St. Chrischona, bei der Quelle des Ruschbachs, oder wie die Gegend früher hieß, ‹beim Tröstler Brunnen›, stießen die Markgrafschaft Baden und die Eidgenossenschaft durch den Bettinger Bann mit Österreich zusammen. Was aber Rührberg zu einer einzigartigen Bedeutung verhilft, die weit über sein begrenztes Gebiet hinausreicht, ist die Vierecksschanze, die man in den Gemarkungen des Weilers 1963 erst eigentlich entdeckt und in ihrem Wesen erkannt hat. Es handelt sich dabei um ein Erdwerk von länglich-rechteckiger Form im Ausmaß von etwa 100 Meter auf 75 Meter. Es gehört zu

den sogenannten Römerschanzen, die von den Fachleuten dem ersten vorchristlichen Jahrhundert zugewiesen werden, mit den Römern aber eigentlich nichts zu tun haben. Solche Vierecksschanzen waren durch Wall und Graben von der Umwelt abgeschlossen, befanden sich durchwegs in bewaldetem Gebiet, abseits von den menschlichen Siedlungen. Ein einziger Zugang, der sich nie im Norden befindet, weist auf die Beziehung zur Sonne hin. Hier versammelte sich das keltische Volk zu religiösen Feiern und politischen Beratungen. In diesem Geviert verkündeten die Druiden ihre Weissagungen und brachten Opfer dar. Nicht selten waren es Menschenopfer. In den Opfergruben entsprechender Schanzen hat man Überreste solcher Opfergaben gefunden. Wenn auch auf dem Rührberg derlei Spuren fehlen, weisen Anlage und Größe dieser ‹Schanze› doch auf die keltische Zeit hin. Der Name Rührberg soll vom mittelhochdeutschen ‹Ruore› kommen, was gleichbedeutend wäre mit aufgelockert oder gerodet. Es handelt sich hier also um ein Rodungsgebiet, das sich auf der Höhe des Dinkelbergs zu

132

einer geschlossenen Plateauflur entwickelte. Mitte letz-
ten Jahrhunderts bewohnten 84 Personen den Weiler.
Auch heute noch wird hier Landwirtschaft betrieben. Da-
neben haben sich aber auch Liebhaber der Natur und
ländlicher Abgeschiedenheit ihr Zuhause eingerichtet.
Für die Wanderer des nahen Basel bieten sich im Bann-
kreis des Rührbergs beliebte Spaziergänge in Flur und
Wald, die Leib und Seele erfrischen können.

163 Die ‹Alte Sonne›, um 1905

Allein stehend oder aneinandergebaut, säumen die Häuser die Straßen des Weilers. Zu den typischen Rührberger Anwesen gehört auch die Deschlersche Liegenschaft, in welcher bis zu Beginn dieses Jahrhunderts die einzige Wirtschaft des Ortes, die ‹Sonne›, untergebracht war. Der schöne Rundbogen zum Futtergang des Stalls ist in jüngster Zeit leider durch ein unförmiges Garagentor ausgewechselt worden. – Photo Höflinger.

164 Der Rührbergerhof, um 1905

1902 erhandelte sich Ambrosius Weiss, dessen Ahnen sich als österreichische Söldner aus Kaisten in Rührberg niedergelassen hatten, das Wirtepatent vom Sonnenwirt, seinem Nachbarn. Er baute sein stattliches Bauernhaus zu einer geräumigen und gemütlichen

Gaststätte mit ‹exzellentem Gaslicht› um, wobei unter dem Scheunendach auch ein Tanzboden mit Gartenwirtschaft Platz fand. Seitdem können die Rührberger auch größere Familienanlässe im eigenen Dorf feiern. – Photo Höflinger.

Rümmingen

Wie sich die Form eines Ortsnamens im Laufe der Jahrhunderte verändern kann, zeigt Rümmingen, das 767 als ‹romaninchova› bezeichnet wird. Möglicherweise weist ‹Roman› auf den Zuzug romanischer Siedler, die unter dem Einfluß der nach Osten drängenden Franken sich umsiedeln mußten. Historisch bemerkenswert für das 600-Seelen-Dorf im Vordern Kandertal ist auch seine ursprüngliche Herrschaftsgrenze, die einst mitten durch den von den wenigen Hofstätten gebildeten Ort verlief: Der südliche Teil mit den gegen Binzen gelegenen Feldern war dem Niedergericht in Binzen unterstellt, der nördliche Bannteil dem Wittlinger Vogtgericht. Im 18. Jahrhundert konnten sich die beiden Teile zu einer Gemeinde vereinigen und sich gleichzeitig einen Waldanteil am ursprünglich genossenschaftlich genutzten ‹Vier-Höfe-Wald› im Röttler Forst sichern. 1859 bestand das Dorf, ‹in einem wahren Walde von Obstbäumen liegend›, aus 242 wohlhabenden Einwohnern, die sich der Felderwirtschaft, dem Obstbau und ausgedehnten Rebkulturen widmeten. Auch waren einzelne Dreher, Küfer, Nagler und Pflästerer ansässig. Kirchlich gehört Rümmingen bis heute als Filiale zur Mutterkirche in Binzen, wo es bis vor hundert Jahren auch seine Toten zur letzten Ruhe gebettet hat. Anno 1503 baute das Dorf in seiner

Mitte eine dem Heiligen Remigius geweihte Kapelle und schmückte sie mit kunstvollen Bildwerken, die heute im Lörracher Museum verwahrt werden. Das einst weitbekannte Rümminger Gewerbe der Backsteinbrennerei ist 1861 aufgegeben worden.

165 Beim Traubenlesen, um 1940. Während die in Kessel gelesenen Trauben ins Leitfaß geleert und darin zu Most gestampft werden, gelangen die schön gewachsenen Trauben in der Wäschezaine schließlich auf den Eßtisch.

Worum luegt sie der Has um, wennem der Hund norennt? – Wil er hinte keini Auge het.

Vieri lampe, vieri strampe un vieri luege in Himmel use. Was mag das si? – Die Kueh.

Wenn e Kueh uf hundert Taler kummt, uf wieviel kummt derno e Geis? – Uf alle Viere.

Wie macht mers, aß mer keini Flöh kriegt? – Mer mueß langsam derno grife.

Was isch süeßer als Hung (Honig)? – D Flöh: die Wiber schlecke scho die Finger derno, eh daß sie si numme hän.

166 **Die Rümminger Dorfschmiede, um 1910**

Die Schmieden gehörten in jedem Dorf zu den wichtigsten Werkstätten und waren oft während Generationen im Besitz derselben Familie wie die Rümminger Dorfschmiede, die vor hundert Jahren mit Backsteinen aus der Ziegelei J. J. Vögtlin gebaut wurde. Die Tätigkeit der Schmiede war vielseitig: Sie besorgten für Pferde und Vieh Eisen für Hufe und Klauen, sie schmiedeten Beschläge für Räder, Karren und Pflüge und Reifen für Fässer und Kübel. Vor allem aber gehörten sie zu denjenigen geschickten Handwerkern, denen keine Arbeit zu viel war.

Säckingen

30 Kilometer östlich von Basel, eingebettet ins Hochrheintal und mit markanter Silhouette am Strom gelagert, ist Säckingen die älteste der vier einst vorderösterreichischen Waldstädte am Rhein. Wie die Jahresringe eines Baumes haben sich in Bild und Anlage der Stadt die Jahrhunderte niedergeschlagen. Drei geschichtsbildende Kräfte – Kloster, Bürgertum und Adel – bestimmten Geschichte, Bild und Atmosphäre der alten Stadt. Die klösterliche Welt des Frühmittelalters dokumentiert sich als Ursprung und Kern mit dem hochragenden Münster und dem darumliegenden einstigen Klosterbezirk. Um dieses legen sich die Häuserzeilen der mittelalterlichen Stadt, deren Bürgertum sich mit der imposanten Holzbrücke über den Rhein ein besonderes Denkmal seiner blühenden Regsamkeit im 16. Jahrhundert setzte. Und schließlich hat das von den Herren von Schönau erbaute Schloß mit seinen Türmen zwischen den alten Bäumen des Parks einen Schimmer höfischer Lebensart hinzugefügt.

Am Grabe des Heiligen Fridolin, der im 6. Jahrhundert als erster Verkünder christlichen Glaubens aus Irland nach Alemannien kam, entstand die Frauenabtei Säckingen, schon sehr früh als königliches Eigenkloster mit ausgedehntem Besitz begabt, wozu auch das Tal Glarus zählte. Seine Hochblüte erlebte das Stift, dessen Äbtissin 1307 in den Reichsfürstenstand erhoben wurde, vom 9. bis zum 12. Jahrhundert, als es noch in enger Bindung zum Königshaus stand und als Reichskloster im politischen Kräftespiel der Landschaft im Hochmittelalter seine Rolle spielte. Im Jahre 1173 fand unter Friedrich Bar-

Behüt' dich Gott, es wär so schön gewesen, Behüt' dich Gott, es hat nicht sollen sein! — Trompeter von Säckingen.

167 «Säckingen liegt am rechten Ufer des Rheins, am südlichen Fuße des Schwarzwaldes und an der Straße von Lörrach nach Schaffhausen, in einer freundlichen Gegend, eben, hat 58 evang. und 1401 kath. Einw. in 124 Häusern und 260 Familien, und seine Bewohner leben größtenteils von Feld-, Wiesenbau, Viehzucht und Gewerben. Es ist hier eine Post und eine Badanstalt; über den Rhein führt eine hölzerne Brücke mit einem Dach. Die Badanstalt hat 3 Mineralquellen, welche im 15ten Jahrhundert viel besucht wurden; daß Bad liegt auf der nördlichen Seite der Stadt, und hat 14 Badkabinete, so wie Vorrichtungen zu Douchen. Das Wasser entspringt aus Granit und hat eine Temperatur von $+23°$ R.; der Geschmack ist salzig-bitter. Es enthält hauptsächlich Chlorcalcium, Chlornatrium, schwefelsaures Kali, schwefelsaure Bittererde, etwas freie Kohlensäure und Brom; jedoch ist diese Analyse von keinem guten Chemiker gemacht.» (1843)

Seit tausend Jahren ist das Säckinger Bad bekannt und erlebt zurzeit wieder einen bedeutenden Aufschwung. Hier präsentiert es sich mit Gasthof und Badhaus, wie es zu Beginn des vorigen Jahrhunderts ausgesehen hat, als der schreibgewandte Basler Pfarrer Markus Lutz mit seinen Freunden eine ‹Badfahrt› nach Säckingen machte und in seiner Schilderung darüber vermerkte: «Hier hat man Platz und Gelegenheit zu Lustbarkeiten genug, und wer für sich vergnügt sein will, der findet angenehme Spaziergänge nach allen Richtungen.» – Lithographie von N. Hosch-Merian nach Rudolf Follenweider

barossa zum letzten Male ein kaiserlicher Hoftag in Säckingen statt, und im gleichen Jahr verlieh der Kaiser die Reichsvogtei über das Kloster den Grafen von Habsburg, die in der Folgezeit ihre Landeshoheit im Gebiet des alten Klosterstaates ausbauten.

Um diese Zeit hatte sich aus einer klösterlichen Marktgründung auch die Stadt entwickelt, die, zuerst unter der Oberhoheit der Äbtissin stehend, 1409 als Lehen des Stifts endgültig an Habsburg-Österreich fiel. Bei den Auseinandersetzungen zwischen Habsburg und der Eidgenossenschaft wurde das Städtchen mit dem Kloster auf der Rheininsel in den Jahren 1415 und 1445 von den Eidgenossen und den Baslern belagert. Die Blütezeit des Stifts und des Bürgertums im ausgehenden Mittelalter schuf im Stadtbild ihre architektonische Dominante: der gotische Bau des Münsters, das Abteigebäude und die auf steinerne Pfeiler gesetzte Holzbrücke sind Zeugnisse jener markanten konstruktiven Zeit.

Im Dreißigjährigen Krieg und in den Kämpfen zwischen Österreich und Frankreich im 17. und 18. Jahrhundert hat auch die Stadt ihre harten Schicksalsschläge erlebt. 1678 wurde der größte Teil der Altstadt eingeäschert, und auch das Münster brannte aus. Der Wiederaufbau in den nachfolgenden Jahrzehnten hat das heutige Gesicht der Straßenzüge geprägt. Die Wiederherstellung des Münsters ließ die gotische Architektur in barocke Formen gleiten, der glanzvolle Innenraum erhielt seine monumentalen Fresken und den eleganten Stuckdekor in zwei

Bauepochen um 1700 und kurz nach 1750. Eine entscheidende Wende in der geschichtlichen Entwicklung brachten die Napoleonischen Kriege. 1806 fiel Säckingen mit dem vorderösterreichischen Breisgau an das Großherzogtum Baden, und gleichzeitig wurde das Fürstliche Stift aufgehoben. Bereits 1801 war durch die Abtrennung des vorher ebenfalls österreichischen Fricktals der Rhein bei Säckingen Staatsgrenze geworden. Die nachteiligen Folgen, die der Verlust des Stifts und die Abtrennung des Fricktals, das das eigentliche wirtschaftliche Hinterland der Stadt gewesen war, mit sich gebracht hatten, konnte die Stadt erst wieder ausgleichen, als nach 1835, hauptsächlich durch Fabrikgründungen schweizerischer Unternehmer, die Textilindustrie sich entfaltete, deren weitere Entwicklung Säckingen um die letzte Jahrhundertwende zur bedeutendsten Seidenbandproduktionsstätte in ganz Baden machte. Nach den Kriegen hat das Wirtschaftsleben durch die Niederlassung anderer Industriezweige und den gleichzeitigen Rückgang der Textilindustrie einen Strukturwandel erfahren. Einen markanten, auch in der Stromlandschaft sichtbaren Meilenstein dieser Veränderung setzte schließlich der Bau des Rheinkraftwerkes und des Eggberg-Kavernenkraftwerkes, die 1965 ihre Energieproduktion aufnahmen. In den letzten Jahrzehnten hat sich das Siedlungsbild der einst kleinen Stadt weit über die Hänge der rechtsrheinischen Tallandschaft bis zur Waldgrenze ausgeweitet, und ihre Gemarkungsfläche vergrößerte sich 1935 durch die Eingemeindung von Obersäckingen und 1973 durch den Anschluß der früheren Gemeinden Wallbach, Rippolingen und Harpolingen bis auf den südlichen Hotzenwaldrand hinauf ganz beträchtlich.

Die kulturellen und wirtschaftlichen Beziehungen zu Basel wie die persönlichen Bindungen waren in allen Jahrhunderten lebendig. Gar oft drang auch in die kleine

Stadt der Wellenschlag der großen Ereignisse und des geistigen Lebens der Humanistenstadt. Während des großen Konzils erholten sich Konzilsherren, Prälaten und städtische Patrizier im Säckinger Bad. Der Säk-

169 Der Bergsee, um 1900

Idylle am Bergsee im Säckinger Wald, als statt des heutigen Wirtschaftsgebäudes in zwei einfachen Blockhütten eine Sommerwirtschaft betrieben wurde und auf dem See ein Dampfschifflein seine Runden drehte. So erlebte ihn Hans Thoma als Motiv zu manchen seiner Bilder und Scheffel, den später in der Ferne das Heimweh nach den einsamen Stunden am stillen Wasser im lieblichen Wald überkam: «Grüner Bergsee, Tannendunkel, Schier wehmütig denk' ich Eurer. Und noch oft durch die Erinn'rung zieht ein Rauschen, wie vom Bergsee, wie von Tannenwipfeln, wie von Heimat – Liebe – Jugendtraum.»

kinger Münsterschatz birgt einige kostbare Erzeugnisse der Basler Goldschmiedekunst aus dem 15. und 17. Jahrhundert. Der Basler Bildhauer Hans Michel, der Schöpfer des Munatius Plancus im Basler Rathaushof, schuf um 1574 als Giebelschmuck für das Säckinger Abteigebäude die lebensgroße Steinplastik des Heiligen Fridolin mit dem Toten. Der Säckinger Schultheiß und kaiserliche Hauptmann Hans Rosenblatt holte sich seine Gattin aus Basel, deren Tochter Wibrandis die Gemahlin des Basler Reformators Oekolampad wurde. 300 Jahre lang bezogen die Basler für den Bau ihrer Rheinbrücke und für die wichtigsten städtischen Bauten das Eichenholz aus dem Säckinger Stadtwald, wo ihnen ein eigener Bezirk, das ‹Basler Hölzle›, für diesen Zweck reserviert war. Dafür revanchierten sich die Basler mit großzügigen Darlehen, wenn die Säckinger in Not waren und Geld brauchten für den Rheinbrückenbau oder zur Bezahlung von Kriegskontributionen. So spielte Basel auch hier, wie in anderen Orten der Nachbarschaft, die Rolle einer Kreditbank. Der Basler Rat zeigte sich auch jeweils großzügig, wenn er um Beihilfe und Spenden zum Wiederaufbau der Stadt, der Brücke oder des Münsters nach Bränden oder Hochwasserkatastrophen angegangen wurde. Im 19. Jahrhundert leisteten Basler Textilherren, wie die Sarasin und Kern, mit ihren Fabrikgründungen einen wesentlichen Anteil an der Entwicklung der Säckinger Seidenbandindustrie und der Heimweberei auf dem benachbarten Hotzenwald.

Mit Studenten an der Universität, deren erster Pedell nach der Gründung von 1460 ein Säckinger war, mit dem Besuch von Theater, Museen und andern kulturellen Institutionen leben diese Beziehungen weiter. Noch immer übt Basel für Säckingen als nahegelegene Großstadt die stärkste Ausstrahlungskraft aus. Dafür erscheinen die Basler oft und gerne zum Gegenbesuch in der alten Waldstadt, die ihnen mit ihren Sehenswürdigkeiten ihren eigenen geschichtlichen Reichtum präsentiert: das Fridolinsmünster als architektonisches Denkmal des einstigen Damenstifts, das Schloß Schönau im stimmungsvollen Park, wo sich einst die Geschichte mit dem ‹Trompeter von Säckingen› abspielte und dessen Räume heute ein Museum mit besonders reichhaltigem Fundgut aus der Vor- und Frühzeit der hochrheinischen Landschaft bergen, die Holzkonstruktion der alten Rheinbrücke, mit ihrer Länge von 200 Metern die längste noch erhaltene Holzbrücke Europas, die abgewinkelten Gassen und malerischen Plätze und den Bergsee, dessen stille Wasser, umrahmt von dunkeln Tannen, einst den Maler Hans Thoma und den Poeten Josef Viktor von Scheffel in ihren Bann gezogen haben.

Aus den Erinnerungen eines alten Baslers

Zu meinen herrlichsten Jugenderinnerungen gehören die jährlichen Sommerferien, die ich jeweilen bei lieben Verwandten in Säckingen zubringen durfte. In der schönen Villa meines Onkels mit dem großen Zier- und Obstgarten gefiel es mir gar so gut. Und eine weitläufige Verwandtschaft, die zu jener Zeit in der alten Fridolinsstadt gesellschaftlich die erste Rolle spielte – die Herren Vettern hatten alle prächtige Besitztümer, bis zum alten poesieumwobenen Freiherrenschloß am Rhein – imponierte mir mächtig.

Mein Onkel war ein großer Kunstfreund, gut befreundet mit diversen Künstlern, wie Hans Thoma, dem Pferdemaler Volkers, dem vortrefflichen, leider zu wenig bekannten Kindler u. a., von denen er eine ganze Anzahl guter Bilder besaß. Er hatte große Freude an meinen jugendlichen Mal- und Zeichenversuchen und war mir später ein großer Helfer, als ich Maler werden wollte, indem er den Widerstand meines Vaters gegen einen so problematischen Beruf überwinden half. Auch mit dem Dichter Joseph Victor von Scheffel war er befreundet, der mit seinem vielgelesenen und berühmten ‹Trompeter von Säckingen› der alten Waldstadt eine so besondere Glorie verliehen hat.

Säckingen – das Städtchen hatte für mich immer einen eigenen poetischen Zauber. Schon seine Atmosphäre, dieser ‹Schwarzwaldduft›, beglückte mich jedesmal von neuem, wenn ich vom Bahnhof her die Stadt betrat. (Viele Orte und Gegenden haben bekanntlich ihren besonderen charakteristischen Geruch. Ganz Ägypten z.B. riecht nach frischgebackenem Durrabrot, nach Mimosen, Mandarinen und trockenem Kamelmist).

Wie herrlich waren die abendlichen gemeinsamen Ausflüge, wenn man per Equipage nach dem Brennet fuhr zu einem köstlichen Forellenschmaus, oder dem Rhein entlang nach dem Solbad Mumpf wanderte oder hinauf an den mitten im feierlich stillen Tannwald gelegenen Waldsee.

> Grüner Bergsee, Tannendunkel,
> schier wehmütig denk ich eurer.

Als die Stadt Säckingen später ihrem Dichter auf einer am Seeufer aufragenden Felswand eine Gedenkschrift widmete:

> «Dem Dichter Joseph Victor von Scheffel
> die dankbare Stadt Säckingen»

durfte ich eigenhändig – welche Ehre! – einen Buchstaben in Stein meißeln, so gut ich es eben fertig brachte.

Auch in den Sommerferien 1870 – der Deutsch-Französische Krieg war ausgebrochen – sollte ich mit meiner Mama nach Säckingen fahren. Da kam abends Vater mit der Nachricht nach Hause, wir könnten morgen nicht abreisen, da diese Nacht die alte Rheinbrücke, damals die einzige, gesprengt werde. Am nächsten Morgen wurde die Nachricht dementiert, und wir konnten also doch reisen. In Säckingen waren im Garten meines Onkels Leute damit beschäftigt, Säcke mit Stroh zu füllen für die erwartete Einquartierung. Es kam aber nicht dazu. Aber dann sah ich die langen Eisenbahnzüge voll Soldaten, die durch Säckingen nach der Grenze rollten. Während dem Halt am Bahnhof wurden den Soldaten Zigarren und Erfrischungen geboten, und ich sehe noch, wie, nachdem das Zeichen zur Weiterfahrt gegeben worden war, ein Offizier den Zug entlang schritt und mit geschwungenem Säbel die Köpfe der Soldaten von den Coupéfenstern zurückscheuchte. – Emil Beurmann, 1943.

Seckingen Anno 1663

Diese ist auch eine auß den vier Österreichischen Wald: oder Rhein-Städten / ob Basel gelegen / so Stumpfius noch zur Rauracer Landschafft referiert, und daß sie unter den gedachten Vieren die kleineste seye / saget; aber Urstisus, in der Baseler Chronick / Sie weil sie nicht mehr im Baseler Bischthumb gelegen / davon außschließet. Gemeldter Stumpfius schreibet / daß ben achttausend Schritt under Lauffenberg / auff der Rechten Seiten am Rhein / G. Friedlins Insul / und darinn diese Stadt und Kloster Seckingen lige; und mehrertheils Zeit mit dem Rhein ümbzogen werde; die ihren Namen von den Sequanis, einem alten Volck / und nicht von dem Sack / den sie im Wappen führet / haben. S. Fridelinus, deß Königs Schotten / und Irrland Sohn / solle das Freye Nonnen-Kloster allhie ümbs Jahr Christi 495. oder 500. gestifftet haben; darinn er auch / wie ingleichem Urso von Glaris, den er S. Fridelin von den Todten aufferwecket / und für das Gericht zu Ranckweil / ümb Kundschafft / oder Zeugnüß wegen; gebracht haben / und darauff Anno 514. gestorben seyn solle / begraben ligt. Es hat besagtes Kloster ein Gefürste Äbtißin / und Frey-Frauen / auff die Form / als wie die Abtey zu Zürich / von der die Ertz-Hertzogen von Österreich die Stadt Seckingen zu Lehen tragen / und der Abtey Kasten-Vögte seyn. Es hat aber solche Stadt / oder Städtlein / neben ihrer Hohen-Herrschafft von Österreich / auch Schultheißen / und Raht / so in Bürgerlichen Sachen regieren. Ist sonsten ein guter und wolverwahrter Orth; der Anno 1272. biß auff drey Häuser abgebrandt worden. Anno 1634. den 28 Martii, hat er sich an die Schweden / und Anno 1638. im Januario, an Hertzog Bernharden von Sachsen ergeben; Anno 1639. gegen dem Ende deß Julii, eroberte solche der Chur-Bäyerische General Gleen. auff der Rechten Seiten / under Seckingen / am Rhein / ligt Under-Werr / Schwirstadt / darnach Bürcken / ein Deutsch-Haus / darneben der Fleck Karßow ligt / da schlechter Wein wächst. Bey Bürcken / im Rhein hinab / bis under die Brücken zu Rheinfelden / erzeiget sich der dritte Catharrackt / das ist Lauffen / oder Strudel deß Rheins / wird genandt im Hellhacken / da hat der Rhein viel Felsen / darüber das Wasser auff und nider rumpelt / und den Schiffen sorglich ist. Doch hat der Rhein in Mitten / zwischen allen Felsen / einen schmalen Furth / und Tieffe / den Schiffleuten bekandt / dardurch sie auch mit geladenen Schiffen fahren. Aber under Rheinfelden hin ist der Rhein still / und gut zu schiffen / und hat keinen solchen Fall mehr.

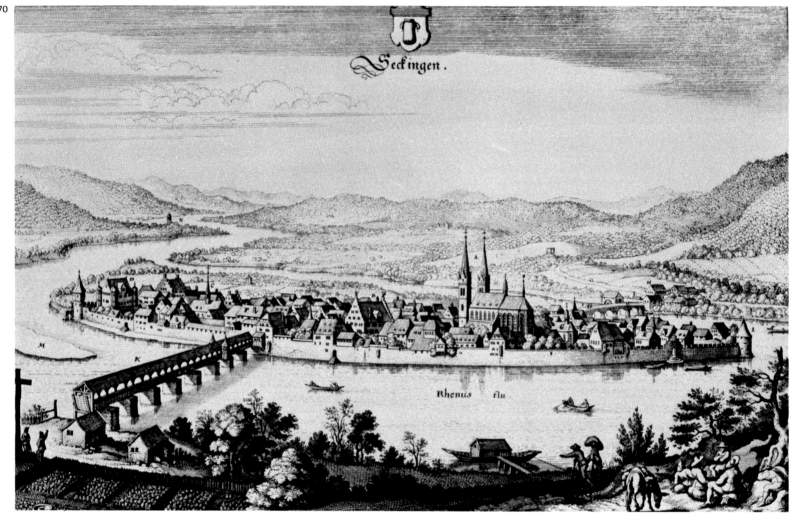

Seckingen, 1644

«Amtsstadt am Rhein im Wiesenkreise, eine von den 4 Waldstädten, zählt 948 Seelen, 203 Familien und 168 Häuser. Der Name scheint von der Figur der Insel, welche vormals der Rhein bildete, oder von Sectio (Rheni) abgeleitet zu seyn. Seconium ist aber nicht, wie einige meynen, mit dem römischen Sanction zu verwechseln; denn dieses lag auf der linken Rheinseite in der Gegend v. Mumpf und St. Blasien. Im J. 1272 brannte das Kastell u. Kloster Säckingen bis auf 4 Häuser, und die St. Peterskirche ab. Man schrieb dieses Unglück den Sünden seiner Bürger zu: denn obschon der h. Fridolin den Ort bis zu jener Zeit vor feindlichen Überfällen geschützt hätte, so hätten doch die auf ihren h. Fridolin nicht vertrauenden Bürger die steinerne, und von ihm erbaute Brücke abgebrochen, unschuldige Arme beraubet, und mit Fressen und Saufen sich abgegeben. Nach der Zerstörung des Kastells durch Feuer, kam erst noch der Bischof Heinrich von Basel, warf die steinernen Häuser und Mauern der Stadt (Civitatis) an vielen Orten nieder, und schleifte alles, was er fand, mit fort, zur Wiedervergeltung, daß Graf Rudolph von Habsburg Basel in Brand gesteckt, und die Leute nach Säckingen geführt hatte.

An Gewerb und Handwerkern befinden sich hier 4 Mühlen mit 10 Gängen, 1 Ölmühle, 2 Rothgerber; 8 Tafernenwirthe, 4 Handelsleute, 2 Färber, 4 Zimmersleute, 5 Maurer, 1 Ziegler, 4 Hafner, 3 Schlosser, 3 Hufschmiede, 6 Schreiner, 2 Wagner, 2 Hutmacher, 2 Säckler, 2 Uhrenmacher, 2 Buchbinder, 1 Kupferschmidt, 1 Weißblechner, 3 Drechsler, 4 Kiefer, 1 Messerschmidt, 1 Kirschner, 1 Nagelschmidt, 3 Glaser, 4 Bäcker, 8 Metzger, 6 Schiffer und Fischer, 1 Bierbrauer, 9 Schneider, 9 Schuhmacher, 6 Leinenweber u. 1 Seiler. Jahrmärkte werden 4 gehalten, nämlich: am 6. März, 25. April, 14. Sept. und am 30. Nov., ein unbedeutender Wochenmarkt hat alle Freytage statt. In dem hiesigen Stadtwalde befindet sich ein See, welcher zwischen zwey Bergfelsen liegt. Es wurden 2 hiesige Müller-Kanäle durch die Felsen gesprengt, wodurch der Mühlbach in den See geleitet, und durch den andern das Wasser aus dem See auf die Mühlen geführt wird. Durch dieses Unternehmen ist dem ehemaligen Wassermangel abgeholfen worden.» (1803) – Kupferstich von Matthäus Merian.

171 Säckingen, um 1800

Hoch über die Dächer der bürgerlichen Häuser ragen die Türme und der First des Fridolinsmünsters, in welchem in einem ‹verzierten Sarkophage die Gebeine des h. Fridolin liegen, der hier in hohem Alter gestorben ist›. Im Vordergrund der ‹Diebsturm› und links davon das Schloß der Herren von Schönau mit den drei Ecktürmen, wo sich die Liebesgeschichte des Bürgersohns Franz Werner Kirchhofer mit der Freiherrentochter Ursula von Schönau abspielte, die Scheffel mit seinem epischen Gedicht ‹Der Trompeter von Säckingen› berühmt gemacht hat. Über den Strom legt sich, auf steinerne Pfeiler gesetzt, die gedeckte Holzbrücke, ein technisches Meisterwerk alter Zimmermannskunst. – Gouache von I. B. Egg.

171

Schallbach

Wer kennt schon außerhalb der näheren Nachbarschaft das in einer flachen Mulde in das Markgräfler Fruchtland eingebettete und am Osthang des Läufelbergs liegende, vom Verkehr kaum berührte Haufendorf Schallbach mit seinen 330 Seelen? Hier empfindet der Besucher den gesunden Herzschlag einer bäuerlichen Siedlung im gelassenen Rhythmus der Gezeiten und ahnt kaum, daß auch am Ort von unverfälschtem Sonntagsfrieden die Geschichte ihre Zeichen gesetzt hat: Krieg,

Angst und Nöte, Mühen und Sorgen, Mißernten und Unfälle im Stall. Die silberne Pflugschar, welche die Gemeinde seit 200 Jahren in ihrem Siegel zeigt, erinnert an den Spruch des Landvogts von Rötteln, der besagt, daß der «Markgräfler mit silbernem Pflug durch das Feld fährt, wenn er zu seinem Fleiß den Frieden erhält». Um die Mitte des letzten Jahrhunderts wohnten die Schallbacher mit ihren 72 Familien in 68 Häusern. Die ‹ziemlich vermöglichen Einwohner leben von Feld-, Wein-, Wiesenbau und Viehzucht. Hier ist nur ein Wirtshaus.›
Schallbach hatte keinen herrschaftlichen Ding- und Fronhof in seiner Mitte. Doch forderten große und kleine Herren von ihren Gütern und Rechten Zinse und Tribute: Der Abt von der Himmelspforte bei Wyhlen, der Deutsche Orden zu Beuggen und Johann Helbling und Johann Klein, Bürger von Basel, hatten 1383 und 1406 Pfarrsatz und Einkünfte vom Pfarrwidum der schon 1275 bestätigten Kapelle St. Peter und Paul beansprucht. Auch waren die Schallbacher verpflichtet, alle Jahre die Hofreben beim Röttler Schloß zu rühren, die Trauben zu herbsten und auf die Trotte zu führen, die Steine für die Mauern in den Reben wie das von ihnen im Röttler Wald geschlagene Holz aufs Schloß zu führen. Aus dem altangesiedelten Schallbacher Geschlecht der ‹Frigen› stammte der seinerzeit gar berühmte Jurist und Professor für Dialektik und Ethik Johannes Thomas Frei (1543–1583), der auch als Konrektor an der Basler Universität wirkte. Die Kapelle von Schallbach wurde bis 1523 von der Mutterkirche zu Binzen versehen. Beide Orte begingen bis zur Reformation gemeinsam alle Jahre die Heilig-Kreuz-Prozession im «Chrüzgang zu Unserer Lieben-Frauen-Münster» in Basel. Als den Schallbachern der weite Kirchweg durch den ‹Totengrund› über das Feld nach Binzen immer beschwerlicher fiel, baten sie 1523 mit Erfolg um einen ortseigenen Kaplan.

172 Der Dorfplatz von Schallbach, um 1930

Der Schallbacher Dorfplatz mit dem zweiteiligen Sandsteintrog mit der Jahreszahl 1789 wurde in den letzten Jahren so sehr verändert, daß er heute kaum mehr zu erkennen ist: Die schattenspendende Linde beim Brunnen wie das Eichhüsli mußten der Neuzeit weichen, und der Brunnenstock wurde ‹modernisiert›. Im Eichhüsli wurden die Sinngeräte, Gefäße, Maße und Gewichte zum regelmäßigen Sinnen oder Eichen der ‹Zehntbüggi›, ‹Boggde›, Fässer, Kübel, Fruchtsester und Krämerwaagen verschlossen aufbewahrt.

Schliengen

Weiß schon der dekorative Dorfbrunnen aus dem 17. Jahrhundert von einer reichen historischen Vergangenheit Schliengens zu erzählen, so hält der Heilige Leodegar, der Patron der kunstvollen Kirche, Rückschau in die uralte Vergangenheit des Ortes, als dieser noch mit dem Elsässer Kloster Murbach in engster Verbindung stand. Ein Wappenschild am stattlichen Pfarrhaus erinnert an einstige Besitzerrechte der Johanniter zu Neuenburg. Am Ausgang des Hollbachtals liegt verträumt zwischen altem Baumbestand das ehemalige Weiherschloß ‹Entenstein›, wo die Herren von Schliengen, die Familie Schnewelin von Landeck, die Ritter von Blumeneck, die Edlen von Hattstatt, die Herren Nagel von der Alten Schönstein und die Freiherren von Roggenbach ihr gemütliches Leben führten, bis im Jahre 1696 der Bischof von Basel hier den Sitz seiner Landvogtei über die letzten rechtsrheinischen baslerisch-bischöflichen Dörfer Schliengen, Steinenstadt, Istein, Huttingen und Binzen

173 Schliengen, um 1855

«Hat in 330 Familien und 180 Häusern 8 evang. und 1113 kath., mit der zur Gemeinde gehörigen Altinger Mühle 1135 Einwohner, liegt an der Straße von Müllheim nach Basel, in freundlicher und fruchtbarer Gegend, und seine Bewohner leben von Feld-, Wiesen-, Weinbau und Viehzucht. S. ist alt, und St. Gallen erhielt hier schon im Jahre 821 Güter. Als Lehen vom Hochstifte Basel gehörte es den Herren v. Usenberg, welche um das Jahr 1379 ausstarben; die Allodien kamen an die Markgrafen von Hochberg, die Lehen fielen an das Hochstift zurück.» (1843) – Stahlstich von F. Foltz nach K. Corradi.

173

174

175

174 Der Dorfplatz, um 1905

Dominierend hebt sich die Dorfkirche St. Leodegar, ein beachtenswerter Barockbau aus dem 18. Jahrhundert, über die Holenbachbrücke. Meisterhafte Steinmetzenkunst stellt der Dorfbrunnen mit der schönen Brunnensäule und den beiden fratzenhaften Wasserspeiern dar, der 1659 von Vogt Johannes Metzger in Auftrag gegeben worden war. – Photo Höflinger.

175 Die Altigerstraße, um 1910

An der linken Straßenseite sind zu erkennen: das Emil-Spitzsche Wohnhaus mit der Spar- und Darlehenskasse Schliengen, das 1893 (anstelle des Amtshauses von 1563) erbaute Rathaus und das aus dem 18. Jahrhundert stammende Schulhaus, der Stolz der damaligen Bürgerschaft. – Photo Höflinger.

176 Der Gasthof ‹Zur Sonne›, um 1910

Ist bereits aus dem Jahre 1594 eine Wirtsordnung des Bischofs von Basel für die Herbergen seines Dorfes Schliengen bekannt, so erscheint die Schildwirtschaft ‹Zur Sonne› urkundlich Anno 1618. Gastwirt Friedrich Metzger, letzter einer traditionsreichen Wirtedynastie, hatte 1772 das Haus in seine nun bekannte Form bringen lassen. – Photo Höflinger.

177 Weinprobe, um 1898

Die stete Entwicklung Schliengens zum weitbekannten Weindorf ist während der letzten hundertfünfundzwanzig Jahre einflußreich von der Familie Blankenhorn mitgeprägt worden. Ihre Sorgfalt gilt besonders der Veredelung der Rebstöcke, der Kellerwirtschaft und dem Weinhandel, für den schon in der Gründerzeit des Unternehmens eine ‹Probierstube› eingerichtet worden war.

Kinderrätsel

Worum tuet mer de Hüehnere grife? – Wil sie hinte kei Fensterli hän: sunst könnt mer jo luege.

's stoht öbbis am Rai un wacklet mit em Bei, bis em vor Angst un Not 's Köpfli wird füerrot. Wer mag das si? Jetz rot! – D Erdbeeri.

's stoht ne rot Büebli am Rai, het's Büchli voller Stei. Was isch's? – D Hagebutze (Hagebutte).

's wohne vier Brüeder binand ime kline Hüsli un ka keinr am andere helfe. – D Kerne inere Baumnuß.

's lauft all öbbis ums Hus umme un macht allewilig ‹dikdak, dikdak›. – 's Dachtrauf.

einrichtete. Als 1805 der bischöfliche Besitz samt den Dorfrechten an Baden fiel, ging der Adelssitz über die Herren von Andlau an die Gemeinde, welche die reparaturbedürftige Liegenschaft zum Rathaus bestimmte und sie mit großer Liebe wieder in den Zustand ihrer einstigen Herrlichkeit als beachtenswertes Weierhaus mit Wassergraben versetzte.

Auch im herrschaftlichen Mühlenhaus im alten Ortsteil Altigen und im Säckinger Freihof gegen Mauchen saßen Eigentümer, die am beachtlichen Ertrag der Landwirtschaft teilhaben durften. So drängten sich im 18. Jahrhundert fast ein Dutzend Zins- und Zehntenherren an die herbstlichen Trotten und begehrten ihren Anteil, unter ihnen die Johanniter-Komturei Heitersheim, der Bischof von Konstanz, das Domkapitel zu Arlesheim, der Herr von Eptingen, das Stift Säckingen, die Herren von Baden zu Liel, der Herr von Landenberg, der Pfarrer von Schliengen und der Bischof von Basel! Den ausgezeichneten Ruf Schliengens als Quelle herrlicher Weine bestätigten schon früh seine Schildwirtschaften: 1458 der ‹Engel›, 1535 der ‹Schlüssel›, 1545 der ‹Sternen›, 1618 die ‹Sonne› und 1775 ‹Adler, Hirschen und Krone›. Daß die Gemeinde schon 1563 ihr erstes Rathaus bezog, ihr 1675 vier Jahrmärkte bewilligt wurden und auch Erzknappen, Chirurgen und Apotheker hier ihren Wohnsitz nahmen, weist auf die immerwährende Bedeutung Schliengens als pulsierendes Zentrum lebhafter Handelstätigkeit und gastlicher Herberge.

Schopfheim

Im näheren Umkreis von Basel ist Schopfheim die älteste Stadt. Wenn auch nicht als Rivale zum Bischof von Basel, so hat doch Konrad I. von Rötteln mit der Verleihung des Stadtrechts an Schopfheim Anno 1250 dem Bau einer Stadtmauer und eines Schlosses deutlich seinen Herrschaftsanspruch diesseits des Rheins dokumentiert. Seine Gebeine ruhen noch heute in der alten, 1479 errichteten St.-Michaels-Kirche, die anstelle der schon vor 1130 gebauten Schloßkapelle steht. Hier wurden 1921 auch alemannische Plattengräber entdeckt, die eine erste Siedlung bis in die fränkische Zeit des frühen 7. Jahrhunderts bestätigen. Der hohen Zeit der Klosterherrschaft zwischen 800 und 1000 verdankt Schopfheim seine erste urkundliche Erwähnung, als dem Kloster St. Gallen Güter im Bereich Schopfheims geschenkt wurden. Daneben hatten auch die Klöster Murbach, St. Alban und St. Blasien hier Besitztümer und Rechte. Bis 1315 regierten die Herren von Rötteln auf ihrer Burg und

178 Die ummauerte Stadt, um 1790

Die Darstellung zeigt, von links nach rechts, den Schloßturm, das Schloßtor, das Pfarrhaus, das neue Tor mit Volksschulgebäuden und Stadtschreiberei, das Haus der Ritter von Ehehaft, die St.-Michaels-Kirche, die Schaffnei der Freiherren von Roggenbach mit Scheune und den Stumpf des Landschaftsturms.

179 Die Marktstraße, um 1780

Mittelpunkt der Altstadt war immer die belebte Marktstraße mit dem Stadtbrunnen. Hier fanden sich die Bürger fast täglich zusammen, eher als beim Schloß, beim Marstall, in der Stadtkirche St. Michael, vor dem Kornhaus, vor den zweiundzwanzig Höfen des Dienstmannenadels oder bei den drei Toren und fünf Türmen der Stadt um das kleinstädtische Leben zu pflegen und die Mühsal des Alltags bei zwanglosem zwischenmenschlichen Kontakt vergessen zu lassen.

in der Stadt. Da sie in jener Zeit auch die Bischöfe von Basel stellten, bestand ein gutes Einvernehmen zwischen Basel und Schopfheim. Noch 1314 erwies Luithold II., Dompropst zu Basel, der Stadt Schopfheim seine Huld durch die Schenkung des Berges Entegast und des damit verbundenen Rechts auf eigenen Holzschlag. Das bedeutete weitgehende wirtschaftliche Selbständigkeit, die durch weitere Schenkungen der nun folgenden Hachberg-Sausenberger-Herren weiter ausgebaut wurde.
Den St.-Katharinen-Tag 1412 wird die Ortsgeschichte nie unerwähnt lassen, brannte doch durch ein Großfeuer die halbe Stadt, samt Kirche und Teile der Burg, nieder. Damals regierte der in Rötteln begrabene Rudolf III. Erst sein Enkel hat 1479 den Wiederaufbau der Kirche veranlaßt und damit der Stadt sein schönstes Denkmal hinterlassen. Die Verleihung des Marktrechts (drei Jahrmärkte) und des Salzmonopols gehen ebenfalls auf ihn

zurück. 1503 endete mit Markgraf Philipp die Herrschaft der Sausenberger, die sich mehr und mehr mit den burgundischen und französischen Interessen identifizierten und nur noch gelegentlich ihr Markgräfler Stammland aufsuchten. Der Bauernkrieg 1525 verschonte auch Schopfheim nicht. Aber die Stadt hat sich erfolgreich gegen die Bauernheere verteidigt und erhielt als Zeichen für die erwiesene Fürstentreue 1529 das noch heute gültige Stadtsiegel. Basel brachte um 1540 als neuer Umschlagplatz für den Orienthandel nicht nur Wohlstand ins Wiesental, sondern 1556 auch die ersten Boten der Reformation. In den Wirren, dem Elend und der Not des Dreißigjährigen Krieges bot Basel der geplagten Bevölkerung nicht nur Schutz, sondern entsandte auch Bürger, die das verwaiste Land neu besiedelten und bebauten. Inmitten des Wiederaufbaus wurden Stadt und Land erneut von Unruhen, den Erbfolgekriegen, erschüttert. 1678

180 In der Altstadt, um 1890

Anno 1843 hatte «Schopfheim in 285 Familien und 190 Häusern 1183 evangel. und 223 kathol., mit den dazu gehörigen Parzellen 1699 Einwohner, welche von Feld-, Wiesenbau, Viehzucht und Gewerben leben und ziemlich wohlhabend sind. Es ist hier eine mechanische Baumwollespinnerei von Gottschalk & Grether, worin etwa 200 Arbeiter beschäftigt sind, eine Papierfabrik von Joh. Sutter, mit 50 Arbeitern, eine Leinwandbleiche von B. Pflüger, 5 Mahl-, 2 Säge-, 2 Ölmühlen, mehrere Walken, 2 Schleifen und eine Lohstampfe. Mehrere Handlungshäuser machen gute Geschäfte, besonders auch die Holzhandlung von Konrad Sutter. Von Gebäuden sind zu nennen: das Rathhaus, mit einem schönen Lindenplatze, das Amthaus, Pfarrhaus und Spital. Eine Lesegesellschaft besteht schon seit 45 Jahren, und seit neuerer Zeit auch eine zweite, sog. bürgerliche. Es sind hier 2 Bierbrauereien und 13 Wirthshäuser, von welchen die zum Pflug (Post), Krone (wo die Lesegesellschaft ist), zu den drei Königen und zum Engel die besten sind. Es ist hier eine höhere Bürgerschule mit 3 Lehrern. Westlich von der Stadt liegt die sogenannte Hebelshöhe, wo man eine schöne Aussicht genießt, und das Schützenhaus Itzstein, ebenfalls mit schöner Aussicht.»

181 Der Lindenplatz, um 1800

Im Schatten des Käfigturms stehend, zeigt der Blick vom Lindenplatz aus in die Vorstadt das Wachthaus im Vordergrund und den ‹Schwanen›, der eben mit Wein versorgt wird. Rechts vom Lindenplatz liegt die Landstraße Basel–Zell mit den Gasthöfen ‹Zum Engel›, ‹Zur Sonne› und ‹Zum Rößle›.

182 Das Schlößchen Ehnerfahrnau, um 1900

Oberhalb der ehemaligen Gemeinde Fahrnau steht das heute noch bewohnte Schlößchen ‹Ehnerfahrnau›. Es liegt, getrennt von der Pfarrgemeinde, jenseits der Wiese. Also ‹änedra›, was seinen Namen erklärt. Der derzeitige sechseckige Treppenturm des schon Anno 1394 erwähnten Schlößchens stammt aus dem 18. Jahrhundert. Anstelle des Wassergrabens, der wurde Schopfheim mit Rötteln und den andern Burgen des Landes fast völlig zerstört. Gleichzeitig verlor Schopfheim auch seine Bedeutung als Obervogtei, die nach Lörrach verlegt wurde. Erst aus der Schweiz zugezogene Handwerker (Papierer, Gerber, Baumwollspinner) sorgten für neuen Aufschwung. Auch wurden eine Apotheke (1712), Handwerksbetriebe (um 1750), eine Lateinschule (1770) und ein Forstamt (1780) eingerichtet und zur Blüte gebracht.

Mit Napoleon kam die Neuordnung Europas und damit die Gründung des Großherzogtums Baden. Schopfheim wurde 1824 Sitz des Bezirksamts. Die Industrie hielt ihren Einzug und wandelte das Bild der Stadt mehr und mehr. 1841 wurde Gündenhausen eingemeindet und ein Notariat eingerichtet, 1862 mußte die seit über hundert Jahren fahrende Postkutsche der Eisenbahn weichen. In immer kürzeren Abständen vermehrte sich die Einwohnerzahl der Stadt (1813: 1210, 1970: 8720 Einwohner). Der Zuzug neuer Arbeitskräfte in der Industrie veränderte auch das Verhältnis unter den Konfessionen (60 Prozent Protestanten, 32 Prozent Katholiken). Neue Wohngebiete nach Fahrnau und zum Dinkelberg mußten erschlossen und damit viele Aufgaben der Versorgung durch die Stadt gelöst werden. Mit den Eingemeindungen

dem Herrensitz einst wirksamen Schutz gewährte, erstreckt sich nun eine gepflegte Parkanlage. Ursprünglich Besitz St. Blasiens, gelangte das Schlößchen 1666 in die Hand des markgräflichen Oberamtmanns Pauli von Rötteln, der die Gebäulichkeiten wesentlich ausbaute. 1840 erwarb der badische Staatsminister Franz Freiherr von Roggenbach das Schloßgut und verbrachte hier in erfolglosem Kampf gegen die Politik Bismarcks seinen Lebensabend.

von Eichen (1975), Enkenstein (1974), Fahrnau (1974), Gersbach (1974), Langenau (1972), Raitbach (1973) und Wiechs (1975) umfaßt die neue Großgemeinde nun rund 14 800 Einwohner auf einer Fläche von 6819 Hektaren (vorher 1123 Hektaren).

Großbrand

Durch die Brandkatastrophe in Neuenweg sind, wie nunmehr feststeht, 15 Häuser eingeäschert und 160–180 Personen obdachlos geworden. Menschen sind glücklicherweise nicht verunglückt; dagegen verloren die Betroffenen fast ihre ganze fahrende Habe. In der Postanstalt, von wo das Feuer ausgegangen zu sein scheint, blieben auch etwa 1000 Mark Bargeld in den Flammen. Die Rettungsarbeiten blieben bei der Bauart der Häuser (Schindel- und Strohdächer) fast wirkungslos; auch war ein Teil der männlichen Einwohnerschaft zum Viehmarkt nach Schönau, ein anderer zur Weinlese ins Rebland gegangen. Nach Schönau wurde die Alarmnachricht telephonisch durch den Belchenwirt Stiefvater gegeben, der von der Kuppe des Belchens aus die Katastrophe bemerkte. Das gebirgige Terrain verzögerte die Ankunft der benachbarten Feuerwehren auf der Brandstätte. Hier ist bereits ein Hilfskomite für die Abgebrannten zusammengetreten. (1903)

Vom großen Durst

Scheffel spricht irgendwo von dem großen Durst in Schopfheim; er hätte auch vom großen Durst in Kandern reden können. Wenn Kanderns Männer zu fröhlichem Tun versammelt sind, ruft wohl einer der Kumpanei zu: «Einer muß nüchtern bleiben!» Der Schöpfer dieser kategorischen Weisung war der letzte Kanderner Posthalter G., ein gebürtiger Posener. In einem schneereichen Winter machten die Kanderner einst eine Schlittenfahrt ins Rebland. G., der sich aufs Weintrinken verstand wie ein Markgräfler mit vierhundertjährigem Stammbaum, bemerkte zu seinem Knechte, als man auf der Heimfahrt in höchst animierter Stimmung in der ‹Blume› in Hammerstein sich zum letzten Schoppen niedersetzte: «Jobbi, einer von uns muß nüchtern bleiben!» Das war aber der Jobbi beim Aufbruch nicht mehr; deshalb setzte sein Herr sich auf den Bock und den Jobbi in den Schlitten, und in sausender Fahrt ging es den Hammersteiner Rain hinauf. Kandern zu. In der ‹Vivität› nahm aber der Herr die Kurve beim Chalchgraben zu weit, geriet über den Straßenrand hinaus und landete mit Pferd, Schlitten und Jobbi unten im Kanderbach. Ein andermal, an einem feuchten Abend, an dem auch der Schampus nicht fehlte, hatte G. zum Beschluß noch ein Glas Schorle-Morle getrunken. Als dann in früher Morgenstunde die Gesellschaft aufbrach und auf die frisch eingelegte Straße kam, hatte G. das Pech, zu stürzen und sich das Gesicht zu ‹verheien›. Wenn er dann in den nächsten Tagen nach dem Ursprung seiner beschädigten Fassade gefragt wurde, so gab er die ausweichende Antwort: «Man ist ja vielem ausgesetzt in der Landwirtschaft», seinen jüngeren Trinkgesellen aber mit tiefernster Miene den wohlgemeinten Rat: «Hüten Sie sich vor dem Schorle-Morle! Das ist ein janz heimtückisches Jetränke.» Vor mehr als 70 Jahren haben sie den biedern G. in ein regennasses Grab gelegt; seine Seele aber irrt heute noch um die Stätten, wo die Kanderer Mannen das Armbein krumm machen. – Karl Herbster

149

Schweigmatt

Gute 200 Meter unter der Kuppe der Hohen Möhr liegt der uralte Weiler Schweigmatt. Der Name soll aus dem Althochdeutschen stammen und Weideplatz, Viehhof oder Hofgruppe bedeuten. Die Streusiedlung auf einer durchschnittlichen Höhe von 750 Metern nimmt den verhältnismäßig ebenen Raum ein zwischen den bewaldeten Abhängen des bekannten Aussichtsberges und den steilen Halden, die zum Wiesen- und Wehratal abfallen. An diesem Geländeabbruch standen einst die Burgen

183

183 **Die Hohe Möhr, um 1900**

Den höchsten Punkt der Schweigmatt markiert die Hohe Möhr auf 983 Metern ü. M. Der Aussichtsturm ist in der untern Hälfte aus Bruchsteinen gemauert, auf der eine ebensohohe mit Schindeln ummantelte Holzkonstruktion mit vorkragender Terrasse ruht. Von hier aus bietet sich ein prächtiger Rundblick auf den südlichen Schwarzwald, den Jura und die Alpen. Bei der Hebelshöhe, einige 100 Meter westlich des Gipfels, liegen zwei Schanzen. Zwei ähnliche Anlagen befinden sich in östlicher Richtung am Schanzenbühl, eine weitere südlich im Letzewald bei Schlechtbach. Es stellt sich die Frage, ob nicht ein Vorläufer des derzeitigen Turms als militärische Warte im Befestigungssystem des Türkenlouis bestanden habe. – Photo Höflinger.

beim Steinighof und im Burghölzle. Zusammen mit Raitbach wird der Ort 1113 erstmals erwähnt, dann wieder 1287 bei einer Vergabung ans Kloster Weitenau und schließlich 1400, als Anna und Albrecht von Schönau den ganzen Besitz an Markgraf Rudolf III. von Baden veräußerten. Bis 1934 besaß Schweigmatt seine eigene Gemarkung mit gesonderter Verwaltung, einer sogenannten Statthalterei. Heute bildet es einen Ortsteil der Gemeinde Raitbach im Landkreis Lörrach. Am Ende der Napoleonischen Kriege bestand der Weiler aus 9 Wohnhäusern und 16 Nebengebäuden. Bemerkenswert für diese Zeit ist, daß bereits eine eigene Schule vorhanden ist. Um die Mitte des vorigen Jahrhunderts zählte man 48 Einwohner; heute dürften es etwa 60 sein, sieht man von den Urlaubern und dem Saisonpersonal ab.

Die bäuerlichen Anwesen bilden noch weitgehend arrondierte, blockartige Fluren. Zwar besteht mehr als die Hälfte der Wirtschaftsfläche aus Wald. Aber nur knapp ein Drittel des bebaubaren Grundes wird als Acker- und Gartenland genutzt. Der Rest dient als Wiesen und Weiden der Viehzucht. Die Landwirtschaft lebt neben dem Gasthaus- und Beherbergungsgewerbe weiter und bietet mit ihrem kombinierten Betrieb manchem Städter einen erholsamen Anschauungsunterricht bei seinen Ferien auf dem Bauernhof. Denn in manche der typischen Schwarzwaldhäuser sind in der neuen Zeit Fremdenzimmer und Ferienwohnungen eingebaut worden. Durch die Gründung des Kurhauses, das heute Erholungsheim der Landesversicherungsanstalt Baden ist, wurde der Anstoß zu einem Erholungs- und Ferienzentrum gegeben. Die Häufung von Gaststätten und Pensionen ist ein sichtbares Zeichen dafür. Ein gepflegtes Straßennetz, erholsame Spazierwege, ein Schwimmbad und Andenkenkioske ge-

hören zur Hotelerie, die über 200 Gastbetten aufweist. Raitbach gibt der Gesamtgemeinde den Namen; Schweigmatt aber schenkt naturnahe Ruhe und Erholung mit dem weiten Blick über Täler und Höhen bis zu den firnbekrönten Alpen in der Ferne.

184 Schwarzwaldhaus, um 1900

Noch duckt sich zwischen Wäldern und besonnten Äckern ein typisches Schwarzwaldhaus schutzsuchend an die Berglehne. Das weitausladende Strohdach ist sorgfältig gedeckt und zeugt von der Hablichkeit seiner Besitzer. Unter dem Schild lagern Holzwellen für die Küche: Eine anregende Photographie, welche an die stille Beschaulichkeit einer vergangenen Zeit erinnert. – Photo Höflinger.

Schwörstadt

Das Dorf liegt auf altem Kulturboden. Wenn die Urkunden erstmals die Siedlung im Jahre 1246 erwähnen, so beweisen Steinzeitfunde und Grabanlagen aus der Magdalénienzeit, daß hier schon vor 5000 Jahren Menschen wohnten. Der sogenannte ‹Heidenstein›, eine Grabanlage aus jenen Zeiten, wurde erst im vorigen Jahrhundert als Baumaterial abgetragen oder zur Herstellung von Schleifsteinen verwendet. Geblieben ist nur die Südwand mit dem ‹Seelenloch›. Viele andere Funde auf dem Gemarkungsareal mit den Ortsteilen Ober- und Niederschwörstadt, Niederdossenbach, Hollwangen und Eich-

bühl deuten an, daß gerade dieser Teil des Hochrheintals früh besiedelt worden war und daß auch während der alemannischen Landnahme hier Menschen wohnten. Wenn erst im 13. Jahrhundert Aufzeichnungen von ‹Swercstatt› vorliegen, so deshalb, weil im Säckinger Stift durch Brände vieles verloren ging und über die vorausgegangenen rechtlichen Verhältnisse nichts ermittelt werden kann. Vermutlich zählte Oberschwörstadt – erst 1925 mit der bis dahin selbständigen Gemeinde Niederschwörstadt zusammengeschlossen – zur Grundherrschaft Säckingen. Um 1300 erschienen die Herren von Wieladingen als Dorfherren, von denen später auch einer als Dorfpfarrer auftritt. Die Vogtei über Niederschwörstadt aber war bis ins 17. Jahrhundert Eigentum der Truchsesse von Rheinfelden. Dagegen gehörte Niederdossenbach zu den Gütern der Markgrafen von Hachberg-Rötteln. Später gelang es den Freiherren von Schönau, das Großmeieramt des Säckinger Stifts zu übernehmen, mit dem beträchtliche Einkünfte verbunden waren. Die 1668 von Kaiser Leopold in den erblichen Freiherrenstand erhobenen Schönauer hatten das Großmeieramt denn auch bis zur Aufhebung des Säckinger Stifts inne. Ihnen gehörten Schloß und Herrschaft Wehr, die Herrschaften in Wegenstetten, Öschgen, Obersäckingen und Rippolingen, bis 1682 der Besitz unter vier Söhne des Geschlechts aufgeteilt wurde. Die alte Schwörstadter Burg ist 1445 von Baslern und Bernern zerstört worden, als die Eidgenossen mit Österreich Krieg führten und die Schönauer als treue Gefolgsmänner auf der Seite der Habsburger standen. 1797 wurde die Burg durch Feuer vernichtet, 40 Jahre später aber in klassizistischem Stil wieder aufgebaut. Das alte gute Verhältnis zwischen Grundherrschaft und der Bevölkerung blieb bis zur Gegenwart bestehen. Die Gemeinde führt denn auch das Schönauer Wappen im Gemeindesiegel.

Die Gebietsreform zu Beginn der siebziger Jahre erweiterte durch die Eingemeindung von Dossenbach die Grundfläche der Gemeinde beträchtlich. Sie verschob auch die Proportionen der Religionsgemeinschaften, denn Dossenbach, ehemals zur Markgrafschaft zählend, war durchweg reformiert, Schwörstadt, bis 1806 vorderösterreichisch, katholisch. Eingemeindung und Integration boten keine Schwierigkeiten. Geändert hat sich aber der Gesamtcharakter des Dorfes, denn heute ist der größte Teil der ehemals in der Landwirtschaft tätigen Dorfbewohner in der benachbarten Industrie tätig. Bereits der Eisenbahnbau um die Mitte des vorigen Jahrhunderts hatte wirtschaftliche Veränderungen gebracht. Den Umschwung aber vollzog die Errichtung des Kraftwerks Riburg-Schwörstadt Ausgang der zwanziger Jahre.

185

Markgräfler Lied

Do wo der Rhy go Norde zieht
By Basel an de Brucke,
Do lyt e Land im dütsche Biet
Gar schön in alle Stucke:
Im Blaue zue ne sunnig Rebland
Im Wiesedhal e raugig Webland
E Lebland voller Obs un Wy
E schöner Ländli fundsch nit gly:
's Markgrefler Land am Rhy!

Im Land inn wohne rächti Lüt
En alde dütsche Landschlag!
Sie förche Gott un schüüche nüt
Es gilt: e Wort e Handschlag!
Wo Riich und Arm no Kamerad isch
Mit Lyb und Seel durane badisch
So simmer gsi so wemmer sy
Stand uf, dhue Bscheid, un blyb derby:
Markgrefler Volch am Rhy!

In dene Lüte steckt e Gmüet,
Ewenig waich am Cherne,
In schöne Liedere obsi zieht
E Haimweh zue de Stärne,
Do waiht vom Himmel her en Oode
Un huucht an liebe Gottsärdbode
Er wellt im Rhy un wahlt im Wy
Do stimmt aim aa un nimmt aim ii:
d Markgrefler Seel am Rhy!
Hermann Burte

Steinen

Steinen liegt im vordern Wiesental auf der rechten Seite der ‹Wiese›, die dem ganzen Tal den Namen gab. Das Dorf bildete früher mit den Orten Höllstein, Hüsingen und Hägelberg eine Vogtei, die als Verwaltungsgebiet bis ins 14. Jahrhundert zurückreicht. Noch heute sind diese vier Dörfer zu einer Pfarrgemeinde vereint. Steinen zählt 4450 Einwohner und umfaßt eine Gemarkung von mehr als 594 Hektaren. Nach den aufgefundenen Plattengräbern zu schließen, dürfte Steinen eine alemannische Siedlung gewesen sein. Es wird 1113 erstmals urkundlich erwähnt, und seine Steingruben wurden nach dem Großen Erdbeben von 1356 von Basler Steinmetzen ausgiebig zum Wiederaufbau des zerstörten Münsters abgebaut. Das Dorfwappen zeigt drei Steine über dem blauen Band der ‹Wiese›. Die Edelherren von Steinen, die im 12. Jahrhundert ihre Hochblüte hatten, bewohnten ursprünglich die Burg. Doch schon Anno 1278 ist nur noch von einer Ruine die Rede, die im Besitz der Herren von Rötteln war. Das von den Rotbergern später neuerbaute Schloß gelangte schließlich in das Eigentum des Klosters St. Blasien, das 1413 am Ort auch einen Dinghof errichtete. 1745 ließ der Markgraf von Baden das Schloß unter der Bürgerschaft des Dorfes versteigern. In den vergangenen Jahren ist das ‹Schlößle› von seinem derzeitigen Besitzer vorbildlich restauriert worden. Die wohl von den Edlen von Steinen gestiftete Dorfkirche ist wiederholt erneuert worden. So Anno 1741, als das Gotteshaus mit einer spätgotischen Sakristei ausgestattet wurde.

Eine wertvolle Verbindung mit Basel brachte im 19. Jahrhundert die Einführung der Textilindustrie, die schon 1835 feste Formen erhielt. Der Basler Oberst Wilhelm Geigy-Lichtenhahn gab diesem Werk ein sicheres Fundament und einen ausbaufähigen Rahmen. Er war auch Initiator und Mitgründer der Wiesentalbahn Anno 1859. Zwei Söhne des Dorfes kamen wegen ihrer künstlerischen Leistungen zu hohem Ansehen: der Kunstmaler und Porträtist Ernst Hänßler (1848–1913) und der Landschaftsmaler Professor Hans Adolf Bühler (1877–1951). Nach dem Zweiten Weltkrieg entstanden in Steinen neue Siedlungen und damit auch neue Möglichkeiten für den Ausbau des Schulwesens. Heute stehen in Steinen ein kleines Bildungszentrum für sieben Ortschaften, ein Schwimmbad und eine moderne Sporthalle. Seit 1975 bilden die Ortschaften Höllstein, Hüsingen, Hägelberg,

Weitenau, Schlächtenhaus-Hofen und Endenburg die politische Gemeinde Steinen mit über 8000 Einwohnern. Seit 1602 ist Steinen bekannter Marktflecken mit Vieh- und Warenmärkten und Handelsplatz für landwirtschaftliche Erzeugnisse.

186 Das ehemalige Vogteihaus, um 1900

Mit seiner schwungvoll angelegten Freitreppe gehörte das 1756 erbaute Vogteihaus bis zum 16. Dezember 1944, als ein kriegerischer Angriff es zerstörte, zum markantesten Gebäude im Dorfbild. Maienwirt, Waisenrichter, Kirchenzensor und Vogt Ernst Friedrich Kramer war sein erster Bewohner. Später bezog Vogt und Landtagsabgeordneter Johann Michael Scheffelt den Amtssitz. Der mißglückte Aufstand von 1849 aber trieb den Sympathisanten der Revolution zur Flucht nach Amerika. Und seine Familie mußte das Vogteihaus schließlich 1854 der Gemeinde verkaufen, die es als Rathaus, Schule und Lehrerwohnung verwendete. – Photo Höflinger.

187   Steinen, um 1850

Das Aquarell von M. Morat zeigt links im Bild «den flecken Stein, dessen rechter ainiger herr und inhaber herr Carl marggrave zu Baden und Hachberg ist, aber die kirch und der kirchensatz uber die kirchen, deßgleichen die oberkait und vogtey uber derselben güetter und gefeel, der herrschaft Röttelin allein gehört» (1571). Rechts im Bild die 1835 erbaute obere Fabrik und das herrschaftliche Wohnhaus der Basler Industriellen Geigy. «W. Geigy & Comp., in Steinen seit 1834. Mechanische Spinnereien mit 27 000 Spindeln; mechanische Weberei mit 600 Webstühlen; Wasser- und Dampfkraft; Gasbeleuchtung; Arbeiterwohnungen.»

188   Markgräfler Gesangsfest in Steinen, 1891

Am 5. Juli 1891 «fand in Steinen im Wiesenthal das Gesangfest des Obermarkgräfler Sängerbundes statt, verbunden mit der Feier des 50jährigen Jubiläums des Bürgergesangvereins Steinen. Von Basel betheiligten sich hiebei der Deutsche Liederkranz, der Gesangverein Germania und der Männerchor Eintracht; von Kleinhüningen der dortige Männerchor. Wir freuen uns, konstatiren zu können, daß die Basler Vereine ganz vortrefflich gesungen und viel zum Gelingen des Tages beigetragen haben; sie wurden auch alle drei mit dem wohlverdienten Lorbeer geschmückt. Namentlich war es der Deutsche Liederkranz, der durch den Vortrag seines Liedes ‹Das Herz am Rhein› dem Zuhörer

wirklichen Genuß bot. Herrliches Stimmaterial, gute Aussprache und tadellose Reinheit, vor Allem aber der warme Vortrag, der so recht von Herzen kam und zu Herzen drang, machte das Lied zur unbestrittenen Perle des Tages. Das Preisgericht sprach dem Deutschen Liederkranz Basel denn auch den 1. Preis zu. Unsere Gratulation!» Der sonntägliche Festzug durch das Dorf zeigt eine Gruppe schmucker Markgräflerinnen, im Hintergrund das Rathaus.

Die Häfnet-Jungfrau

In dem Schlößlein zu Steinen wohnten vor Zeiten die Zwingherren der Gegend. Die Tochter eines von ihnen war so hoffärtig, daß sie nicht auf der bloßen Erde in die Kirche gehen wollte und darum sich stets vom Schlößlein bis zum Kirchhof, ja über denselben bis zum Gotteshaus einen Dielenweg legen ließ, der mit Tuch oder Taffet bedeckt werden mußte. Als sie gestorben und beerdigt war, stand der Sarg in der nächsten Frühe außen an der Kirchhofmauer, und eben so die zwei folgenden Morgen, nachdem er jedesmal wieder auf dem Gottesacker eingegraben worden war. Auf dieses lud man den Sarg auf einen zweiräderigen Wagen, spannte an letztern zwei junge, schwarze Stiere, welche noch kein Joch getragen, und ließ sie laufen, wohin sie wollten. Stracks gingen sie auf den Häfnetbuck, wo sie, im unwegsamen Wald, an einer Quelle stehen blieben. Hier nun verscharrte man den Sarg, wo er auch im Boden blieb; das Fräulein aber geht daselbst um, und die Quelle heißt wegen ihr der Jungfernbrunnen. Bei Sonnenaufgang wäscht und kämmt sie sich daran; aber auch Vorübergehende, die schmutzig und ungestrehlt waren, hat sie schon in dem Brunnen gewaltsam gereinigt und mit derben Strichen gekämmt. Beim Schlößlein zeigt sie sich ebenfalls und pflegt dort im Bach ihr Weißzeug zu waschen. (1859)

Volksreim

Mueter gang koch!	's lütet z Mittag,
Schnitz un Speck,	z Steine im Hag,
Gang mer weg!	z Schopfe im Loch.

189 An der Straße nach Hägelberg, um 1900

Das Dorf «hat in 152 Familien und 78 Häusern 572 evang. und 365 kathol. Einw., liegt an der Wiese, und hat eine Baumwollespinnerei und Weberei mit 400 Arbeitern, eine Baumwolleweberei mit 110 Arbeitern, 2 Mühlen mit Hanfreibe und Oelmühle. Seine Bewohner, welche ziemlich wohlhabend sind, leben von Feld-, Wiesenbau, Viehzucht und Handwerken; es sind hier 4 Weinwirthschaften.» (1843) – Photo Höflinger.

Stetten

Vereinzelte Funde aus der Ur- und Frühgeschichte auf dem ehemaligen Gebiet der Stettener Gemarkung zeigen im Zusammenhang mit entsprechenden Belegen aus den Nachbargemeinden Riehen, Lörrach und Inzlingen, daß das vordere Wiesental schon früh von Menschen besiedelt wurde. Der Alemannenfriedhof an der Riehenstraße mit seinen rund 50 Gräbern deutet mit erster Gewißheit auf eine Siedlung in der zweiten Hälfte des 7. Jahrhunderts. Nur hundert Jahre später (763) datiert der älteste schriftliche Beleg aus einer Schenkungsurkunde (‹Stettheim›). Schon im 12. Jahrhundert besaßen die Herren von Rötteln hier die hohe Gerichtsbarkeit. Alt müssen auch die grundherrlichen Rechte des Klosters Säckingen sein, das an verschiedene Angehörige des niederen Adels das Meieramt und die niedere Gerichtsbarkeit vergab. Im 14. Jahrhundert waren es zunächst die Herren von Stein (1340), dann die Herren von Grünenberg, Eptingen, Bärenfels, Münch, Wegenstetten und Ramstein, bis 1495 für längere Zeit die Herren von Schönau in den Lehensbesitz des Dorfes gelangten und auch das niedere Gericht bis 1722 ausübten. Von den letzteren stammt das Schlößchen, ein ehemaliges Weiherschloß, das am Eingang das herrschaftliche Wappen und die Jahreszahl 1666 aufweist.

Als vorderösterreichisches Gebiet nahm Stetten in Rechtsangelegenheiten eine merkwürdige Stellung ein, nachdem es schon früh dem Hochgericht der Herren von Rötteln bzw. den Markgrafen unterstellt war. Kein Wunder, daß es immer wieder Streit um die landeshoheitlichen Ansprüche gab, die eigentlich erst 1806 mit der Auflösung des habsburgischen Besitzes am Rhein und der Bildung des Großherzogtums Baden aufhörten. Mit dem 19. Jahrhundert begann durch die Nachbarschaft zu Lörrach auch für Stetten die Zeit der Industrialisierung. Das zunächst weitab von der Straße nach Basel gelegene Bauerndorf orientierte sich immer mehr nach der großen Verkehrsverbindung und, mit seinen Mühlen und einem Hammerwerk, an den nicht weit davon gelegenen Kanal als der einzigen damaligen Energiequelle. Die Zunahme der Bevölkerung machte 1821 den heutigen Kirchenneubau im Weinbrennerstil notwendig. Auch eine Schule war nach einem Dekret der Maria Theresia von 1774 we-

nig später errichtet worden. 1857 begann die Firma Koechlin-Baumgartner in Lörrach an der Gemarkungsgrenze auf Stettener Gebiet Arbeiterwohnungen zu bauen. Da diese nur von Lörrach aus versorgt werden konnten, kam es zu langwierigen Verhandlungen zwischen Lörrach und Stetten und führte schließlich zur Vereinigung der beiden Gemeinden 1908. Damit erhielt die Stadt Lörrach beiderseits der Bahnlinie eine neue Ausdehnungsmöglichkeit nach Süden. Heute ist das Gebiet zwischen den beiden Ortsteilen völlig überbaut. Vor allem seit 1950 sind im Neumattgebiet und auf dem einstigen Allmendland Salzert praktisch eigene Ortsteile mit allen dazugehörenden Einrichtungen entstanden. Allein auf dem Salzert haben in den letzten zehn Jahren über 2000 Menschen Wohnungen gefunden. Das einstige Überschwemmungsgebiet der Wiese beiderseits der Weiler Straße ist für die Ansiedlung weiterer Fabriken vorgesehen. Hier stand am Gewerbekanal auch die Mühle des Hans Jörg Weber, des Urgroßvaters von Karl Maria von Weber und der Konstanze Weber, der späteren Gemahlin von Wolfgang Amadeus Mozart.

190   **Die Kirche St. Fridolin, um 1905**

Die Kirche St. Fridolin in Lörrach-Stetten wurde 1822 in klassizistischem Stil durch Schüler und Mitarbeiter des badischen Landesbaumeisters Friedrich Weinbrenner gebaut. Ihre Vorgängerin – ein gotischer Bau aus der zweiten Hälfte des 14. Jahrhunderts nach Art der bekannten Markgräfler Chorturmkirchen – war zu klein geworden und baufällig. Heute wie damals beherrscht die auf einer kleinen Anhöhe errichtete Kirche, trotz vielen baulichen Veränderungen in und um den alten Ortskern, das Bild des alten Stetten. Die im 19. Jahrhundert vorgenommenen stilwidrigen Veränderungen im Außenbereich der Kirche wie im Innern

wurden durch eine gründliche Renovation 1974 wieder in den ursprünglichen klassizistischen Zustand versetzt. Eine wertvolle Innenausstattung mit Bildern, Skulpturen und Stuckarbeiten ließen St. Fridolin zu einem kunstgeschichtlichen Kleinod der Stadt Lörrach werden. – Photo Höflinger.

191   **Das Pfarrhaus, um 1905**

Bis zum Bau der Fridolinschule im Jahre 1927 war das Pfarrhaus mit seinem steilen Walmdach eines der mächtigsten Gebäude in Stetten. Es wurde 1758 gebaut, weil es das baufällige Pfarrhaus von 1652 zu ersetzen galt. Die Schaffnei Basel war damals zu

²/₃ baupflichtig und mußte auf Drängen des Oberamts Säckingen die notwendigen Mittel bereitstellen. Im Erdgeschoß waren Stallungen, Futtergänge, Zehntenkeller und Trotte untergebracht. 16 Geistliche haben inzwischen in diesem Haus, das zu den wenigen repräsentativen Barockbauten der Stadt zählt, ihr geachtetes Amt ausgeübt. – Photo Höflinger.

192   Das Dorf, um 1910

Noch liegt Stetten, eingebettet in unüberbaute Rebhänge, Obstgärten, Felder und Wiesen, nicht in direktem Kontakt mit Lörrach. Rechts hinter dem Haufendorf erhebt sich der Leuselhard am Abhang des Schädelberges mit dem einstigen Schützenhaus, das vor einem Jahrzehnt abgebrochen werden mußte. – Photo Höflinger.

193   Am Grenzübergang, um 1915

Die Grenze zwischen Deutschland und der Schweiz stand zu Kriegszeiten unter besonderer Bewachung. Trotzdem vermittelt das Situationsbild von damals einen gleichsam gemütlichen Eindruck, wurde der spärliche Durchgangsverkehr doch nur von wenigen Beamten geregelt. Wirtschaftlich und politisch erlangte der Grenzübergang erst 1834 Bedeutung, als durch den Deutschen Zollverein die problemlosen Beziehungen zwischen Basel und seinem Markgräfler Hinterland durch gesetzliche Erlasse erschwert wurden. Dies führte u. a. zum hektischen industriellen Aufschwung Lörrachs, indem besonders schweizerische und französische Niederlassungen jenseits der Grenze errichtet wurden. – Photo Höflinger.

194   Das Zollstübli, um 1910

Als um die Jahrhundertwende der Verkehr am Grenzübergang Stetten–Riehen immer größere Ausmaße annahm, ließ der Basler Johann Fryberg das ‹wehrhafte› Zollstübli erbauen. Die Wirtschaft wurde denn auch in erster Linie von Zollbeamten und Durchreisenden besucht und hatte deshalb während der jahrelangen Grenzschließungen hart zu leiden. – Photo Höflinger.

Geflügeltes Wort

Ein geflügeltes Wort aus alter Zeit findet sich in einem Lörracher Zeugenverhör aus dem Jahre 1443. Die Herren von Ramstein machten damals dem Markgrafen von Hachberg die Hochgerichte und Wildbänne in dem Dorf Stetten bei Lörrach streitig. Im Namen des Markgrafen ließ der Junker Jerg von Tegernau vor dem Hofschreiber des Bischofs von Basel alte Leute aus den Dörfern Lörrach, Brombach und Hauingen in Lörrach vernehmen, welche die Rechtsansprüche der Markgrafen von Hachberg bezeugen sollten. Der 80jährige Clevin (Kleophas) Ofenhüslin von Lörrach sagte dabei aus, vor 60 Jahren, also zwischen 1380 und 90, habe ein Dieb in Stetten Hausrat gestohlen «und wurde der Diep gefangen und gen Schwerstat gefurt durch den alten Hurus, der dazumal Stetten innehielt. Da brachte Sie (die Stettener Herrschaft) Herr Markgraff Rudolph seliger gedachtnus [da] zu, das Si der Diep widerum in das Dorf gen Stetten fuhren mustend in das Gericht und daselbs rich-

ten, einer (ein Richter) hieß Jungh (Junker) Oswald Pfirter, oberster Vogt der Herrschaft Rötelen und wurde auch der Diep gehenkt zu Klein Hüningen an den Galgen.» Als der Dieb nun eine Zeitlang dort hing, lief sein Weib, das, was man heute im Markgräflerland eine ‹Duube› oder ‹Daide› nennt, gewesen sein muß, zum Galgen und redete ihren gehenkten Eheliebsten vorwurfsvoll an: «Henselin, soltu disen Summer hie hangen, wie will mich dan den Winter began?» (Hänslein, wenn du diesen Sommer über hier hängen sollst, wie will ich mich dann im Winter ernähren?) «Und wurde ein gemein Sprichwort darus», fügt der Zeuge Ofenhüslin bei, also ein geflügeltes Wort, wohl das älteste, das sich im Markgräflerland wird nachweisen lassen. – Karl Herbster.

Tannenkirch

Im Jahre 1179 sind Ort und Kirche ‹Tannenchilche› urkundlich erstmals genannt. Funde beweisen, daß die Geschichte der Siedlung jedoch weiter zurückreicht. Die Gemeinde entwickelte sich aus vier ehemals selbständigen Ortschaften, von denen Gupf römischen Ursprungs ist und Ettingen wie Uttnach von Alemannen gegründet wurden, während Tannenkirch mit dem Bau einer Kirche inmitten eines Tannenhains durch missionierende Mönche um 600 bis 900 seine Geburtsstunde haben mußte. 1184 übte das Cluniazenserkloster St. Ulrich bei Freiburg das Patronat der Kirche aus. 1256 lag es in der Hand der Herren von Rötteln. Damals verkauften Luitold von Rötteln, Canonicus zu Basel, und seine Brüder Otto und Walter ihre im Bann und Dorf Tannenkirch gelegenen Besitzungen an Basler Bürger. Ausdrücklich ausgenommen von diesem Verkauf war das Patronat der Kirche. Als 1316 der letzte Herr von Rötteln, der Basler Bischof Luitold, gestorben war, ging das Patronatsrecht an die Markgrafen von Hachberg-Sausenberg. 1446 war es zu einem Streitfall zwischen dem Tannenkircher Pfarrherrn Vorster und der Stadt Basel gekommen.

195

In einer Basler Chronik wird darüber berichtet: «Samstag vor Weihnachten zog man gen Tannenkirch in der Herrschaft Rötteln, den Pfaffen daselbst, welcher der Stadt schmählich zugeredt, zu suchen. Er entrann wol, aber ihm ward all sein Hab genommen und zu Basel an offnem Markt verganntet.» In den Notzeiten des Dreißigjährigen Krieges und der Kriegszüge Ludwigs XIV. war Basel oft die Zufluchtsstätte vieler hiesiger Familien. In jenen Jahren wurden mehrere Tannenkircher Kinder auf der Flucht geboren bzw. in der Pfarrgemeinde St. Theodor in Basel getauft.

Auch Tannenkirch war ein reines Bauerndorf, doch hat sich in den letzten drei Jahrzehnten seine Struktur stark gewandelt. Im März 1974 hat die Gemeinde im Rahmen von Verwaltungsreformen ihre Selbständigkeit aufgegeben und wurde ein Stadtteil von Kandern.

195 Tannenkircher Dorfidyll, um 1910

Auf dem Kirchdach ist das Storchennest zu sehen, welches bis 1925 regelmäßig von einem Storchenpaar bezogen wurde. Anno 1368 umfaßte das «Kilchspel ze Tannenkirch die Dörfer Gupf, Ettiko, Utnagker und Hertikon», und ein Burckardus Vischer stand 1493 der Kirche vor.

196 Tannenkirch, um die letzte Jahrhundertwende

Von der vermutlich aus dem 12. Jahrhundert stammenden Kirche steht noch der markante Turm. Er enthält im Chorraum wertvolle Fresken aus der zweiten Hälfte des 15. Jahrhunderts, die im Zusammenhang mit dem Neubau des Kirchenschiffs 1972 fachgerecht restauriert worden sind. Das hochgiebelige Pfarrhaus – rechts von der Kirche – stellt einen geräumigen, massiven Bau aus dem Jahre 1615 dar. Besonders reizvoll ist die Lage von Tannenkirch am Fuße der rebbewachsenen und waldgekrönten ‹Hohen Schule› mit offenem, weitem Blick nach Süden, Osten und Westen. Davon beindruckt, schwärmte Dichter Hermann Burte: «Das Dorf Tannenkirch liegt als ein Juwel im Kerne des Markgräflerlandes, und sein Kirchturm krönt die einzig schöne Landschaft.»

197 Die Kaltenherberg, um 1960

In der Gemarkung Tannenkirch liegt das Hofgut Kaltenherberg. Bis zur Eröffnung der Eisenbahnlinie Freiburg–Basel befand sich hier eine bedeutende Poststation und Raststätte. In den großen Stallungen stan-

den oft über vierzig Pferde, denn die Vorspanndienste zur Überwindung des steilen ‹Schliengener Berges› wurden von hier aus geregelt wie auch der Pferdewechsel für die Weiterreise nach Basel. Im dazugehörenden Gasthaus ‹Zum Lamm› herrschte reger Betrieb: Fürsten und Feldherren bezogen im gastlichen Haus Quartier. Auch Johann Peter Hebel zählte oft zu den Gästen. Die Bedeutung als Poststation läßt sich aus Briefanschriften vergangener Zeiten ermessen, wie etwa: «Lörrach bei Kaltenherberg», «Candern bei Kaltenherberg, ohnweit Basel» u. ä. Heute ist das Gut im Besitz der Familie Richard Bayha und genießt besonders als Pferdezuchtstation einen bekannten Ruf.

198 Konfirmanden, um 1933

Die hübsche Tracht der Tannenkircher Mädchen von einst ist heute leider aus dem Dorfbild verschwunden: Auch hier hat sich die ‹neue Mode› durchgesetzt.

Tüllingen

Kaum ein Platz in der Basler Bucht nimmt eine so hervorragende Stellung ein wie jener, auf dem das Kirchlein von Tüllingen steht und einen weiten Blick von Basel bis zu den stolzen Gipfeln des Berner Oberlandes gewährt. Unvergleichlich dehnt sich das Panorama aller namhaften Gipfel des südlichen Schwarzwalds, vom Blauen bis zum Hotzenwald, wechselt zu den sanften Kuppen und Linien des Schweizer Jura und steigt, nach

dem Ausblick in die Burgundische Pforte, noch einmal steil zu den Höhen der Südvogesen. Ein solcher Standort auf dem letzten Ausläufer der Schwarzwaldvorberge zwingt geradezu zum Verweilen und sich der Vergangenheit bewußt zu werden, die über Jahrtausende die Landschaft und ihre Bewohner geprägt hat: Von jungsteinzeitlichen Streufunden abgesehen, tritt Tüllingen erst mit der zweiten Siedlungswelle der Alemannen im 7. Jahrhundert in das Rampenlicht der Geschichte. Dies belegt der 1173 noch bestehende Name ‹Tullinchovin›, also einer der vielen Orte mit der Endung ‹-hofen› oder ‹-inghofen›. Erst 1113 datiert die älteste bekannte Urkunde Tüllingens, als dem Kloster St. Blasien hier Güter und Höfe geschenkt wurden. Im Besitze von St. Blasien war bis zur Reformation von 1556 auch die Kirche von Tüllingen, deren frühester Bau auf Grund ihrer exponierten Lage eine Michaelskapelle gewesen sein könnte. Die schöne Legende um die Gefährtinnen der Heiligen Ursula – Odi-

199 Der ‹Maien› in Untertüllingen, um 1910

Das zweitälteste Gasthaus Tüllingens, die Wirtschaft ‹Zum Maien›, ist 1873 in Betrieb genommen worden, als Johann Rupp für sein bäuerliches Anwesen eine entsprechende Konzession erhalten hatte. Nachdem die Herberge beinahe hundert Jahre ihre Aufgabe erfüllt hatte, wurde sie 1968 umgebaut und nimmt weiterhin besonders gerne unternehmungslustige Basler Ausflügler auf. – Photo Höflinger.

Der Postkartenentwurf zeigt die Kirche von Obertüllingen mit Blick auf Riehen. Im Hintergrund der aufsteigende Dinkelberg, überragt vom Schweizer Jura mit dem Bötzberg. In der Ferne die leuchtenden Firne des Berner Oberlandes.

200

lia, Chrischona und Margarete – verlieh durch Jahrhunderte dem Kirchlein seinen besonderen Nimbus. St. Blasien verdanken wir auch das 1955 wiederentdeckte Heilige Grab mit den einmaligen Fresken der drei Frauen am Grabe Christi und der darüber befindlichen Darstellung der Mannalese. Vergleiche deuten auf den im 15. Jahrhundert in Basel arbeitenden Konrad Witz und weisen auf die besondere Stellung der Tüllinger Kirche hin, die gelegentlich auch als bedeutsamer Sitz des Dekanats im Wiesental genannt wird.

Politisch zählte Tüllingen seit je zur Herrschaft Rötteln und teilte mit ihr und den Markgrafen auf der nahen Burg die wechselvolle Geschichte der Ritter und Feudalherren. Der Weinbau – seit 1178 urkundlich belegt – war durch Jahrhunderte die Haupteinnahmequelle der

Bauern. Zwischen der Gunst der jeweiligen Lehensherren und der Laune des Wetters lag so der meist schwere Alltag der Tüllinger Rebbauern. In den Mittelpunkt der Markgräfler Geschichte trat Tüllingen 1702, als es zwischen Markgraf Ludwig von Baden, dem ‹Türkenlouis›, und dem französischen General Villars im Rahmen des Spanischen Erbfolgekrieges zu einem wechselvollen Gefecht im Käferholz kam. Nach beiderseitigen schweren Verlusten gelang es, die französischen Truppen wieder auf ihre Festung Hüningen zurückzudrängen. Tüllingen aber hatte völlig verwüstete Reben, zerstörte Häuser und das Elend zahlloser Verwundeter zu beklagen: «Der Schaden ist groß, daß er nicht mehr zu beschreiben ist», berichtet eine Chronik. In Erinnerung an jenen unseligen Tag wählte sich die Gemeinde 1902, anläßlich der Ein weihung des Denkmals für den ‹Türkenlouis› durch den Großherzog, als Ortswappen zwei gekreuzte goldene Schwerter auf blauem Grund.

Das 18. Jahrhundert bescherte Tüllingen einen friedlichen Wiederaufbau. Die Kirche wurde erweitert, eine Schule gebaut und eine feste Brücke über die Wiese als Verbindung nach Lörrach errichtet. Auch die Zeit der zahlreichen Grundherrschaften im Tüllinger Bann (St. Blasien, Säckingen, Arlesheim, Basel, Riehen, Stetten) ging zu Ende, bis der Zehnte 1832 endlich ganz abgeschafft wurde. Dank dem Fleiß der nie verzagenden Bauern konnte Landvogt Leutrum bald wieder von einem wohlbestellten und gesegneten Land um Tüllingen berichten. 1860 wurde durch Freiwillige das heutige Kinderheim Tüllingerhöhe gegründet, das seither im Dienste der pädagogischen Betreuung von über 60 Kindern steht und damit eine schon fast zwei Jahrhunderte alte Idee Johann Peter Hebels verwirklicht. Seit 1935 ist Tüllingen ein Ortsteil der Stadt Lörrach. Aus der 200köpfigen Bevölkerung des Dörfleins um 1700 hat sich ein Stadtteil mit 1300 Einwohnern gebildet. 1974 wieder in den Status einer Kirchgemeinde erhoben, hat Tüllingen mit seinem alten Ortskern und durch sein eigenständiges Vereinsleben auch im neuen Gemeinwesen seine Ursprünglichkeit zu bewahren gewußt.

---

201 «Tüllingen, vom Amtsorte Lörrach ¾ St. südwestlich entfernt, hat in 67 Häusern und 75 Familien 316 evang. und 9 kath. Einw., welche von Feld-, Weinbau und Viehzucht leben und wohlhabend sind. Das Dorf liegt sehr schön auf dem südöstlichen Abhange eines Berges, und bei der Kirche hat man eine herrliche Aussicht nach der Schweiz; hier ist ein Wirtshaus.» (1843) Federzeichnung von Anton Winterlin.

201

164

202 **Das Kirchlein, das Kinderheim und der Gasthof ‹Zur schönen Aussicht›, um 1910**

Am Fuße des rebenbestandenen ‹Schlipfs› die 1890 erbaute Eisenbahnlinie Leopoldshöhe–Stetten und der 865 Meter lange Tunnel Lörrach–Weil durch den Tüllinger Berg. – Photo Höflinger.

Volksreim

Düllige isch hoch obe,	Binze isch dr Lirichübel,
Wil isch ä Steibode,	Eimeldingen isch dr Deckel drüber,
Haltige isch ä schöni Stadt,	Märt, Märt, Märt,
Ötlige isch dr Bettelsack,	Isch kei fuuli Bohne wert.

Tumringen

Im Jahre 767 erscheint erstmals der Name Tumringens – ‹Tohtarinchova› – im Licht der Geschichte, als der fränkische Graf Ruthard an Abt Fulrad aus dem Elsaß einige Liegenschaften rund um den Tüllinger Berg verkaufte. Jungsteinzeitliche Lesefunde im Bereich der Lukke deuten indessen auf weit ältere Spuren im Zusammenhang mit den großen europäischen Völkerwanderungen im Rhein-Donau-Gebiet. Interessantes erfahren wir aus der Zeit, als die Klöster St-Denis und St. Gallen ihre Besitzrechte hier ausübten (8./9. Jh.) und sich die Vogtei Rötteln konstituierte (um 1000), der Tumringen, bis zu ihrer Auflösung 1788, angehörte. Zunehmender Einfluß der Herren von Rötteln (vermutlich seit 1100) ließen Tumringen eng mit der Burg und der Kirche Rötteln und ihren späteren Herrschaften von Hachberg-Sausenburg und Baden-Durlach verwachsen. Zunächst im Dienste des Klosters St. Gallen, übten die Ritter und Grafen bald die hohe Gerichtsbarkeit über das Land aus und brachten es schließlich ganz in ihren Besitz. Nicht weniger als 15 Klöster und geistliche Herren – vornehmlich aus Basel – und die Herren von Andlau, von Reichenstein und von Roggenbach waren während rund tausend Jahren ebenfalls im Bann Tumringen begütert und forderten von den Bauern ihre Rechte und Zinsen. Ständig ansteigende Abgaben und Frondienste veranlaßten die Tumringer Bauern 1525, ernsthafte Opposition anzumelden. Aber der Markgraf war klug genug, einen für alle günstigen Kompromiß zu schließen, so daß es nicht zu größeren Ausschreitungen kam. Die Reformation von 1556, so sehr sie in das persönliche Leben des einzelnen eingriff, war mehr Sache der Gelehrten und Fürsten, denn auch in Glaubensdingen hatte man sich der Obrigkeit zu fügen. Die Folgen des Dreißigjährigen Krieges hatten allerdings die Bauern in ihrer ganzen Not selbst zu tragen. Auch die Zeit der nachfolgenden Erbstreitigkeiten der europäischen Fürstenhäuser Ende des 17. Jahrhunderts war für Tumringen zu einer Existenzfrage geworden, ging doch 1678 die Burg Rötteln in Flammen auf, auch wurden fast gleichzeitig zwei Drittel des Dorfes mutwillig zerstört. Erst nach dem Gefecht auf dem Käferholz (1702) zwischen dem ‹Türkenlouis› und dem französischen General Villars folgten friedlichere Zeiten, die vor allem unter der Herrschaft von Carl Friedrich für die Stellung der Gemeinde entscheidende Veränderungen brachten. Auf Begehren Tumringens, Haagens und Hauingens wurde die alte Vogtei Rötteln aufgelöst. 1935 ließ sich das seit 1788 selbständige Dorf nach Lörrach eingemeinden.
Die Zeit der Napoleonischen Kriege und der Revolution von 1848 erlebte Tumringen, wie andere kriegerische Ereignisse, lediglich im Rahmen durchziehender oder einquartierter Truppen. Einschneidend waren jedoch die veränderten politischen und wirtschaftlichen Verhältnisse für die Tumringer Bauern. Seit 1745 lag Tumringen an der Poststrecke Basel–Karlsruhe. 1837 wurde der letz-

te Zehnten abgeliefert. Der Markt von Basel aber blieb schon seit dem Anschluß Badens an den Deutschen Zollverein (1834) für die Tumringer geschlossen. Mit der Wiesekorrektur um 1880 verschwand mit den Hochwassergefahren auch das jahrhundertealte Bild der Flößerei und der Fischweid. Neben dem Rebbau verlor im Laufe der letzten hundert Jahre ebenso die Landwirtschaft mehr und mehr an Bedeutung, zogen doch seit 1850 Industrie und Gewerbe immer mehr Arbeitskräfte in ihren Bann. Von 66 landwirtschaftlichen Betrieben im Jahre 1905 sind nur wenige übriggeblieben. Trotz dem alten Dorfkern mit seinen schönen Brunnen und Häusern hat sich Tumringen zu einer großen Wohnsiedlung der Stadt Lörrach entwickelt. Die Bevölkerung von 219 Einwohnern Anno 1715 ist inzwischen auf über 2000 angewachsen. Im alten Gemarkungsbereich liegen nun die großen Sportanlagen der Stadt, und die im Bau befindlichen Straßen rund um Tumringen erheben es zur großen Drehscheibe zwischen dem Oberrhein, dem Kander- und Wiesental und dem Hochrhein.

203 Rötteler Chilft und Ruine, um 1820

Die Zeichnung Christian Meichelts vermittelt das Landschaftsbild Röttelns in der ersten Hälfte des 19. Jahrhunderts. Ein Markgräfler Paar in zeitgenössischer Tracht begegnet sich wohl auf dem Weg zwischen Tumringen und Rötteln, während sich Planwagen und Kutsche auf der alten Poststraße von Lörrach zur Kalten Herberge bewegen. Auf einem ins Tal vorspringenden Geländesporn beherrschen die Grabkirche der Herren von Rötteln und das Pfarrhaus die Szenerie.

204 Die Brauerei ‹Zum Mättle›, um 1905

1848 auf einem schön gelegenen Mattengrundstück erbaut, erhielt die Bierbrauerei des Johannes Brunner 1864 eine Wirtekonzession, die den Umsatz des geschätzten hauseigenem Produktes wesentlich steigerte. 1959 wurde der Betrieb des Gasthauses, als dessen prominentester Gast Bundespräsident Theodor Heuß zählte, eingestellt. – Photo Höflinger.

205 «Thumringen, vom Amtsorte Lörrach ½ St. nördlich entfernt, hat in 59 Häusern und 81 Familien 358 evang. und 23 kath., mit Rötteln 419 Einw., welche von Feld-, Wiesen-, Weinbau, Obst- und Viehzucht leben, und ziemlich wohlhabend sind; es sind hier 2 Wirtshäuser.» (1843)

206 Am Eisweiher, um 1930

Bis zum allgemeinen Gebrauch von Eismaschinen und Kühlschränken wurden die Matten bei Tumringen vom Gewerbekanal überflutet und das Wasser während kalter Winter zu Eis gefroren. Dieses wurde dann bei entsprechender Stärke mit Spezialwerkzeugen gebrochen und in die großen Eiskeller der Brauereien Lassen (1850) und Reitter (1878) geführt. Ehe das Eis gebrochen wurde, benutzte die Jugend die Eisweiher ausgiebig als ideale Schlittschuhbahnen.

208 Der Flugplatz, 1921

Nur ein kurzfristiges Dasein war dem Tumringer Flugplatz beschieden: Am 7. November 1920 mit einer Flughalle für den Flugpostbetrieb Frankfurt a. M.– Tumringen an der Wiese in Betrieb genommen, verfügte am 1. Juli 1921 die Abrüstungskommission die sofortige Zerstörung der hier stationierten drei Flugzeuge, weil gemäß dem Vertrag von Versaille Deutschland keine Flugzeuge unterhalten durfte. Und so mußte, nach einem letzten Flug nach Friedrichshafen und einer Ehrenrunde mit schwarzem Trauerflor über den Flugplatz, mit Eisenhämmern das Zerstörungswerk vollzogen werden! Unzählige Schaulustige verfolgten fassungslos den unabänderlichen Untergang der Tumringer Aviatik: Ein mit grenzenlosem Optimismus und großem finanziellen Aufwand gestartetes Unternehmen hatte damit völlig unerwartet ein vorzeitiges Ende gefunden.

207 Das Rathaus, um 1910

Bis 1872 hatte der Bürgermeister von Tumringen seine Amtsgeschäfte in seinem eigenen Haus zu erledigen. Erst die Notwendigkeit eines Schulgebäudes führte zum Bau eines Gemeindezentrums, in welchem auch ein ‹Rathaus› Platz fand. Der aufwendige Baustil unterstreicht den amtlichen Charakter des Hauses in der rein bäuerlichen Umgebung. Mit der Eingemeindung Tumrigens nach Lörrach verlor das Rathaus 1935 seine Bedeutung und wurde für andere Zwecke, wie für eine Postzweigstelle, nutzbar gemacht. Das Glockentürmchen, dessen Inhalt während des Zweiten Weltkrieges eingeschmolzen wurde, ist inzwischen verschwunden. Auf dem Platz bei der hohen Fichte ist 1929 ein Ehrenmal errichtet worden. Die Durchgangsstraße diente bis um die Mitte des 19. Jahrhunderts dem Postkutschenverkehr Basel–Kalte Herberge–Müllheim. – Photo Höflinger.

Vom Singen ums Würstli

Gueten Obe, Gott segn’ ich eui Gobe,
Gott segn’ ich euer Essen un Trinke,
’s Säuli tuet ich nümme hinke,
’s Säuli het e lange Mage,
Gent mer, was ich cha ertrage,
’s Säuli het e dicke Hals,
Gent mer d’Site un ’s Ung’schlächt all’s.
’s Säuli het e chrumm Bei,
Gent mer e Wurscht, so chan i hei,
Gent mer e kei so chleini,
Gent mer zwei für eini,
Stieget ufe bis an First,
Schnidet abe Speck un Würscht.

Süüli, Süüli, Chrummbei,
Gent mer e Wurscht, so chumm i hei,
’s Süüli het zwei chrummi Bei,
Essets doch nit ganz ellei!
’s Süüli het e lange Burscht,
Gent mer au e Leberwurscht,
Gent mer vo de Niere,
Lönt mi nit verfriere.
’s Süüli het zwei langi Ohre,
Lönt mi doch nit ganz ungschore,
Schenket mer au e Gläsli Wi,
Daß mer chönne luschtig si!

Vögisheim

Das 420 Einwohner zählende Dorf Vögisheim ist vor einigen Jahren zur Stadt Müllheim gekommen. Vom Mieding aus, dem Berg zwischen Vögisheim und Auggen, bietet sich ein besonders schöner Blick über das alte Weindorf mit 25 Hektar Reben. Uralte Beziehungen vom Markgräflerland zur Schweiz sind immer wieder festzustellen. So geht aus einer Urkunde vom Jahre 1395 hervor, daß das Kloster Klingental zu Basel in Vögisheim ein Hofgut besaß, wie auch das Kloster Sankt Trudpert. Klingental verkaufte 1522 seinen Anteil an Gütern und Zinsen an den Vogt und die Geschworenen (Gemeinderäte) des Dorfes Vögisheim um vierzig Gulden. Ein Schweizer namens Portmann kaufte die Ziegelei im Dorf, die dann im letzten Jahrhundert eingegangen ist. Von dem zu Vögisheim gehörenden Örtchen Zizingen wird schon 820 gesagt, daß dort ein Klosterhof liege. Lange Zeit war das Dorf durch einen Bach getrennt. Der größere Ortsteil, ‹unter dem Bach›, zählte zur Herrschaft Badenweiler und hatte einen eigenen Vogt, kam aber nach 1648 zur Vogtei Müllheim. Der östliche kleinere Ortsteil, ‹ob dem Bach›, gehörte zur Herrschaft Sausenberg unter der Vogtei Feldberg, bis 1748 beide Teile zu einer Vogtei zusammengefaßt wurden. Die Mutterpfarrei aber blieb bis 1899 Auggen; seither ist sie der evangelischen Kirchgemeinde von Müllheim angegliedert.

Um das Jahr 1850 lebte in Vögisheim der Scharfrichter und Wasenmeister Georg Adolf Frank, der im damaligen Amtsbezirk Müllheim, wie auch im Amt Schopfheim diesen Dienst zu versehen hatte. Lange erzählte man von ihm, daß er mehr gekonnt habe als Brot essen. Frank hatte von einem Verwandten, Heidenreich von Hagen im Wiesental, der den Scharfrichterdienst als herrschaftliches Erblehen besaß, dieses Amt vererbt bekommen. Auf seinem Richtschwert stand der Spruch: «Wer sich übt in Tugend wohl, das Richtschwert ihn nicht treffen soll!» Kulturell bereichert der 110jährige Gesangverein die enge Vögisheimer Dorfgemeinschaft. Die Gemeindeverwaltung hat in den letzten Jahrzehnten beachtliche Aufbauarbeit geleistet und auch das nun bereits dichtbesiedelte Neubaugebiet erschlossen. Neben diesen Fortschritten ist das Dorf aber auch alten schönen Bräuchen treu geblieben.

209　Der Umgang des Hisgirs, um 1965

Der Hisgir, ein ‹Hutzel-Ungeheuer›, dessen Name von getrockneten Birnen, den Hutzeln, kommt, die er einst beim Umzug geschenkt bekam, ist heute nur noch in wenigen Dörfern anzutreffen. So in Vögisheim am Sonntag Lätare, am ‹Ladäri-Sunntig›, drei Wochen vor Ostern. Der Hisgir, der den Winter darstellt, ist an Körper, Armen und Beinen rundherum in lange Strohzöpfe eingenäht. Nirgends mehr wird diese Hülle so sorgfältig angefertigt wie in Vögisheim. Nach dem mühseligen Einnähen wird dem Hisgir ein Schwanz am Rücken hochgebunden, an dessen Ende eine Schelle befestigt ist. Auch hat er zwei Schellengurte umgehängt, einen Tschako mit einem Busch auf dem Kopf, eine Larve vor dem Gesicht und einen langen Säbel in der Hand, mit dem er die Mädchen in die Flucht schlägt. Die Symbolisierung als ‹Winter› gibt ihm das Recht dazu. Wer sich unter dem Kleid des Hisgirs verbirgt, ist geheim. Wird der Name des Trägers trotzdem ausgeplaudert, dann setzt es für den Verräter Prügel ab, und er wird von der Gesellschaft ausgeschlossen! Diese Gesellschaft um den ‹Hutz-Ghür›, wie der Dämon in der Umgebung Basels genannt wurde, besteht aus rund 30 Buben bis zum dreizehnten Lebensjahr, den sogenannten Kommandobuben, die alle mit dem Hisgir im Dorf umziehen. Die Kommandobuben haben das Recht, den Träger des Hisgirs zu erwählen. Beim Umgang sind sie mit Körben und Säckchen für Eier, Mehl, Zucker, Speck und Butter ausgerüstet, werden sie doch nach dem Vortrag ihres altüberlieferten Liedes vor jedem Haus mit Gaben beschenkt: «Hüt isch Mitti, Mitti Faschte, mer müen im Hisgir Chüechli bache. Der Hisgir isch e völlige Narr, er möcht gern Eier-in-Anke ha. Me hört der Löffel gaare, me soll ehm Anke schaare. Me hört das Messer giire, me soll ehm Speck abschniide. Me hört das Fäßli rumple: Der Hisgir soll ufgumpe!» Nach diesem eintönigen Gesang hüpft der Hisgir dreimal hoch. Dann aber drohen seine Mitstreiter im Chor: «Wenn Ehr üs aber nüt wänn gee, soll Üch der Hisgir d'Hüehner neh! Holzschlegel übers Hus, der Hisgir hockt im Hüehnerhus!» Darauf füllen die Kinder mit den erhaltenen Gaben ihre Körbe und Säckchen. Von den Gaben backen dann die Mütter Fasnachtsküchlein, von welchen die kleineren Buben zuerst bekommen. Den größeren wird aber noch ein ‹Eier-in-Anke› zum Schmaus vorgesetzt. Und so vergeht der fröhliche Tag mit Küchlein essen, Sprudel trinken, Lieder singen, lustigen Verslein aufsagen, spontanen Neckereien und allerlei Kinderspielen. – Photo Chr. Frenzel.

170

Die Auffahrtsbräute, um 1950

Tag zieht auch die ‹Uuffertbrut›, eine Himmelfahrtsbraut, Maienbraut oder Maikönigin, mit ihrem Gefolge von Haus zu Haus. Da und dort tritt sie mit dem ‹Bräutigam› auf oder mit einer zweiten Braut. Die Braut zu sehen galt einst den Frauen und Müttern als segenbringend zur Erfüllung heimlicher Wünsche. Aber auch für die kommende Erntezeit, wie das paarweise Auftreten auf das ewigjunge Leben hinweisen will. Beide Bräute in Vögisheim sind schneeweiß gekleidet, ihr Gesicht ist tief verschleiert, und sie tragen schöne Blumensträuße in den Händen. Das Besondere sind jedoch die einfarbigen breiten Bänder, die vom Rockbund abwärts fallen. Es sind ‹Bänderbräute›, wie sie einst ins Banat gekommen und hier sonst nicht mehr anzutreffen sind. Beim Umzug folgen alle Mädchen unter vierzehn Jahren den beiden ‹Uuffertbrütli›. Die größeren tragen ebenfalls, wie beim Hisgirumzug, Körbchen und Säckchen für die Gaben mit sich, die sie überall erhalten, nachdem sie ihren alten Spruch ausgerufen haben: «Gueten Obe! gen üs au öbis z Obe! Mer hän scho sider acht Tage nüt meh gha im Mage! Jetz müe-mer halt go bettle vu Hus zue Hus mit Chrätte!» Nachdem sie Gaben erhalten haben, sagen sie den Dank: «Jetz müe-mer üs bedanke für Eier, Mehl un Anke!» Vor allem bekommen sie Eier, doch auch Butter und Kopfsalat, manchmal auch Geld. Dann werden die Lebensmittel von den Müttern zu ‹Eier-in-Anke› gebacken und mit Kopfsalat für die Mädchen zubereitet. Dazu wird Sprudel getrunken, der vom erhaltenen Geld und vom Erlös der übriggebliebenen Eier gekauft worden war. Nach dem Schmaus treffen sich Mädchen und Buben im Freien zu fröhlichem Spiel.

An Pfingsten, aber auch schon an Himmelfahrt, werden in manchen Markgräfler Dörfern die laufenden Dorfbrunnen reich mit Blumen geschmückt und bekränzt wie in Vögisheim. Dieser schöne Brauch geht auf jene Zeit zurück, als das Wasser und die Wassergeister für heilig gehalten und verehrt wurden. An diesem

Wallbach

Wallbach, dessen Name (Wala-pagus = Welschdorf oder Wala-Buch = welscher Wald) auf eine keltische Siedlung hinweist, ist ein sehr altes Rheindorf, zu dessen Entstehung wohl die Furt beigetragen hat, die hier über den Rhein ging und bei niederem Wasserstand leicht passierbar war. An dieser Übergangsstelle ist entweder gleichzeitig beidseits des Rheins eine gemeinsame Siedlung entstanden, die heute in das linksrheinische schweizerische und das rechtsrheinische deutsche Wallbach geschieden ist, oder einer der beiden Orte hat etwas später am andern Ufer eine zweite gleichnamige Siedlung veranlaßt. Das Zwillingsverhältnis beider Orte ist bis in die jüngsten Tage in den regen gegenseitigen Beziehungen,

in Blutsverwandtschaften und familiären Bindungen lebendig geblieben, zumal jahrhundertelang Fischer und Schiffer aus beiden Wallbach gemeinsam den Rhein befuhren, die in der Rheingenossenschaft zusammengeschlossen waren, in der die Wallbacher den stärksten Anteil stellten. Bis 1801 standen beide Orte auch unter derselben österreichischen Landeshoheit. Das rechtsrheinische Wallbach gehörte im 13. Jahrhundert zur Grafschaft Wehr, die 1274 an Rudolf von Habsburg kam. Innerhalb der Grafschaft zählte es zum engeren Herrschaftsbereich der Burg Schwörstadt, auf der um 1300 die Ritter ‹vom Stein› saßen, die somit auch die Herrschaft über Wallbach innehatten. Um das Jahr 1350 wechselte die Herrschaft Schwörstadt an Rudolf von Schönau. Neben den Schönauern traten in Wallbach noch das Kloster

1954 mußte Wallbachs letztes sichtbares Zeugnis eines traditionsreichen und überaus stilvollen Fischerdorfes, ein imposantes Strohdachhaus, dem Zahn der Zeit weichen.

212 Bürgermeister Fridolin Wunderle mit seiner Familie bei der Kartoffelernte, um 1947. Noch wird auch die schwere Feldarbeit von Hand ausgeführt; Maschinen sind keine zu sehen.

211

Säckingen und das Kloster Klingental zu Basel als Inhaber von Gütern und Zinsrechten auf. Das Kloster Klingental hatte seine Wallbacher Güter bei seiner Gründung durch Walther von Klingen erhalten, der damals Inhaber der Grafschaft Wehr war und das von ihm 1256 zu Wehr gestiftete Kloster mit vielen Gütern in der Umgebung ausstattete. Schon 1272 übersiedelte Klingental nach Basel, und nach der Reformation gingen die Rechte des Klosters an die Stadt Basel.

Neben der Landwirtschaft war Wallbach als altes Fischer- und Schifferdorf von jeher auf den Rhein als einer wichtigen Erwerbsquelle ausgerichtet. Die Schiffahrt und die Flößerei spielten bis in das 19. Jahrhundert eine große Rolle. Auf dem Rhein zwischen Säckingen bis Basel hatte die ‹Rheingenossenschaft› das alleinige Recht

der Schiffahrt und Fischerei, ihr gehörten bestimmte Geschlechter in den einzelnen Rheinorten an. Die Rheingenossenschaft tritt seit etwa 1500 als streng organisierte Zunft mit eigener Gerichtsbarkeit auf und bewahrte ihre Rechte bis zur Auflösung 1879. Ihre Mitglieder waren Meister, Knechte (Gesellen) und Lehrlinge, wobei es verhältnismäßig wenige Meister gab, weil aus einer Familie nur einer Meister sein konnte. Wie bedeutend die Tätigkeit der Rheingenossen war, kann daran ermessen werden, daß z. B. in den 1850er Jahren jährlich rund 3000 Flöße rheinabwärts geführt wurden. Die Flößer betrieben auch selbständigen Holzhandel, vor allem mit Basel.

Die wirtschaftliche Struktur des Dorfes änderte sich im 19. Jahrhundert nicht wesentlich, nur ging in der zweiten Hälfte die Flößerei immer mehr zurück. Ebenso wurden

Warmbach

Urkundlich wird Warmbach schon 754 in einer Urkunde des Klosters St. Gallen erwähnt, durch welche ein Warmbacher Adeliger seine Güter in Warmbach und Minseln dem Kloster für alle Zeiten übermachte. Die Ortsbezeichnung deutet auf den Geschlechtsnamen Warin, der in der Geschichte aber nicht überliefert ist. Vom Kloster erhielten die Herren von Eschbach und Schnabelberg das Dorf zu Lehen, die es an Werner von Staufen weiter vergabten. Später gelangte der Dinghof wieder an St. Gallen, von dem er mit einigen Einschränkungen und unter Einbehaltung des Patronats dann an die ‹Ritter des Heiligen Johannes von Jerusalem› (Johanniterorden) kam. Damit wurden die Johanniter Gerichtsherren und Inhaber der Pfarrei. Auch das 1228 entstandene Chorherrenstift St. Martin in Rheinfelden sowie das Spital erlangten Besitz in Warmbach, dessen Bewohner überwiegend Fischer waren, aber auch Transporte auf Rheinschiffen innerhalb der Rheingenossenschaft übernahmen. Die Kämpfe im Mittelalter, und besonders der Dreißigjährige Krieg, setzten der Gemeinde übel zu. Im Jahre 1638 wurde das Dorf während der Auseinandersetzung der kaiserlichen Truppen mit Bernhard von Weimar fast völlig ausgeraubt und verbrannt. Die Raubkriege unter Ludwig XIV. führten 1678 zu neuen Drangsalen. Im Spanischen Erbfolgekrieg wurde das Dorf 1703 abermals Schauplatz von Plünderungen. Während des Österreichischen Erbfolgekriegs von 1744, als der französische Marschall Belisle Rheinfelden besetzte, wurde Warmbach erneut ausgeraubt. Dann aber folgten unter der Regierung Maria Theresias und ihres Sohnes Joseph II. wieder Blütejahre mit vielen Reformen, die auch eine gründliche Verbesserung des Schulwesens einschlossen. 1801 erklärte Napoleon I. den Rhein zur Grenze, und das Fricktal kam zum Kanton Aargau. Vier Jahre später wurde das Großherzogtum Baden Rechtsnachfolger der Habsburger auf dem rechten Rheinufer. Diese Zeit brachte auch die Trennung vom vorübergehenden Gemeindepartner Nollingen, bis der Kraftwerkbau tragfähige Voraussetzungen zu einem neuen Zusammenschluß schuf. 1921 unterschrieb Warmbachs letzter Bürgermeister, Emil Fritschi, den Eingliederungsvertrag, der das alte Fischerdorf zu einem Ortsteil der neuen Stadt Rheinfelden wandelte. 1934 wurde in Warmbach eine Anlegestelle für Rheinschiffe gebaut.

die alten Fischereirechte der Rheingenossen 1911 abgelöst. Um 1860 waren noch 40 Flößer und Schiffer in Wallbach. Daneben einige kleinere Handwerker, wie Schmiede, Nagler, Maurer und einige Weber als Heimarbeiter. Neben der Landwirtschaft, die vorherrschend blieb, arbeiteten schon manche Arbeiter in den Fabriken (Säckingen). Der Rebbau wurde noch bis zum Ende des vorigen Jahrhunderts in bescheidenem Maße betrieben. Nachdem 1812 die rechtsrheinische Rheintalstraße gebaut war, fand Wallbach auch Anschluß an den großen Verkehr. Dagegen erhielt es keine Bahnstation, trotzdem seit 1856 die Rheintalbahn und seit 1890 die Wehratalbahn durch das Gemarkungsgebiet führen. 1788 lebten in Wallbach nur 172 Einwohner, 1852 waren es 431, 1925 wurden 513 Personen gezählt, und heute sind es rund 1100. Diese Wachstumsentwicklung ist auf die starke Industrialisierung des gesamten Hochrheintals zurückzuführen, welche die bodenständige landwirtschaftliche Struktur als Haupternährungsquelle stark in den Hintergrund drängte. Im Rahmen einer allgemeinen Gemeindereform, hat Wallbach 1972 seine gemeindepolitische Selbständigkeit aufgegeben. Es schloß sich nach einer Bürgeranhörung freiwillig mit Säckingen zusammen und ist dadurch ein Stadtteil dieses Gemeinwesens geworden.

213 Bis vor wenigen Jahren wurden im ehemaligen ‹Adler›, der nach der Jahrhundertwende von den Behörden zu einem Schulhaus umgebaut wurde, noch Kinder unterrichtet. Photo Höflinger, um 1910.

214 «Das Pfarrdorf liegt an dem gleichnamigen Bach und dem Rheine und hat in 56 Familien und 44 Häusern 5 evangelische und 295 katholische Einwohner, welche ziemlich wohlhabend sind und von Feld-, Wiesenbau, Viehzucht, Steinbrechen, Schiffahrt und dem Salmenfang leben. Mit Steinen wird bedeutender Handel getrieben. Es sind anno 1843 hier 3 Wirthshäuser (von welchen die Photographie von Höflinger aus dem Jahre 1910 im Vordergrund den ‹Hirschen› und im Hintergrund den ‹Ochsen› sehen läßt).»

215

Markgräfler Lyrik

Wenn kein Lied ertönt im Tal / Wenn die Nächte stille schweigen,
Auf des Mondes leisem Strahl / Geister auf und nieder steigen:
Hat die Seele schon vernommen / Heilge Stimmen ohne Zahl,
Die aus lichter Höhe kommen.

Über Bergen strahlt ein Glanz / Wenn das Tal gehüllt in Dunkel,
Und der Blick verliert sich ganz / In der Sternenwelt Gefunkel.
Wie im Grab ists dann hienieden – / Drüber blüht ein ew'ger
    Kranz,
Winkt uns stillen Gottesfrieden.

215 Die Rheinansicht Warmbachs zeigt rechts vom Großbach, der einst die Mühlen des Dorfes antrieb, die im 18. Jahrhundert barockisierte St.-Gallus-Kirche und das stattliche Pfarrhaus. Auf der linken Bildhälfte ist auf einem Dachgiebel eines der zahlreichen Storchennester zu sehen, die Warmbach als ‹Storchendorf› bekannt machten. In Basel war das Dorf als Stammheimat leutseliger Sandmännchen ein Begriff. Photo Höflinger, um 1910.

Badische Hausinschriften

Das Haus steht in Gottes Schutz,
Bei jedem Sturm des Schicksals Trutz.
Drum sei dem Wort auf Gott vertraut,
Dies Haus für unser Wohl erbaut.

Dies Haus war mein in Gottes Hand,
Und dennoch ist es abgebrannt
Jetzt hab' ich's wieder aufgebaut
Und dem heiligen Florian anvertraut.

Mit Gottes Hilfe und Menschen Güte
Steht hier diese kleine Hütte.

In Gottes Namen geh ich aus,
Auch Gott bewahr mein ganzes Haus,
Die Hausfrau und die Kinder mein
Laß dir, o Herr, empfohlen sein.

Im Namen Jesu gehe ein und aus,
Bewahr, o Herr, mein ganzes Haus,
Meine Hausfrau und meine Kinder,
Laß dir empfohlen sein uns arme Sünder,
Laß Neiden, Hadern und Hassen;
Was Gott mir gibt, das soll man mir lassen.

O lieber Gott, segne du doch dieses Haus
Und alle, die da gehen ein und aus.
Vor aller Krankheit, Not und Feuergefahr,
O hl. Agathe, uns bewahr.

Allen denen, die mich kennen,
Gebe Gott, was sie mir gönnen.
Gönne mir ein jeder, was er will,
Gebe Gott ihm noch einmal so viel.

Das Haus steht hier entfernt vom Dorf,
Behüte es der liebe Gott.
Und wenn es Gott nicht behüten will,
So hilft auch unsere Sorg nicht viel.

Das Bauen ist eine Lust
Was mich's gekost' hat,
Hab ich nicht gewußt.
Hätt' ich's zuvor gerechnet aus,
So wär' ich geblieben im alten Haus.

Als es mir gut ging auf Erden,
Wollten alle meine Freunde werden;
Als ich aber kam in Not,
Waren alle meine Freunde tot.

Dies Haus ist mein und doch nicht mein.
Der vor mir war, glaubt auch 'sei sein.
Er zog aus, ich zog ein,
Nach meinem Tod wird's auch so sein.

Was ist das Beste in der Welt?
Gottes Gnade, gesunder Leib,
Ein warmes Bett, ein braves Weib,
Ein gut Gewissen, viel bares Geld
Das ist das Beste in der Welt.

Wem dieses Haus hier nicht gefällt,
Bau sich ein andres für sein Geld,
Ich hab gebaut nach meinem Sinn
Und mir gefällt's ganz wol darin.

Ich aff und gaff und steh da,
Und weil ich aff und gaff,
So kann ich weiter gehn.

Dies ist ein Aff,
Drum steh nicht still und gaff.
Schau nicht hinauf,
Sonst hindert's dich in deinem Lauf.

Das Gaffen an den Häusern
Das hindert dich in deinem Lauf,
Drum steh nicht still und laufe fort,
Dann kommst Du wieder an einen andern Ort.

Laß die Neider neiden
Und die Hasser hassen,
Was Gott uns gibt, das müssen sie uns lassen.

Gott allein die Ehr',
Von ihm kommt alles her,
Alles, was wir sind und haben,
Sind doch lauter Gottes Gaben.

Sei nicht zornig, fluche nicht
Und schwör nicht in meinem Haus,
Sonst möchte Gott im Himmelreich
Strafen mich und dich zugleich.

Wehr

Wo die Wehra aus ihrer Schlucht im Südschwarzwald in ein breites, offenes Tal tritt, erstreckt sich Wehr entlang dem Fluß mit den durch die Gemeindeverwaltungsreform hinzugekommenen Ortsteilen Öflingen und Brennet über 6 Kilometer lang bis zum Rhein. Mit 12 000 Einwohnern bei 1000 Auspendlern und 1800 Einpendlern beherbergt es bedeutende Unternehmen, zu welchen auch die Ciba-Geigy gehört. Die rings von Bergen umgebene, nur nach Süden offene klimatisch geschützte Tallage bringt Wehr einen zunehmenden Fremdenverkehr.
Der Name des Ortes wie des Flusses ist keltischen Ursprungs und bezeugt eine ununterbrochene Besiedlung dieses Gebietes seit dem 1. Jahrtausend v. Chr. Als Agri decumates wurde das Land im 1. Jahrhundert n. Chr. römische Provinz. In den Wirren der Völkerwanderung waren es die Alemannen, welche die Gebiete beidseits des
Rheins und einen großen Teil der heutigen Schweiz zum Wohnsitz wählten. Die Christianisierung erfolgte durch den irischen Wandermönch Fridolin, der gegen Ende des 6. Jahrhunderts in Säckingen wirkte. Der Ortsname Wehr ist erstmals in einer Urkunde aus dem Jahre 1092 erwähnt, in welcher ein Adalgoz als Inhaber der Grafschaft Wehr als Zeuge auftritt. Im Jahre 1363 ist der Gemeinde Wehr das Marktrecht verliehen worden, wodurch sie nicht nur wirtschaftlicher Mittelpunkt der Grafschaft, die sich bis an den Rhein erstreckte, wurde, sondern auch der weiteren Umgebung. Im Jahre 1256 gründete Walther von Klingen, der Minnesänger und Freund des Grafen und späteren Königs Rudolf von Habsburg, im Ortsgebiet von Wehr das Frauenkloster Klingental, das in kurzer Zeit einen großen Grundbesitz durch Schenkungen und Stiftungen in und um Wehr erwerben konnte. Im Jahre 1270 übersiedelte das Kloster – wohl wegen der damals unruhigen Zeiten – nach Kleinbasel, übte aber durch das

216 **Jörsepp und Adolf Thomann, um 1920**

Von den beiden Wehrer Originalen war Adolf der kautzigere. Er pflegte immer ein ‹Gütterli› Schnaps bei sich zu haben, damit er nicht friere. Als er dieses einmal beim Znüni fallen ließ, daß es in Scherben zersprang, war er untröstlich, weil sich wohl das Fläschchen ersetzen ließ, nicht aber der ausgelaufene Schnaps!

217 **Der ‹Bärenfels›, um 1850**

Die Bärenfelser, ein Basler Ratsherrengeschlecht, stellten wiederholt den Bürgermeister ihrer Stadt. Nach der Zerstörung ihrer Burg im Birsigtal durch das Große Erdbeben von 1356 errichteten die Bärenfelser in Wehr ein neues Kastell, dessen Baugeschichte allerdings nicht überliefert ist. – Lithographie von T. M. Ring.

217

218 Die Herrschaft Wehr von Osten, um 1850

«Es ist hier eine Färberei und Druckerei für türkisch-rothe Baumwollenzeuge; welche über 100 Arbeiter beschäftigt, und ein Eisenwerk mit Hochofen.» – Zeichnung von Carl Ludwig Frommel.

Patronatsrecht über die Pfarrei Wehr weiterhin einen großen Einfluß auf die Entwicklung des Ortes aus.
1272 erwarb Graf Rudolf von Habsburg, der 1274 zum deutschen König gewählt worden war, die Burg Werrach und die Grafschaft Wehr. Als Pfand, bzw. Lehen von Habsburg-Österreich, ging dieses Gebiet 1363 an Rudolf von Schönau-Wehr, einen Sproß elsässischen Adels. Im Jahre 1556 wurden unter Hans Jakob von Schönau-Wehr die Rechte und Pflichten sowohl des Grundherrn wie der Gemeinde in einer erneuerten Fassung der ‹Talordnung› festgehalten. Bis zum Jahre 1805 verblieb die Herrschaft Wehr im Besitz der Freiherren von Schönau-Wehr. Wehr gehörte damals zu Vorder-Österreich, das sich über große Teile des heutigen Südbadens und den Aargau erstreckte und Bestandteil der habsburgisch-österreichischen Hausmacht war. Durch das Eingreifen Napoleons Anno 1806 entstand aus Vorder-Österreich und andern Gebieten in diesem Raum das Großherzogtum Baden, das bekanntlich Anno 1870 ein Bestandteil des Deutschen Reiches wurde.
Noch heute weist das Wappen mit dem Baselstab in der St.-Martins-Kirche in Wehr darauf hin, daß die Stadt Basel zur Zeit der Reformation die Rechte des Klosters Klingental und damit das Patronatsrecht über die St.-Martins-Kirche in Wehr übernommen und immer großzügig gepflegt hatte. Basel war auch Zehntherr, und der große ehemalige Klosterbesitz in Wehr führte denn auch zu vielen persönlichen Kontakten. In den Kriegs- und Notzeiten des 17. und 18. Jahrhunderts hat die Stadt Basel des öftern Darlehen an die Gemeinde und an verarmte Bauern gegeben, und manche hundert Gulden wurden schließlich großzügig vom Darlehensgeber gestrichen. So nimmt auch Wehr, das 1950 zur Stadt erhoben wurde, in der Geschichte der Regio Basiliensis einen wichtigen Platz ein und fühlt sich, trotz politischen Grenzen, dauernd mit dieser Landschaft verbunden.

219 Walther von Klingen, um 1250

Die Miniatur aus der Manessischen Bilderhandschrift zeigt Walther von Klingen im ritterlichen Turnier: Während vornehme Frauen, von der Zinne aus Lob spendend oder mit Sorge den Kampf verfolgend, das Geschehen interessiert betrachten, hebt der berühmte Minnesänger seinen Gegner aus dem Sattel.

Weil

Die ‹Große Kreisstadt Weil am Rhein› zählt heute durch die jüngsten Eingemeindungen der benachbarten Orte Haltingen, Märkt und Ötlingen rund 27000 Einwohner. Sie ist die zweitgrößte Stadt des Landkreises und liegt in der Basler Bucht, unmittelbar zu Füßen des Tüllinger Bergs. Im Westen grenzt sie an Frankreich, im Süden an die Schweiz und bezeichnet sich deshalb auch als ‹Stadt in der Dreiländerecke›. Den Namen Weil am Rhein führt sie seit der Erhebung zur Stadt am 16. November 1929, deren Agglomeration sich aus den Ortsteilen Weil, Leopoldshöhe, Friedlingen und Otterbach zusammensetzte. Weil ist aus dem römischen ‹villa› entstanden und wird urkundlich erstmals im Jahre 786 in

220 Das Schloß Ötlikon (Friedlingen), um 1700

Das Wasserschloß Ötlikon ist 1356 durch das Große Erdbeben völlig zerstört worden. Wieder aufgebaut, wurde es im Kampf zwischen Österreich und Basel 1445 abermals verwüstet, bis der Markgräfliche Landschreiber Michael Rappenberger dasselbe 1561 wieder herrichten ließ. Später waren die Herren von Rotberg Besitzer. Schließlich tauschte Markgraf Friedrich V. 1640 das Dorf Hertingen gegen das Schloß und ließ es, nachdem es im Dreißigjährigen Krieg arg gelitten hatte, wieder aufbauen und nannte es nach dem Westfälischen Frieden 1648 Friedlingen. Der dreistökkige Bau enthielt 42 Räume und diente bis zum Jahre 1728 der Witwe des Markgrafen Friedrich Magnus als Wohnsitz. In der Schlacht von 1702 zwischen Markgraf Ludwig Wilhelm und Marschall Crequi wurde das Schloß in Trümmer gelegt; die Fundamente sollen noch immer im Boden stecken. Das Gut Friedlingen, das ebenfalls dem jeweiligen Schloßbesitzer gehörte, wurde 1750 an Weiler und Haltinger Bauern verkauft. – Aquarell.

220

Das Hoch-Fürstliche Schloß Fridlingen

179

Markgräfler Kinderreime

Rite rite Roß,
Z Baasel stoot ä Schloß,
Z Chander stoot ä Guckehuus,
Luege schööni Maideli druus.
Die aindi spinnt Siide,
Die andri gääli Wiide,
Die dritti spinnt Haberstrau.
's chunnt ä alti Bättelfrau,
Het ä Stückli Broot im Sack.
Chunnt ä Hund un bißt ere drab.
Trab, trab, Schimmeli, trab.

Z Baasel uf 'm Bluemeplatz
Pfift ä Muus un tanzt ä Haas,
Schlaat ä Vöögeli Trumme.
Alli Tierli woo Wäädeli hän,
Solle an d' Hochzit kumme,
Solle 's Ässe mit-ene bringe,
Solle 's Stüeli ans Füüdeli binde.
Ai, se schlaa dr Kuckuck drii,
Was soll daas für ä Hochzit sii!

Gagge gagge Gäärste,
's Hüenli hät ä Aili glait,
D Mueter het 's uf Baasel trait,
Der Vater hets versoffe,
's isch 'm der Hals abgloffe.

Es will ä Frau uf Baasel goo
Uudschuudrihuu!
Si will dr Maa nüt mit sich loo,
Oho oho oho!
«Maa, de blibsch dehaime,
Uudschuudrihuu!
Bi diine siibe Chlaine!»
Oho oho oho!
Un als die Frau vo Baasel chunt,
Uudschuudrihuu!
Un als dr Maa am Spinnrad
hockt,
Oho oho oho!
«Maa, wieviil hai d'Hüener
glait?»
Uudschuudrihuu!
«Ais het glait und zwai vertrait.»
Oho oho oho!
«Maa, de hesch si gässe!
Uudschuudrihuu!
D Schale liige in dr Äsche!»
Oho oho oho!
Doo chunnt d'Frau mit'm Räche,
Uudschuudrihuu!
Un will dr Maa verstäche,
Oho oho oho!
Dr Maa, dä springt zuem Fänster
uus,
Uudschuudrihuu!
Un flööchtet sich ins Nochbers
Huus,
Oho oho oho!

's Marieli het e schön Röckli a;
's sin hunderttusig Schelleli dra.
D Glöckli, die fange a klinge,
Un's Marieli fangt a singe:
«Müeterli, e Stuck Ankebrot!
Dr Hunger macht mir großi Not.
Un hau's ab ganz hinterum,
bis i us der Schuel heimkumm!»

Pitschi-patschi, Haselnuß,
Üser Geis goht barfueß.
Hinterem Of stoht sie,
Wil es isch so kalt gsi.
Hätt' sie Schüehli, so leit sie's a,
Hinte un vorne Stöllili dra.

Aber do isch großi Not!
«Mueter, wo isch's Ankebrot?»
«Jessis, isch es nimmi do?
Das het gwieß das Kätzli gno.
Hau der Katz der Schwanz ab!
Hau e nit zu lang ab;
loß ne kleine Stumpe stoh,
daß sie ka spaziere goh.»

's Kälbili ziecht am Rieme.
Im Unterland isch nieme;
Im Oberland isch Vogelgsang.
Du alti Frau, du lebsch so lang.
J wott doch nit so lang lebe!
Gohsch no nit bal dernebe?!

---

einer sanktgallischen Urkunde genannt. Älteren Datums dagegen ist der Name ‹Laidolvinchova›, einer in der Gemarkung Weil aufgegangenen Siedlung, die 751 erstmals nachgewiesen werden kann. 1368 erwarb Markgraf Rudolf Schloß Ötlikon (Friedlingen) und die Dörfer Weil, Welmlingen und Wintersweiler mit Leuten und Gütern zu Haltingen, Hiltelingen und Kleinhüningen von Konrad Münch zu Münchenstein, der Weil von den Herren von Üsenberg zu Lehen trug. Als weitere Grundherren traten Basler Bürger, Klöster und Stifte in Erscheinung, da von jeher – wie heute noch – mit der benachbarten Stadt Basel ausgleichende Wechselbeziehungen bestanden. Es waren vor allem die Klöster Klingental, St. Alban, St. Clara, St. Theodor und Gnadenthal, aber auch das Basler Domstift, das Predigerstift, das Chorherrenstift St. Peter, das Basler Spital und die Elende Herberge, die in Weil über Grund und Boden verfügten. Bis in die Mitte des 19. Jahrhunderts konnte Weil seinen bäuerlichen Charakter bewahren. Seine Haupteinnahmequellen waren Erlöse aus dem Reb- und Obstbau, besonders im Herbst und während des ‹Chirsistrichs›. Gar manches Basler ‹Fränkli› floß in diesen Zeiten in die Sparstrümpfe von Weiler Bauern. Mit zunehmender Verkehrserschließung durch Errichtung einer Eisenbahnlinie und Kanalisierung des Rheins konnte auch die Industrie am Ort Fuß fassen, hauptsächlich im westlich zwischen Bahn und Rhein gelegenen Friedlingen. Leopoldshöhe, das heutige Stadtzentrum, entwickelte sich vornehmlich um die Zeit des Ersten Weltkriegs durch die Gründung gemeinnütziger Wohngesellschaften und die Ansiedlung von über 500 Familien, die in der Mehrzahl dem Eisenbahner- und Zöllnerstand angehören. Die Beziehungen zur Stadt Basel waren trotz erfreulichen persönlichen Verbindungen nicht immer die besten, kam es doch immer wieder zu Unstimmigkeiten und Streitfällen. Diese wurden dann meist über die Köpfe der Bürger von Amtes wegen bereinigt. Wenn man sich früher über Fisch- und Weiderechte stritt, so kamen später Differenzen wegen

des Wiesewassers dazu. Die heutigen Probleme gemeinsamer Zusammenarbeit liegen auf dem Gebiet des Umweltschutzes (Luftverschmutzung, Abwasserprobleme), aber auch in den mannigfaltigen Verkehrsproblemen, welche im Verkehrsdreieck am Rheinknie zu bewältigen sind. Nicht umsonst wandten sich Anno 1828 die Weiler besorgt an die badische Regierung: «Die Geschichte lehrt uns, daß die Stadt Basel oder der Stand Basel in den Verträgen mit Baden stets unbegreiflich glücklich gewesen ist und daß bei allen Verhandlungen mit der Kantonsregierung die größte Vorsicht nötig ist, wenn keine nachteilige Übereinkunft herauskommen soll!» Zur Ehre der Basler sei aber auch gesagt, daß sie dem bedrängten Nachbarn im Norden in Zeiten der Not stets hilfreich zur Seite standen und gar manches Leid zu lindern wußten.

221 Das Gasthaus ‹Zum Bahnhof›, um 1900

«Das gut eingerichtete Gasthaus mit schattigem Garten, 20 Minuten von Basel entfernt, auf der Leopoldshöhe, der ersten Eisenbahnstation nach Freiburg», wurde 1878 von Karl Schubert erbaut und 1919 von Gustav Hermann, dem ehemaligen Lörracher Krokodilwirt, übernommen. Nach 1925 wurde die Liegenschaft zu einem Postgebäude umgebaut. Der Abbruch des Hauses erfolgte 1967. Um 1800 «scheint unser Weil auch ein kleines ‹Gretna green›, das heißt ein Ort gewesen zu seyn, an dessen Altar manchem Pärchen aus anderem Lande der Segen der Kirche zum ehelichen Bunde gespendet wurde, wenn es zu Hause die obrigkeitliche Erlaubnis nicht erlangen konnte.» – Photo Emil Birkhäuser.

222 Elisabeth von Förster, geb. Greiner, eine schöne und tüchtige Frau, zählte in der zweiten Hälfte des letzten Jahrhunderts zu den auffallenden, auch in Basel bekannten Persönlichkeiten Weils. Ölgemälde von August Bauer, 1884.

223 Waschtag am Mühlenteich bei der Mühle, immer noch einen seit Generationen unverändert überlieferten mühsamen Arbeitstag für die ‹Frau des Hauses› in der Öffentlichkeit des Dorfes darstellend, um 1880.

224 Das Staffelhaus, um 1900

Im malerischen Staffelhaus gegenüber der Kirche waren im 17. und 18. Jahrhundert die Amtsräume des Röttler Landeskommissärs und des Vermessungs- und Straßenbauinspektors untergebracht. Wie eine Inschrift über dem Türsturz zeigt, ist das eigenwillige Haus mit dem massiv gemauerten Staffelgiebel, der offenen Laube, der steilen Wendeltreppe und den beiden Zimmern mit Holzdecken während des Jahres 1607 erbaut worden. – Photo Höflinger.

225 Der Ochsen, um 1890

Anno 1692 erteilte Markgraf Friedrich Magnus dem Weiler Metzger Stephan Raupp gegen eine Gebühr von hundert Reichstalern die Tavernengerechtigkeit für den ‹Ochsen›. 1907 ließ Eduard Pfaff den alten Ochsen abreißen und durch einen neuen ersetzen, der bis 1962 den Gästen offenstand. Seither steht ein Mehrfamilienhaus an dieser Stelle. – Photo R. Spreng.

Z Wyl im Adler
Wider sitz i z Wyl im Adler
In däm Stibli näbe-n-em Gang,
Tringg e halbe Liter Alte,
Main, i heer e-n-alte Gsang.

D Maitli heer i wider singe,
Heer e Lied vom ‹Bliemli my›.
Dryßig Johr sythär! – Isch 's meeglig?
Und i schängg mer wider y.

Uff däm Stuehl do bi-n-i gsässe,
Dusse het der Sturmwind tost;
Aber i ha nit uff dusse
I ha nur uff dinne glost.

Z dritt hän 's Gryners Maitli gspunne,
D Fießli trampt und d Reedli gsurt,
Uff em Kanebee het's Kätzli
Traumt vom Schatz und gligglig gschnurt.

Und derzue hän d Maitli gsunge,
D Elis, d Emma, 's Kätherli;
I ha glost und wider trungge –
Ains dervo isch 's Liebscht mer gsi.
Theobald Baerwart

Schweres Eisenbahnunglück bei Leopoldshöhe

Der erweiterte Bahnhof Leopoldshöhe war der Schauplatz eines schweren Eisenbahnunglücks. Der gegen 12 Uhr nachts in Basel fällige Eilgüterzug fuhr auf ein Stumpfgeleise, weil, wie man vermutet, der Führer der Lokomotive das Umstellen der Weiche nicht abgewartet hatte. Das Stumpfgeleise hätte in dieser Nacht seinen Anschluß an die Rangiergeleise erhalten sollen, da mit dem 1. April der neue Rangierbahnhof in Betrieb genommen wird. Der Eilgüterzug fuhr in ziemlich scharfer Gangart über die Weiche, worauf ein unheimliches Krachen – weithin vernehmbar – einsetzte. Die Maschine grub sich pustend in Kies und Sand ein und die nachfolgenden Wagen fuhren mit Wucht auf die Maschine auf, deren hinterer Teil vollständig zerstört wurde. Der Führer der Maschine wurde zwischen der Maschine und der Stirnwand des nachfolgenden Packwagens eingeklemmt und als Bahnbeamte nach dem Unfall herbeikamen, war der Führer bereits tot. Es ist der ca. 50 Jahre alte Lokomotivführer Johann Ritzi-Schilling, wohnhaft Klingentalstraße 82 in Basel. Der Heizer war zwischen dem Dampfkessel und der Stirnwand der Lokomotive eingeklemmt, über ihn strömte unaufhörlich der Dampf und verbrühte den Mann, der nur mit Mühe aus seiner schwierigen Lage befreit werden konnte. Der ebenfalls tödlich Verunglückte ist der Lokomotivheizer Hermann Leber-Hirsmüller, ebenfalls in Basel stationiert und an der Horburgstraße 78 wohnhaft. (1912)

225

Weitenau

In vergangenen Jahrhunderten verstand man unter Weitenau in erster Linie die ehemalige Propstei von St. Blasien an der Talstraße von Steinen nach Kandern. Das Dorf gleichen Namens spielte nur insofern eine Rolle, als es Zubehör zur klösterlichen Niederlassung war. Die Pfarrei Weitenau umfaßte zudem noch die Dörfer Hofen und Schlechtenhaus sowie die Weiler Fahrnbuck, Hummelberg und Schillighof. Aus der Geschichte ist ersichtlich, daß im Jahre 1100 die Brüder Arnold, Heinrich und Erkinbold von Wart Kirche und Vogtei von Weitenau samt allen Rechten dem Kloster St. Blasien vergaben. Uto, der vierte Abt des Schwarzwaldkonvents, ließ hier eine Mönchsniederlassung erbauen. Ihr Vorsteher wurde Erkinbold, der bald nach der Vergabung in St. Blasien den Benediktinerhabit angezogen hatte. Einer seiner Brüder und dessen Nachkommen übernahmen die Kastvogtei der Neugründung. In direkter Linie stammten von den Stiftern die Minnesänger Jakob und sein Bruder Rudolf von Wart ab. Dieser war sehr aktiv an

226 Weitenauer Strohdachhaus, um 1910

Das eher armselige Heimwesen liegt mit seinen Nebengebäuden in einer weiten Au. Unter dem mächtigen, immer wieder erneuerten Strohdach findet eine mehrköpfige Familie samt Viehhabe, Korn und Heu bequem Platz. «Neben vielseitiger Landwirtschaft leben die Einwohner auch von Holzmachen, Holzhandel, Kohlenbrennen und von der Verfertigung von Holzwaaren». – Photo Höflinger.

226

der Ermordung des Königs Albrecht bei Windisch beteiligt. Er büßte seine Missetat auf dem Rad. In der dem Heiligen Gangolf geweihten Kirche fanden der erste Propst Erkinbold und Dietrich von Rotberg mit seiner Gemahlin Adelheid von Klingenberg ihre letzte Ruhestätte. 1556 wurde die Reformation eingeführt. Einige Jahre später brach man einen Teil der alten Klostergebäude ab, ein anderer wurde zum Wohnsitz des evangelischen Pastors umgebaut. «Früher feucht, dumpf und ungesund, hat dieser durch bauliche Verbesserung, namentlich durch Höherlegung des Bodens, viel gewonnen» (1859). Bei Pfarrer Obermüller, der seit 1796 hier amtete, ging J. P. Hebel zur Schule und hörte die Sage von der Häfnetjungfrau, die er später literarisch verewigte. 1890 wurde auf dem Hofener Buck zwischen den Dörfern Weitenau und Schlechtenhaus eine neue Kirche gebaut. Das verwahrloste Klostergebäude samt Kirche gelangte in den Besitz des Basler Kaufmanns Ernst Kiebiger-Riggenbach. Er mußte sich verpflichten, keine baulichen Veränderungen ohne Bewilligung des Denkmalamtes am Äußern vorzunehmen. In der Folge wurde die Kirche zu einem Gasthaus umgebaut, dem Langhaus eine Veranda vorgesetzt und das einfache Satteldach des Turms durch ein erfrischendes Spitzdach ausgewechselt.

Die zur Pfarrei gehörenden Dörfer wiesen von jeher unterschiedliche Einwohnerzahlen auf. Um die Mitte des letzten Jahrhunderts wohnten bei der alten Klosterkirche samt der dazugehörigen Bannmühle weniger als 20 Personen. Schlechtenhaus und Dorf Weitenau hatten je ungefähr 400 und Hofen gegen 200 Seelen. Jahrhundertelang waren die Bewohner der Vogtei an die Mühle beim Kloster ‹gebannt›. Sie mußten ihr Korn ausschließlich in der Klostermühle mahlen lassen und dafür das entsprechende Mahlgeld entrichten. Während in Weitenau neben der üblichen Landwirtschaft und Viehzucht noch ein lebhafter Handel mit Holz getrieben wurde, begnügte sich Schlechtenhaus mit Feldbau und Viehhaltung. Dafür galten die aktivern Weitenauer als hablich, die bedürfnisloseren Nachbarn als nur wenig bemittelt. Umgekehrt konnte man in Schlechtenhaus in zwei Gasthäusern seinen Durst löschen; in Weitenau ließ man es bei einem einzigen Wirtshaus bewenden. «Die Einwohner der Gesammtgemeinde, ein fleißiges, genügsames und treuherziges Volk, besitzen 308 St. Rinder, 327 Schaafe und 55 Bienenstöcke» (1859). Aus einem alten Zinsrodel geht hervor, daß schon 1344 in der Gegend ein beachtlicher Anbau von Hanf betrieben wurde. Heute bildet noch immer die Landwirtschaft den Haupterwerbszweig. Doch auch die Industrie im Wiesental und im benachbarten Basel bietet willkommenen Verdienst.

Welmlingen

Die ersten Funde in der Gegend deuten an, daß hier schon in der Frühzeit Menschen gesiedelt haben. Keltische, römische und alemannische Spuren weisen auf diese ersten Bewohner. Urkundlich wird Welmlingen im Jahre 763 erstmals erwähnt durch den Gaugrafen Chrodardus, und schon 1113 wird das Dorf ‹Welingen› genannt. Die Liegenschaften des Dorfes waren verschiedenen Herren zugehörig. Im Jahre 1113 schenkte Walcho von Waldeck Güter in Welmlingen dem Kloster St. Blasien. Weiter wurden in der Reihe der klösterlichen Grund- und Zehntherren aufgeführt das Kloster Weitenau, die Deutschordenskommenden von Basel und Beuggen, die Klöster Sitzenkirch und Gnadental sowie die Domprobstei Basel. Als weltliche Herrschaften, denen Welmlingen gehörte, zeichneten die Herren von Rötteln bis 1311, dann die Herren von Münchenstein bis 1368. Anno 1503 kam das Dorf in den Besitz der Markgrafen von Baden. Nach der Spaltung Badens im Jahre 1535 fiel Welmlingen dem Herrschaftsgebiet der Markgrafen von Baden-Durlach zu, die bekanntlich unter Markgraf Karl II. die Lutherische Religion in ihrem Herrschaftsbereich einführten. Im Anschluß an die erfolgte Wiedervereinigung der beiden Teilgebiete Badens im Jahre 1771 traten 1806 als letzte absolutistische Herrscher die Großherzöge von Baden auf, und 1918 fand die fast tausendjährige Abhängigkeit von monarchistischen Herrschaftszugehörigkeiten ein Ende durch die Verzichtleistung des Großherzogs Friedrich von Zähringen auf seinen Thron. Wie die meisten Ortschaften des Markgräflerlandes blieb auch Welmlingen von Kriegsgeschehen nicht verschont. Im Jahre 1525 beteiligten sich hiesige Bauern an den Aufständen. Genaue Berichte liegen uns aus dem Dreißigjährigen Krieg vor. Der damalige Vogt zu Welmlingen, Simon Hopp, dessen Grabplatte sich heute im Turmeingang der evangelischen Kirche zu Blansingen befindet, schrieb 1633 einen umfassenden Bericht über eine Plünderung des Dorfes durch kaiserliche Truppen. Nach der Kriegsverfassung im Oberamt Rötteln von 1618 gehörte Welmlingen zum ‹Kirchener Fähnlein› und mußte 25 Doppelsöldner und 20 Musketiere stellen. Im Mai 1635 verließen 11 Einwohner den Ort und fanden im St.-Alban-Quartier in Basel Zuflucht. Weitere Plünderungen erlebte das Dorf zur Zeit der Napoleonischen Kriege. Damals verarmte fast das ganze Dorf. 1939 fan-

den 13 Einwohner der Gemeinde den Tod bei einem Eisenbahnunglück in der Nähe von Markdorf. Heute zählt die Gemeinde gegen 300 Einwohner, von denen die meisten in der Landwirtschaft tätig sind.

Spatzeplog

Wemme bi uns sage will, e Gegnig sei arm, se sait me öbbe, dört verrecke d Spatze in der Ern. So eini isch aber s Markgräflerland nit un no nie gsi. Aber sell isch früeiher menggmol passiert, daß d Ern wege de Spatze falliert het. Wenn im Brochmonet d Chirsi zitig gsi sin, se hän die Chaibe Spatze der Zehnte dervo gno; derno sin si mit ihrer jungen Bruet in de Gärte und uf de Bündtene in d Erbse ghockt und hän d Schäfe uuspickt. Sobal aber der Rooge un der Waise der Chopf hän lampe loo und d Cherne hert worde sin, het's jede Morge e Sunnefinsternis im Zelg gee, wenn d Spatze in ganze Wulke derhere gfloge sin, un d Halm hän si abeglait, as wenn der Sturm über si gieng. D Vögt hän im Oberamt z Lörech Bricht gmacht, und der Landschriiber het en mitere Schweizi dra im Hofrot uf Durlach abe gschickt, und selle het alles salva remissione communicati der Rentchammere zuegschobe. No e paar Wuche isch derno vo Durlach e Mandat choo, jede Burger müeß «zu Vertilgung dieses Ungeziefers» jedes Johr 12 Spatzechöpf bi der Burgvogtei ablifere. D Burgvogtei isch sellemols s Finanzamt gsi und z Basel bi der Clarachilche gstande. Also hän halt d Burger müeße uf d Spatzejagd goh, aber schieße hän si nit dörfe «wegen der gefahr, schewere und gebäw anzuzünden, und daß unter diser praetext nicht nach andern Thieren geschossen werde». Und s Annemeili und s Efersinli hän derno d Spatzechöpf, wenn si mit der Zaine go Basel z Märt sin, in der Burgvogtei abgeh. Un die Sach het battet: in e paar Johr het's in der Landgroffschaft Suseberg und Heerschaft Rötle fast keini Spatze meh gee, aber die 12 Spatzechöpf het der Burgvogt vo jedem Burger jedes Johr eineweg wölle ha, und d Lüt sin fast duubedänzig worde, will si die Chöpf nit ufbrocht hän.

Emol chlagt s Bäbeli vo Welmlige im Schambedis vo Blooze ufem Basler Märt, aß der Burgvogt 's uding a abrüelt heig, will si Vatter die 12 Spazechöpf nit gliferet heig, un 's geb doch z Welmlige gar keine Spatze meh. Do lacht der Schambedisl und sait, es soll numme rueihg sii, er bring em am nächste Märt 12 Spatzechöpf mit. Und er het Wort ghalte, und der heilig Bürocratius het sii Dutzet Spatzechöpf kriegt. 's Bäbeli het e grüüsligi Freud gha und alle Märtwiibere verzellt, wie em der Schambedis us der Not ghulfe het, und d Maidli sin zum Schambedis grennt, und er hät 's ganz Rebland solle mit Spatzechöpf versorge. «Nundedie», het er gsait, «das kanni nimme gratis tüe; er mient si acheter vo mir, 's Stück für e Süü.» Also het der Schambedis und no und no au die andere Märtlüt vo Blooze und am End hän alli Dörfer vo Burgliber bis uf Michelbach z Basel Spatzechöpf verchauft, bis im ganze Sunggäu kei Spatz meh gsi isch. So sind d Sunggäuer ihri Spatze und d Markgröfler ihri Batze los worde, und d Basler hän sich d Büüch ghebt vor lache über die dumme Schwobe und der heilig Bürocratius isch grüüslig zfriede gsi.

Wollbach

Ob die Blicke über wogende Ährenfelder im ‹Eck› und im ‹Mühlenfeld› in die Weite schweifen, ob man den sattgrünen Matten im Tal des Erlenbachs entlang wandelt oder ob auf der ‹Buchholen› im süßen Duft der Rebblüte die blaue Jurakette im Dunst der Ferne aufsteigt, immer wenden sich Auge und Gedanken nach Süden, ins Rheintal, zum großen silbrigen Rheinbogen beim Pfalzmünster. Dorthin eilen die Quellwasser und Bäche aus den heimischen Wäldern, zogen einst die schweren, mit Frucht, Wein und Holz beladenen Fuhren und trugen die Bauersfrauen die Produkte ihres Hofs und ihres Gemüsegartens zu Markte: Basel bildete zu allen Zeiten das Ziel der Wollbacher, auch an hohen kirchlichen Festtagen und bei drohender Gefahr.

Wollbach, Hauptort einer 1860 Hektaren umfassenden Gemarkung, zählt zu den Orten im Markgräflerland, die schon vor 1200 Jahren (767) urkundlich aufgeführt werden. ‹Vvalahpah›, ein Gebilde des ursprünglichen Gemeindenamens, bedeutet ‹Leute aus der Fremde›. Und diese mögen sich im ‹Schekkenhof›, im ‹Greifenweiler› oder im ‹Rüttihof› niedergelassen haben. Zur größten Siedlung der vier Vier-Weiler-Orte hatte sich Hammerstein im Kandertal entwickelt, wo eine Mühle des Klosters Klingental die Frucht der Bauern zu Mehl mahlte und Erzgruben den Herren von Hammerstein die Mittel zur Errichtung ihrer Burg lieferten. Ganz von Reben und Obstgärten umgeben war dagegen der Weiler Hägisholz,

228 Rekrutenmusterung, 1909

«Du bisch e Dubel un kei Rekrut, suscht hättsch e Maie!» Solche Schmach hatte ein Bursche des Dorfes über sich ergehen zu lassen, wenn er bei der Aushebung durchgefallen war. Die ‹Auserwählten› wurden nämlich nach ihrer Musterung in der Amtsstadt Lörrach mit Blumen und bunten Bändern geschmückt und auf mit Girlanden bespannten Leiterwagen nach Hause gefahren. Dem fröhlichen Einzug folgte erst eine freundschaftliche Begrüßung im Kreise der Angehörigen und dann ein strammer Rekrutenball, der Gelegenheit bot, den Mädchen des Dorfes näherzukommen und ernsthafte Bekanntschaften anzuknüpfen.

während im waldreichen Egerten schon 1594 ein herrschaftliches Forsthaus erbaut wurde. Im vierten Weiler, Nebenau, fanden sich bereits 1392 die Handwerke der Hafner, Ziegler, Steinhauer, Gipser und Gerber. Im Weichbild Wollbachs, das von den ‹Segnungen› der industriellen Entwicklung bis heute verschont blieb, stehen an der Kander noch immer die beiden schon im 14. Jahrhundert genannten Mühlen ‹Bruckmühle› und ‹Hofmühle›, und letztere erfüllt immer noch, wie eh und je, zuverlässig ihre ursprüngliche Bestimmung.

Als Lehensträger der Kirche, die seit 1275 unter dem Patronat Liutolds von Rötteln stand, genossen die Markgrafen vom Bischof von Basel den Laienzehnten, hatten dafür aber für den Unterhalt von Kirche und Pfarrhaus aufzukommen. 1541 ließ der ‹hoffärtige› Pfarrer Sunnendag den Kirchturm abbrechen. Der Neubau erfolgte indessen erst 1594. 1831 wurde der Turm um einen Stock erhöht, damit die Filialen das Geläut besser zu hören vermochten. 1747 erhielt die Gemeinde ein eigenes Schulhaus, hundert Jahre später ein Rathaus. Ohne Erfolg blieb bis heute das Graben unternehmungslustiger Schatzgräber, die gemäß alter Sage bei den ‹Erzlöchern› im Wald einen reichen Klosterschatz vermuteten.

229 Markttag, um 1920

Während die Wollbacher Marktfrauen sich gewöhnlich in der Werktagstracht zum Gang auf den Basler Markt rüsteten, kleideten sie sich jeweils zum sogenannten Bauerntag oder Markgräflertag in Lörrach mit ihrer Sonntagstracht, wie unser Bild zeigt.

Wyhlen

Das 1240 erstmals urkundlich erwähnte Wyhlen liegt wie Grenzach auf altem Siedlungsboden. In vorrömischer Zeit haben hier mit Sicherheit die Kelten gesiedelt, wie Gräber aus der Hallstatt- und La-Tène-Zeit beweisen. Während der Römerherrschaft lag der vom späteren Wyhlen eingenommene Rheintalabschnitt im unmittelbaren Vorfeld von Augusta Raurica. Diese bedeutende Stadt war schon im ersten nachchristlichen Jahrhundert durch eine Brücke mit dem rechten Rheinufer verbunden. Ihre Erbauung hängt mit der Eroberung des Schwarzwalds durch die Römer zusammen. Durch Legionszeichen konnte sie auf die Jahre 73 und 74 n. Chr. datiert werden. Auf eine zweite römische Brücke, die im 4. Jahrhundert angelegt worden ist, weist noch heute der gewaltige Brückenkopf bei der Gemarkungsgrenze zwischen Wyhlen und Herten hin.

Der Ortsname Wyhlen erinnert an die Zeit der römischen Besiedlung, denn ‹Wilen› oder ‹Wilon› ist aus der alemannischen Ortsangabe ‹ze wilon› entstanden, was bei den Villen oder Landhäusern bedeutet. Nach der alemannischen Besiedlung gehörte Wyhlen zusammen mit Grenzach politisch zum Breisgau, in dessen Bereich sich schon im 12. Jahrhundert eigenständige Grundherrschaften bildeten. In einer Grenzbeschreibung der Herrschaft Rheinfelden aus dem Jahre 1450 wird das Dorf Wyhlen als zu diesem Territorium gehörig bezeichnet. Deshalb wurde der Ort auch immer wieder Opfer der Auseinandersetzungen zwischen der vorderösterreichischen Herrschaft Rheinfelden und der Stadt Basel.

Auch später hatte Wyhlen viel unter Kriegszügen zu leiden, so daß beispielsweise im Jahre 1710 die Gemeinde die Herrschaft Rheinfelden bitten mußte, das ‹Nieder-

Der spätrömische Brückenkopf

Der römische Brückenkopf aus dem vierten nachchristlichen Jahrhundert liegt am Rhein, unmittelbar gegenüber dem Kastell von Kaiseraugst. Von den sechs Rundtürmen sind heute nur noch die Überreste von drei Türmen erhalten. Der unter Diokletian (245–313 n. Chr.) errichtete Brückenkopf war nur für kurze Zeit in Gebrauch und ist dann von den Alemannen zerstört worden. Dies müßte spätestens 354 n. Chr. geschehen sein, weil damals der römische Kaiser Constantin II. sich hier mittels einer Schiffbrücke über den Rhein setzen wollte, um den alemannischen Königen Gundomad und Wadomar zu begegnen. Noch im Jahre 1589 erwähnt Daniel Speckle die Reste «einer gewaltigen steinen Brucken, daran widerumb ein Castell gelegen, wider die Allemannier». Und 1597 weist Andreas Ryff in seinem ‹Zirkel der Eydtgnoßschaft› darauf hin, daß man bei niedrigem Wasserstand die Reste der Brückenjoche sehen könne. – Photo E. Richter.

231 **Der Bau des Rheinkraftwerks, um 1910**

Während der Jahre 1907 bis 1912 erlebte Wyhlen mit dem Bau des Rheinkraftwerks eine äußerst leb-

holz› zu Äckern ausroden zu dürfen, damit sich die Bewohner ‹vom völligen Ruin erhalten können›. Als schließlich Österreich im Frieden von Preßburg (1805) zur Abtretung seiner oberrheinischen Besitzungen gezwungen wurde, kam der Ort nach jahrhundertelanger Zugehörigkeit zu Vorderösterreich an Baden.

Ein bedeutsames örtliches Ereignis stellte für Wyhlen die Gründung des Klosters Himmelspforte im Jahre 1304 dar. Noch im Gründungsjahr wurde dieses Kloster dem Prämonstratenserorden eingegliedert und gehörte dann von 1524 bis 1807 als Priorat zum Kloster Bellelay im Schweizer Jura. Durch Schenkung erwarb sich die Abtei im Laufe der Jahrhunderte Güter, Gülten und Rechte in Wyhlen, Inzlingen, Nollingen, Warmbach, Niederdossenbach, Wintersweiler, Binningen, Schallbach und Rikkenbach. Im Jahre 1807 wurde das Kloster aufgehoben und verkauft, bis es nach wechselnden Schicksalen zu einem Erholungsheim umgestaltet wurde. Durch seine Kapelle ‹Maria im Buchs› blieb es aber weiterhin vielbesuchter Wallfahrtsort.

Wyhlen hat auch in der Legende eine Rolle gespielt, da hier nach der Überlieferung die Heilige Christiana auf der Flucht vor den Heiden oder, nach einer anderen Version, während einer Wallfahrt nach Rom im 9. oder 10. Jahrhundert gestorben und dann oberhalb des Dorfes an der Stelle der heutigen St.-Chrischona-Kirche beerdigt worden sein soll. Mit Hilfe des schon 1397 erwähnten Flurnamens ‹sant Christianenbette› war es möglich, den mutmaßlichen Sterbeplatz zu finden.

Beim Auftreten der frühesten schriftlichen Quellen sind die steilen Südhänge bereits größtenteils dem Weinbau dienstbar gemacht. Anhand vieler Flurnamen ist die frühere Ausdehnung der Rebfläche genau zu rekonstruieren. Dabei kann festgestellt werden, daß diese sowohl im östlichen als auch im westlichen Teil der Gemarkung über die heutige Bundesstraße hinaus reichte und Wyhlen zu einem bedeutenden Weindorf machte. Vor Errichtung der Solvaywerke im 19. Jahrhundert, welche die Salzlager im Feld in Form von Sole auspumpten, beschränkte sich die Ausbeutung der Bodenfunde auf die Gewinnung von Gips sowie auf die Verarbeitung des lehmhaltigen Bodens und der Kalksteine. Doch diese wenigen nichtlandwirtschaftlichen Erwerbsmöglichkeiten änderten die Grundstruktur des Dorfes nicht. Der Großteil der Bevölkerung blieb auch weiterhin auf die Landwirtschaft und den Weinbau ausgerichtet. Erst die vor rund hundert Jahren eingeleitete industrielle Entwicklung brachte Wyhlen um seinen rein bäuerlichen Charakter. Seit 1975 bildet der über 6000 Einwohner zählende Ort eine gemeinsame Gemeinde mit Grenzach.

hafte Zeit. Links im Hintergrund ist das fertiggestellte Dampfkraftwerk mit dem hohen Schornstein, dem Kesselhaus und der Dampfzentrale zu sehen. Das Dampfkraftwerk war bis 1960 in Betrieb und sorgte als Zusatzkraftwerk für eine vom Wasserstand des Rheins unabhängige Stromerzeugung. Im Jahre 1977 verschwanden schließlich die letzten Zeugen der altgedienten ‹Dampf-Elektrizität›. – Photo Höflinger.

232 An der Rheinfelderstraße, um 1910

Die erstmals 1570 genannte ‹Herberg zum Ochsen› erhielt 1804 ein neues Gewand, das heute noch dem Gastgewerbe dient (‹Talismann›). Auch das Geschäftshaus auf der rechten Straßenseite genügt noch seiner angestammten Bestimmung (‹Allgemeine Bauunternehmung GmbH, Tief- und Straßenbau, Wyhlen›). – Photo Höflinger.

233 Wyhlener Gasthöfe, um 1910

Auf dem Bild sind drei Gasthöfe zu sehen: links das 1779 erstmals erwähnte ‹Rössle›, dessen Haus 1824 neu erbaut worden war; in der Mitte den ‹Löwen›, dem 1790 Wirt Baptist Stadler vorstand; rechts außen den 1957 zu einer Metzgerei umgebauten ‹Engel›. Der Dorfbrunnen steht heute auf der gegenüberliegenden Straßenseite. – Photo Höflinger.

Das Chrischona-Bettle

Zwischen der Landstraße und dem Rheine, da, wo der Bahndamm jetzt vorüberzieht, war vor dem Bahnbau eine viereckige Stelle im Felde, Almendgut, welches den Namen Chrischone-Bettle führte. Nahe dabei, so berichtet die Legende, landeten einst drei von den 11,000 Jungfrauen, welche auf dem Rheine nach Kölln fuhren, Chrischona, Ottilia und Margaretha, und die Stelle, an der sie ausruhten, nannte man bis auf unsere Tage Chrischona-Bettle. Von hier aus seyen sie verschiedenen Weges gegangen, sich gegenseitig versprechend, jede ein Gotteshaus auf einer der benachbarten Höhen zu erbauen, von dem aus sie sich von ferne sehen und jeden Morgen nachbarlich begrüßen könnten. Aufwärts nach der Höhe des Dinkelberges, wanderte die fromme Chrischona, und baute dort die Kirche, welche noch jetzt ihren Namen trägt, über die Wiese, den Tüllinger Berg hinauf pilgerte Ottilia, dort, auf der Höhe von Tüllingen ihren Gottesbau zu errichten, und westlich, über dem Rheine, hinter Basel fand Schwester Margaretha die Stätte, an der sich die Mauern ihrer Kirche zur Ehre Gottes erheben sollten.

Markgräfler Bilderbogen

234 Das Markgräfler Mädchen Annamaria Bauer, um 1850. Ölgemälde von August Bauer.

235 Lörrach und Schloß Rötteln, 1872. Ölgemälde von August Bauer.

235

236 Floßzug bei der heutigen Säckinger Fridolins-insel, um 1870. Aquarell.

237 Blick vom Grenzacherhorn auf Basel, um 1850. Aquarell von Wilhelm Ulrich Oppermann.

239

238 Blick vom Isteinerklotz gegen Basel, um 1835.
Ölgemälde von Peter Birmann.

241 Basler Jagdgesellschaft bei der Einkehr in den
Wyhlener ‹Ochsen›, um 1850. Aquarell.

242 Beim Mühlenbrücklein über die Kander in
Binzen. 1893. Ölgemälde von August Bauer.

243 Die Weiler Adlerwirtin Sophie Greiner, 1850. Ölgemälde von August Bauer.

244 Markgräfler Bauernfamilie bei der Heuernte, um 1870. Ölgemälde von Hans Thoma.

Sundgauer Bilderbogen

B. Hartmann

247 Sundgauerin mit Gemüsekorb, um 1860.
Aquarell.

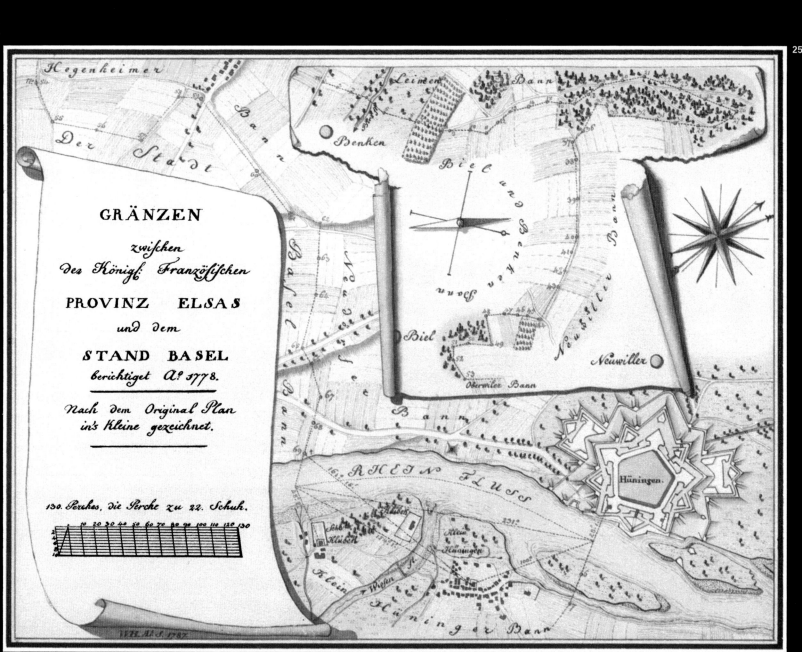

Der Sundgau

Der Sundgau blüht. Jedes Sträßlein säumen Bäume im bräutlichen Weiß, und die Dörfer versinken in einem Meer von Blust. Vom Waldrand schimmert der Schlehdorn herüber, so weit das Auge schaut, leuchtet das Land in wunderbarer Schönheit. Die Straße aber, die wir durchfliegen, wird, über Nacht fast, zu einem Blütendom. Ein Glanz, ein Duft, ein Summen. Da treten sie wieder vor bis an die Rheinebene, die Hügelreihen von Habsheim bis hinauf nach Bartenheim, rotzart steht am Hang hier und dort ein Pfirsichbaum. Wege biegen in kleine Tälchen ein, Scheitwecktürme schauen darüber hin, in Blotzheim träumt ein Schloß von der Puder- und Perückenzeit. Blütenfahrt durch den Sundgau – leuchtendes Weiß allüberall. Wie ein Wundergarten, darinnen sich mit Zauberschlag alles Schöne aufgetan. Es blühen die Höhen, es schimmern die Tälchen. Steil steigt die Straße nach Volkensberg, des Dorfes kleiner Scheitweck lugt weit hinab ins Basler Land. Und die Sicht droben unter umsummten Kirschblüten, unter duftenden Birnbäumen! Das Tiefgrün der Matten, das zarte Blattgetupf der Wälder. Basels Türme, der Steilsturz des Gempen, die Höcker des Bölchen, der dunkle Jurawall. Davor Blauen und Rämel – Weiß hier und dort mitten unter Birken und Buchen.

In Volkensbergs Kirche der barockene Altar von St. Apollinaris, in St. Blasien drüben an der obern Ill Feuersteingemälde, in Rädersdorf der Abtei Lützel zierliche Orgel. Überall geht die Geschichte mit uns des Wegs, und so manches Dorf bewahrt wahre Schätze heimatlicher Kunst. Wie ist er doch so reich, unser Sundgau! Und wie leuchtet es um uns, da wir bei der Martinskapelle unweit Oltingen vorbeifahren, von blühender, nie endenwollender Pracht! Wie anheimelnd die Dörfer am Blochmont, Lutter und Wolschweiler, wie wohltuend der Friede bei der Hippoltskirch und wie idyllisch das Tälchen, das in Ligsdorfs Kirche den Altar aus der Leodegarsabtei Masmünster hütet! Ein Rinnsal ward die Ill, Dotterblumen säumen den kleinen Lauf, und violettfarben zittert im Wind das Schaumkraut dort, wo des Sundgaues Tochter dem Erdboden entsteigt. Winkel. Unser Wagen nimmt den Paßweg zur Hohen Muttergottes – da liegt das obere Largtal uns zu Füßen. Oberlarg, das niedliche Dörflein, der Mörsperg, der Luffendorfer Einschnitt. Blütenmeer weit um uns, nie wird das Auge müde, die Pracht zu genießen.

Weiter führt uns der Wagen. Altkirch baut sich auf, doch schon biegen wir ab, steuern Aspach zu. Und genießen von der Wasserscheide den Blick über das weite, blütenweiße Land, in dessen Schimmern die Dörflein liegen. Bis hin nach Ammerzweiler und Burnhaupt. Larg und Kanal silbern in der Abendsonne – wir fahren in Heidweiler ein. Vor uns grünt und blüht der Wald am Britzgyberg, Schleh und Kirschen, Birnen und Pflaumen, alles, alles im großen Frühlingslicht. Das Reinacher Schloß zeichnet in das frische Grün der Matten und Gärten das beruhigende Bild des Landadelssitzes – wie wir abbiegen von der Larg zur Ill, steigt der Sundgau empor zu einem Symbol, der Burnkirch. An St. Martin bei Oltingen gemahnt sie uns, Hüterin stiller Ruhestatt. Darüber hin blühen die Hügelreihen, grünen die Felder, wächst fruchtverheißend das Korn. Neues Leben aus altehrwürdiger Scholle. Blütenschnee rieselt nieder gleich wie in einem schönen Traum. Und alles, Blust und Friede, Vergangenes und Kunst, alles wird zu einem Bild. Zu einem Erleben: Sundgau ...

Paul Stintzi, 1934

Altkirch

In einem fruchtbaren, von hügeligen Waldbeständen durchzogenen und von der Ill und der Larg bewässerten Gebiet liegt die Stadt Altkirch. Erstmals im Jahre 1102 urkundlich erwähnt, wird schon 1271 von einem ‹Castrum et oppidum Altchilke› gesprochen. Der Burghügel, auf dem sich das Schloß der Herrscher, der Grafen von Pfirt, erhob, erfuhr ebenfalls im 13. Jahrhundert seine früheste Besiedlung durch Untertanen. 1324 gelangte durch Heirat Erzherzog Albrecht II. von Habsburg in den Besitz der Grafschaft. Und unter den Österreichern entwickelte sich Altkirch zum bedeutendsten Handelsort des Sundgaus. 1375 setzte eine Belagerung durch die Horden Enguerrand de Coucys der Stadt hart zu, brannte sie doch teilweise bis auf die Grundmauern nieder. Aus jener Zeit stammt die Legende, daß im Augenblick, als die Feinde bereits die Mauern der Stadt erstiegen hätten, eine strahlende Erscheinung der Gottesmutter die Belagerer in die Flucht geschlagen habe. Tatsache ist, daß die Bürger Altkirchs bis 1793 alljährlich am Mittwoch nach Mariä Lichtmeß eine Votivfeier Maria zu Ehren beginnen. Die Begründung dieses Festes ist im großen Platzbrunnen der Stadt eingemeißelt.

Auch später wurde Altkirch immer wieder in Kriegshändel verwickelt. So im Armagnakenkrieg 1444. Zwei Jahre später richteten die Basler große Verwüstungen an. 1633 fiel die Stadt in die Hand der Schweden, die mit beispielloser Grausamkeit die Bürger traktierten und schließlich auch das Schloß zerstörten (der Rest des berühmten Schloßturms, des höchsten im Oberelsaß, ist 1845 abgebrochen worden). Mit Mißbehagen erfüllt ist auch die Erinnerung an Peter von Hagenbach, den berüchtigten Vogt Karls des Kühnen, der von 1469 bis 1474 als burgundischer Landvogt auf dem Schloßhügel schikanös seines Amtes waltete. Der Besuch Kaiser Maximilians I. Anno 1492 und das Wirken Johann Ulrich Surgants, der 1488 zum Rektor der Basler Universität aufstieg, erscheinen dagegen als unauslöschbare Lichtblicke in der bewegten Stadtgeschichte.

Ein wirtschaftlich bedeutsames Instrument hatte die Stadt schon vor dem Jahr 1398 durch die Verleihung des Marktrechts erhalten. Seit 1490 durften nicht nur während des Jakobimarkts am 25. Juli, sondern jeweils auch am Donnerstag nach der Alten Fasnacht die Marktstände aufgeschlagen werden. Es folgten 1511 der Michelimarkt am 30. September und 1579 der Exaudimarkt am Montag nach diesem Sonntag. Der heute bekannteste der 13 Altkircher Jahrmärkte ist der seit 1567 bekannte Katharinenmarkt am 23. November. Neben einem größeren Kaufhaus, das im ausgehenden 14. Jahrhundert erbaut worden war, wurde in Altkirch schon früh auch die Ziegelfabrikation (‹briques d'Altkirch›) betrieben. Zu tragfähigen Industriezweigen entwickelten sich im 19. Jahrhundert die Herstellung von Fayencen und die Baumwollweberei. Bis ins 14. Jahrhundert lassen sich in Altkirch auch Nachrichten über eine Schule verfolgen. Zunächst amtete ein Kaplan als Schulmeister, später ein Provisor, der zugleich Organist war und eine zweiklassige Schule führte. Beim Einzug der Jesuiten drängte 1623 die Geistlichkeit auf die Errichtung eines Kollegiums, doch erhielt die Stadt die Erlaubnis zur Betriebseröffnung erst Anno 1803. Im Jahre 1886 unterrichteten am Gymnasium 10 akademische Lehrer 94 katholische, 22 protestantische und 21 israelitische Schüler.

254 Gesamtansicht der Stadt Altkirch, 1675

Zur Umwandlung eines offenen Ortes in eine Stadt bedurfte es der Kaiserlichen Genehmigung. Später wurde auch den Landesfürsten das schwer umstrittene Recht, Stadtanlagen zu gründen, eingeräumt. Eine Schenkungsurkunde des Grafen Friedrich II. von Pfirt aus dem Jahre 1215 berichtet von der Gründung der Stadt, als er den Mönchen von Lützel einen Platz zur Errichtung eines Hauses erlaubte, ‹in der von ihm gegründeten Stadt Altkirch› (in municipio nostro nomine Haltkiliché quod tempore meo aedificavi). Unter ‹municipium›, welches zur Zeit Ottos des Großen von jedem befestigten Ort fast gleichbedeutend mit ‹munitio› gebraucht wird, ist aber hier nicht allein ein durch Mauern und Wälle geschützter Platz zu verstehen, sondern es vertritt auch die neue Ordnung für das städtische Gemeinwesen. Nach der Vereinigung mit Frank-

254

reich Anno 1648 bildete Altkirch ein Amt der Subdelegation Belfort und bestand aus den Meiertümern auf der Larg, im Hundsbachertal, Bettendorf, Ballersdorf, Illfurth und Hochstatt. 1686 wurde die Stadt zugunsten der Familie Mazarin zur Baronie erhoben. Während der Französischen Revolution rückte Altkirch zum Hauptort des Arrondissements gleichen Namens auf und blieb es bis zum Jahre 1857. Durch Verfügung vom 17. November wurde Mülhausen zum Hauptort erkoren. Heute ist Altkirch wieder Sitz einer Sous-Préfecture mit 6300 Einwohnern. – Kupferstich von L'Hermine.

255 Die Judenrevolte von Dürmenach, 1848

Als im Februar 1848 in Paris die Revolution ausbrach und die Zweite Republik ausgerufen wurde,

gährte es auch im Sundgau ganz bedrohlich, und tiefe Unruhe erfaßte alle Teile der Bevölkerung. Die Aufständischen zogen randalierend durchs Land, so daß die Nationalgarde eingesetzt werden mußte. War es den mit Knüppeln, Stöcken und Säcken ausgerüsteten Bauern nicht möglich, sich Zugang in die Stadt Altkirch zu verschaffen und die Häuser der reichen Israeliten zu plündern, so gelang ihnen dieses Vorhaben in Dürmenach, einem vornehmlich von Juden bewohnten Dorf in der Umgebung. Dort wurden mehrere Häuser ausgeraubt und verwüstet und die jüdischen Einwohner um ihr Hab und Gut gebracht. Auch wurde die Synagoge geschändet und deren Ausstattung zertrümmert. Der ruchlose Überfall auf ‹Klein-Jerusalem› störte während Jahren das konfessionelle Gleichgewicht im Sundgau. – Lithographie von Boehrer.

256 Am Hirschmontag, um 1870

Der fidele Hirschmontag, der sogenannte Tschapperlemäntig, galt immer als Tag der Frau: Die Frau durfte das Geschehen bestimmen und dabei den sonst unterdrückten Gefühlen freien Lauf lassen… So zogen die Frauen in Gruppen durch die Stadt und besuchten Cafés und Restaurants. Dies bot denn auch Gelegenheit, übermütig den Männern die Hüte und Mützen von den Köpfen zu zerren und diese erst wieder nach einer Einladung zu einem Glas Wein zurückzuerstatten! – Zeichnung von F. T. Lix.

E tapferer Karle

Jm Stationsort Altkirch hat's e paar junge Bürsmanner, wu allewil, wenn se binander sin, vu ihre Kräfte verzähle un sich mit groß wan mache. Wie me sage tüet, sin die Riese famos stark im Üsrisse. So hat züem Bispiel am Neujohr ein vu dane Koloß mit 'm e Schwizerknacht ebbis gha, im e günstige Momant haüt er dam Schwizer eine uf d Aüge un isch ab. Dr Schwizer isch iwer das Benahme so etonniert gsi, aß er gar nitt dra dankt hat, fir dam Großmül noz'geh; er hat nur gsait, aß dr Streich bi dr erste Glageheit ummegeit. Unser ‹tapfre› Bür labt siter in Angst, as er mit'm Schwizer könnt z'ammetraffe un loßt sich im Ort so wenig wie möglig säh. An dr Fasenacht isch er mit sim Wiwele in 're Wirtschaft gsi; e paar junge Bursch han sich dr Gspaß erlaübt, sin uf das Paarle züe un sage-n-ihm, aß dr Schwizer verkleide-n-isch un si Adversaire süecht, fir'm e Schutz z'ga. Im Arbogast isch's uf das hi windeweh worde un sie Wiwele isch fast in Ohmachte gfalle. So schnall aß se han könne, sin beide heim gschliche un han sich dert igschlosse. Dr ander Tag isch drno im Arbogast sie Wiwele iwerall geh klage un hile, fir aß me doch bim Schwizer wieder güet Watter mache tüet. Drbi hat da Schwizer schu lang nimme an die Affare dankt gha. 's macht nit, Kurage ha isch doch gwiß e natte Sach, awer gwönnlig findet me die nitt bim e Prabli, wie dar Fall wieder uf's Neüe bewist. (1904)

257 Das Kloster St-Morand, 1857

Die Anfänge Altkirchs sind im Tal von St-Morand zu suchen, wo, wie aus einer Aufzeichnung über das Leben des Sundgauheiligen Morand († um 1115) aus dem Jahre 1106 zu erfahren ist, schon in christlicher Frühzeit eine St.-Christophorus-Kirche stand. Die später als Bürgerspital und Waisenhaus dienenden Gebäulichkeiten sind 1752 von den Jesuiten errichtet worden. Die alte, feuchte Kirche wurde 1885 ersetzt. – Ölgemälde von J. R. Lyner.

257

Neujahrswunsch aus St-Ulrich bei Altkirch

Mer kemme dohare am Owe spot.
Mer wünsche eich alle e neu's guets Johr.
E neu's guets Johr, e fröhlichi Zeit,
Die uns Gott Vatter vom Himmel verleiht.
Vom Himmel verleiht un's ewige Lebe,

Ihr solle das Johr mit Freide erlebe.
Zu Bethlehem in der kleine Stadt,
Wo Maria 's Chrischtkindele gebore hat.
Sie hat's gebore, und das isch wohr,
Jetz schick uns Gott Vater e neu's guets Johr!

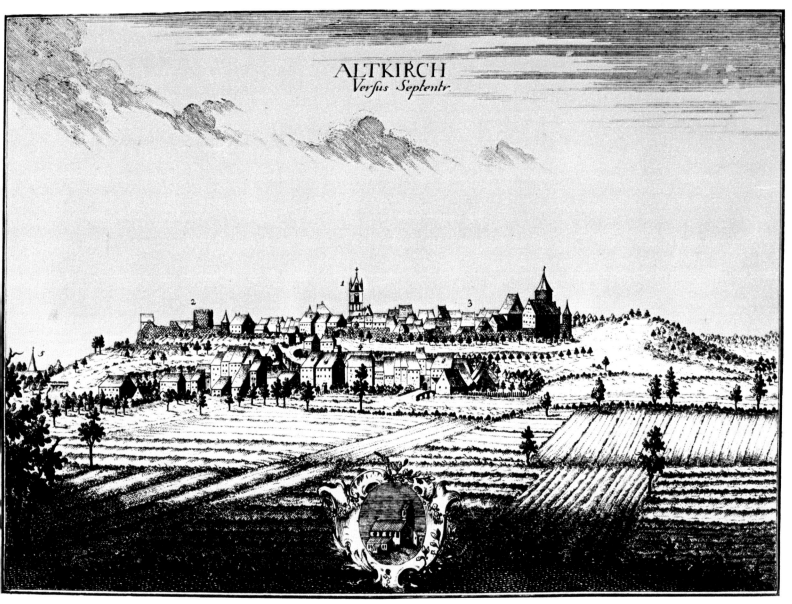

ALTKIRCH
Versus Septentr.

258 Altkirch oder Altkilch, 1751

«An der Jll, dritthalb Meilen von Basel, zwo Meilen von Ensisheim, und acht von Mümpelgardt gelegen, zur Graffschafft Pfirdt in die Österreichische Regierung Ensisheim gehörig. Dieses Städtlein sampt Schloß und Herrschafft, in etlich 30. Dörffer bestehend, ist nach Absterben deß letzten Graffen von Pfirdt Udalrici durch Heyrath an das Hauß Österreich kommen. Jst eine zeitlang, wie auch das Schloß Jssenheim, Fuggerisch, als ein Pfandschilling von Hauß Österreich gewesen. Seither ist solches sampt den Sungäu vermöge deß General-Reichs-Frieden-Schluß, an die Cron Franckreich kommen, und soll anjetzo titulo donadonis von dem König in Franckreich Herr Obrist Betz besitzen. Jst ein hüpsches nahmhafftes Städtlein vor dem jetzigen Kriege gewesen, und hat ein Ampthauß. Anno 1253. ist eines Menschen Hirnschal allda gefunden worden, so zweyer Finger dick gewesen. Anno 1529. hat der Bischoff von Basel bey vorgenommener Religions-Reformation zu Basel seine Lehen-Gericht oder Consistorium hieher gelegt, dahin sich die benachbarte Aepte und Geistliche auß den Klöstern versamblen. An. 1633. hatten diesen Ort die Schweden, und ist das Schloß allhie fein, aber an Fortification damahlen schlecht gewesen. Anno 1637. im Augusto ist das Städtlein von den Frantzosen mit Sturm eingenommen und geplündert worden, und hat seither noch viel außgestanden. Wie es dann Anno 1641. im Junio von den Burgundischen Bauren erstiegen und geplündert worden ist. Nicht weit von diesem Städtlein ist ein altes Kloster S. Morand genand, vor diesem dem Benedictiner Orden, anjetzo aber den Jesuitern gehörig.» (1663)

259

260

259 Die Kirche auf dem Berg, um 1840

Zuverlässige Angaben über die ‹Alte Kirche› sind erst von der zweiten Kirche, die sich bis 1844 auf dem heutigen Place de la République erhob, überliefert. Eine Inschrift berichtete: «Im Jahre des Herrn 1255 wurde diese Kirche erbaut durch den Herrn Berchtold von Pfirt, Bischof von Basel.» Als vermutlicher Baumeister ist ein Thomas Hilmaier zu nennen. Charles Goutzwiller, der diese Ansicht der Kirche lithographierte und den Abbruch des Gotteshauses Anno 1844 miterlebte, vertrat die Ansicht, der Turm stamme wohl aus dem siebten Jahrhundert und habe einen Teil der Berchtoldskirche gebildet. Berchtold war der Sohn des Grafen Friedrich II. von Pfirt, des Gründers der Stadt.

260 Die Weberei Xavier Jourdain, um 1870

Im Jahre 1826 gründete Xavier Jourdain in Altkirch eine mechanische Weberei, deren erste Webstühle von großen Wasserrädern angetrieben wurden. Der Anschluß an die Eisenbahnlinie Mülhausen–Belfort Anno 1858 wirkte sich für das Unternehmen äußerst günstig aus, beschäftigte es doch um die Jahrhundertwende gegen 500 Arbeiter, die an 800 Webstühlen arbeiteten. – Lithographie von Ch. Goutzwiller.

261 Die 1345 ummauerte Stadt, 1839

«Altkirch, Städtchen mit 2215 Einwohnern, mitten im Sundgau, am Abhange eines Hügels, dessen Fuß die Jll bespühlt. Es liegt unter den Graden 24°, 58′ der Länge und 48° 36′ der Breite. Seine Anlage verdankt es einem Grafen von Pfirt im 13ten Jahrhundert, theilt sich in die obere und untere Stadt, und wird von den malerischen Trümmern einer ganz nahen uralten Felsenburg, deren Verwüstung das Werk der Schweden im 30jährigen Krieg war, nur durch einen Graben getrennt. Bis zur französischen Revolution übte ein hier wohnender Offizial, Namens des Bischofs von Basel, die geistliche Gerichtsbarkeit über den elsaßischen Theil seiner Diozöse aus, auch war dieser Ort die Wiege einiger Litteratoren, die in der Blüthezeit der Baslerischen Hochschule als Lehrer an derselben glänzten, hier ist gegenwärtig ein Collège angelegt, und, als in

226

dem Wohnsitze des Unter-Präfekten, versammelt sich hier auch das Conseil d'Arrondissement, so wie das erstinstanzliche Tribunal. Schon die hier durchführende große Straße von Basel nach Belfort und Paris belebt Altkirch sehr; es wird aber jedoch recht lebhaft, wenn hier Jahrmarkt gehalten wird, was viermal im Jahr geschieht, wo dann aus allen Gegenden des Sundgaues und der Nachbarlande die Leute hieher strömen, um ihre Erzeugnisse, Pferde, Hornvieh, Hanf, Leinwand etc. zu verkaufen oder gegen andere Waaren und Bedürfnisse umzusetzen.» (1828)

St. Morands Ruhe

Der h. Morand, Apostel und Patron des Sundgau's und der Stadt Altkirch, welcher in der Mitte des XI. Jahrhunderts lebte und viele Zeichen und Wunder verrichtete, war eines Tages aus seinem Kloster mit entblößtem Haupte, wie er zu thun pflegte, nach dem benachbarten Dorfe Wahlheim gegangen, um daselbst die Messe zu lesen und andere gottesdienstliche Handlungen zu verrichten. Bei seiner Rückkehr überraschte ihn aber ein heftiges Gewitter und nötigte ihn, sich unter einen über den Weg hinragenden Felsen zu flüchten, um wenigstens sein entblößtes Haupt vor dem Sturme zu schützen. Und siehe, «wie ein weiches Wachs gab der harte Stein seinem Haupte nach, um eine Vertiefung zu bilden, die demselben einen Schirm gegen das Ungestüm des Gewitters darbot». (1892)

Weiberfasnacht

Einer der wunderlichsten und lustigsten Karnevalsbräuche ist die ‹Weiberfastnacht›, die im südlichen Elsaß alljährlich Jung und Alt im frohen Faschingstaumel mit sich fortriß. Im Sundau führte der Fastnachtsmontag den Namen Hirztag, von ‹hirzen›, zechen. Das war der Tag der Frauen und Jungfrauen, denn sie allein hatten dann das Recht, die Wirtshäuser zu besuchen. Die Männer mußten zu Hause bleiben, ja durften sich nicht einmal an den Fenstern zeigen. Wagte es einer, diesem Verbot zu trotzen, so fielen die Angehörigen des weiblichen Geschlechtes über ihn her und pfändeten ihm Hut oder Mütze, die er nur gegen einige Schoppen Wein einlösen konnte. Die Weiber kamen, zum größten Teile maskiert, auf dem Marktplatz zusammen und brachten Lebensmittel wie Braten, Kuchen etc. mit. Aus dem Gemeindekeller erhielten sie dann zwei Faß Wein, luden diese auf ein drollig aufgeputztes und mit Schellen behangenes Pferd, welches ein vermummtes Weib führte. Jeder Wirt und Bäcker mußte ihnen ein Laib Brot liefern und die Gemeindekasse spendete ihnen 12 Schillinge, die zum Ankauf eines Bockes verwandt wurden, der ebenfalls aufgeputzt wurde. Das Pferd mit dem Wein und den Bock in der Mitte zogen nun die Weiblein die Dorfstraße entlang. Jeder, der des Weges kam, wurde gezwungen, um den Bock zu tanzen. Ein solennes Zechgelage schloß die Feier. Auch in anderen Teilen des Elsaß scheint eine ähnliche ‹Weiberherrschaft› am Fastnachtsmontag üblich gewesen zu sein, wie aus einer Stelle aus Moscheroschs ‹Philander von Sittewald› hervorzugehen scheint, die lautet: «Vor Zeiten, als die Weiber Meister waren, trug man krumme Hörner an den Schuhen, vornen zu mit Knöpfen geziert, dessen uns das liebliche Küchenliedchen noch jährlich erinnert:

Spitze Schuh und Knöpflein dran,
Die Frau ist Meister und nicht der Mann.»

Bald nach Neujahr wurden in jeder Gemeinde einige Frauen gewählt, welche von dem Ortsschulzen die Erlaubnis erbaten, zur Fastnacht die ‹Weiberzeche› abhalten zu dürfen. Diese Erlaubnis wurde erteilt. Und so kamen die Frauen schon früh morgens an Fastnacht auf dem Rathause zusammen und hielten – und das war das Erfreuliche an der Sache – Gericht über sich selbst und ihre Tätigkeit im verflossenen Jahre wobei dann alle vorgekommenen Ordnungswidrigkeiten in Küche und Haus zur Verhandlung gebracht und die schuldig befundenen Frauen entsprechend verurteilt wurden. Die Urteile waren manchmal recht hart. Wer z. B. der Unsauberkeit bezichtigt wurde, mußte Kinder- oder Küchengeschirr vor den Richterinnen im Rathaus reinigen. Widersetzlichkeiten gab es nicht, da sie die Übeltäterin aus der Ortsgemeinschaft würden ausgeschlossen haben. Nach der ernsten Sitzung aber begann der Festschmaus. Bürgermeister und Schultheiß fungierten als Kellner. Die übrigen ‹Mannsbilder› waren streng ausgeschlossen. Es war jedermann streng untersagt, über das, was bei diesen Zusammenkünften geschah, etwas zu verraten. Wenn man trotzdem der Veranstaltung den Namen ‹Weiberzeche› beilegte, so scheint das Verbot nicht genau befolgt worden zu sein. Einige Chronisten behaupten sogar ganz bestimmt, daß man sich nach der Gerichtsverhandlung fleißig einschenken ließ, und daß manche Frauen gar weidlich gezecht hätten. Unter dem Rathause fanden sich Musikanten ein, die musizierten und dafür bewirtet wurden. Das Geschrei und Gekreisch soll oft nicht gering gewesen sein und sogar die Musik übertönt haben. Vor Anbruch der Nacht nach Hause zu gehen, war streng verboten (1910).

Bettlach

‹Nicht auffallen›: Diese alte Soldatenweisheit scheint auch für das kleine Dorf Bettlach zu gelten, das zwei Kilometer nordöstlich von Oltingen ein beinahe verborgenes Dasein lebt. In seinem Bann liegt der höchste Punkt des Sundgauer Hügellandes (525 Meter ü. M.). Das waldumrandete Dorf steht am alten Römerweg, der von Pruntrut nach Augusta Raurica führte. Zur Alemannenzeit erhielt die Siedlung den Namen ‹Betlachen›: Heim des Beto am Bache. Bis 1790 dem Meiertum Bouxwiller angehörend, teilte das Dorf das Schicksal der Grafschaft Pfirt, die 1648 aus habsburgischem Besitz an die französische Krone kam. Zahlreiche Männer- und Frauenklöster verfügten in Bettlach über Grundrechte. So die Klöster Klingental und St. Alban in Basel, die jährlich beträchtliche Quanten an Korn und Haber aus ihren Besitzungen lösten. Obwohl eine Ziegelei, eine Hammerschmiede und mehrere Hauswebereien Arbeit ins abgeschiedene Dorf mit 359 Einwohnern (1851) brachten, ging die Bevölkerung bis in die Neuzeit meist der Landwirtschaft nach.

262 1925 erlebte die Bettlacher Kirchgemeinde einen unvergeßlichen Freudentag, als in Anwesenheit zahlreicher Honorationen vor dem barocken Hochaltar von St-Blaise zwei neue Glocken geweiht wurden.

263 **Die örtlichen Sehenswürdigkeiten, 1902**

Eine beachtenswerte Darstellung zeigt die Vignette ‹Kirche St. Blasius›. Das mit einer Reliquie und ansehnlichen Gemälden des Schutzpatrons ausgestattete Gotteshaus war einst Mittelpunkt einer nun verschwundenen Siedlung. Die sogenannte Lilliskirch dient den Gläubigen von Bettlach und Linsdorf als stille Stätte der Einkehr und der Besinnung.

264 Die Bauernwirtschaft ‹Zum Schlüssel› wurde von den Dörflern besonders gerne während des ‹Regiments› der Witwen Bacher und Gerster aufgesucht, die sich mit allen Gästen gut verstanden und immer für eine gemütliche Atmosphäre besorgt waren. Um 1910.

Freigawig

In Bettlach wohnt e Fraü, wu wage-n-ihrer ‹Sparsamkeit› im ganze-n-Ort beriehmt isch. Awer wenn 's sie nit kostet, so loßt se sich 's Asse un Trinke tüchtig gschmecke. An Monete fahlt's dare Fraü nitt, awer vu Natür üs isch se ewe sparsam. Kürzlig schickt se ihrem Tochtermann sine Kinder geh ne Kommission mache und verspricht ene e Butterflade. Die Kinderle han d Kommission gmacht un wan bi der Großmama dr Flade hole, awer wu se hi ku sin, sait die güete Großmama züe-n-ene, se solle zerst heim geh Brod hole, sie will ene derno Butter drufstriche. Natirlig sin die Kinder dr Butter nitt ku geh hole; awer uf e so ne ‹freigawige› Großmüetter därfe se doch sicher stolz si un se warde se doch gwiß taglig liewer beku. Wie me mr mitteilt, hat die betr. Fraü noch zwei Töchter züem Verhirote. Wer wogt's, wer riskiert's? Vermöge isch vorhande un güet bewacht vu dr ‹belle mère›. (1904)

‹Biederdan› (1141), an einem Quellbach des Birsigs in nächster Nähe von Mariastein gelegen, war ursprünglich Lehen der österreichischen Grafschaft Pfirt. Durch Erbschaft erlangten 1580 die Reich von Reichenstein die Verfügungsgewalt über das Dorf. Sie bewohnten eines der beiden ‹Bergschlösser›, die sich hoch über der Siedlung mit fränkischen Gräbern erhoben. Während von einer der beiden ‹Zwingburgen› nur noch spärliche Reste vorhanden sind, hat diejenige auf dem Boden der heutigen bernischen Gemeinde Burg im Leimental die Gefahren der Zeit überdauert. Teilhaftig an den Erträgen des Dinghofs waren für wenige Jahrzehnte auch die Adeligen von Ratolzdorf aus dem schweizerischen Rodersdorf, die mit den im 14. Jahrhundert ausgestorbenen Herren von Biederthan stammverwandt waren. Begütert gewesen sind ebenfalls das Kloster Beinwil und die Deutschordenskomturei Mülhausen-Rixheim. Die mit Dampf- und Wasserkraft betriebene Getreidemühle des Dorfes, zu dem auch die Höfe Leuhausen und Niedermühle gehören, ist um die Jahrhundertwende stillgelegt worden.

265

265   Die Kunst menschlicher Lebensweisheit wird besonders in der bäuerlichen Familie sorgsam gepflegt und weitergegeben: Eine Großmutter bringt ihrer Enkelin auf dem Hausbänklein mit viel Güte und Geduld das Stricken bei. Photo Leo Gschwind, um 1948.

266 Auch der Sonntag bleibt für den Bauern nicht ohne Arbeit, trotzdem gönnen sich einige der Biederthaler einen kleinen Spaß, bevor die einen zum Grasen in den satten Wiesengrund fahren. Photo Leo Gschwind, um 1920.

267 Am Biederthaler Zoll, den zu passieren der leider früh verstorbene Volkskundler Dr. Ernst Baumann (1905–1955) im Begriffe ist. Ihm verdankt die Forschung zahlreiche wegweisende Studien. Photo Leo Gschwind, um 1950.

Laxi, der schwarze Hund

Im Schloß von Biederthal bei Rodersdorf geht ein Verwunschener um in Gestalt eines großen schwarzen Hundes, dem ‹Laxi›. Ein Bursche, der einmal auf dem Heuboden des Schlosses (heute die französische Zollstation) genächtigt, hörte ihn mit Ketten die an den Heuboden gelehnte Leiter auf- und abrasseln. Leute, die dem Schlosse gegenüber wohnten, hatten einen Knecht; der stand eines Morgens am Brunnen vor dem Schloß. Da kam plötzlich der ‹Laxi› auf ihn los. Der Knecht warf einen Stein nach ihm, da wurde der Hund so hoch wie die Brunnenstube. Der Knecht wurde vor Schrecken krank und mußte mehrere Tage liegen. Oft wird der ‹Laxi› so groß, daß er zum Fenster im ersten Stock hineinschauen kann (der ‹Laxi› ist Alexis von Reichenstein, der ob seines Lebenswandels verrufen war).

Das Schloß Blotzheim, um 1920

Das Schloß Blotzheim ist in seiner heutigen Form
von Henri d'Anthès erbaut worden, der die ruinenhafte
mittelalterliche Burg, welche von 1681 bis 1720 der Solothurner Familie Glutz gehörte, hatte abbrechen lassen. Henri, der Erbauer des neuen Schlosses, wurde
1731 in den Adelsstand erhoben und übergab gleichzeitig seinen Besitz seinem Schwiegersohn Niklaus de Sa-
lomon-Diesbach. Nach dem Ersten Weltkrieg ließen
sich Patres von der Missionsgesellschaft zum Heiligen
Geist in Blotzheim nieder und führten den baufälligen
Adelssitz, den sie sinnvoll restaurierten, der Institutio-
nalisierung einer Missionsschule zu.

Blotzheim

*Blotzheim ist eines jener Elsässerdörfer, die trotz
Stadtnähe einen beinahe mittelalterlichen Reiz bewahrt
haben. Ausgedehnte Rebhänge, ein sehr gut erhaltenes
altes Kloster, Riegelhäuser und Bauerngärten prägen den
Charakter des Dorfes, der glücklicherweise bis heute
noch nicht durch Schnellstraßen verdorben wurde; auch
stören vorläufig nur vereinzelte Betonbauten das Dorfbild. Die Geschichte erwähnt es 728 zum ersten Male
unter dem Namen ‹Flobotesheim›. Die damalige römische Burg Robur bewachte die Rheinstraßen. Zu unbekannter Zeit ist sie dann verschwunden wie die benachbarten Dörfer Reckwiller, Oderen, Willer und Suderkilch.*

Ursprünglich Besitz des Abtes von Murbach, wurde Blotzheim nach fünf Jahrhunderten der Grafschaft Ferrette eingegliedert. Die Einwohner waren vor allem Bauern; sie bauten Getreide und Obst an und besaßen ausgedehnte Weingärten. Bis zum heutigen Tag sind die Rebberge ob Blotzheim die größten in der Gegend von Mülhausen. Wichtig für Blotzheim war auch die Viehzucht, vor allem die Aufzucht von Schweinen, daran erinnert der Flurname ‹Sojmarkt›, den ein Teil des Dorfes immer noch trägt. Zu Beginn des Mittelalters waren Handwerk und Industrie kaum vertreten, jeder war sein eigener Schmied, Schneider oder Schreiner. Ihre Steuern entrichteten die Bürger von Blotzheim lange Zeit in Naturalien. Mit diesem sogenannten Zehnten mußte auch das Kloster unterhalten werden.

Der Dreißigjährige Krieg brachte dem Dorf schwere Tage. Die Schweden ergossen sich über den ganzen Sundgau. Zahlreiche Ausschreitungen verbitterten das Landvolk derart, daß es entschlossen Widerstand leistete, wie einer zeitgenössischen Schilderung zu entnehmen ist: «Die Bauern hatten sich im Februar 1633 in das Dorf Blotzheim zurückgezogen, wo sie bald von 19 Kompagnien Schwedischer Reiter eingeschlossen wurden. Sie sahen leicht, daß sie verloren waren; doch wollten sie sich

nicht ergeben. Man schickte ihnen eine Parlamentärtruppe von 14 Mann mit einem Trompeter. Aber die Bauern verstanden keine andere Sprache als die des Hasses und der Verzweiflung. Sie machten die 15 Mann nieder. Nun lieferte ihnen der Kommandant der Garnison Häsingen einen erbitterten Kampf. Er ließ das Dorf an allen vier Ecken anzünden und legte es in Flammen. Wer nicht entfliehen konnte, wurde niedergemetzelt. Man zählte in kaum zwei Tagen bei 2000 Tote. 900 wurden gefangen genommen und nach Landser abgeführt, wo man sie ohne Mitleid dem Tode überlieferte.» Der Ort, an welchem die Unglücklichen hingerichtet wurden, ist heute noch bekannt unter dem Namen ‹Kuttelausgraben›. Anno 1709 wurde in Blotzheim der berühmte Arzt Georges-Frédéric Bacher geboren. Er setzte sich für die Nutzung der schwefelhaltigen Quellen ein und entwickelte Blotzheim zu einem vielbesuchten Heilbad. Alliierte Truppen (1814) und Feuersbrünste (1821) aber setzten dem florierenden Badebetrieb vorzeitig ein abruptes Ende.

269 Der Bau des Flughafens, 1946

Als am 8. Mai 1946 mit einem Swissairflug nach London der Flugplatz Basel-Mülhausen in Blotzheim eingeweiht wurde, sprach man in Fachkreisen vom ‹miracle de Blotzheim›, hatte doch erst im Februar jenes Jahres die französische Regierung der Delegation aus Basel, Regierungsrat Wenk und Direktor Koepke, ‹per Handschlag› die Bewilligung zum Bau eines Flugplatzes auf französischem Hoheitsgebiet erteilt! (Die Basler Bevölkerung hatte im März 1943 in einer denkwürdigen Abstimmung das ‹Hardprojekt› verworfen.) – Photo Höflinger.

269

270 Mit Stahlblech, das die Amerikaner nach Kriegsende in Frankreich in großen Quantitäten unverwendet hatten liegen lassen, wurde ‹schnell› eine Piste mit einer entsprechenden Baracke errichtet: Ein Provisorium, das allerdings volle acht Jahre Bestand haben sollte! Photo Höflinger.

Pietà in der Wallfahrtskirche Maria Eich, 271 14. Jahrhundert

Blotzheim war auch ein während Jahrhunderten bekannter Wallfahrtsort. Die Stiftung reicht ins Jahr 1349 zurück, als der düstere Hardwald sich noch bis zu den Mauern des Schlosses erstreckte und die Pest zu täglichen Bußübungen mahnte. Der Heiligen Jungfrau Maria geweiht, erhielt die Wallfahrtskapelle, einen Ki-

lometer vom Schloß entfernt und von mächtigen Eichen umgeben, den Namen ‹Maria zur Eich›. Johann II., Bischof von Chur (1355–1388), berichtete von zahlreichen Wundertaten, welche, von glaubhaften Zeugen bestätigt, vollbracht worden seien. Und der Basler Bischof mit demselben Namen hatte 1349 seinen Mitbürgern eindrücklich den Besuch der Maria im Eich empfohlen, weil sie große Wunder und Zeichen geschehen lasse. Am Neubau der Kapelle war 1498 auch Meister Michel, der Zimmermann aus Basel, beteiligt, der aber mit seiner Arbeit in Rückstand geriet und deshalb aufgefordert wurde, «als ein frummer man und wegen der muotter gotts» den Auftrag zu erfüllen.

Bouxwiller

Die Anfänge Bouxwillers, das im Tal der Luppach liegt, reichen in die Vorgeschichte zurück, wurde doch an der Römerstraße nach Vieux-Ferrette in einem Obstgarten der Unterbau der römischen Villa ‹Boswilare› entdeckt. Der Name Bouxwiller erscheint aber erst 1271 im Zusammenhang mit einem Hof, der im Besitz von Ulrich I., Graf von Ferrette, stand. Brachten die Armagnaken (1439) und die Solothurner (1445) mit ihren Überfällen viel Elend über die aufstrebende Siedlung, so trug im 18. Jahrhundert der Abbau von Huppererde, mit der man

feuerfeste Platten für Glasöfen herstellen konnte, die im ganzen Königreich begehrt waren, entscheidend zur wirtschaftlichen Entwicklung des Dorfes bei. Beachtenswert ist die Bouxwiller St.-Jakobs-Kirche, deren Turm aus dem 11. Jahrhundert stammt. Das 1777 bzw. 1859 neu erbaute Gotteshaus ist 1855 und 1911 durch starke Erdbeben schwer beschädigt worden. Drei Altäre, die barocke Kanzel und zahlreiche Reliquien stammen aus Lützel. Einige Berühmtheit hat in der breitern Öffentlichkeit auch die Bouxwiller ‹Erdwibleschlucht› erlangt. In den vier Grotten, der Zwerghöhle, dem Adlernest, der Katzenhöhle und der Höhle des 22. Oktober 1952 sollen in frühe-

272   Um 1900 zählte Bouxwiller mit seinen 72 Häusern nur noch 277 Seelen, nachdem das vier
Wegstunden von Altkirch entfernte Dorf noch
1828 von 339 Einwohner belebt gewesen war.

273   Stattliche Riegelhäuser an der Hauptstraße nach
Pfirt. Links die heute noch bewirtschaftete Her-
berge ‹Au cheval blanc›, rechts das klassizistische
Schulhaus, um 1890.

272

ren Jahren ‹Erdwible› und ‹Erdmannle› gehaust haben,
die immerfort in jugendlichem Alter lebten und keinen
Nachwuchs zeugen konnten. Die lustigen Zwerge waren
äußerst hilfsbereit und gingen besonders während der
Heuet und der Ernte den Landarbeitern mit silbernen Si-
cheln an die Hand. Weil sie lange Kleider trugen, die bis
an den Boden reichten und ihre Füße bedeckten, forderten sie die Jugend immer wieder zur Neugierde heraus.
So konnten einst einige Mädchen der Versuchung nicht
widerstehen, in Erfahrung zu bringen, wie diese Füße
wohl aussähen. Also streuten sie feinen Sand und erkannten dann, daß das Zwergvolk Schwimmhäute an den
Füßen trug. Die Heinzelmännchen aber waren ob der
Preisgabe ihres Geheimnisses so betrübt, daß sie sich in
ihre Höhlen verkrochen und sich nie mehr zeigten …
Das ehemalige Franziskanerkloster Luppach ist 1459

273

von den Herren von Flachslanden gegründet worden. 1602 übernahmen Rufacher Barfüßermönche das Kloster und führten es, dank dem Wohlwollen der Basler Fürstbischöfe, zu hoher Blüte. 1792 wurde das Kloster aufgehoben und zu einem Lazarett umgewandelt. Über den Mülhauser Krankenverein und den Gastwirt Columban Martner, der das Kirchtürmchen abreißen ließ und die Orgel nach Grentzingen verkaufte, kam das Kloster später an einen Basler, der – allerdings ohne Erfolg – die Gebäulichkeiten zu einer Textilfabrik umfunktionieren wollte. 1898 richtete Hermann Bloch aus Dürmenach das einst 50 Zellen haltende Kloster zu einem Meierhof ein. Seit dem Jahr 1900 betreiben opferwillige Allerheiligen-Schwestern in den Mauern des während Jahrhunderten bedeutsamen geistlichen Zentrums ein Erholungsheim.

(u. a. ‹die Blutstropfen von Willisau›) zerstört wurden. Außerhalb des Dorfes, an der Altkircher Straße, wo vor einigen Jahrzehnten ein Römerbrunnen freigelegt wurde, lag bis zur Revolution das alte Wallfahrtskirchlein St. Blasius. Bis zu dieser Zeit erhob sich neben der Burnenkreuzkapelle auch ein Kreuz, das von Pilgern oft aufgesucht wurde. Mit dem Neubau der Kapelle Anno 1882 lebte die Blasiuswallfahrt wieder auf. Der Flurname ‹Blutäcker› erinnert an das Gefecht von 1674 zwischen den Kaiserlichen und Henri de Turenne, der wegen der Zerstörung der Pfalz in jenem Jahr eine zweifelhafte Berühmtheit erlangte. Viele der 1941 nach Mülhausen eingemeindeten Brunstatter arbeiteten um die letzte Jahrhundertwende in einem der 14 Kalksteinbrüche, in einer der beiden Mühlen oder in der Brauerei.

274 Schloß Brunstatt, um 1836

Im Zentrum des Dorfes erhob sich bis 1857 das Wasserschloß Brunstatt. Es wurde 1295 von Cuno von Berckheim erbaut. Nach 1486 von den Eidgenossen in Brand gesteckt und später wieder aufgebaut, kam das Schloß an die Thiersteiner und später an die Bösenwald. Nach der Revolution wurde eine Brauerei und eine Chemische Fabrik im malerischen Weiherschloß installiert, bis der Bau der Bahnlinie Mülhausen–Belfort seinen Abbruch forderte. Der Schloßweiher war noch bis 1929 zu sehen. – Stahlstich von J. Rothmüller.

Brunstatt

Das schon in den ältesten (gefälschten) Urkunden der Klöster Hohenburg und Niedermünster von 837 genannte ‹Brunnscht› erscheint 1295 als Lehen der Herren von Berckheim. 1310 setzten sich die Grafen von Pfirt in den Besitz von Schloß und Dorf. Beide standen dann von 1581 bis 1647 in der Pfandschaft der Stadt Mülhausen. Mit Riedisheim gelangte Brunstatt 1654 gegen 18 000 Gulden in das Eigentum der Bösenwald von Solothurn, die es bis zur Revolution besaßen. Begütert waren die Blotzheimer Zisterzienserinnen und die Lützler Mönche. Die unter dem Patronat der Edlen von Schauenburg stehende St.-Georgs-Kirche, die 1784 umgebaut worden war, brannte 1914 aus, wobei zahlreiche wertvolle Reliquien

Das Männlein von Brunstatt
Wenn die Reben um Brunstatt blühn,
Horcht der Winzer ins junge Grün.
Hört er's klingen,
Leise singen,
Fiedelt das Geigerlein
Kichernden Elfenreih'n
Seltsam und munter,
Drückt er die Beeren mit Kraft,
Daß der herbe Saft
Nur so fließet hinunter
Wohl, so gibt es köstlichen Wein.
Wenn der Brunstätter schlecht gerät,
Auch das Männlein geringer tät.
Sitzt am Raine,
Kieselsteine
In den Händen es trägt.
Äuglein zu Boden es schlägt.
Geht wer vorüber,
Macht ein verdutztes Gesicht,
Geiget den Elfen nicht,
Weinte selber viel lieber,
Daß kein Brunstätter nach ihm frägt.   Martin Greif

Burgfelden

*Das seit 1941 nach St-Louis eingemeindete Burg-
felden weist wenig bedeutsame geschichtliche Daten auf,
obwohl der Ort schon zur Römerzeit besiedelt gewesen
sein muß. Ursprünglich Lehen des Bistums Basel, setzten
sich 1459 die Rotberger in den Besitz des Dörfchens.
Dann geboten bis zur Revolution die Bärenfelser über das
kleine Dorf mit der alten Zollstätte. Kirchlich war ‹Burg-
falle› als Filiale nach Hegenheim eingepfarrt. Das dem
Heiligen Carolus Borromäus geweihte Gotteshaus ist*
*1896 konsekriert worden. Den Bausand lieferten die hei-
mischen Kiesgruben, der neben der Landwirtschaft eins
bevorzugten Erwerbsquelle der männlichen Bevölkerung.*

275 Daß der Sundgau seit alters als die ‹Kornkam-
mer der Schweiz› gilt, ist besonders um die letzte
Jahrhundertwende auch in zahlreichen volks-
kundlichen Betrachtungen zum Ausdruck gekommen und durch Trachtengruppen in Thea-
terstücken der Bauernsame phantasievoll zur
Darstellung gelangt. Um 1895.

Buschwiller

Buschwiller, im Tal des Mühlbachs oder Altenbachs abseits der großen Verkehrsstraßen gelegen, zählt 770 Einwohner. Viel zahlreicher als die Bauern sind die Industriearbeiter, von denen einige in Saint-Louis oder Huningue, der weitaus größere Teil aber als Grenzgänger in der Schweiz ihr Brot verdienen. Die älteste Urkunde, in welcher der Name vorkommt (1096), betrifft eine Schenkung an das Basler Kloster St. Alban. Im Mittelalter gehörte das Dorf, das damals auf der rechten Talseite lag, den Grafen von Pfirt. Von 1361 bis zur Großen Revolution erscheinen die Reich von Reichenstein als Grundherren. Wie die meisten Dörfer der Umgebung, so hatte auch Buschwiller unter den Kriegen zwischen Basel und den Habsburgern zu leiden und zählte nach dem Dreißigjährigen Krieg nur noch 40 Einwohner. Ebenso wie in vielen andern Sundgaudörfern in der Nähe Basels waren im 19. Jahrhundert die Israeliten zahlreich in Buschwiller vertreten. Ein großer Teil von ihnen verließ nach 1870 das Elsaß, um der deutschen Herrschaft zu entgehen. Nach und nach zogen auch die übrigen aus dem Dorf fort, und die Synagoge wurde 1908 versteigert. Im Juni 1970 wurde jedoch im Banne von Buschwiller, am alten Weg, der über die Hügel nach Hagenthal führt, das jüdische Institut Messilath Yesharim eingeweiht: gleichsam eine Rückkehr nach einem Jahrhundert der Abwesenheit. 1931 ist auf einer Anhöhe außerhalb des Dorfes eine neue Kirche errichtet worden. Aus dem alten baufälligen Gotteshaus ist nur der prächtige holzgeschnitzte Hochaltar übernommen worden. Der aus dem Ende des 17. Jahrhunderts stammende ‹Gottestisch› ist zur Zeit der Französischen Revolution von Mariastein in das abgelegene

Dorf in Sicherheit gebracht worden und wurde später vom damaligen Buschwiller Pfarrer käuflich erworben. Er stellt ein beachtenswertes Meisterwerk der religiösen Kunst des Sundgaus dar.

276

276 Die dem Heiligen Martin geweihte Pfarrkirche, 1334 Filiale von Obermichelbach genannt, wurde während Jahrhunderten zweimal in der Woche von einem Mönch aus Michelbach versehen.

277 Der Umzug des Iltis, 1970

Ein merkwürdiger Brauch hat sich in Buschwiller erhalten. Um die Mitte der Fastenzeit, am Sonntag Laetare, drei Wochen vor Ostern, führen die von Haus zu Haus Eier und Geld sammelnden Conscrits (Rekruten) eine zwei Mann hohe, ganz in Stroh eingemummte Schreckgestalt durch das Dorf. Es ist der Iltis, der den gefangenen, ungefährlich gewordenen Winter symbolisiert. Während der Iltis schwerfällig und mühsam durch die Straßen zieht, singen seine Begleiter folgendes Verslein: «Mr hän eine gfange / Mr sprieße-n-en mit Stange / Mr schieße-n-en mit Hiehnerdräck / Wer kei Eier will gä, mues fünf Franke gä / Oder dr Iltis müeß em d Hiener näh / Hit iber drei Wuche ässe mr Eier und Fleisch.» Nach dem Rundgang durch das Dorf wird der Iltis in einem Misthaufen vergraben, und mit dem gesammelten Geld veranstalten die Conscrits ein frohes Gelage.

Zur selben Zeit zieht im benachbarten Attenschwiller der ‹Putzimummel› durch die Straßen. Dort wird die Tradition nicht durch die Rekruten, sondern durch die Vierzehnjährigen fortgesetzt. Sie umwickeln einen ih-

rer Kameraden mit Strohflechten, die mit künstlichen Blumen geziert sind. Ähnlichen Schmuck tragen die Begleiter des Putzimummels an ihren Kleidern. Auch sie gehen von Haus zu Haus, und mit sichtlichem Vergnügen psalmodieren sie ihren Heischevers: «Hit isch Mittelfascht / Häili, Hälleui / Dr Schnider het e große Mage / Es gäb fascht e Kochhafe / Dr Schnider het e große Kopf / Es gäb fascht e Opferstock / Dr Schnider het e groß Knie / Es gieng fascht e Seschter Weize dri / Wer kai Eier will gä / Däm müeß dr Iltis d Hiener näh.»

Didenheim

Zwischen den letzten Hügeln des Juras und den Sundgauhöhen gegen die elsässische Ebene liegt das bereits im Jahre 796 ‹Tudinhaim› genannte Didenheim. Neben den Abteien Murbach, Lützel und dem Basler St.-Clara-Kloster war auch die Familie Ruest in Didenheim begütert, die 1646 das Dorf mit allen Rechten dem Solothurner Martin Bösenwald um «10 000 Gulden baren Geldes in guter Basler Währung» verkaufte. Bis ins 18. Jahrhundert besaß aber auch des Kloster Ölenberg im Gemeindebann einen Steinbruch. 1468 hatte das Dorf schwer unter den Nachwehen des sogenannten Sechsplappertkriegs zu leiden, verbrannten die «Schweizer doch das Dorf Tüdenhen zu Grund und nament, was da war und zugen wider heim». Ohne großen Schaden überstand die dem Heiligen Gallus geweihte Dorfkirche die Fährnisse der mittelalterlichen Zeit. Um 1750 aber hatte die Mutterkirche des mittlerweile verschwundenen Dorfes Durrengebweiler, Hochstatts und Didenheims ausgedient. So wurde im Zentrum des Dorfes eine neue Kirche gebaut und anstelle der alten Kapelle auf dem Hügel 1846 ein Kreuz errichtet, das seit 1881 Mittelpunkt der neuen, mit Gallusreliquien aus St. Gallen ausgestatteten Kapelle bildet.

Am Gallustag (16. Oktober) ist auf dem Kirchhügel, auf dem einst eine Einsiedelei stand, seit uralter Zeit ein weitbekannter Jahrmarkt abgehalten worden. Weil der Heilige Gallus als Schutzpatron des Viehs verehrt wird, wurde auf dem Didenheimer Markt unter dem Gallussegen ursprünglich hauptsächlich Groß- und Kleinvieh gehandelt. Später entwickelte sich der Viehmarkt zu einem farbigen Jahrmarkt, der beispielsweise auch vom Basler Tuchhändler Andreas Ryff besucht worden war. Durch königliches Dekret wurde 1756 der Markt von Didenheim nach Brunstatt verlegt. Heute zählt Didenheim gegen 2000 Seelen. Vom einst blühenden bäuerlichen Leben, das bis um 1880 auch dem Weinbau galt, sind noch

ganze zwei Bauernhöfe übriggeblieben! Die vornehmlich aus Arbeiterfamilien bestehende Bevölkerung findet in einem kleinen Industriebetrieb ihr Auskommen.

278 Der Weiße Sonntag, um 1890

Als gewiß beachtenswerten Schmuck ziert ein Gemälde des Didenheimer Künstlers August Zwiller (1850–1939), der sich besonders der Landschaftsmalerei widmete, die Kirche. ‹Der Segen des Seelsorgers am Weißen Sonntag› erinnert an die Sitte der Segenserteilung an die Erstkommunikanten und deren Lehrer und Eltern durch den Dorfpfarrer.

Dürren-Gebweiler

Zwischen Didenheim und Hochstatt lag das im Schwedenkrieg untergegangene und jetzt spurlos verschwundene Dorf Dürren-Gebweiler. An dasselbe erinnert noch heutzutage der Feldbezirk (Dürr) Gebweilerboden, auf welchem nach Mitteilung der Didenheimer drei unversiegbare Brunnen fließen, die eine mittlere Tiefe von drei Meter haben. Einer derselben heißt der Gallebrunnen, in welchem die einst auf der Gallenkirche befindliche Glocke noch jetzt versenkt liegen soll. Nach der Sage erhebt sie sich in der Nacht des ersten Mais, schlägt dreimal an, ist aber noch von Keinem gesehen worden. (1892)

279 Bis vor wenigen Jahren versammelten sich jeweils drei Tage vor Christi Himmelfahrt Autoritäten und Einwohner des Dorfes zur großen Bittprozession, die, wie Anno 1932, an den wichtigsten Punkten des Gemeindebanns vorbeiführte.

In de Hemdärmel

Me wird sich doch wohl noch bsinne, aß vor zwei Johr in Milhüse ne Hochzit hatt solle si, awer in dr ganze Stadt hat me kei Maire un kei Adschüe gfunde, fir's Hochzitspaar z samme z ga. Schließlig hat me miesse dr Durnacher Maire hole, wo drno dr Akt vorgnu hat. Fast's namlige isch d letschte Wuch in Didenheim passiert. Kei Maire un kei Adschüe isch vorhande gsi. An alle Üsgang un in alle Stroße vom Ort hat me Wachtposte higstellt, fir aß se eine vo dane wichtige Persone uffinde, awer iwer e Stund isch vergange, ohne aß mr ein dervo z gsah beku hat. Do andlig sieht me dr Adschüe mit'm e Wage voll Holz üs'm Wald ku. Me springt uf de ahungslose Mann züe un iwel oder wohl hat ar si Füehrwark miesse steh lo un wie-n-' ar gsi isch, uf's Gmeinhüs marschiere. Dr Ablick müeß prachtig gsi si, wo da Adschüe in de Hemdärmel un mit dr Amtsschärwe um dr Büch, 's Hochzitspaar zjammega hat. Trotz dr arnste Handlung isch's fast nieme glunge, fir serios z bliwe. 's isch nur schad, aß kei Photograph in Gegewart gsi isch, so ne Momant ghört verewigt z warde. (1906)

280 Didenheim im Jahre 1920. Das Storchennest auf dem massiven Kirchturm ist bis 1950 regelmäßig von einem Storchenpaar bezogen worden. Munter dagegen plätschert noch immer das Wasser des 500 Meter entfernten ‹Stuwebrunnens› in den 1786 gehauenen Trog neben der Kirche.

Eschentzwiller

    Eschentzwiller, dessen Dorfname auf die zahlreichen Eschenwälder in der Umgebung hinweist, liegt auf halbem Weg zwischen Mülhausen und dem Hardtwald. Zwei Gräber aus fränkischer bzw. karolingischer Zeit belegen eine frühe Besiedlung des Ortes. Das Priorat Obermichelbach, das Kapitel St. Amarin und das Domstift in Basel verfügten als erste über namhafte Grundrechte, an welche bis vor kurzem noch der Flurname ‹St. Petri Gueth› erinnerte.

Die befestigte Kirche Eschentzwillers wurde 1758 bis auf den mächtigen, mit Schießscharten versehenen Glockenturm abgebrochen und durch ein größeres, dem Wachstum der Gemeinde entsprechendes Gotteshaus ersetzt. Erhalten geblieben ist jedoch eine wohlklingende Glocke aus dem Jahr 1495 mit der Inschrift «Hat mich Osanna Georg von Spir in Gottes Ere gegossen». Als einzige Kirche des Elsasses besitzt der Petrus und Paulus zugeeignete Sakralbau einen dem Heiligen Ivo, dem Schutzpatron der Rechtsgelehrten, geweihten Altar. Diese Verehrung hatte ihren realen Hintergrund in der Bedeutung Eschentzwillers als Gerichtsstätte, deren Träger jeweils unter der uralten Gerichtslinde vor der Kirche ihr Urteil sprachen; 1974 ist jener charakteristische Baum nach rund 600 Jahren der Altersschwäche erlegen. Den Heiligenkult um Ivo förderten besonders die Herren von Andlau, denen die Herrschaft über das Dorf seit 1419 zu-

stand. *Die von ihnen errichtete St.-Ivo-Kapelle überlie-
ßen sie großzügig Basler Chorherren zur einträglichen
Pfründe. Trotz der vollständigen Zerstörung des Dorfes
Anno 1466 waren die Eschentzwiller 1525 in der Lage,
aktiv in den Bauernkrieg einzugreifen. Ihre Schlagkraft
aber war unter der Anführung von Mathis Nithart gering,
so daß sie im Juni jenes Jahres in Basel Hand zu einem
Waffenstillstand bieten mußten. Während des Dreißigjährigen Krieges blieb Eschentzwiller mit den katholischen Habsburgern verbündet, was erneut den Zorn der
protestantischen Basler weckte und zu allerhand Repres-
salien seitens der Städter führte. Trotzdem das Industrie-
zeitalter auch in Eschentzwiller seine Akzente gesetzt
hat, sind dem Dorf viele alte Häuser erhalten geblieben,
die von der Bevölkerung mit Liebe gepflegt werden.*

281 Gruß aus Eschentzwiller, um 1899

Die Ansichten aus der Zeit um die letzte Jahrhundertwende zeigen die Dorfmetzgerei mit reichverzier-
ter Eingangstüre von 1589, den aus dem 13. Jahrhundert stammenden und 1758 erneuerten Glockenturm
und den einstigen Sitz der Grafen von Andlau, dessen
Hauptelemente aus dem Jahre 1569 allerdings Anno
1845 zerstört worden sind.

Eschentzwiller Hausspruch
Wer will bauen an die Straßen,
Muß die Leute reden lassen.
Es giebt der Neider immer sehr viel,
Aber es geht doch wie Gott es haben will.

282 Der Dorfbrunnen, um 1950

Der 1777 mit einem großen Wassertrog versehene
Dorfbrunnen, dessen schlichter Brunnstock das Wappen der Gemeinde, zwei gekreuzte Schlüssel, trägt,
diente weiten Teilen der Bevölkerung bis in unser Jahrhundert hinein als einziger Trinkwasserspender wie als
Ort der täglichen Begegnung zum Austausch von offi-
ziellen Mitteilungen und andern Neuigkeiten. Während der Revolution ließen sich zum Zeichen der Auflehnung nicht nur junge Männer völlig unbekleidet ins
Wasserbecken fallen, sondern auch der Maire und gar
der Herr Pfarrer!

Feldbach

*Beim bedeutenden Kantonsort Hirsingen öffnet sich
gegen das Illtal das kleine Tal des Feldbachs, in welchem
sich nur zwei Dörfer gebildet haben. Allerdings zwei typische Sundgaudörfer: Heimersdorf und Feldbach. So still-
vergnügt der Feldbach auch das von waldreichen Hügeln
geformte Tal durchzieht und dabei ungewöhnlich zahlreiche Karpfenteiche und Forellenweiher mit gutem
Wasser speist, so unbändig kann er gelegentlich auch an-
schwellen und entsetzliche Verwüstungen anrichten, wie
es die Bewohner immer wieder zu erleben haben. Feldbach liegt an der stark befahrenen Straßenkreuzung, wo
sich die Wege nach Basel, Delle, Altkirch und Pfirt tren-
nen. Und hier steht auch seine berühmte romanische Kirche, einst Zentrum eines Benediktinerpriorats. Graf Friedrich I. von Pfirt hatte es 1144 gegründet, wahrscheinlich
in Erinnerung an seine Pilgerfahrt nach San Jago di
Compostela. Gemäß dem Willen des Stifters sollte die
Klosterkirche am St.-Jakobs-Weg zur Grablege der Gra-*

fen von Pfirt werden. Die Gruft aber wurde nur selten beansprucht, offenbar wegen der periodischen Überschwemmungen des Feldbachs. Das Kloster, das links von der Kirche am Fuß des Hügels stand, konnte sich nie zu einer bedeutenden Niederlassung entwickeln. Es teilte so das Los der meisten am Eingang zur Burgunder Pforte gelegenen klösterlichen Siedlungen, zogen doch immer wieder plündernde Söldnerheere durch die Gegend. Am 23. Mai 1446 wurde die Propstei, die von den Bauern besetzt war, von den Baslern gestürmt und gebranntschatzt. Nach dem Bauernkrieg blieb das Kloster ohne Konvent und diente zur Ausstattung burgundischer Geschlechter. Zu Beginn des 17. Jahrhunderts bezogen dann Jesuiten von Ensisheim die verlassenen Gebäulichkeiten, denen später Ordensbrüder aus Colmar folgten. Für die mit fränkischen Ornamenten verzierte Kirche aus dem 12. Jahrhundert, die im Laufe der Zeit durch unglückliche bauliche Veränderungen arg verschandelt worden war, ist während der letzten Jahre viel Verständnis aufgebracht worden, so daß sie bald wieder in ihrer ursprünglich schlichten Schönheit dastehen wird.

283 Das sogenannte Schlößle von 1524, welches mit der Zehntenscheune zum Klosterbesitz gehörte. Bleistiftzeichnung von Paul Hertzog, 1937.

Flaxlanden

Die Ortschaft Flaxlanden hat sich, immer noch abseits des großen Verkehrs, gemütlich in ein Seitental der Ill gebettet. Umrahmt von den letzten Ausläufern des elsässischen Juras, liegt das Dorf im Ballungsbereich der Stadt Mülhausen. Dort sind heute auch die meisten der rund 1100 ‹Flaxländer› beschäftigt, denn nur noch wenige bebauen die eigene Scholle.
Feuersteine, Steinäxte, Töpferwaren und Tierknochen zeugen von der Urgeschichte des Dorfes, während eine Urkunde des Klosters Murbach Anno 792 erstmals seinen

284 **Flaxlanden, um 1950**
Das Dorf hat sich im Laufe der Jahrhunderte nur wenig gewandelt. Noch immer künden Zeugen aus vergangener Zeit, wie die 1772 erbaute St.-Sebastians-Kirche mit dem quadratischen dreistöckigen Turm aus dem 13. Jahrhundert und ein schöner Brunnstock mit Wappen und der Jahreszahl 1556, von der Tüchtigkeit der Ahnen. Vom Stammschloß der Herren von Flachslanden ist jedoch nichts zu sehen. Das Feld im Vordergrund ist heute mit Wohnhäusern überbaut.

241

Namen nennt (Marca Flachlantisse). Die Deutung der Bezeichnung Flaxlanden ist nicht ganz klar; sie könnte sich von Flachspflanzungen ableiten wie auch von der flachen, von Hügeln umgebenen Lage.

In der Geschichte des Oberrheins spielt Flaxlanden durch sein Freiherrengeschlecht eine gewisse Rolle. So waren die Flachsländer mit Basel sehr verbunden. Der bedeutendste seines Geschlechts war wohl Hans Werner von Flachslanden (†1481), der als Dompropst engste Be-

ziehungen zu Papst Pius II. hatte und zusammen mit seinem Bruder Hans, dem Basler Bürgermeister, sich große Verdienste um die 1460 gegründete Universität erwarb. Die Familie besaß bis 1792 Edellehen des Bistums Basel. Ihr Hof zu Arlesheim kam 1763 an die Adeligen von Andlau. In der Stadt erinnern die Flachsländerhöfe am Münsterplatz 11, am Petersgraben 19, an der Petersgasse 46, am Peterskirchplatz 12/13 und am Rheinsprung 16 an das 1825 ausgestorbenen Adelsgeschlecht.

Folgensbourg

Wenn am Wochenende der Basler für einige Stunden dem Stadtlärm und der ungesunden Luft entfliehen will, dann kommt er oft mit seiner Familie, zu Fuß, auf dem Velo oder per Auto, über die Grenze ins Elsaß und wendet sich bald den grünen Hügeln und den würzig duftenden Wäldern des südlichen Sundgaus zu. Wenn er dann, von St-Louis oder Hegenheim kommend, Hésingue und die ersten Hügel hinter sich hat, dann grüßt ihn der markante Scheitweckturm des höchstgelegenen Dorfes des vorderen Sundgaus, Folgensbourg. Das Dorf, welches seinen ländlichen und echt sundgauischen Charakter noch weitgehend bewahrt hat, schmiegt sich, kaum 10

Kilometer von Basel entfernt, an den Hang einer Hochebene, als wollte es sich schützen vor den stürmischen Winden, welche oft über sie hinwegfegen.

Folgensbourg wird unter dem Namen ‹Volkoldesberg› im Jahre 1190 zum ersten Male erwähnt. Fünf Jahre später bezeichnet Papst Cölestin III. Volkolzperg als ‹Besitzung und Kloster-Beneficium der Kirche und Kapitel von Basel›. Anno 1329 wurde das Dorf an die Abtei Lützel verkauft, die in unmittelbarer Nähe eine Niederlassung, das Zisterzienserkloster St. Apollinaris, besaß. Die Pfarrei des Dorfes war anfangs ebenfalls vom Hohen Kapitel von Basel abhängig. Zu Beginn des 15. Jahrhunderts aber gehörten Schutzherrschaft und Zehntrecht den Herren von Hasenburg. Diese verkauften ihre Rechte dem

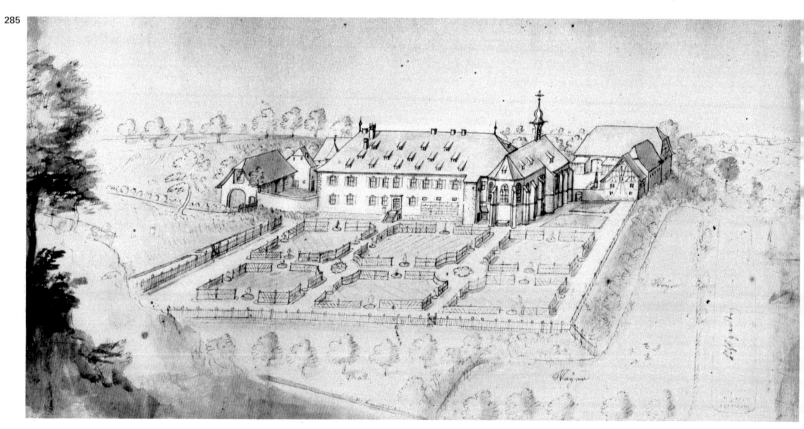

285 St. Apollinaris, 1756

Mitten in einem prachtvollen Park und vorbildlich gepflegten Obstbaumkulturen steht am nordwestlichen Ausgang Folgensbourgs der Gutshof St. Apollinaris, ein langgestrecktes Gebäude, das in seiner Architektur an ein ehemaliges Kloster erinnert. Tatsächlich hat im Jahre 1140 der Bischof von Basel auf dem Boden von Graf Friedrich I. von Pfirt das Benediktinerkloster Michelbach gegründet. Der Besitz der frommen Niederlassung wurde bald vom Papst bestätigt: Höfe und Grundstücke bei Michelbach, Brislach und Courcelles sowie die Kirche von Buschweiler. Vorübergehend dann ein Nonnenkloster, bezogen um die Mitte des 13. Jahrhunderts Mönche aus Lützel die Gebäulichkeiten, errichteten eine Zisterzienserpropstei und weihten die Kirche dem Heiligen Apollinaris, der um das Jahr 200 in Ravenna gelebt hatte. Unter dem Stab der gelehrten und asketischen Jünger des Heiligen Bernhard entwickelte sich St. Apollinaris zu einem starkbesuchten Wallfahrtsort, besonders für Gichtkranke, «wo viel Miracul und Wunderzeichen geschehen». 1790 wurde die Propstei durch die Revolution aufgehoben, und ein Jahr später verließen die Zisterzienser die segensreiche Stätte; die schöne gotische Kirche wurde 1847 abgebrochen. Als Nationalgut kam der ‹Bolleronishof› für 150000 Francs in Privatbesitz, der schließlich während der letzten Jahrzehnte von der Familie La Roche zu einem einzigartigen Mustergut ausgestaltet wurde. – Federzeichnung von Emanuel Büchel.

286 Die alte Kirche, um 1775

«Die alte Kirch hatte ohne dem Chor, bei ihrer ersten Erbauung nicht mehr als 30 Schuhe in der Länge und ungefähr 20 in der Breite. Anno 1731, unter dem Ehrw. Pater Alberic ist sie umb 14 Schuhe verlängert, und zwei und ein halber Schuh erhöht worden. Das neue angesetzte Gebäude aber hat sich nach und nach von den alten Mauern abgebunden, also daß man eine Hand leicht hätte dazwischen tun können, endlich die Gemeind genötiget hat, ernsthaft an erbauung einer neuen Kirch zu gedenken. Der noch stehende Glokkenturm machte zugleich das Chorhaus, worin ein Altar war und der Gottesdienst gehalten wurde. Den 25. April (1775) haben wir vom gnädigen Bischof Erlaubnus erlangt eine neue Kirch zu erbauen, und in der Zwischenzeit den Gottesdienst zu St. Apollinaris zu halten. Danach mit Bedingung, daß wir zuvor den Plan der zu erbauenden Kirch ihrer how. Gnaden weisen müsten umb denselben ratifizieren zu lassen, welches auch bald hernach geschehen, wie zu sehen ist durch die verschiedenen Requetes ist in der Kirchladen anzutreffen. Den 29 April am zweyten Sonntag nach Ostern seyend wir mit aller möglichster Feierlichkeit aus der alten Kirch gezogen, und haben processionalisch das Hochwürdige Gut bis auf St. Apollinaris begleidet, viele Zähren seyend selben Tag vergossen worden. Den 1. Mai hat man angefangen die alte Kirch abzubrechen. Unterdessen ist der Chor weiderbauwet worden, und die Gemein verlangte inständig wiederumb in die Pfarrkirch zu kehren, deswegen legte sie bey ihro Hochw. Gnaden Bischof eine Bittschrift ein, und erlangte die Erlaubnüß in die neue Kirch zurück zu kehren, nachdem das Schiff werde geweiht worden seyen, welches geschehen den 14. Christmonat von Ihro Hochw. Hr. von Lombreuil Pfarrer zu Häsingen, alwo am nemlich Tag das erste mal die Hl. Messe darin gelesen worden auf einem Nebenaltar in corem Evangely, und am darauf folgenden Tag, also am dritten Sonntag im Advent des Jahres 1776 seyend wir nach der Vesper, wiederumb prozession-weiß mit der nemblichen Feierlichkeit eingezogen, mit welcher wir ausgezogen waren. Den 12ten April 1779 seyend die Glocken in den neuen Turm aufgezogen worden. Den 14ten Mertz 1780 ist der tabernacle und altar so die gemein umb 500 LT hat machen lassen, aufgerichtet worden. Den 22ten Mertz hat Hr. Lombreuil Decan zu Häsingen und Pfarrherr daselbst als bischöflicher Comisarius den Chor gewichen (geweiht) und an Ostern hat man daß erste mahl Messgelesen. Die Monstranz ist am 17. Dezember zurückgekommen.» – Federzeichnung von M. Guthlin.

Basler Bürger Friedrich Schilling, welcher diese Anno 1426 dem Friedrich Frovler, ebenfalls aus Basel, veräußerte. Später gingen diese an die Adeligen von Ramstein, bis sie im Jahre 1503 durch Conrad und Christoph von Ramstein um 550 rheinische Gulden an die Abtei Lützel verkauft wurden. Auch die Kirche wurde im folgenden Jahr durch Cardens Raymund, päpstlicher Legat, dieser Abtei einverleibt, so daß Papst Leo X. durch das ‹Indult Ex injuncto nobis› diese Pfarrei, mit allen ihren Rechten und Einkünften, als Besitztum der Abtei erklärte und bestätigte. Bis 1789 wurden Kirche und Pfarrei ausschließlich von den Patres des Klosters St. Apollinaris betreut. Das Kloster ging dann während der Französischen Revolution in Privateigentum, wobei die schönen Barockaltäre der Klosterkirche in die Pfarrkirche von Folgensbourg

gelangten. Diese werden heute von Kunstkennern wie von Kirchenbesuchern sehr bewundert. Die Bilder der Seitenaltäre stammen vom Schweizer Barockmaler Jacob Carl Stauder und wurden kurz vor der Revolution angefertigt. Folgensbourg ist seit alters ein Bauerndorf. Die landwirtschaftlichen Betriebe bestanden vornehmlich aus mittleren oder kleineren Gütern. Damit aus den Erzeugnissen etwas mehr herauszulösen war, fuhren die Bauersfrauen jede Woche ihre Produkte mit dem Handwagen, dem sogenannten ‹Martwagele›, nach Basel. Je nach Jahreszeit wurden Gemüse, Obst, Eier und Butter geliefert. Noch Anfang dieses Jahrhunderts sind vielfach Eier und Butter in einem Korb auf dem Kopf in die Stadt getragen worden. Ebenso die Erzeugnisse der ansässigen Haustöpfereien und Ziegeleien. Bereits um die letzte Jahrhundertwende aber gingen junge Burschen und schulentlassene Mädchen in die Stadt, um dort Arbeit zu suchen. Die Mädchen fanden meist Stellen als Gehilfinnen in Herrschaftshäusern, und manches machte die Bekanntschaft eines jungen Baslers und wurde dann Baslerin, wodurch zahlreiche verwandtschaftliche Beziehungen zwischen der Stadt und dem Dorf entstanden.

287

288

287 Glockenweihe, 1883

«Letzten Sonntag war hier Glockenweihe. Drei schöne Glocken (aus der Gießerei Causard in Colmar) wurden durch die freiwilligen Beiträge der Gemeinde-Mitglieder angeschafft. Auch nahm die ganze Gemeinde, und selbst die Umgegend, lebhaften Antheil an dem herrlichen Feste. Herr Pfarrer Haßler von Blotzheim hielt die inhaltvolle Festrede; Mgr Güthlin, eben aus Rom zurückgekommen, vollbrachte den Weiheact. Seit einigen Jahren ist hier in diesem äußersten Theile unseres Elsasses sehr viel für die würdige Ausstattung der Kirchen geleistet worden. Wohl Manches bleibt noch zu thun übrig, aber allmälig wird vieles Versäumte nachgeholt. Der Sundgau ist ein schönes Ländchen. Schade nur, daß der Wegebau so schlecht bestellt ist. Nun soll es hier in diesem letzeren Punkte, Dank einer größeren Einsicht der Gemeindeverwaltung, denn doch etwas besser kommen. Dann wird auch an die Vollendung der inneren Restauration der Kirchen gedacht. Glück zu! Mögen immer die biederen Sundgauer – auch die hochgelegenen Folgensburger, – jedem beweisen, daß ihnen ihr Ländchen auch werth bleibt.»

288 Von den vier Folgensbourger Sehenswürdigkeiten, welche die Ansichtskarte um 1920 zeigt, ist einzig die Epicerie Graff nicht mehr erhalten.

289 Der Gasthof ‹Zum Adler›, um 1891

Seit 1886 im Besitz der Familie Jaeck, war der bekannte ‹Adler› am Folgensbourger ‹Stutz› um die Jahrhundertwende besonders Treffpunkt der Fuhrleute, die mit ihren Leiterwagen Heu und Stroh aus dem Sundgau nach Basel führten, und jüdischer Viehhändler. Während unter der Haustüre Urgroßvater und Großvater Jaeck dem Photographen gebannt in die Kamera schauen, posieren sich im Vordergrund die sonntäglich gekleideten ‹Schimmeli›-Bauern aus Waldighoffen, die um keinen Preis andere Pferde als Schimmel vor ihre Wagen spannen ließen. Unter dem Fenster löscht ein Hochradfahrer seinen Durst. – Repro Hans Hinz.

290 Stolze Folgensbourger Conscrits, 1930

Zur militärischen Musterung hatten sich die jungen Folgensbourger in Hüningen zu stellen. Mit Spruchbändern (‹Bon pour les filles›), schmucker Kopfbedeckung und Kilbiblumen am Revers bezeugten dann die Burschen ihre Männlichkeit mit bis zu acht Tage dauernden Festlichkeiten, wobei besonders hübsche und lebensfrohe Klassenmädchen besucht wurden, die sich für die Ehre meistens mit Köstlichkeiten aus Küche und Keller, gelegentlich aber auch erwartungsfroh und hoffnungsvoll mit Herzlichkeiten, bedankten. – Photo Georges Braun.

Habsheim

Am Fuße der sonnigen Hügel des Sundgaus, unweit von Mülhausen, liegt das 2600 Seelen zählende Kantonsstädtchen Habsheim im Kranze seiner Felder und Matten, umrandet vom dunklen Hardtwald. Eisenbahn, Nationalstraße und Autobahn durchschneiden den Dorfbann von rund 1563 Hektaren. Die Gegend war schon in vorgeschichtlicher Zeit besiedelt, wurde doch in der Nähe von Habsheim eine bandkeramische Siedlung entdeckt,
eine der größten in Europa, die sich über 20 Hektaren ausdehnt. Dazu gehören vier Dörfer und Grabstätten, die der Bronze- und Keltenzeit zuzuweisen sind. An der römischen Handelsstraße von Argentoratum bis Augusta Raurica wurde eine mächtige römische Villa freigelegt. Der Name des Dorfes erscheint zum erstenmal in einer Schenkungsurkunde an die Abtei St. Gallen von 757, in welcher ein gewisser Podal seine Rechte, die er ‹Habuhinesheim› besaß, dem Kloster St. Gallen übergab. Die Entstehung Habsheims dürfte sich in fränkischer Zeit

Ein Leintuchgespenst

Seit einigen Tagen schleicht in unserem Ort jeden Abend ein ‹Gespenst› umher, welches in ein weißes Tuch gehüllt ist. Es hat es hauptsächlich auf die jungen Frauen und Mädchen abgesehen, welche es auf jede Weise zu erschrecken sucht. Gestern fiel ein junges Mädchen, als ihm der ‹Geist› plötzlich mit einem Stock auf den Kopf klopfte, in Ohnmacht. Es ist schon so weit gekommen, daß die meisten Frauenspersonen nach Einbruch der Dunkelheit ohne männliche Begleitung sich nicht mehr aus dem Hause wagen. Das starke Geschlecht ist gegen die spensterhafte Gestalt gefeit, denn wo sich ein Mann zeigt, nimmt sie ihren weißen Überwurf unter den Arm und flüchtet aus dem Dorfe in das Feld, wo es ihr, wenn sie verfolgt wurde, noch jedesmal zu entkommen gelang. Wenn der Gauner merkt, daß ihm hier aufgepaßt wird, so verlegt er seine verwerfliche Tätigkeit nach Eschenzweiler, wo er unter den Frauen den gleichen Schrecken verursacht. Die Geschichte macht natürlich hier viel von sich reden und leichtgläubige Frauen behaupten sogar, es sei ein ‹richtiger Geist›, der sich schon an verschiedenen Stellen zur gleichen Zeit gezeigt habe(!). Daß der Gauner – denn ein ‹der› ist es wohl – unter den Frauen noch weitgehendes Unheil anrichten könnte, liegt auf der Hand, und es sollte deshalb keine Mühe gescheut werden, seiner habhaft zu werden. Seine Hiebfestigkeit würde sich dann wohl erproben lassen. (1910)

vollzogen haben, wie das Patrozinium St. Martin vermuten läßt. Auch das nahe Johannesbrünnlein mag auf die Anfänge des Christentums in dieser Gegend hinweisen. Dort stand bis zum Ende des Mittelalters eine St.-Johannes-Kapelle. In der nördlichen Umgebung von Habsheim lagen die schon längst verschwundenen Dörfer Ratzheim und Bessincourt.

Habsheim war seit 1106 Eigentum des Chorherrenstifts St. Ursitz bei Pruntrut, das das kirchliche Patronatsrecht innehatte und bis zur Revolutionszeit die kirchlichen Zehnten einfordern durfte. Politisch gehörte Habsheim zum Besitz der Habsburger und wurde durch einen Schultheißen verwaltet. Mit Basel war Habsheim eng verbunden durch die großen Dinghöfe, wie beispielsweise den Schalerhof, den St.-Alban-Hof und den Klingentalerhof. Im Mittelalter zählte Habsheim zu den wichtigsten Ortschaften im Sundgau und verdankte seinen Wohlstand vor allem einer günstigen Verkehrslage und dem Weinbau. Ursprünglich mit Schranken aus Holz befestigt, war es später ummauert und geschützt durch einen Wassergraben, das heutige Mühlbächlein. Schon 1303 besaß es eine Zollstätte an der Basler Landstraße und seit 1577 den vielbesuchten Simon-Jüdi-Jahrmarkt. Der Flecken wurde mehrmals geplündert und verwüstet: Im ‹Sechs-Plappertkrieg› (1468) steckten die Eidgenos-

Mein lieber Schatz!

Ich hab dich lieb, wie du wol weist
Gott weiß, wie du mit Namen heißt
Ach Schatz, duo du mich drösten
Mein Ellend ich dir klag
Mein Creutz ist jetz im größten
Vor Leid ich schier verzag!
Dört niden auff griener Heidte
Do stehn zwey bliemele rot
Die sind für Treuwen guot
Vergiß nit mein stet auch darbey
Gott grieß mir sie von Hertzen
Die mir die liebste möchte sein!

Claus Meier, 1640

291 Die Wallfahrtskapelle, 1937

Vielbesuchter Wallfahrtsort war bis in dieses Jahrhundert die spätgotische Kapelle ‹Unserer Lieben Frau im Feld›, die anfänglich von einem Waldbruder versehen wurde. Die Französische Revolution brachte die Gnadenstätte vorübergehend zum Erliegen. 1806 aber wurde in der versteigerten Kapelle der Gottesdienst wieder aufgenommen, und einige Jahre später ließ die Gemeinde um das abgelegene Kirchlein einen Friedhof anlegen. – Bleistiftzeichnung von P. Hertzog.

sen Habsheim in Brand, nachdem sie während fünf Tagen die Weinfässer des Dorfes geleert hatten. Die schwersten Prüfungen brachte der Dreißigjährige Krieg über das Dorf, mit dem Einfall der Schweden im Jahre 1632. Habsheim wurde völlig zerstört und blieb sieben Jahre unbewohnt. Im 18. Jahrhundert blühten Landwirtschaft und Weinbau wieder auf, doch konnte sich der Ort nicht zu einem städtischen Mittelpunkt entwickeln; es fehlte ihm das Bürgertum. Seine Bewohner waren Bauern und Winzer, Handwerker und Gastwirte. Im 19. Jahrhundert vernichtete die Reblaus die schönen Weinkulturen, und die Landwirtschaft verarmte zusehends. Viele Einwohner zogen als Arbeiter nach Mülhausen. In den letzten zwanzig Jahren verminderten sich die Bauernbetriebe von 40 im Jahre 1954 auf 11; kleinere Industriebetriebe bieten mehr und sicheren Verdienst.

Die zahlreichen kriegerischen Ereignisse im Laufe der Geschichte haben nur wenige Baudenkmäler überleben lassen. Das alte Gemeindehaus, heute Volksschule, das noch ein leeres Storchennest und ein schönes Dorfwappen mit der Jahreszahl 1578 zeigt, und der bekannte ‹Stockbrunnen› mit einem Wappen aus dem Jahre 1565

sind die letzten Zeugen des Spätmittelalters. Die tiefgewölbten Weinkeller mit den zerfallenen Weintrotten erinnern dagegen an den einstigen Wohlstand der Winzer. Die Dorfkirche, deren Turm aus dem 13. Jahrhundert stammt, ist 1789 wieder aufgebaut worden. Beachtenswert ist die Kapelle ‹Unserer Lieben Frau im Feld› aus dem 14. Jahrhundert am Dorfausgang. In dieser Kapelle befindet sich eine wertvolle Pietà aus dem 16. Jahrhundert. Aus der Kapelle im Oberdorf beim ‹Johannesbrünnlein› hat sich eine alte Holzskulptur erhalten, die heute an der Orgeltribüne angebracht ist: ein Teller mit dem Haupt des Heiligen Johannes des Täufers.

292 Der Flugplatz Habsheim, um 1912

Seine große Blüte hatte der auf einem Exerzierfeld angelegte Habsheimer Flugplatz bis zum Ersten Weltkrieg. Berühmte Piloten, wie Jeannin, Lämmlin, Büchner, Stieffvater und Ingold, zeigten ihre waghalsigen Künste. Doch wurde die Gründerzeit der Elsässer Aviatik auch von zahlreichen Abstürzen mit tödlichem Ausgang für die Insassen geprägt. – Photo Höflinger.

292

Vom Flugfeld Habsheim

Mit Frühlingsanfang gelang unserm zweiten Mülhauser Flieger Herrn Charles Laemmlin ein wohlgelungener Flug nach 14tägiger Übung. Nachdem sich der Wind kurz nach 5 Uhr legte, wurde von den Herren Lehrer, Pilot Amerigo und Ing. Büchner die Zeit ausgenützt, um mit ihren Schülern zu fliegen und dieselben in die Kunst einzuweihen. Nach einiger Zeit unternahm ebenfalls Laemmlin in Begleitung Amerigos einen Aufstieg und landete, nachdem derselbe während zwei Runden das Steuer führte, glatt. Alsbald bestieg Laemmlin allein die Maschine, und schon nach kurzem Anlauf erhob sich der graziöse Doppeldecker neuester Konstruktion der Aviatik-Gesellschaft Mülhausen rasch zu einer Höhe von 25 Meter, überflog in großer Kurve den Wald, was alle Anwesenden in Staunen setzte, und landete nach seiner Rückkehr auf dem Platz, unter dem Jubel der Mitschüler und aller Anwesenden ohne Zwischenfall, was auch seinem Lehrer zur Ehre gereicht. Zur Zeit herrscht ein reger Betrieb auf dem Flugfeld, sind doch gegenwärtig 8 Pilotenschüler daselbst, ebenfalls ist der berühmte Flieger Jeannin auf einige Zeit zur Erholung hier, und stattet dem Flugfelde und den Fliegern seinen täglichen Besuch ab, wobei er ebenfalls schon einige gelungene Flüge ausführte. (1911)

293 Der Simon-Jüdi-Markt, 1972

Der Simon-Jüdi-Markt galt schon im ausgehenden Mittelalter als einer der meistbesuchten Jahrmärkte des Sundgaus. Am Abend des Simon und Jude (am Montag nach dem 28. Oktober) versammelten sich die Notabeln der Gemeinde zum traditionellen Bankett. Den zahllosen Marktbesuchern boten weitbekannte Wirtshäuser behagliche Gastlichkeit, wie beispielsweise die Sonne (1584), der Ochsen (1584), der Engel (1658), das Lamm (1665), der Sternen (1584), der Löwen (1597), der Mond (1604), der Hirschen (1584) und die Kanone (1612). Auch heute noch übt der lebhafte Vieh- und Krämermarkt eine beinahe magische Anziehungskraft auf Bauern, Handelsleute und Schausteller wie auf kauf- und vergnügungslustige Sundgauer aus.

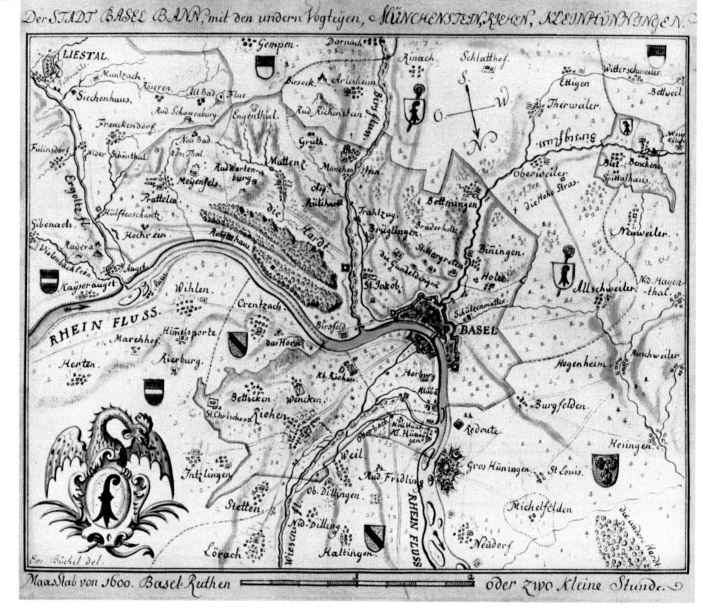

Häsingen

Das Dorf am Rohrbach stand während Jahrhunderten unter dem Einfluß der Vogesenabtei Murbach, deren Grundherrschaft am Ort schon 835 bestätigt wurde. Nach einem klösterlichen Urbar von 1549 hat Häsingen ursprünglich einem gewissen Huglio gehört und ist durch Tausch an Murbach gekommen. Ludwig der Deutsche habe in Sierentz diesen Tausch bestätigt, doch hätte die Abtei das Dorf später den zu Rhein zu Lehen gegeben. Um 1520 habe Johann zu Rhein das Lehen an Basler Bürger verpfändet. 1538 sei das Dorf aber von den Mur-

bacher Mönchen zurückgekauft worden. Unter den Herren zu Rhein, die vermutlich das Häsinger Wasserschloß erbaut hatten, wurde das Dorf 1427 in einem Streit zwischen Graf Theobald von Neuenburg und dem Bischof von Basel ausgebrannt. Kaum begann wieder Leben aus den Ruinen zu blühen, zogen die Armagnaken am Horizont auf und verwüsteten das Land. Weil der Sundgauer Adel den Dauphin und dessen Söldnerscharen unterstützt hatte, nahmen die Schweizer im sogenannten Sundgaukrieg (1445/46) Rache, wobei in Häsingen «bey der Müly der rechte Ernst erst anging». Im Schwabenkrieg von 1499 wurde das Dorf erneut schwer heimgesucht. Auf der

Emanuel Büchels topographische Darstellung aus der Mitte des 18. Jahrhunderts zeigt auch Häsingen, «ein großes Pfarrdorf mit 810 Einwohnern, auf der Straße von Basel nach Altkirch, 5 Stunden von Altkirch und 1¼ Stunden von Basel. Hier befindet sich eine Zollstätte.»

Suche nach kaiserlichen Truppen eroberten die Solothurner Häsingen und steckten das Dorf samt dem von einem Doppelgraben gut geschützten Weiherschloß in Brand. 1744 wurde das Schloß wiederum vom Feuer erfaßt. Diesmal war es Fahrlässigkeit eines Kavalleristen, der das Unglück heraufbeschwor, welches schließlich zum endgültigen Untergang des Herrensitzes führte. 1633 wollte der Königlich-Schwedische Kommissar den

Flecken Häsingen dem habsburgischen Amte Landser einverleiben. Die Untertanen leisteten dem Schwedenkönig den Eid, betonten aber, sie ständen nur unter der Botmäßigkeit von Murbach. Trotzdem hatte die Bevölkerung unter den Schweden zu leiden, mußten sie doch die rund zwei Dutzend Belagerer, die während mehr als eines Jahres im Dorf hausten, mit täglich zwei Pfund Fleisch und drei Broten pro Mann, plus Korn, Haber und Bargeld, ‹abspeisen›. Bedeutend war zu allen Zeiten die 1780 neu erbaute dreigängige Mühle, die auch die in großen Lagerhäusern gespeicherten Zehntenfrüchte der ebenfalls begüterten Basler Klöster der Barfüsser, Prediger, Klarissinnen, Klingentalerinnen und Reuerinnen und der Stifte St. Peter, St. Martin und St. Leonhard gegen eine entsprechende Besteuerung zu Mehl mahlte.

Hegenheim

‹Ar isch us Hägenä› ist nicht nur im Sundgau, sondern auch im angrenzenden Basler Gebiet ein Ausdruck, der zu den bekannten Ortsneckereien gehört. Und solche gibt es im Sundgau, wo die Leute gerne lustig sind, viele. Als erste bischöfliche Lehensträger des Dorfes am Lortzenbach erscheinen jene, die sich nach dem Ort Hegenheim nannten und seit 1340 erwähnt sind. Diese besaßen im Dorf ein Schloß, das etwas weiter als das heutige zurücklag, sowie einzelne Liegenschaften in Basel. Um die Mitte des 15. Jahrhunderts erwarben die Ritter von Bärenfels bedeutende Rechte in Hegenheim. Die neuen Lehensherren verdarben sich aber bald die Gunst der Bevölkerung, weil sie übermäßige Abgaben forderten und Säumige im Schloßkeller einsperrten. So wurde 1642 der Tod von Adalbert von Bärenfels, der von Basler Reitern hinter den Reben erschossen wurde, mit Schadenfreude aufgenommen. Als 1632 die Schweden den Sundgau besetzten, flüchteten die Hegenheimer nach Basel. Trotzdem verloren 157 Bürger ihr Leben. 1692 belehnte Ludwig XIV. die Herren de Barbier mit dem Schloß, die 1737 einen neuen Adelssitz errichten ließen. Unter Baron Franz Max von Leoprechting, einem spätern Besitzer, wurde der Schloßpark mit seltenen Blumen, Pflanzen und Obstbäumen zu einer Sehenswürdigkeit umgestaltet. Seit 1894 befindet sich das Schloß im Besitz der Familie de Reinach. Während der letzten Jahrzehnte hat sich Hegenheim zu einer bedeutenden Ortschaft entwickelt, nicht zuletzt dank den an den Hügelhängen des Rosenbergs und des Hengelesbergs in ausgesuchter Wohnlage entstandenen neuen Vierteln.

295 ‹Xändi von Hegenheim› zieht in hübscher Begleitung polternd und unternehmungslustig gegen Basel. Lithographie nach einer Bleistiftzeichnung von Hieronymus Heß, 1819.

296 Modisch gekleidete Hegenheimer Velozipedisten haben sich mit ihrem Gefährt in Basel an der Freien Straße 45 bei Louis Frohwein photographieren lassen, um 1898.

297 Der Judenfriedhof, 1970

An der Straße nach Hagenthal liegt der rund 8000 Beerdigungen aufweisende Judenfriedhof, einer der ältesten im Sundgau, der heute noch benützt wird. Er ist 1672 angelegt worden, als in der ganzen Gegend nur auf dem Friedhof von Zwingen Juden bestattet werden durften. Die Hegenheimer Synagoge ist seit einigen Jahren ihrer Bestimmung entfremdet. 1759 wurde die Grenze für die Juden gesperrt. Ein gewisser Aron Dreyfus aus Niederhagenthal hatte nämlich eine Witwe Fechterin aus Basel um 11½ Louis d'or betrogen, weshalb der Rat von Basel allen Juden aus der elsässischen Nachbarschaft das weitere Betreten baselstädtischen Bodens verbot. Doch, die Juden von Hegenheim wußten sich zu helfen. Sie legten die 11½ Louis d'or zusammen und erstatteten sie der Witwe zurück, worauf sich nach vier Monaten für sie und die anderen Juden der Nachbarschaft die Tore der Stadt Basel wieder öffneten. – Photo Peter Rudin.

Heidwiller

Unweit der Nationalstraße Mülhausen–Altkirch, im untern Largtal, liegt am Abhang eines mit Obstbäumen und Reben bedeckten Hügels das schmucke Dorf Heidwiller. Der Name der Ortschaft wird 977 zum erstenmal urkundlich erwähnt. Von der ersten Kirche, einer Basilika, ist heute nichts mehr zu sehen. Hinter der jetzigen Kirche, deren Turm aus dem 13. Jahrhundert stammt, erhebt sich das Schloß, umgeben von einem schönen Park. Hier stand wohl schon im Mittelalter eine Festung. Die damalige Siedlung Heidwiller lag in der Nähe der Burg. Von einem Haufendorf entwickelte sich der Ort zu einem Straßendorf in Richtung Nord und Süd. Die Bevölkerungszahl, die 1851–1936 von 482 Einwohnern auf 282 sank, ist nun wieder auf 427 angestiegen. Der Spitzname Heidwillers, das in grauer heidnischer Vorzeit eine große Stadt bezeichnet haben soll, lautet ‹Agerschte›; sein Wappen zeigt einen Gänsefuß.

Anno 1475 hielt in der Kirche von Heidwiller ein junger Geistlicher, Johann Ulrich Surgant, vor 70 Priestern die Leichenrede für den Schloßherrn von Mörsperg. Dieses Ereignis ist insofern von Bedeutung, als Surgant einerseits in der zweiten Hälfte des 15. Jahrhunderts in Basel als Professor der Theologie wie als Pfarrer zu St. Theodor wirkte und als solcher das vermutlich erste Taufbuch der Welt anlegte, anderseits weil seine Leichenrede auf Hans von Mörsperg, die 1503 im ‹Manuale curatorum›, einem Handbuch für Seelsorger, veröffentlicht wurde, als eine der ältesten gedruckten Predigten gilt.

298 Das Schloß Heidwiller, 1939

Mittelpunkt von Heidwiller bilden Schloß und Kirche. Die ältesten Teile des Schlosses bestehen aus zwei Seitentürmen; ursprünglich hatte das Schloß vier Türme und war von einer Ringmauer umgeben. Es war zugleich Hügelfeste und Wasserschloß. Auf der Seite des Hügels oder Rebbergs führte eine Fallbrücke in den Schloßhof. Die adeligen Familien von Heidwiller, Waldner von Freundstein, von Mörsperg und von Reinach, bewohnten nacheinander das Schloß und besaßen das Dorf Heidwiller als Lehen der Habsburger. Unter den Übeltätern, die um 1170 das Kloster St. Alban in Basel beraubten und dadurch dem Kirchenbann verfielen, befand sich auch ein Hugo von Heidwiller: Er hatte mit andern Rittern den Mönchen etliche Rinder fortgetrieben. Die letzten Herren der Festung und des Dorfes Heidwiller gehörten dem Geschlecht derer von Reinach-Heidwiller an, die von 1486 bis zur Französischen Revolution (1793) in Heidwiller ihren Wohnsitz hatten. Im 19. Jahrhundert wechselten die Besitzer des Schlosses öfters. Das alte Gebäude wurde zu einem friedlichen und angenehmen Landhaus umgebaut und ist zurzeit Eigentum der Familie Koechlin in Mülhausen. – Bleistiftzeichnung von Paul Hertzog.

Paul Hertzog
Heidweiler Schloss
1939.

Hirsingen

Als 1239 die Äbtissin von Hohenburg der Basler Kirche den Dinghof zu Arlesheim verkaufte, war in diesem ‹Paket› auch das ‹Zubehör› Hirsingen inbegriffen. Mit dem Übergang des Sundgaus an das Haus Habsburg Anno 1324 wechselten wenig später die Rechte an die Edlen von Gliers-Montjoie. 1630 erfolgte die Vereinigung der beiden Dinghöfe Habsburgs bzw. Montjoies, was für die letzteren die Alleinherrschaft in Hirsingen bedeutete. Dies wirkte sich für die Entwicklung der Gemeinde günstig aus, erwiesen sich doch die Angehörigen dieses Adelsgeschlechts als dynamische Persönlichkeiten. So besonders Magnus Karl, der 1742 das verlotterte Hirsinger Schloß durch den bekannten Architekten Bagnato wieder in besten baulichen Zustand versetzte, wozu er in den um-

«Monolog vom e-n-angedüselte Wiewerfind», skizziert vom schwungvollen Elsässer Dichter G. Stoskopf, der groteske menschliche Eigenschaften treffend und humoristisch zu umschreiben wußte, 1897.

299

1

Mıcн fröje-n-alli, wie's denn
kommt,
Dass ich so leddi blieb,
Un worum ich als *Compagnon*,
Nit rüschoiseer e Wieb?
Eh ben, ich sauj's ejch graderüs:
Mer kommt so bal ken Fräu en's
Hüs!

Ich hieroth nit:
Ich hab kenn Zitt!

Hirtzbach

Hirtzbach, an der einstigen Römerstraße Mandeure–Kembs und am Hirtzbach gelegen, wird 1274 erstmals erwähnt, indem die Grafen Ulrich und Theobald einem gewissen Heinrich von Hirtzbach das Recht verleihen, jährlich 24 Viertel Getreide einzuziehen, zum Ausgleich für Verluste, die diesem der Graf von Ferrette in Montbéliard zugefügt habe. Obwohl 1333 Hirtzbach als Lehen der Nachkommen des Epting von Blochmont erscheint, ist im Jahre 1400 nochmals, und ein letztes Mal, von den Edlen von Hirtzbach die Rede, bestätigte doch der Bischof von Basel in einer Verschreibung von hundert Flo-

liegenden Wäldern zahlreiche Holzschläge vornehmen ließ. Mit seinen prächtigen Sälen, den kunstvollen Kaminen, den kostbar eingelegten Böden und den stilechten Tapeten zählte das renovierte Herrenhaus zu den Zierden des Illtals. Ein englischer Garten mit Teich und Springbrunnen, gepflegte Spazierwege und ein romantisches Gartenhaus, ganz im Geiste der Rousseau-Zeit und der ‹Zurück-zur-Natur-Idee›, standen auch dem Publikum offen. Unter dem letzten Grafen von Montjoie-Hirsingen wurde 1772 der Grundstein zur neuen Kirche gelegt, deren Pläne Ignaz Ritter aus Gebweiler entwarf. Mit Reliquien des Heiligen Fortunatus ausgestattet, die vermutlich Fürstbischof Simon Niklaus von Montjoie von einer weiten Reise zu den römischen Katakomben mitgebracht hatte, entwickelte sich Hirsingen in der Folge zu einem viel besuchten Wallfahrtsort, der vornehmlich am Pfingstmontag, dem Fortunatusfest, lange Pilgerzüge zu frommer Andacht vereinigte.

Noch am Vorabend der Revolution besaß Graf Nepomuk Fortunatus neben dem herrlichen Schloß zahlreiche Scheunen und Stallungen im Dorf, Wiesen und Äcker, Pachthöfe und Fischweiher. Im Schloß selbst wurden seine Gemälde und Spiegel, Kleinodien und Silbergeräte, Möbel und Porzellane, Münzen, Waffen, Bücher und seltenen Versteinerungen bewundert. Aber innert weniger Jahre wurde alles vernichtet. Denn der letzte residierende Schloßherr hatte allmählich durch unbarmherziges Fronen und maßlose Treibjagden den Haß der Bevölkerung auf sich gezogen. Am 29. Juli 1789 stürmten die erzürnten Hirsinger das Schloß, doch entkam der Graf durch einen unterirdischen Gang. Der ausgeplünderte barocke Herrensitz wurde später als Nationalgut verkauft und abgerissen, wodurch der Sundgau eines seiner schönsten Baudenkmäler verloren hatte! Durch den Bau der Pfirter Bahn Anno 1891 wurde auch Hirsingen, wie andere Dörfer des Illtals, in die industrielle Entwicklung mit einbezogen.

rins und zwölf ‹Caraffen› Wein, daß ein Viertel davon der Ursula von Hirtzbach zustehe. In der Folge ging das Dorf an die Herren von Reinach, die das schon 1500 genannte Schloß Anfang des 18. Jahrhunderts neu erbauten und zum Stammsitz erwählten. Das andere Hirtzbacher Schloß, die sogenannte Wandel- oder Wendelburg am nördlichen Abhang des Hügels Muscheck, ist schon 1446 von Basler Truppen zerstört worden.

Interessant ist, daß sich auf der Gemarkung von Hirtzbach einst verschiedene Örtlichkeiten befanden. So die Dörfer Steinbach und St. Leodegar (St-Légier). Von

300 Die auf einer reizvollen Anhöhe gelegene St.-Afra-Kapelle, welche bis 1704 das Zentrum von Ober-Hirtzbach bildete. Bleistiftzeichnung von Paul Hertzog, 1937.

letzterem wird berichtet, daß die drei einzigen überlebenden Bürger, die einst die Zerstörung überlebt hätten, von den Nachbargemeinden heiß umworben gewesen seien, weil nach alter Überlieferung der gesamte Landbesitz habe von derjenigen Gemeinde beansprucht werden können, die dem Letztverstorbenen Asylrecht gewährt habe. Als schließlich die beiden Männer, die in Altkirch und Carspach Aufnahme gefunden hätten, gestorben seien, wären von den Carspachern alle Anstrengungen unternommen worden, um den letzten Bürger von St. Leodegar, der in Hirtzbach sein Leben habe beschließen wollen, zu entführen!

Merkwürdig ist auch, daß Hirtzbach während Jahrhunderten aus zwei Pfarreien bestand: aus Ober-Hirtzbach (Oberlingen) und Nieder-Hirtzbach (Niederlingen). Die Mutterkirche stand auf dem Hügel am Südende des Dorfes, von dem man eine prachtvolle Aussicht auf das Illtal genießt. Noch heute steht beim kleinen Gotteshaus, das der Heiligen Afra († 304), der Patronin der Büßerinnen, geweiht ist, das sogenannte Saint-Affre-Brünnele. Sein Wasser, das einer ölhaltigen Heilquelle (die 1891 auf der Suche nach Öl ohne Erfolg angebohrt wurde) entspringt, diente im Mittelalter dem an diesem Ort errichteten Baptisterium als Taufwasser. Wirksam gegen Gewitterschäden sollen Steinäxte aus neolithischer Zeit sein, die von Einwohnern in der Gegend gefunden wurden.

Hüningen

Der Name ⟨Huningue⟩ (Großhüningen) hat im Lauf der Jahrhunderte sehr verschiedenartige Siedlungen bezeichnet: ein Dorf, erstmals 828 erwähnt; von 1679 bis 1815 eine Festung; von 1816 bis 1876 einen Garnisonsort und schließlich eine Industriestadt. Das Dorf, am Rheinufer unterhalb Basel gelegen, war mit dieser Stadt stets eng verbunden. Enge Beziehungen bestanden zwischen den Kirchen von Sankt Martin und von Hüningen, die oft zusammen erwähnt werden. Das Basler Hochstift besaß in Hüningen einen Dinghof. Eine der drei großen Prozessionen, die vom Münster ausgingen, führte zur Hüninger Kirche. Beim Eierlauf vom Ostermontag liefen die Wettläufer bis zum Hüninger Mausturm. In Augenblicken der Gefahr suchten die Hüninger Schutz hinter den Basler Mauern. Während eines Jahrhunderts (1521–1623) betrachtete Basel das längst be-

gehrte Dorf als sein Eigentum und führte darin den reformierten Gottesdienst ein. Nachdem Habsburg Hüningen wieder zurückgenommen hatte, versuchte Johann Rudolf Wettstein hartnäckig, aber erfolglos, wieder in den Besitz des Dorfes zu gelangen. Auch den Bau einer französischen Festung wollte Basel 1679 verhindern. Diese als lästig und bedrohlich empfundene Anlage wurde nach den drei Belagerungen (1796/97, 1813/14 und 1815) auf Verlangen Basels geschleift. Nach dem Fall Hüningens veranstaltete Basel ein großartiges Freudenfest. In Hüninger Vereinen sind von jeher Basler aktiv tätig. So in Gesellschaften der Schützen und der Musik- und Geschichtsfreunde. Basler machen gerne Einkäufe in Hüninger Warenhäusern (wie umgekehrt die Hüninger nach Basel einkaufen gehen) und suchen mit Vorliebe durch gute Küche bekannte Hüninger Gaststätten auf. Aus Basel bezieht Hüningen den Strom, wogegen der Kehricht zur Verbrennung in die Stadt gebracht wird.

255

An die bewegte Hüninger Vergangenheit erinnern ein reichhaltiges Lokalhistorisches Museum im ehemaligen Pfarrhaus neben der alten Garnisonskirche, die zurzeit renoviert wird, das Denkmal des 1796 bei der Verteidigung des Brückenkopfs gefallenen französischen Generals Charles Abbatucci sowie spärliche Überreste von Festungsanlagen. Heute ist Hüningen ein Kantonshauptort

des Kreises Mulhouse im Departement Haut-Rhin, zählt auf einem Flächeninhalt von nur 273 Hektaren 7150 Einwohner (darunter 1500 Ausländer). Neben einer Anzahl kleinerer Gewerbebetriebe bietet die Gemeinde mit der Chemischen Industrie (Sandoz, Ciba-Geigy) und der Kunststoffindustrie (Plasco, Anisa) insgesamt 2370 begehrte Arbeitsplätze.

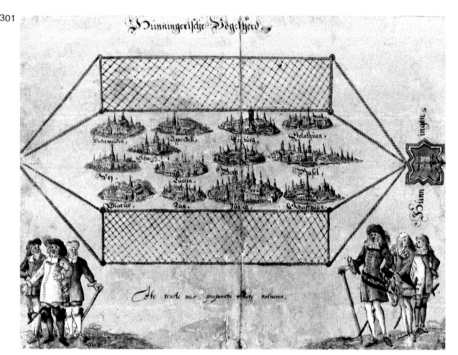

301

301 Der Vogelherd, um 1690

Ein ‹Vogelherd› ist ein Platz, wo Vögel gefangen werden. Um welche Vögel handelt es sich denn hier? Um die Schweizer Kantone. Und wer ist der Vogelfänger? Ludwig XIV., der im 17. Jahrhundert sein Land nach allen Richtungen hin zu vergrößern suchte. Und der Vogelherd? Die Festung Hüningen, mit deren Bau vor Basels Toren Frankreich trotz schweizerischen Protesten 1679 begonnen hatte. Mit größtem Mißtrauen und tiefer Unruhe betrachtete man in der Eidgenossenschaft diese Festung, die auch ‹Zwing-Basel› genannt wurde. Aber nicht nur militärisch fühlte sich Basel bedroht. Das Gerücht ging, Frankreich wolle aus Hüningen auch eine Rivalin Basels auf dem Gebiet des Handels machen! Von Hüningen aus, so wurde andrerseits behauptet, sollten die reformierten Kantone rekatholiziert werden. Und diese Befürchtungen der Schweizer gegenüber der französischen Festung illustriert das im Hüninger Historischen Museum verwahrte Aquarell.

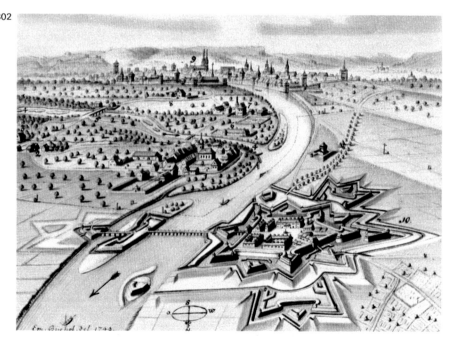

302

302 Die Festung Hüningen, 1749

Der ein regelmäßiges Fünfeck bildenden Festung ist im Süden und im Norden ein Hornwerk vorgelagert. Eine Brücke führt zur Schusterinsel und von dort auf das rechtsseitige Rheinufer. Gegenüber der Wiesenmündung steht an der von Bäumen gesäumten Straße nach Basel der Mäuseturm, eine Schanze des ältesten Befestigungswerks auf Hüninger Boden. – Lavierte Federzeichnung von Emanuel Büchel.

303 Das Hüninger Tram, 1910

Um die Jahrhundertwende siedelten sich in Hüningen verschiedene Industrien an, was ein stetes Anwachsen der Bevölkerung zur Folge hatte. Da es aber in der kleinen Ortschaft an Geschäften mangelte, besorgten viele Hüninger ihre Einkäufe in Basel. Andrerseits arbeiteten zahlreiche Basler in Hüninger Betrieben. Es wurde deshalb 1908 der Bau einer Straßenbahnlinie

303

Basel–Hüningen ins Auge gefaßt. 1909 bewilligte der Basler Große Rat den für dieses Vorhaben notwendigen Kredit. Die feierliche Einweihung der Strecke fand am 16. Dezember 1910 statt. Im beflaggten Hüningen herrschte große Freude über die neue städtische Ausrüstung. Eine Verlängerung der Linie bis nach Neudorf war geplant, und für den Gemüsetransport waren besondere Güterwagen vorgesehen. Der Ausbruch des Ersten Weltkriegs verhinderte aber die Verwirklichung dieses Vorhabens. Am 12. April 1961 fuhr das letzte Tram nach Hüningen: ein Busdienst ersetzte die infolge des wachsenden Autoverkehrs nun unrentabel gewordene Straßenbahn.

304 **Rheinflößerei um 1890**

Bis zu Beginn dieses Jahrhunderts war die Flößerei das interessanteste Schauspiel, das es in Hüningen zu sehen gab. Von der starken Strömung getragen, wurden die 12 bis 20 Meter langen Holzflöße von zwei auf dem Fahrzeug postierten Männern zur Mündung des Kanals gelenkt. In einiger Entfernung vom Ufer warfen die Floßführer Seile, die von bereitstehenden Arbeitern um Pfähle gewunden wurden und damit das Floß zum Stillstand brachten. Dieses wurde dann fachmännisch auseinandergenommen und aus den Stämmen und Balken ein kleineres Gefährt gebildet, das im schmalen Kanal seinen Weg nach Mülhausen oder nach Frankreich fortsetzen konnte. Drei große Unternehmen betrieben damals in Hüningen Holzhandel. Auf dem rechten Kanalufer gegenüber dem Gaswerk befand sich ein großes Holzlager, ein beliebter Spielplatz für Kinder, konnte mit den für die Papiererzeugung bestimmten Holzklötzchen und entsprechender Phantasie doch alles mögliche gebaut werden.

305 **Die Schiffsbrücke, um 1905**

Die Hüninger Schiffsbrücke, die für die Durchfahrt eines jeden Schiffes geöffnet werden mußte, war einst ein vertrauter Anblick für alle Bewohner der Gegend am Rheinknie. Im November 1944 wurde der bewegliche Übergang von einem Hochwasser weggerissen, was Anlaß dazu bot, die Schiffsbrücke durch eine leistungsfähige Motorfähre zu ersetzen. Dem immer wieder geäußerten Wunsch nach einer festen Straßenbrücke wurde erst 1977 entsprochen, als mit den umfangreichen Bauarbeiten anstelle der 1938 demontierten alten Eisenbahnbrücke begonnen wurde – Photo Höflinger.

305

306 Die 1680 angelegte Vauban-Festung wurde von den Zeitgenossen immer wieder als strategisch bedeutsames Befestigungswerk von höchster militärischer Perfektion bestaunt und in literarischen Abhandlungen gefeiert, ehe sie 1815 geschleift wurde und die Bedingung Basels, daß im Umkreis von 3 Meilen nie mehr eine Festung errichtet werden dürfe, eingehalten werden mußte.

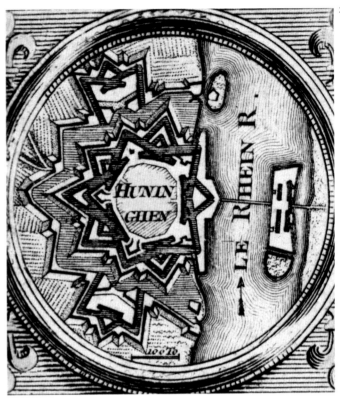

Der Leutnant Schmidt

Ame Samstig im Septämber 1751 isch dr Leutnant Schmidt vom Regimänt «Madame la Dauphine», wo z' Hinige in Garnison gläge isch, uf Gleihinige gange, wo-n-er mit Kollege in dr «Krone» het welle z' Nacht ässe. Dr Leutnant het scho ziemli gscheppelet gha un im Hof vo dr Krone Händel mit eme Schriner agfange, wo dert anere Arbet gsi isch. No-ne-me kurze Wortwäxel isch dr Offizier uf dr Schriner los un het-n am Büch verwundet. Dr Schriner aber het sim Gegner dr Hobel mit voller Wucht an d'Kopf gworfe un isch in Stall gflichtet. E Stallknächt het im Agriffer sine Säbel üs dr Hand gschlage un en drno z'Bode grunge. In kurzer Zit isch dr Hof voll Lit gsi. Dr Schriner isch zum Dokter brocht worde un dr Burgermeister het 12 Mann Wachtposte lo riefe fir dr Agriffer z'bewache. Um e Ueswäg z'finde hat dr Leutnant Schmidt verlangt, ufs Hisle z'goh, wo hinte im Hof gstande isch. Sechs Wachtmänner hän en begleitet. Dr Ufenthalt im Hisle het denn aber üssergwehnlig lang dürt. No-nere gwisse Zit het dr Burgermeister an d'Tir klopft. Kei Antwort. Ischs däm achtscht ohnmächtig worde? D'Tir wird üfgmacht. 's Hisle isch leer. Zwei Brätter fähle an dr Hinterwand. Vergäbes süecht me no de Gäscht üsem Elsaß. Un z'Hinige het me no lang iber dä güete Streich in de Wirtschafte glacht! Lucien Kiechel.

307 Die Hüninger Sappeurs-pompiers bei einer Feuerwehrübung. Noch steht die Ernsthaftigkeit der Aufgabe im Vordergrund; doch bald wird die alte Wasserspritze durch ein Bierfaß ersetzt und zum großen Durstlöschen angehoben! Photo Höflinger, um 1905.

Der Jüngling von Hüningen

Ein grimmiger Wolf setzte Hüningen und die Umgegend in großen Schrecken. Er würgte Schaf' und Hirten; auch hatte er schon mehrere Kinder zerrissen, die im Walde Reisig gesucht, und noch war es keinem Jäger gelungen, ihn zu tödten. Da faßte ein heldenmüthiger Jüngling den Entschluß, das Unthier aufzusuchen und den Kampf mit ihm zu bestehen. Frühmorgens, nur mit einem tüchtigen Knittel bewehrt, verließ er die Stadt und kam bald auf die Spur des Wolfes. Dieser stürzte auf ihn zu; allein der kühne Knabe gab ihm einen derben Schlag auf den Kopf und faßte ihn, trotz seiner wüthenden Bisse, an der Kehle, und schleppte ihn bis an das Stadtthor. Hier rief er der Schildwache auf dem Walle zu, sie solle auf den Wolf anlegen. Sie that es; der Wolf fiel, ohne daß die Kugel den Jüngling verletzte. Allein am Arme hatte ihm das tolle Thier eine tiefe Wunde beigebracht. Der Gedanke, daß er nun selbst toll würde, brachte ihn außer sich, und nochmals rief er dem Soldaten zu: «Kamerad, ziele nun auch auf mich! Ich habe das Meinige gethan und will lieber sterben, als meinen Mitbürgern zum Schreckniß leben!» Die Volksmenge, welche sich unterdessen um ihn her gedrängt hatte, bat ihn umsonst, von seinem Vorhaben abzustehen. Man wich endlich zurück. Die Schildwache zielte, und unter dem lauten Schmerzgeschrei der Zuschauer brach das jugendliche Heldenherz. (1852)

308 Place Abbatucci, um 1910

Der ehemalige Paradeplatz ist noch von einer Allee dichtbelaubter Linden gesäumt. Das Abbatucci-denkmal erinnert an den 26jährigen Korsengeneral, der 1796 bei der Verteidigung des Hüninger Brückenkopfs sein Leben lassen mußte. Links ist die alte Garnisonskirche zu sehen. Sie ist 1932, nach dem Bau der Christkönigskirche, den kultischen Zwecken entfremdet worden. 1975 fertig restauriert, dient sie nun als Mehrzwecksaal. Der auf dem Platz eingezeichnete Kreis ist als Spur eines Pferdes zu erklären, das die ‹Kilbe-Reßliritti› antrieb. – Photo Höflinger.

309 Der Rheinhafen, 1933

1834 in Betrieb genommen, erreichte der Hüninger Hafen im Jahre 1934 mit einem Umschlag von 1 552 574 Tonnen seine höchste Auslastung, wobei während eines Monats bis zu 800 Kähne die Schleuse passierten. Das Treideln besorgten mit Elektrizität angetriebene Traktoren. Die lähmende Konkurrenz der Eisenbahn aber brachte die Schiffahrt auf dem Zweigkanal zum Erliegen. Heute stehen auf dem Areal der alten Hafenanlage Hochhäuser, und die deklassierte Hüninger Wasserstraße funktioniert nur noch als Speisekanal für den Rhein-Rhone-Kanal.

Die Burnkirche, um 1930

Von den Edeln von Burnkirch, Lehensleuten der Bischöfe von Basel und Straßburg und der Freiherren von Hasenburg, erbaut, wurde die äußerst reizvoll gelegene Kirche Anno 1376 samt dem Weiherschloß der Burnkirch zerstört und erst 1455 wieder aufgebaut. Als 1663 die St.-Nikolaus-Kapelle zur Pfarrkirche Illfurths erhoben wurde, diente das reich ausgestattete Gotteshaus der um 1480 ausgestorbenen Patronatsherren fortan nur noch dem Totenkult und der Wallfahrt. Von den wertvollen Kultgegenständen ist besonders die prächtige Pietà aus der Zeit des ausgehenden Mittelalters erwähnenswert. – Aquarell von A. Liebencut.

Illfurth

Illfurth am Zusammenfluß von Larg und Ill, hat seinen Namen von der ehemaligen Furt an der Ill, als noch keine Brücke vorhanden war und der Fluß an seichten Stellen mit Mann, Roß und Wagen überquert wurde. Illfurth ist das einzige Dorf im Kreis Altkirch, das drei Kirchen besitzt. So die altehrwürdige, in der ganzen Umgebung bekannte Burnkirche, die oberhalb der ehemaligen Obermühle, jetzt Sägerei, etwa 10 Minuten südlich von Illfurth liegt. Sie ist heute vom Illfurther Friedhof umgeben. Die Kirche soll aus dem 13. Jahrhundert stammen und gibt Zeugnis von der verschwundenen Ortschaft gleichen Namens. Sie war ehemals eine Martinskirche und diente drei Ortschaften als Pfarrkirche. Im Innern der Kirche befindet sich das Grabmal des bei der Verteidigung Altkirchs gegen die Engländer gefallenen Friedrich von Burnkirch († 1376). Beim Scheitweckturm im Dorfzentrum steht das Denkmal des Priestermärtyrers Bochelen aus der Revolutionszeit, der 1798 in einer Sandgrube in Colmar erschossen wurde. Nicht weit von der ehemaligen St.-Nikolaus-Kirche wurde vor einigen Jahren ein neues, in eigenartiger, neuzeitlicher Architektur gehaltenes Gotteshaus gebaut.

In der Nähe Illfurths erhebt sich der Britzgyberg, der eine ausgezeichnete Fernsicht in die Südvogesen, in die oberelsässische Rheinebene und, bei klarem Wetter, zu den *weißen Spitzen der Alpen bietet. Auf der Anhöhe steht eine Kapelle, die vom Hügel den Namen erhalten hat. Auch soll sich hier während der Hallstattzeit ein Refugium befunden haben. Oft würde man, so sagt es der Volksglaube, im Dorf Feuer auf dem Berg erblicken und Gestalten umherschweben sehen. Käme man dieser Erscheinung näher, dann verschwinde alles, ohne eine Spur hinterlassen zu haben. So sei es auch einem Hirtenknaben, der seine Ziegen in der Nähe der Kapelle weiden ließ, ergangen. Er habe plötzlich ein Klingeln und Schallen aus der Kapelle dringen hören. Als er näher gekommen sei, habe er einen Priester im Meßgewand am hell erleuchteten Altar stehen sehen. Beim Anblick des Hirten aber sei der spukhafte Geistliche für alle Ewigkeit entschwunden. Auch vom sogenannten Küppelschloß auf dem Hügel gegen Zillisheim das vermutlich in römischer Zeit erbaut worden war, ist – außer Fundamenten – nichts mehr zu sehen. Illfurth bildete bis zum Ersten Weltkrieg die Sprachengrenze, wo, wenn auch in abgeschwächter Form, der eigentliche Sundgaudialekt begann. War in Illfurth zum Beispiel ⟨heiter gässe⟩ in Gebrauch, so sagte man in Froeningen und Zillisheim ⟨hänter gässe⟩ (habt ihr gegessen). Bei der zunehmenden Industrialisierung des Landes, wo Stadt und Land immer mehr zusammenrücken, verblaßten allmählich diese Sprachunterschiede, so daß nur im äußersten Süden der eigentliche Sundgaudialekt noch gesprochen wird.*

311 ⟨Maria zur Eiche⟩, um 1899

Außerhalb des Dorfes, in der Nähe der ehemaligen Siedlung Erzach, steht die schon im 14. Jahrhundert bekannte Wallfahrtskapelle ⟨Maria zu den drei Eichen⟩. Der Zustrom von Pilgern führte 1738 zu einer Vergrößerung der Gnadenkapelle. Während der Revolution wurde sie jedoch zerstört, 1883 aber wieder aufgebaut. Eine Kopie stellt auch die nach dem Vorbild in Mariastein gemalte Pietà dar, welche 1923 durch einen Brand vernichtet worden war.

312 Bäuerliches Anwesen, um 1900

Um die letzte Jahrhundertwende bestand Koestlach aus 108 Häusern. Die 431 Einwohner des Dorfes

Koestlach

Das Dorf Koestlach weist – im Garten der Wirtschaft ⟨Römerbad⟩ – gallorömische Spuren auf. Einst stand hier eine stolze römische Villa mit Bad. Sie diente wohl den römischen Legionären als Herberge, denn sie lag an der Straße von Mandeure (Dep. Doubs) nach Kaiseraugst. Der romanische Kirchturm stammt aus dem 12. Jahrhundert und gehört zu den historischen Baudenkmälern des Landes. Das Gotteshaus wurde 1745 von Fürstbischof Rinck von Baldenstein konsekriert und besitzt ein Altarretabel aus der ehemaligen Zisterzienserabtei Lützel. Die Kapelle am Dorfende Richtung Moernach erinnert an das einstige Dorf ⟨Erzach⟩, das im Dreißigjährigen Krieg zerstört wurde. In den Revolutionsjahren 1792/93 vernichteten die Franzosen die alte Kapelle; die derzeitige stammt aus dem beginnenden 19. Jahrhundert. Südlich des Dorfes liegt Kastelberg, einst ein römisches Kastell, noch deutlich erkennbar durch einen Doppelgraben. Zahlreiche seltsame Grotten weisen eindeutig auf prähistorische Wohnstätten.

Zwischen Koestlach und Kastelberg liegt im Süden des Dorfes das ⟨Kugele⟩, eine alte Befestigungsanlage, die verschwunden sein soll, als die Grafen von Pfirt die Herrschaft übernahmen. Zu dieser Zeit wechselten in Koestlach viele Besitzungen die Hand. Im Jahre 1282 kamen die Güter des Werner von Koestlach und 1293 jene des Volmer von Koestlach an das Magdalenenkloster in Basel. Der dem Bistum Basel zustehende Zehnten wurde im 12. Jahrhundert den Mörsberg für die Burghut in Pruntrut verpfändet, 1305 aber wieder ausgelöst. Die Sage berichtet, daß das Schloß durch göttlichen Eingriff verschlungen wurde, um die Raubritter zu bestrafen. Bei der Vernichtung des Schlosses vermochten die Knechte zu entrinnen: die einen wandten sich nach Osten und schrien aus vollem Hals: «Do ist Koestli» (Ursprung des Namens Koestlach), die andern wandten sich nach Westen mit dem Ruf: «Mer nach» – (Ursprung des Namens Moernach). Koestlach zählt heute 344 Einwohner und hat eine Fläche von 800 Hektaren, wovon 300 Hektaren Wald. Die Bauernsame besteht nur noch aus zwölf landwirtschaftlichen Betrieben. Neben ihrer bezahlten Arbeit betreiben zehn Landarbeiter noch eine eigene kleine Landwirtschaft; das Handwerk im Dorf ist ausgestorben.

widmeten sich vornehmlich der Landwirtschaft, denn nur wenige fanden im Kalksteinbruch und in der Ölmühle Arbeit. Die ehemaligen Erzgruben der Abtei Lützel boten längst keinen Verdienst mehr.

Landser

Im Hügelland des östlichen Sundgaus träumt Landser, bis 1948 Hauptstadt des gleichnamigen Kantons, von seiner einstigen Bedeutung. Die Herren von Bütenheim, deren Burg bei Homburg am Rhein stand, besaßen in Landser ein zweites Schloß. Die ganze Gegend, die ihnen gehörte, ging später an die Habsburger, die Landser zum Mittelpunkt einer Herrschaft erhoben. 1648 kam das Gebiet, welches das Hügelland bis zum Rhein umfaßte, als ‹seigneurie› an Frankreich. Im 15. Jahrhundert litt das Städtchen unter den kriegerischen Auseinandersetzungen zwischen den Habsburgern und den Eidgenossen. Noch größere Not brach 1635 über Landser herein, als mit Schweden verbündete französische Soldaten das Schloß und 18 Häuser völlig niederbrannten. So ist nicht mehr festzustellen, wo sich der genaue Standort des mächtigen Herrensitzes befunden hatte. Bekannt ist nur, daß es sich beim wehrhaften Bau um ein Weiherschloß handelte, das von tiefen Wassergräben umgeben war.

«Flecken mit Jahrmarktsrecht und 528 Einwohner, unter welchen sich auch Juden befinden. Er ist Hauptort des Kantons dieses Namens, schön und sehr nahrhaft, und seine beyden Jahrmärkte sind, hauptsächlich für den Viehhandel, berühmt. Vor der Revolution war hier ein Kapuzinerkloster, und ein im Mittelalter hier gestandenes starkes Schloß wurde im Jahr 1240 von den Baslern und Mühlhausern belagert, eingenommen und zerstört. Der letzte Amtmann, F. A. J von Hell, ist durch seine Verdienste um Humanität und Volksglück 1784 in den Reichsadelstand erhoben worden.» (1828) – Zeichnung von Paul Hertzog.

Die Revolution machte der ‹seigneurie› ein Ende. Und damit begann der langsame Niedergang des Städtchens. Als 1840 die Bahnlinie Mülhausen–Basel gebaut wurde, legte man sie am Fuße der Sundgauhügel an, dort, wo bereits eine Straße bestand, und berührte die Dörfer Rixheim, Habsheim und Sierentz. Dadurch wurde der gesamte Verkehr ostwärts verschoben, und das mitten im Hügelland gelegene Landser durfte sich wohl der Ehre eines ‹Kantonsstädtchens› rühmen, war aber nunmehr zum endgültigen Niedergang verurteilt. Die amtlichen Stellen, und Gerichtsbehörden ließen sich wie der Arzt und Notar in Sierentz nieder, an der großen Basler Straße und an der Bahnlinie, das eben besser zu erreichen war. Der Sierentzer Pfarrer erhielt bald den Titel eines Doyen (Dekan), der bis dahin jenem von Landser zugestanden war. Schließlich setzte, besonders nach 1870, eine starke Auswanderung ein, teils aus politischen Gründen nach Innerfrankreich, teils wegen sozialer Not in die Industriemetropole Mülhausen. So ging die Bevölkerungszahl stark zurück. Ganze Familien starben aus – oft waren die letzten ledig geblieben –, so daß das Dorf nur noch wenige hundert Einwohner zählt.

Noch heute sind dagegen im einst befestigten Städtchen zahlreiche Zeugnisse aus historisch bedeutsamer Zeit erhalten. So der schöne Renaissancebrunnen mit schildtragendem Löwen von 1661, das Rathaus, die Feudalhäuser der alten Familien Reinach, Flachslanden und Goetzmann, der Friedhof mit wertvollen Grabdenkmälern sowie die 1776 umgebaute Kirche. 1659 ist in Landser durch die Familie Hug ein ‹Schweizer› Kapuzinerkloster gegründet worden, das bis zur Revolution in Blüte stand. Die Gebäulichkeiten gelangten 1842 an die Redemptoristen, wobei die Klosterkirche allerdings abgerissen wurde. Einige Berühmtheit hatte Landser durch Sebastian Brant erreicht, dessen Flugblatt ‹Von der wunderbaren

Sau zu Landser im Suntgau 1416› im Lande viel Aufsehen erregte, weil die Erscheinung des ‹Wundertiers› als ungünstiges Zeichen für die Entwicklung des Reichs gedeutet wurde. Die Mißgeburt ist von einem Thanner Franziskanermönch wie folgt beschrieben worden:«In Landser, einem Fleckchen im Suntgau, ist ein Schwein mit einem Kopf allein, vier Ohren, zwei Augen und Zungen, acht Füßen, zwei Leiber, so vom Kopf bis an den Nabel aneinander gewachsen, gegen die untern Theilen waren sie zertheilet, geworffen worden.»

Leimen

Leimen am Fuße des einst von drei Burgen (alt Landskron, Reineck und Landskron) überbauten Landskronbergs im Leimen- oder Birsigtal ist eine alte Ortschaft, die der Bodenbeschaffenheit ihren Namen verdankt. Dieser kommt bereits 728 unter der Form ‹Leimone› vor: «Wollen wir behaupten, es sei das schönste Dorf im Elsaß? Wir müssen zugeben, daß dieser Gedanke uns kam, denn Leymen ist bestimmt ein mit Vorzügen ausgestatteter Ort. Wo findet man ein Dorf, das gleichzeitig neben den üblichen Aspekten und Problemen den schönsten Wald, den größten Steinbruch, die mächtigste Burgruine, die beste Küche, den Wallfahrtsort mit der größten Ausstrahlung (Mariastein) aufweisen kann? Das überdies eine Rekordzahl an Gewittern meldet, und wo das Beispiel eines Faltgebirges zu sehen ist? Das schließlich wie eine Insel ins Ausland ragt» (Prof. Robert Specklin). Beim Lesen der ältesten Urkunden fallen die mannigfachen Beziehungen zu Basel auf. St. Alban, die Reuerinnen an den Steinen und die Prediger besaßen Güter in Leimen. Auch der Bischof von Basel vergab hier um die Mitte des 14. Jahrhunderts Besitzungen zu Lehen, während andrerseits die Ritter von Leimen (ein um 1400 erloschenes Adelsgeschlecht) in Basel Höfe und Gärten besaßen. Nicht weniger zahlreich sind heute die Beziehungen zur Schweiz in dem von drei Schweizer Gemeinden begrenzten Dorf: den elektrischen Strom liefert die Elektra-Birseck, den Schienenverkehr besorgt die Birsigtalbahn und 250 Hektaren des 1138 umfassenden Gemeindebanns sind Eigentum von Schweizern.

314 Vom Talgrund steigt die ‹rue de la Gare› steil zur Haltestelle der Birsigtalbahn hinauf. Früher hieß dieser Straßenzug mit den ärmlichen, aber einheitlich gebauten Fachwerkhäusern ‹Leimgrubenweg› und führte zur großen Leimgrube hinter dem Pfarrhaus. Photo Höflinger, um 1910.

315 Der neu eröffnete Bahnhof ‹Leymen› der Birsigtalbahn, die Basel mit Rodersdorf verbindet und zwischen Flüh und Rodersdorf über elsässisches Gebiet führt. Eine geplante Verlängerung über Wollschwiller nach Pfirt ist nicht zur Ausführung gekommen. Photo Höflinger, 1910.

Die Landskron, um 1780

Nach der Zerstörung der vom Bischof von Basel oder von den Grafen von Pfirt errichteten Landskron durch das Erdbeben von 1356 wurde die Burg von Ja-

317 Neben mehreren Kalksteinbrüchen besaß Leimen weitere kleinere Gewerbe wie eine Sägerei, eine Ölmühle und zwei Getreidemühlen. Photo Leo Gschwind, um 1930.

317

kob von Reichenstein wieder aufgebaut. Weil die Eidgenossen als gefährliche Nachbarn galten, trug Kaiser Maximilian zu den Kosten bei. Ludwig XIV. ließ die Landskron später durch Vauban in eine moderne Festung umwandeln. Diese diente jedoch nur als Staatsgefängnis, was ihr den Namen einer elsässischen Bastille einbrachte. Die Chronik berichtet von einem Unglücklichen, der ohne Urteil von 1768 bis 1790 auf der Landskron eingesperrt war. Auch der geistesgestörte Sohn eines Hüninger Postmeisters wurde, weil er als gefährlich galt, auf Verlangen seines Vaters auf die Landskron gebracht. Nicht selten gab man aber auch verschwenderischen adeligen Jünglingen Gelegenheit, reuige Betrachtungen über ihren leichtsinnigen Lebenswandel anzustellen. Es scheint, daß die Bewachung nicht allzu streng war, denn es gelang mehreren von ihnen, in die Schweiz zu entkommen. 1814 wurde die Landskron durch bayerische Belagerer zerstört. Man erzählt, der Pfarrer von Hagenthal habe den feindlichen General überzeugen können, daß der erhaltene Turm ein schönes Siegesdenkmal darstellen würde. So kam es, daß das Wahrzeichen Leimens bestehenblieb. Seit einigen Jahren sind Renovierungsarbeiten im Gange, um die nun von Affen bevölkerte Ruine vor dem gänzlichen Zerfall zu retten. – Kolorierte Radierung von Christian von Mechel.

Wirtschaft zur Sonne von Seraphin Heinis — Schul- und Gemeinde-Haus — Kirche — Gruss aus Lüxdorf

Ligsdorf

Ursprünglich zum Meiertum Wolschweiler der Herrschaft Pfirt gehörend, entwickelte sich die 1146 als ‹Luchesdorff› bezeichnete Siedlung am Fuße des Glasserbergs erst im Mittelalter zur selbständigen Gemeinde. Begütert waren hier schon früh die Mönche in Lützel. 1317 sind am Ort auch die Gnädigen Herren von Pfirt anzutreffen, welche Vergabungen aus dem Besitz von St. Ursitz nutzten. 1250 stiftete Bischof Berthold von Basel zwei neue Pfründen für Basler Domherren aus den Einkünften der Kirche, die bis 1801 zum Landkapitel Elsgau des Bistums Basel gehörte. Die gemeinsame Pfarrkirche von Ligsdorf, Winkel und Bendorf, die auf einer Anhöhe in der Nähe der zweiten Illquelle stand, wurde 1768 von den Ligsdorfern durch eine eigene ersetzt. Ein stattlicher Wald mit Buchen, Tannen, Eichen, Eschen, Fichten, Lärchen und Ahornbäumen verhalf dem Dorf zu einem bescheidenen Wohlstand. Eine Sägemühle und eine Getreidemühle ließen ihre Räder von der reichlich vorhandenen Wasserkraft der Ill treiben. Auch brachten zwei kleinere Kalksteinbrüche den Bewohnern zusätzlichen Verdienst.

318 Wirtshaus, Schulhaus und Kirche, wohl in der Reihenfolge der täglichen Bedeutung dargestellt (!), waren den 300 ‹Lüxdörfern› um die letzte Jahrhundertwende die gerne besuchten Orte der gemeinsamen Begegnung.

Anekdotisches

Die Spaßmacher behaupten, daß der erste Mensch, Adam, aus Leymen stammt, da er bekanntlich aus Lehm erschaffen wurde. Und es gibt ganz Boshafte, die hinzufügen, daß aber dieser Adam dem Erschaffer nicht ganz gelungen sei, deswegen er über die Grenze abgeschoben wurde, nach Liebenswiller. Und als dieser sich dort seiner Liebe schämte, habe er sich in den Busch verzogen, nach Buschwiller …

Wenn der Sturm übers Land braust und die Wolken am Nachthimmel vor sich hertreibt, ist es nicht geheuer auf der Landskron. Um Mitternacht wird es hell auf der Burg, gehen die Geister solcher um, die in den Verließen der Burg gestorben, und zu ihnen gesellt sich jener Münch von Landskron, der die Gefallenen und verwundeten Eidgenossen bei St. Jakob verspottet und den ein Steinwurf zu Tode getroffen. Oft sieht man in der Ruine auch eine verhexte Frau in Gestalt eines schwarzen Hasen, und an Herbstabenden hört man seltsamen Trompetenschall, der erst beim Klang der Betzeitglocke im ‹Stein› verstummt.

Es ist bekannt, daß die Felder von Leymen wenig einträglich sind. Die Hälfte des Bannes ist von Bergen umgeben. Die andere Hälfte besteht aus Höhen und Niederungen, zum größten Teil aus schlechten Böden, kalt, lehmig, steinig, sandig, sumpfig. In den besten Böden gibt es eine ganze Anzahl von Wasserläufen. Die Ausläufer der Jurakette reichen bis zum Bache des Leymenthals. Dies bringt uns fast jedes Jahr im Sommer Hagel, Nebel und Nässe. Die Früchte erreichen im allgemeinen kaum vollständige Reife. (1814)

Sundgauer Volksreim

Der Kuckuck ist ein braver Mann,
Der vierzehn Weiber erhalten kann.
Die erste trägt das Holz ins Haus,
Die zweite macht ein Feuer draus,
Die dritte trägt das Wasser ins Haus,
Die vierte kocht ein Suppen daraus,
Die fünfte fegt dem Herrn die Stub',
Die sechste hebt den Feiert (Kehricht) auf,
Die siebente deckt dem Herrn den Tisch,
Die achte schaut, was droben ist,
Die neunte holt den Kännel mit Wein,
Die zehnte schenkt es tapfer ein,
Die elfte macht dem Herrn das Bett,
Die zwölfte legt sich drin ganz g'streckt,
Die dreizehnte nimmt den Herrn in Arm,
Die vierzehnte sait: Daß Gott erbarm!

Linsdorf

Von Allschwil und Hegenheim führt die Straße über Folgensburg zum Waldgasthaus ‹Césarhof›, dessen Gartenwirtschaft unter den mächtigen Kastanienbäumen vielen Baslern bekannt ist. Dieser Hof gehört zur Sundgauer Gemeinde Linsdorf: 330 Hektaren Gesamtfläche, davon 150 Hektaren Wald, und 174 Einwohner. Fast die Hälfte der Bevölkerung lebt heute noch – mindestens halbwegs – von der Landwirtschaft, die meisten Linsdorfer arbeiten jedoch hauptberuflich in Basel, St-Louis oder Hüningen. Das Dörflein ist mit dem Auto über Bettlach und die Häusergruppe St-Blaise zu erreichen. Wer einen 3 Kilometer langen Spaziergang durch einen schönen Buchenwald und über weite Felder nicht scheut, kommt auf erholsame Weise ebenfalls zum Ziel. Eine für manchen beglückende Landschaft ist wohl – neben eini-

319

gen gut erhaltenen Bauernhäusern – die einzige ‹Sehenswürdigkeit› von Linsdorf. Im Dorf gibt es kein einziges Geschäft und keine Wirtschaft, dafür eine Mühle und, neuerdings, eine kleine Schraubenfabrik!

Der Weiler Sankt-Blasius mit der Pfarrkirche an der Straßenkreuzung wird schon 1139 als ‹Lilliskirch› erwähnt. Um die Kirche bildete sich ‹Lillisdorf›, das u. a. den Basler Klöstern St. Alban, Gnadental, St. Clara und Maria Magdalena an der Steinen zinspflichtig war. Linsdorf und St-Blaise gelten als Überreste dieses im 15. Jahrhundert verschwundenen Dorfes.

Die Eierschlacht

Als im Juli 1793 die Eierfrauen aus den nahen Sundgaudörfern ihre Ware in die Stadt zum Verkauf bringen wollten, wurden ihnen von den wachthabenden, zuchtlosen französischen Nationalgarden an der Grenze die Körbe mit den Eiern weggenommen. Die Soldaten gaben die Körbe ihren eigenen Weibern und schickten diese selbst damit nach der Stadt zum Verkauf. Die Soldatenweiber kamen richtig bis auf den Marktplatz. Da harrten ihrer schon die beraubten und erbosten Elsäßerinnen, stießen ihnen die Körbe von der Köpfen und bewarfen sie blindlings mit dem sich entleerenden Korbinhalt. Eine solch wütende Eierschlacht entstand, daß vor dem Hause zur ‹Traube› und zur ‹Laute› die Straße mit lauter zerbrochenen Eiern angefüllt war. Damit nicht genug. Nach dem Eierbombardement kam es zu einem erbitterten Handgemenge. Eierfrau und Amazone zausten einander die Haare und schlugen sich auf die Köpfe, bis es der Wache und eidgenössischen Zuzügern, die in der Stadt lagen, gelang, die Ruhe wieder herzustellen.

319 Ein Linsdorfer Kachelofen, um 1940

Linsdorf war Anfang des 19. Jahrhunderts durch seine Ziegelei und seine Töpfer weiterhin bekannt, wobei besonders die Familie Wanner als Kunsthandwerker für Kachelöfen einige Berühmtheit erlangte. Die ‹Chunscht›, auf der man sitzen oder liegen kann, wurde immer in der guten Stube aufgebaut, aber von der Küche aus geheizt. Die Tonkacheln der im obern Sundgau seit dem Ende des 17. Jahrhunderts nachgewiesenen Öfen sind oft mit einer grünen oder bräunlich geäderten Glasur überzogen. Gegen Ende des 18. Jahrhunderts erscheinen auf Fayence nachahmenden Kacheln auf weißer Unterlage hellblaue Motive mit bäuerlichen Szenen und Tieren. Oft dargestellt wurde auch ein einfarbiges, stark stilisiertes Blumenmotiv, das sich, geometrisch aneinandergereiht, auf der ganzen Fläche der Kachel wiederholt. Gelegentlich ruft am oberen Rand des Kachelofens eine alte Bauernweisheit zur Besinnung, wie «Was Du am liebsten hast, das lerne auch entbehren. Was man nicht haben kann, das muß man nicht begehren».

Lützel

In Lützel, wo der obere Sundgau mit der ersten Ju-rakette verschmilzt, ist 1123 durch die Grafen von Fal-kenberg das erste Zisterzienserkloster im deutschen Sprachraum gegründet worden; St. Bernhard von Clair-vaux soll den Grundstein gelegt und die Klosterquelle ge-segnet haben. Die ersten Bewohner kamen aus Belle-vaux, dem Tochterkloster von Morimond. Es waren zwölf Mönche, die nach ihrer Ankunft Stephanus zum ersten Abt erwählten. Das einsame, weltabgeschiedene Tal be-gann zu leben, und die Mönche waren gleichermaßen für das geistige, kulturelle und wirtschaftliche Aufblühen der Talschaft besorgt. Graf Friedrich II. von Pfirt hatte dem Kloster 1221 das Bergregal verliehen, das nicht unge-nutzt bleiben sollte. 1682 ordnete der tatkräftige Abt Pe-trus Tanner – nachdem ihm der französische König nach langwieriger Verhandlungen die Erlaubnis dazu erteilt hatte – zwischen dem Kloster und dem Moulin-Neuf den Bau einer Eisenhütte an. Zuvor aber hatte Bischof Jo-hann Konrad der eidgenössischen Tagsatzung durch eine Abordnung vortragen lassen, der Abt von Lützel unter-fange sich, auf einem seinem Gotteshaus gehörigen, aber in die Botmäßigkeit des Bistums Basel fallenden Gut Ei-senerz zu graben. Die verbündeten Orte, vom Recht des Bischofs überzeugt, wurden durch einen Ehrenausschuß beim französischen Gesandten vorstellig und übergaben zuhanden des Königs ein Protestschreiben. 1688 beauf-tragte der geistliche Würdenträger den Basler Eisen-händler Hans Rudolf Burckhardt mit der Erzausbeutung und stellte ihm hiezu zehn Erzknappen zur Verfügung. Als die Hütten 1724 durch Feuer vernichtet wurden,

Das Silberloch bei Lützel

Am Ziegelkopf bei Lützel befindet sich eine Höhle, welche tief in den Berg hineingeht. Als das Kloster in dem Schwedenkrieg zer-stört wurde, soll sich dort, nach der allgemeinen Sage der Umwoh-ner, folgende Geschichte zugetragen haben: Der Laienbruder Ar-sen, ein Schwarzkünstler, zog jeden Samstag auf einem schwarzen Bock in die Höhle hinein und brachte jedesmal eine Bürde Silber-geld mit heraus, welches zum Wiederaufbau des Klosters ange-wandt wurde. Weder der Abt noch die Patres wußten, wo das Geld herkam, da es Arsen jedesmal unvermerkt an einem bestimmten Orte niederlegte. An einem Samstag nun befahl der Abt Arsen, die Nacht hindurch bei einem Kranken zu wachen. Er gehorchte; allein als die Mitternachtstunde herankam, da der Laienbruder sich ge-wöhnlich in seine Höhle begab, befiel ihn ein solcher Schweiß, daß das Wasser durch den Boden floß. Von dieser Nacht an stellte er sei-nen geheimnisvollen Ritt ein.

Die Kunde davon war, wie es scheint, unter die Leute gekommen, und mehrere hatten es schon gewagt, in die Höhle zu dringen, in der Meinung, Silber zu finden. Vor einigen Jahren erst unternahmen es wieder einige Männer und versahen sich sämtlich mit Lichtern. Man hatte ihnen den Rat gegeben, ja nicht zu pfeifen, wenn sie ‹überinne› wären. Kaum hatten sie aber die Höhle betreten, so kam sie eine solche Lust zu pfeifen an, daß sie sich nicht zurückhalten konnten. Alsogleich erloschen ihre Lichter bis auf eines, ein Stümpfchen, das geweiht worden war. Beim schwachen Schimmer dieses Lichtes gingen sie nun vorwärts, wohl hundertfünfzig Schrit-te; dann kamen sie in eine weitläufige Kammer, in deren Mitte sich ein großes Loch befand. Daselbst war ein langes ledernes Seil befe-stigt, an dem man sich in die Tiefe lassen konnte. Zwei der Männer erfaßten es und glitten daran hinab. Sie fanden im untern Raume einen alten Tisch mit einigen ‹altfränkischen› Lämpchen; an einem Nagel hing Bruder Arsens Rock; Geld aber oder Silber war keines da. Unweit dieser Höhle soll das eigentliche Silberloch sein. Män-ner, die hineingegangen, berichten, daß in einer Entfernung von sechzig Schritt sich ein See befinde, über den eine schmale Brücke führe, die aber keinen Menschen tragen würde. Jenseits des Sees schimmere alles von lauterem Silber. (1892)

320 Der Lützler Weiher, 1826

Zur landschaftlich überaus reizvollen Topogra-phie Lützels gehört seit alters auch ein künstlich ge-stauter Weiher von rund 350 Meter Länge und 150 Me-ter Breite mit Karpfen und Forellen. 1828 hatte die «Ortschaft 279 Einwohner. Diese liegt in einem waldi-gen Thale, und an die Stelle eines ehemaligen reichbe-güterten, nun größtentheils abgetragenen Zisterzien-serklosters sind jetzt Eisenschmelz- und Hammerwerke getreten, die wegen des sehr zahlreich beschäftigten Personals in der Umgegend vieles Geld in Umlauf bringen.»

269

konnte man sich zu keinem Wiederaufbau mehr entschließen, weil es ohnehin an Rohmaterial mangelte.

1790 ist die Abtei, aus der inzwischen 60 Tochterklöster hervorgegangen waren, durch die Revolution aufgehoben worden, und Abt Benedict Noblat hatte mit seinen Mitbrüdern den heimatlichen Boden zu verlassen. Geld und Gut wurden zum Nationalbesitz erklärt. Zwei Jahre später wurden die klösterlichen Gebäulichkeiten und das Mobiliar versteigert: ein Bruat aus Altkirch erwarb das Kloster und seine Nebenhäuser, François Girardin die noch in Betrieb stehende Eisenschmiede und fromme Leute die liturgischen Gegenstände, welche seither zum größten Teil umliegende elsässische Gotteshäuser bereichern. Bruat ließ das eigentliche Klostergebäude niederreißen und baute 1801 mit Unterstützung der Bellefontainer Firma Meiner und Bornèque einen neuen Hochofen in Lützel, dem später eine Gießerei und das unterhalb der Lützel gelegene Girardinische Hammerwerk in St-Pierre mit vier Frischfeuern angeschlossen wurde. 1817 gingen die überschuldeten Werke in den Besitz der ‹Usines de Lucelle et St-Pierre› über; dieser Gesellschaft gehörten ‹F. J. Haas, Forcart-Weis et Fils, Léonhard Paravicini, Vischer et Fils, Frères Iselin, Harscher-Bischoff, J. P. Hosch› als Teilhaber an, während mit der Geschäftsleitung Rudolf und Emanuel Paravicini betraut wurden. Dieselben Herren (außer Iselin) gründeten dann 1824 mit einem Kapital von Fr. 258000.– eine neue Kommanditgesellschaft. Emanuel Paravicini wurde zum Direktor ernannt und ließ neben Schmied- und Gußeisen nun auch Zementstahl, Waffen und Messer fabrizieren.

Die Werke in Lützel, die in den besten Zeiten über 300 Arbeiter beschäftigten und jährlich gegen 20000 Zentner Gußeisen erzeugten, mußten im Laufe der Zeit aber sukzessive auf ein Viertel der Kapazität gedrosselt werden, weil die Betriebsrechnung für die Jahre 1863–1870 ein Defizit von nahezu einer Million Franken aufwies. Ende Oktober 1883 mußten dann die Pforten dieser einst stark florierenden, aber abseits vom Weltverkehr liegenden, ehemals bischöflichen Eisenwerke endgültig geschlossen werden.

321

321 Die Klosteranlagen, um 1800

‹Lucis cella› (Zelle des Lichts) im obern Tal der Lützel war die erste Zisterzienserabtei im Sundgau. Die Zisterziensermönche widmeten sich auch hier, wie überall, der Landwirtschaft, ohne dabei die Geisteswissenschaften zu vernachlässigen. Die Grafen von Pfirt, die Herren von Hasenburg und Pleujouse, die Bischöfe von Basel und die Habsburger schenkten dem Kloster ihre Gunst, das denn auch über namhaften Besitz im Sundgau und im Elsgau verfügte. Der Einfluß der Mönche im engen Tal der Lützel auf die Umwelt erreichte große Bedeutung und führte zur Gründung weiterer Zisterzienserklöster, wie in Olsberg, St. Urban und Michelbach, und Propsteien (St. Apollinaris, Lutterbach, Blotzheim). Heute steht nur noch das einstige Fremden- und Prälatenhaus, das als Ferienheim dient.

322 Abtei und Umgebung im Mittelalter

«Die Abtei war souverän und hatte einen ziemlich ausgedehnten Grundbesitz, dessen wichtigster Teil die Herrschaft Löwenburg war. Als Inhaber dieser Herrschaft hatte sie das Recht, an die Ständeversammlung des Bistums Basel einen eigenen Abgeordneten zu entsenden sowie den Adelstitel und das Bürgerrecht zu erteilen. Zur Zeit der Reformation wurde die Abtei geplündert und in Asche gelegt, wobei auch ihre in ganz Europa berühmte Bibliothek zu Grunde ging. Die französische Revolution brachte dann diesen Herd der Gelehrsamkeit zum Verschwinden. Die Gebäude wurden teils zerstört und der Grundbesitz verkauft. Von all' der Pracht sind nur ein Landhaus, eine baufällige Gastwirtschaft, ein großartiges Portal und zwei verwitterte Gebäude erhalten geblieben.» (1905)

Lutterbach

An der alten Keltenstraße, die aus dem Dollertal nach Battenheim führt, liegt das an Mülhausen grenzende Lutterbach. Seine Geschichte ist bis ins Jahr 727 zurückzuverfolgen, als die Abtei Murbach hier über reichen Grundbesitz verfügte. Das zur Grafschaft Pfirt gehörende Lehen der österreichischen Herrschaft Altkirch setzte sich ursprünglich aus Ober-Lutterbach und Nieder-Lutterbach zusammen, wobei letzteres, auch Kleindorf genannt, im 18. Jahrhundert verschwunden ist. 1301 erwarben die Zisterziensermönche aus Lützel einen Anteil am großen Dinghof der Murbacher. Ihr Einfluß stieg in der Folge in Lutterbach stetig an. Sie errichteten eine Propstei, deren Gebäulichkeiten schließlich bis 1873 den Schwestern von Portieux zum Betrieb eines Mädchenpensionats dienten. Aber auch der Deutschritterorden und die Klöster Istein und Klingental in Basel waren am Ort begütert. Die 1327 der Abtei Lützel inkorporierte St.-Martins-Kirche ist 1907 durch ein neues Gotteshaus ersetzt worden. Das in romanischem Stil errichtete Bauwerk ist mit sehenswerten Fresken und Altären ausgestattet und wurde, als vielbesuchte Wallfahrtsstätte, 1922 in den Rang einer Basilika erhoben. Aus dem adeligen Geschlecht der Ritter von Lutterbach stammte Heinrich, 1253 Domherr in Basel. An die wirtschaftliche Entwicklung des Dorfes erinnert beim Bahnhof der erste Kilometerstein der 1839 eröffneten Bahnlinie Mülhausen–Thann. Ein reißendes Hochwasser brachte 1876 die Dollerbrücke zum Einstürzen, wobei zahlreiche Reisende den Tod fanden. Am Platz der heutigen Mairie befand sich das Haus des Herzogs von Saint-Germain, der von Ludwig XVI. zum Kriegsminister ernannt worden war.

323 Ein Bierfuhrwerk der Brauerei Boch, um 1910

Seit 1648 wird in Lutterbach Bier gebraut. Zu großer Blüte entwickelte sich das 1871 von Theodor Boch gegründete Unternehmen, das um die Jahrhundertwende einen jährlichen Ausstoß von rund 45 000 Hektolitern meldete. Der 17 Meter tiefe Brauereikeller wurde von der Bevölkerung in Zeiten der Gefahr als sicherer Hort der Zuflucht aufgesucht. Bierhefepastillen lieferte die ansäßige Chemische Fabrik Feigel.

323

Elsäßerditsch

Es gibt immer noch Basler, die gar wohl an jene Zeiten zurückdenken können, da unsere elsäßischen Nachbarn noch französisch sprachen, c'est-à-dire einen Dialekt, in dem von jeder Suppe ein Tünkli herumschwamm. «Schangeli, va dans le jardin, le Güggel est dans les gäle Riebe-n-inne», oder «Papa est chez le chirurgien und lost sich der Bart egalisieren!» So wurde im Elsaß häufig gesprochen; auch hörte man etwa am 15. August: «Nundedie, het isch der Napolionstag; jetzt süf i verdommi e Kiste, daß im Diable d'Herner wockle …» Bekannt ist auch der Sepple, der bei festlichen Anlässen ein ‹Roulement› schlagen mußte, und das Finele, dem die Mama alltäglich riet, nicht zu viel mit dem Schoseph zu karessieren, weil es sonst vom Schandarm mit dem Char-à-banc nach der Chambre de police geführt werde. Solche Redensarten wurden früher viel gehört und behielten auch während den letzten 42 Jahren ihr Bürgerrecht; ob sie in Zukunft an Ausdehnung gewinnen, wird man ja bald erfahren. Vielleicht erleben wir es, daß wir wieder um 20 Centimes oder 4 Sous von Basel nach Frankreich fahren können; vielleicht kommen überhaupt die roten Sous wieder in die Hände der Neudörfler, und auf dem Markt kursiert künftig dreierlei Scheidemünze. Die Frau Oberst mit dem schwarzen Schnauz, die noch anno 1869 jeden Freitag mit ihrem rothosigen Herrn Gemahl auf dem Fischmarkt erschien und Forellen einkaufte, wird zwar längst das Zeitliche gesegnet haben, und die stämmigen Cuirassiers, die an Sonntagen aus Hüningen so stolz nach Basel kamen, werden wir wohl vermissen müssen. Aber das Straßenbild Basels wird doch wieder ein anderes werden, als heute und der Rhein wird sich vielleicht daran gewöhnen müssen, neben dem Baseldeutschen und Badischen auch noch etwas Französisch in Kauf zu nehmen; es geht ja zum übrigen! – Fritz Amstein, 1918.

In the map (legend):

S. Stephans Pfarckirch.
Tautsß hauß.
S. Nicolai
Augustiner Closter.
Barfüser, jetz Leycht kirchen.
Schanter Conuentnus
Vnser lieben frawen kirch.
S. Clara Abbtey vnd Spital.
Das Rathaus
Basel thor.
Basel mul.
die Tingen thor
das Ober thor
das Spiegel thor

A. Baller Schleiff vnd Lohe mühlen.
B. Walck mühlen.
C. Sag mühlen.
D. Blammlaten mühlen.
E. Spiegel mühlen.

15. das Neßler thor zu gemäuret.
16. Teufels thurn vbig S. Bischoff. Burg
17. Kunstlich Brünnen werck.
18. Truckerey.
19. Buchsen Schützen hauß
20. Armbrust Schützen hauß.
21. Augustiner Bächlein.
22. S. Nielausen Bächlein.

Mülhausen

Die Siedlung ‹Mulinhuson› wird im Jahre 803 erstmals erwähnt, als zwei bedeutende Grundeigentümer den Besitz teilten: Friedrich I. Barbarossa und der Bischof von Straßburg. Nach der Abgeltung der geistlichen Herrschaft war es dann Barbarossa, der die ursprünglich bischöfliche Siedlung durch eine neue Stadt erweiterte. So entstanden ganze Straßenzüge, Plätze, eine Kirche, eine Markthalle und ein Handwerks- und Gewerbebezirk, die sogenannte Unterstadt, welche sich an die alte bischöfliche Stadt, die Oberstadt, die ihren bäuerlichen Charakter bewahrte, lehnte. Barbarossa hielt sich zu verschiedenen Malen in Mülhausen auf. Sein Enkel Friedrich II. ließ 1221 Befestigungswerke errichten und gewährte der Stadt das Recht zur Selbstverwaltung durch einen Bürgerrat. Als der Bischof von Straßburg 1236 die Stadt Kaiser Friedrich II. im Lehensrecht überließ, erreichte Mülhausen die Stellung einer königlichen Stadt. Mit der Niederlassung der Malteser, der Deutschritter und der Zisterzienser von Lucelle verhärteten sich aber die Fronten gegen die bischöfliche Aufsicht derart, daß die Mülhauser

sich 1262 gegen ihren geistlichen Herrn erhoben, das bischöfliche Schloß stürmten und dieses in Brand steckten. Zur Zeit der hohenstaufischen Herrschaft und während des Interregnums kam der Stadt die Nachbarschaft wohlwollender Kaiser zugute, die indessen aber bald darnach trachteten, sich die Stadt anzueignen. Mülhausen schloß

324 Mülhausen, 1663

«Diese Stadt ist in dem Sundgau, zwischen dem Rhein, und lothringischen Gebürge, fast in der Mitten der Städte Basel und Collmar, doch der Stadt Basel etwas näher, an dem Fluß Ill gelegen. Sonsten ist auch ein Schloß, und Dorff, dieses Namens, im Elsas, so vor Jahren, seine besondere vom Adel gehabt, die dieses Mülhausen von der Herrschafft Liechtenberg zu Lehen getragen haben. Ist hernach auff die von Waltenheim, und Udweiler kommen. Anno 1592. hatten die von Rotenburg ihren Adelichen Sitz allda; wie Herzog berichtet. Und zwar so hat noch Anno 1653. Herr Johann Bleigart von Rottenburg dieses Schloß, und Dorff Mülhausen, innegehabt.» – Kupferstich von M. Merian.

273

sich der Politik Ludwig des Bayern an und entwickelte eine rege diplomatische Tätigkeit: 1354 erfolgte sein Eintritt in den Zehnstädtebund, doch blieb es gegen Ende des 14. Jahrhunderts die einzige Stadt, die sich gegen die Feindseligkeiten des Sundgauer Adels und die Machenschaften des elsässischen Landgrafen zur Wehr setzte. Im Bau des Rathauses von 1431 zeigte sich deutlich der Aufschwung Mülhausens; im Jahre 1551 durch Feuer zerstört, wurde es am gleichen Ort wieder aufgebaut. 1437 hatte die Stadt von Ulrich von Württemberg die Dörfer Illzach und Modenheim erworben. Doch machten zu dieser Zeit kriegerische Unruhen der Stadt schwer zu schaffen: Der Einmarsch der Armagnaken im sogenannten ‹Six deniers›-Krieg. Da der Adel ausnahmslos sich auf die Seite der Gegner stellte, suchte die Stadt in ihrer Not Unterstützung bei den Eidgenossen. So wurde 1466 zwischen Mülhausen, Bern und Solothurn ein Bund geschlossen. In der Folge nahmen die Eidgenossen Partei für ihren Verbündeten, womit die Ordnung im südlichen Elsaß wieder hergestellt werden konnte. Die Bedrohung

der Stadt durch Karl den Kühnen war 1473 nicht wenige schwerwiegend. Im Jahre 1506 wurde mit Basel eine O, fensiv- und Defensivallianz vereinbart, dem 1515 d, Unterzeichnung eines Bündnisvertrages mit der dre zehnörtigen Eidgenossenschaft folgte. Schon 1512 hatte Mülhausens Soldaten in den Reihen der Eidgenossen i Dijon und Novara gekämpft.

1523 schloß sich Mülhausen der Reformation an, un zwar wegen der Predigten des Augustin Gschmus und de Tätigkeit des Augustinermönches Niklaus Prugner. B, zum Jahre 1529 hatte sich die Reformation vollständi, durchgesetzt, und die Güter der drei Klöster wurden s, kularisiert. Im Glaubensstreit, der die damalige Schwei entzweite, stand Mülhausen auf der Seite der Reformier ten, nahm es doch auch am bekannten Kappeler Krie, von 1531 teil. In dem durch die Fininger bewirkten Um sturz kam die durch die religiöse Krise bewirkte fieber hafte Spannung in der Bevölkerung zum Ausbruch un, die katholischen Kantone brachen ihr Bündnis mit Mü, hausen. Die politische Lage wurde außerordentlich hei

325

325 Die St. Stefanskirche, um 1850

Die auf Anordnung des Hohenstaufenkaisers Barbarossa erbaute St.-Stefanskirche am Rathausplatz (seit 1798 Platz der Einheit) wurde 1859 abgerissen, einzig ihre wunderbaren Glasfenster aus dem 14. Jahrhundert blieben vor dem Untergang bewahrt und zeugen von der Qualität des Kunsthandwerks im mittelalterlichen Mülhausen.

326 Die Stadtwache am Basler Tor, 1789

Die im Jahre 1763 gegründete ‹Wache von Mülhausen› bestand aus 40 Mann, die sich aus der Bürgerschaft rekrutierten und in schmucke blaue Uniformen gekleidet waren. In Zeiten der Bedrängnis wurde zusätzlich auch die ‹Granadirier Division› unter das Basler Tor gerufen und für den Einsatz vorbereitet. – Aquarell von Johann Ulrich Schmerber.

327

328

329

327 Die 1792 gegründete Indiennefabrik Daniel Schlumberger zählte zu den bekanntesten Unter nehmen der einst blühenden Mülhauser Textilin dustrie. Ihre Spinnerei erstreckte sich Anno 1828 über rund 800 Meter Länge!

328 Eine rege Handelstätigkeit führte 1834 zum Bau eines Zoll- und Lagerhauses, das hauptsächlich für Waren aus dem Transitverkehr bestimmt wa und große Frequenzen aufwies.

329 Die Sehenswürdigkeiten Mülhausens um die letzte Jahrhundertwende fanden immer wieder die Aufmerksamkeit der vielen Reisenden.
Aber auch die Gastlichkeit der Bürgerschaft ließ oft manchen Fremden einige Tage länger in der Stadt verweilen.

Milhüser Neger

D letschte Wuche sin zwei Milhüser Neger, wo sich hie als Klatter künstler, Stackletrager, Rüeßmichel, oder mit eim Wort als Kami fager prodüziere, am Morge no de Nine iwer s Spitelplatzle. Beide han scho vo frieih a dr Rüeß mit Schnaps un so Sache awe gschwemmt gha, so aß in beide s Leiterle- und s Basetrage rach schwar gefalle-n-isch. Dr Eint, untrem Künstlername dr kleine Sachs bekannt, hat sich küm könne uf de Fieß halte un hat o in sine ‹Begeistrung› e paar Mol dr Bode gschmutzt. Si Kolleg hat ihn welle z Hilf ku in so Momant, hat awer mit'm beste Wille o nit kön ne sine Leitre eneime placiere, un hat gnüe z tüe gha, fir die als wie der vom Bode-n-ufz hewe. Jwerdem isch e Polizei drzüe ku un wi kei andre Möglichkeit gsi isch, fir Ordnung z schaffe, hat ar dr Bode schmutzer eifach mit uf d Wacht gnu, fir aß ar dert hat könne s Dampf üsschlofe. Dr ander Neger hat awer nitt allei welle dr Heim wag mache un hat vor dr Wacht si Kolleg üseverlangt. Fir ne fur z triwe, isch me üse un hat'm gsait, aß me ihn o isperrt, wenn ar nit macht, aß ar witerst kunnt, awer küm hat me ihm si Leiterle abgnu gha, so isch ar losgfießelt, so schnall aß's ihm si Züestand erlaüb hat. Dr kleine Sachs hat me z Nacht, wo alle Wirtschafte züe gsi sin un ar wieder e bizi bi Bsinnung gsi isch, heimeglo. Was ar vo sim Pa tron fir e-n-Empfang beku hat, isch mr nitt bekannt, awer im Gsicht no, wo dr Sachs der ander Tag noch gmacht hat, müeß ar nitt zü freidig gsi si. S han halt o nitt alle Lit s richtige Verstandnis fir so Prodüktione. (1906)

276

kel, als die ‹Régence d'Ensisheim› im Namen des Kaisers die unabdingbare Forderung stellte, Mülhausen müsse unter die Herrschaft der Habsburger zurückkehren. Heinrich IV. aber war es, der sich für seinen Verbündeten einsetzte, so daß Mülhausen sich dem Vorhaben der Österreicher entziehen konnte. Seine politischen Verbindungen retteten Mülhausen schließlich auch vor den Wirren des Dreißigjährigen Krieges. Die schwedischen und französischen Truppen fanden in Mülhausen nämlich einen Rückhalt und wertvolle Möglichkeit zur Verpflegung ihrer strapazierten Truppen. Der Handel blühte auf und die Bürgerschaft vermochte sich zu bereichern. Als aufgrund des Westfälischen Friedens das Elsaß zu Frankreich kam, vermochte Mülhausen seine Unabhängigkeit und seine engen Bindungen zur Eidgenossenschaft zu bewahren. Die freundschaftlichen Beziehungen zur französischen Krone, die bekanntlich mit der Eidgenossenschaft verbündet war, erleichterten nach diesem langen Krieg fruchtbare Handelsbeziehungen. Der eigentliche Ausgangspunkt dieser Entwicklung jedoch bildete die Eröffnung der ersten Indienne-Manufaktur im Jahre 1746. Schon 1768 zählte Mülhausen 15 Manufakturen für den Stoffdruck, nebst zahlreichen Webereien und Spinnereien. Als dann der Geist der Aufklärung in die Stadt drang, begeisterte sich ein Teil der Bevölkerung für das in ganz Europa verkündete Ideal der Revolution. Und als einflußreiche Besitzer von Manufakturen am Oberrhein die Errichtung einer Zollschranke bewirkten, ergab die Abstimmung von 1798 die Vereinigung Mülhausens mit Frankreich.

Zur Eröffnung des Maschinenzeitalters im 19. Jahrhundert leistete Mülhausen einige erstaunliche Beiträge: 1803 wurde die mechanische Webmaschine in Betrieb ge-

nommen, 1807 die erste Rotationsdruckmaschine, 1809 die erste mechanische Weberei und Spinnerei, und 1812 wurde die erste Dampfmaschine im Elsaß konstruiert. Das Zeitalter der Maschine bildete zugleich die Ära des Kapitalismus und des wirtschaftlichen Liberalismus. Arbeitskräfte waren im Übermaß vorhanden. 13 bis 15 Stunden Arbeit pro Tag ließ die Gesundheit der ‹Fabrikler› zuschanden gehen, das sogenannte Arbeiterbüchlein erlaubte den Arbeitgebern, mit dem ganzen Gewicht ihrer Macht auf die unorganisierte Masse der Lohnempfänger einzuwirken. Trotzdem galt Mülhausen als eine Stadt, welche die Lösung ihrer sozialen Probleme sehr energisch an die Hand nahm. In rascher Folge entstanden Arbeitersiedlungen, Schulen, Fürsorgeinstitutionen, Krankenhäuser und Altersasyle.

Die Annexion von 1871 war für die Industrie mit einer schweren Krise verbunden. Erst Anfang des 20. Jahrhunderts nahm die wirtschaftliche Tätigkeit, vor allem die Textilindustrie, neuen Aufschwung und erreichte eine neue Blüte. Kurz vor dem Ersten Weltkrieg wurde das Dorf Dornach der Stadt Mülhausen eingemeindet, wodurch die Bevölkerung auf über 100 000 Seelen stieg. Nach dem Krieg widerfuhren dem Gemeinwesen vielfältige Krisen und Schwierigkeiten, vor allem in den Jahren 1921 und 1929/1930. Seit den frühen 1950er Jahren hat sich die Stadt immer mehr ausgedehnt. Neue Quartiere sind entstanden, so die Cité Wagner, Bel Air und Coteaux. Verschiedene Industrien sind in die Vorstädte umgesiedelt worden. Eine neue Industriezone (Indénor-Peugeot) bildet sich am Rande des Kanals, der zurzeit bis vor die Stadt nach europäischem Einheitsmaß ausgebaggert wird. Durch den Bau des Hafens Mülhausen-Ottmarsheim wird Mülhausen in naher Zukunft zu einer Hafenstadt. Der Flugplatz Mülhausen-Basel ist einer der belebtesten des östlichen Landesteils. Mit der Entwicklung des höheren Bildungswesens im ‹Centre Universitaire du Haut-Rhin› gewinnt die Stadt neue Ausstrahlungskraft. Dank seiner Lage spielt Mülhausen, in dem sich elsässische, rheinische, schweizerische und freigrafschaftliche Einflüsse treffen, eine bedeutsame regionale Rolle.

330

330 1840 ließ der Cercle social, eine rund 150 Mitglieder zählende Vereinigung von Fabrikanten und Kaufleuten, ein eigenes Gesellschaftshaus errichten. Hier wurden während rund hundert Jahren die glanzvollsten Festanlässe der Mülhauser ‹High-Society› abgehalten. Das Gebäude diente aber auch dem Briefpostverkehr.

331 Der Bahnhof, um 1905

Die erste Eisenbahnlinie des Elsasses, 1839 von Nicolas Koechlin erbaut, verband Mülhausen und Thann mit einem Schienenstrang. Ein Jahr später wurde die Linie nach St-Louis fertiggestellt. 1841 konnte der Eisenbahnverkehr mit Straßburg aufgenommen werden, und 1858 hieß Mülhausen mit großem Stolz den ersten Zug aus Paris willkommen.

332 Die Kramstraße, um 1900

Neben «zehn mechanischen Baumwollenspinnereyen und Webereyen und vierzehn Indienne-Druckereyen als Großgewerbe von wirklich großer Ausdehnung blühen hier viele Arten von Detailhandlungen von wollenen und baumwollenen Stoffen, Modenwaaren, Knopfmacher- und Quincaillerie-Waaren, Talglichter-Fabriken, Gerbereyen. Es giebt hier auch Commissions- und Speditionshandlungen, Bankhäuser und künstliche Werkstätten von Mechanikern; ferner sind hier mehrere Wollentuch-Fabriken. Die Buchdruckerey von Herrn Joh. Rißler zeichnet sich durch ihre Arbeiten aus; von den Fremden wird die Lithographie des Hrn. Engelmann gewöhnlich besucht, die kostbare Werke über die Alterthümer des Mittelalters herausgeben und einen ausgedehnten Verkehr hat.» (1828)

333 Der Spitaldurchgang, 1899

Die auch Augustinerdurchgang genannte Straßenöffnung führte durch das im 13. Jahrhundert gegründete Augustinerkloster. Dessen Gebäulichkeiten dienten nach der Reformation als Kornspeicher, Spital, Zeughaus, Badanstalt und Schulhaus.

334 Der ‹Schweißdissi›, um 1908

Der 1906 auf dem Place de la Réunion errichtete Monumentalbrunnen aus Florenz wurde schon nach drei Jahren ins ‹Tivoli› versetzt. Die kraftvolle Symbolfigur des Bildhauers Beet «Im Schweiße deines Angesichts sollst du dein Brot verdienen» bezeichnete der Volksmund, auch in Anlehnung an den gezeichneten Gesichtsausdruck des imposanten Hünen, umgehend mit ‹Schweißdissi›.

279

335 Die Versetzung der Lambertsäule, 1912

1828 gedachten die Mülhauser ihres berühmten Mitbürgers Johann Heinrich Lambert (1728–1777), des großen Physikers und Philosophen, indem sie ihm auf dem Lambertplatz ein Denkmal errichteten. 1858 ist die sogenannte Lambertsäule in Erinnerung an den Schöpfer der Grundlagen für Lichtstärkemessungen an die heutige Boulevard Roosevelt verschoben worden. 1912 forderte eine Straßenerweiterung eine weitere Versetzung um einige Meter.

336 Der Traenkbach, um 1900

Der Traenkbach, einer der fortifikatorischen Stadtgraben, die vom Wasser der Ill gespiesen wurden, floß von der Dreikönigsgasse her, hinter der Wilhelm-Tell-Gasse und dem Rathaus, dem Steinbachgarten entlang. Er wurde 1905 überdeckt.

337 Großes Aufsehen erregte 1906 die Entdeckung einer mittelalterlichen Wasserleitung aus Holz, als für die Errichtung des ‹Schweißdissi-Brunnens› umfangreiche Grabarbeiten vorgenommen werden mußten.

338 Die vom Spiegeltor und dem Baslertor geöffnete Stadtmauer. Hinter der ‹unbezwingbaren› Ummauerung zeigt der Kupferstich Matthäus Merians von 1642 besonders die überragenden sakralen Gebäude der St.-Clara-Abtei, der Augustinerkirche und der Barfüßerkirche sowie die noch auf dem steilen Satteldach ein spitzes Türmchen tragende St.-Stefans-Kirche.

Das erste Automobil im Oberelsaß
wurde, wie der ‹Expreß› anläßlich der Erbauung der ersten Flugmaschine für hier und Umgegend wieder in Erinnerung bringt, bereits im Jahre 1828 für die Firma Nicolas Koechlin & frères in Masmünster von einem jungen Mechaniker namens Aug. Hartmann von hier erbaut. Als treibende Kraft wurde Dampf verwendet, welcher mittels einer kleinen Dampfmaschine mit horizontalem Zylinder den Wagen in Bewegung setzte. Dieser Dampfmotor war stark genug, um dem Besitzer dieses Kraftwagens kleine Abstecher in die Umgegend bei ziemlicher Fahrgeschwindigkeit zu ermöglichen. (1910)

337

338

Mühlhausen im obern Elſas.

339 Mülhauser Fasnächtler in Basel, um 1840

«Es ist lange her, daß Mühlhausen ein zugewandter Ort der Schweiz war; doch steht dort immer noch das alte Rathhaus mit den Tellen als Zeugniß da, wie einst der Schweizername in dieser Stadt einen so guten Klang hatte, als jetzt das Baslergeld, mit dem sie ihre neuen Palläste erbaut hat. Einige junge Fanten scheinen Beides vergessen zu haben, als sie im letzten Jahre die Maskenbälle in Basel besuchten. Sie wollten den guten Bürgern von Basel begreiflich machen, daß sie Franzosen seien und unter diesem Titel das Recht haben, den Ton anzugeben und ihren Muthwillen zu treiben. Die Zeit ist aber nicht mehr, wo, wie im Märzbild zu sehen, der Musje Franzos quelle heure fragt, und dem Bonhomme Schweizer die Uhr für eine lange Nase austauscht. Baslerstab ist Trumpf, hieß es, als die Knaben von der großen Nation durch unverschämte Spässe die bekannte Baslergeduld auf die Probe setzten. Ein ächtes Baslerbürgerkind kann viel ertragen, aber nur von seinen eigenen Herren. Gegen den Fremden und was es darunter versteht, da macht es kürzern Prozeß als irgend wer im Schweizerlande. Und das haben denn auch die Franzosen erfahren, wie hier Figura zeigt. Was das für gesunde Fäuste sind! Welche Überzeugung in dieser Beweisführung! War wohl der Holzach auch dabei, der letzthin einem ganz ehrenfesten Gericht seine nervigen Fäuste als Rechtsbeleg unter die Nase hielt? – Recht so, Bürger, wehrt euch für Weib und Kind, laßt euch von keinem fremden Propheten an der Nase führen.» – Lithographie von Gustav Affolter.

Vom Mülhauser Karneval

Wie ganz anders sieht der Karneval in unserer Nachbarstadt Basel aus. Wie viel fremdes Volk bringt das Fest in die Stadt und wie viel Geld unter die Leute? Dafür bietet aber auch Basel etwas; wer sich Prinz Karneval dort schon angesehen hat, wird nicht umhin können, einen beschämenden Vergleich für Mülhausen und überhaupt für den ganzen elsässischen Karneval ziehen zu müssen. Man spricht so viel von der Eigenart der Elsässer, daß man sich höchlichst wundern muß, gerade beim Karneval, der doch die beste Gelegenheit dazu böte, diese Eigenart so wenig zum Ausdruck gebracht zu sehen. Unser Grenzland ist so reich an historischer Vergangenheit, an geschichtlichen Momenten, daß es mit einiger Lust und Liebe nicht schwer fallen könnte, spezifisch elsässische Bilder zu schaffen. Und welch hübsches Tableau würden auch all' die vielen altelsässischen Bauerntypen ergeben, die zu Gruppen vereinigt, eines gewissen Kulturwertes nicht entbehrten. Statt dessen geht der Elsässer als Matrose, als Indianer, Neger, kurz als alles mögliche auf die Straße, nur nicht als Elsässer. Es ist kaum zu glauben, daß bei irgend einem anderen Volksstamm die Eigenart desselben zur Zeit des Karnevals so wenig zum Ausdruck kommt wie gerade beim Elsässer. Ab und zu begegnet man ja noch einigen Kostümen bunter Elsässerinnen, aber die verschwinden in der Masse der andern Masken und sind nebstdem noch vielfach unrichtig zusammengetragen. Ein weiterer Umstand, der auch viel dazu beiträgt, die Straße von Masken zu entblößen, macht sich in neuerer Zeit leider immer mehr bemerkbar. Während man in früheren Jahren den Tanz zum großen Teil erst auf die Abendstunden verlegte, beginnt er heute allenthalben schon um 3 Uhr nachmittags. Viele der Masken und insbesonder das Jungvolk begibt sich sozusagen stehenden Fußes vom Mittagessen zum Tanz, ohne erst lange den traditionellen Gang durch die Stadt und hauptsächlich durch die Wildemannstraße zu unternehmen. Früher war dieser Gang durch die Wildemannstraße eine freiwillige Pflicht, der sich jede Maske gern unterzog, und so kam es, daß man dann zu gewissen Stunden fast all die Masken in den Hauptstraßen konzentriert zu sehen bekam. Heute aber geht mancher zum Tanze und vom Tanze nach Hause, ohne das Innere der Stadt nur gesehen zu haben.

Nun noch ein kurzes Wort über die sogenannten Lumpenmasken, die sich von Jahr zu Jahr immer breiter machen und einen nichts weniger als ästhetischen Anblick gewähren. Zwar den großen Teil der Lacher werden sie auf ihrer Seite haben, die Männer, die sich so ungeniert in die zerrissensten und schmutzigsten Frauenkleider werfen und sich den Bauch und Oberkörper in so häßlicher Weise auswansten. Auf diesem Gebiete leistet Mülhausen unstreitig viel – leider! Was dabei die noch in der Entwicklung stehende Jugend, und hauptsächlich die Schulkinder, die gröhlend hinter solchen Lumpenmasken herläuft, von diesen Masken lernt, das steht in einem andern Buch. Gewiß würde sich unsere Polizei ein großes Verdienst erwerben, wenn sie alle unanständigen Masken kurzerhand von der Straße weisen wollte. (1911)

340 Mülhauser Schüler, in Haarschnitt und Gesichtsausdruck ihrem autoritären Lehrervorbild sichtlich zugetan, stellen sich in klassischer Schultracht dem Photographen, 1895. Photo Lüdin AG.

Riesenhutnadeln

Wir haben schon mehrmals über diesen Gegenstand, der aktuell zu werden droht, berichten müssen. Ein unangenehmes Geschehnis ruft nun auch in unserer Stadt die Gefährlichkeit der Hutnadeln zum lebendigen Bewußtsein. Als nämlich am letzten Montag eine Dame an einer Haltestelle in den elektrischen Tram steigen wollte, traf sie mit ihrer Hutnadel einen Herrn derart unglücklich direkt unter das Auge, daß eine blutende Wunde entstand. Es wäre nun bald an der Zeit, diesen Auswüchsen der Mode gewaltsam ein Ende zu bereiten. Solange sie nur Geld kostet, ist sie wenigstens nicht lebensgefährlich. Aber wenn sie Blut fordert, dann wird's zu bunt, und die Vernunft verlangt Schutz für die Passanten. (1912)

341 Die malerische Rue Bonbonnière wurde bis ins 18. Jahrhundert als ‹Frauengäßlein› oder ‹Zum süßen Winkel› bezeichnet und erinnerte mit ihren kleinen verwinkelten Häuschen an eine zufriedene, verträumte Welt. Um 1898.

Neudorf

Welcher Basler kennt Neudorf nicht? Vor des einen Haus kommt regelmäßig die Neudörfler Gemüsefrau. Der andere weiß, daß man, um als Feinschmecker zu gelten, im Frühjahr mindestens einmal Spargeln in Neudorf gegessen haben muß. Und ein dritter findet am ‹Quackerhy› (alter Rheinarm) beim Fischen Entspannung. Der eigentliche Name der Ortschaft ist Neudorf-Großhüningen, denn Bauern und Fischer dieses Dorfes siedelten sich nach 1680 in der Au an, als sie ihr Dorf in nächster Nähe der neuerbauten Festung Hüningen verlassen mußten. Doch bald war der abgekürzte Name Neudorf gebräuchlich. 1687 wurde im neuen Dorf eine St.-Nikolaus-Kapelle eingeweiht. Den Zehnten erhob das Kloster St. Alban, das auch die Seelsorger ernannte. Kurz vor Ausbruch der Großen Revolution schrieb ein Hüninger Militärarzt: «Der Rhein ist unbeständig in seinem Lauf. Vor einigen Jahren bahnte er sich einen Weg durch die Felder von Neudorf, und er hätte wahrscheinlich die Besitzungen und die Häuser dieser reichen Gemeinde fortgeschwemmt, wenn man ihn nicht durch einen Damm von einer halben Meile Länge aufgehalten hätte. Die Garnison bezieht das Gemüse aus Neudorf, das auch die Gegend in einem Umkreis von 10 bis 12 Meilen beliefert. Der leichte und dennoch fette Boden, der vom Rhein angeschwemmt wurde, ist besser als derjenige des Sundgaus; das Gemüse ist gut und schmackhaft und die Arten unendlich verschieden.»

Während der Belagerung von Hüningen im Winter 1813–14 erlitt das Dorf schweren Schaden. 1838 wurde längs des Rheins ein Hochwasserdamm gebaut, um die Äcker vor Überschwemmungen zu schützen. Und als im Jahre 1855 die Cholera 150 Einwohner dahingerafft hatte, wurde der Bau eines Heims für alleinstehende ältere Leute und für Waisen beschlossen. Das Haus besteht immer noch und soll demnächst modernisiert und vergrößert werden. Wenn Neudorf lange Jahre ausschließlich

342

342 **Die Auholzstraße, um 1900**

Die niedrigen Häuschen der Gemüsebauern liegen, durch außergewöhnlich breite Trottoirs geschützt,
an der Auholzstraße, die nach Rosenau führt. Mit dem
‹Güllewage›, der schräg gegenüber des Gasthauses
‹zum Engel› steht, holen sich die Neudörfler ihre zum
Düngen der Gemüseäcker notwendige Jauche in Basel.
Der Transport hatte jeweils vor 5 Uhr früh zu geschehen, damit die Basler beim Aufstehen nicht von übeln
Düften geplagt wurden; das Rasseln der Fuhrwerke
wurde eher in Kauf genommen. – Photo Höflinger.

343 **Der Adlersaal, um 1905**

Während Kirche und Schulhaus dem Wandel der
Zeit getrotzt haben, ist der ehemalige ‹Adlersaal›, dessen Holzfassade 1910 unter Verputz gelegt wurde, 1974
abgebrochen worden. «Der Gartenbau ist nirgends
blühender und ergiebiger als in Neudorf, wo kein Fleck
des Landes unbenützbar ist. Von ihm leben die Einwohner größtentheils, da es der Kraut- und Gemüseort
von Basel und Mülhausen und zum Theil von Altkirch,
Thann, Sennheim, Sulz und Gebweiler ist.» – Photo
Höflinger.

ein Dorf von Gemüsebauern war (gegen 8000 Tonnen Gemüse aller Art werden jährlich erzeugt; der größte Teil der Ernte wird in Basel abgesetzt), so zeigt es seit einigen Jahren auch ein anderes Gesicht: Ein großes Basler Chemie-Unternehmen, die Sandoz AG, hat eine Tochterfirma gegründet, eine Transportgesellschaft ihre Lager angelegt, eine Ölgesellschaft ihre großen Tanks installiert und eine Getreidegroßhandelsfirma einen Silo errichtet. In seinem Wappen trägt Neudorf eine silberne Eule in rotem Feld wie einst das Dorf Großhüningen. Im Dreißigjährigen Krieg hatte nämlich der protestantische Heerführer Bernhard von Sachsen-Weimar die Herrschaft Großhüningen seinem Bankier und Kriegsmateriallieferanten Henri Herwart aus Lyon geschenkt, der in seinem Wappen einen roten Kauz auf hellem Grund trug. Wie dies oft üblich war, übernahm dann das Dorf das Emblem seines Grundherren mit leicht verändertem Inhalt.*

344 Der ‹Quackerhy›, um 1950

Der von einem ehemaligen Rheinarm gebildete ‹Quackerhy›, ein Weiher von 350 Meter Länge und 83 Meter Breite, war mit seinen Seerosen und Schilfpartien während Jahrzehnten der Neudörfler liebstes Gewässer. Eine ‹Säuberung› der Ufer aber brachte den ‹Neudorfer See› um seine einmalige Idylle. Trotzdem wird der fischreiche Weiher auch heute noch gerne von zahlreichen Jüngern Petris zu frohem Wettstreit aufgesucht. Im Hintergrund ist die St. Nikolauskirche zu sehen. – Photo Alex Schwobthaler.

344

345 Neudorf Anno 1898

«Das 1669 Village neuf d'Huningue genannte Dorf hat 2332 Einwohner, davon 19 Protestanten. Berühmter Bau und weitausgedehnter Verkauf von Gemüse. Hat seit 1855 ein Armenhaus und seit 1870 ein Schlachthaus. Der Ort wurde 1684/87 von einem Teil der Bewohner des aus strategischen Gründen von Ludwig XIV. abgebrochenen Dorfes Hüningen auf der damaligen Rheininsel Aoust (Au) angelegt. Bis 1704 gehörte es dem Kloster Ottmarsheim, dann zur Herrschaft Landser.» (1895)

346 Die Hauptstraße gegen St. Louis. Links außen ist die provisorische Kirche zu sehen, die 1904 durch die am selben Standort erbaute neue Kirche ersetzt wurde. Die abgebrochene Notkirche ist in Saint-Louis-la-Chaussée wieder aufgebaut worden und leistet bis heute nützliche Dienste. Photo Höflinger, um 1900.

347 Die Neudörfler Gemüsefrau, die während Jahren ins vertraute Basler Stadtbild gehörte, ist ‹dato› mit ihrem Vierräderwägelein nur noch gelegentlich anzutreffen. Und deshalb wird sie von ihrer Hauskundschaft besonders geschätzt und umschwärmt. 1967.

Sundgauer Sprichwörter

Un wenn e Hüs isch so groß wie der Rhin, paßt doch nur ein Frau drin.

Ein güeter Hampfel isch besser als zwei schlechti.

Der isch grob wie e Schwitzer.

Wahri Friend sin mit der Latern ze süeche.

Liewer e Laus im Krüt als gar ken Fleisch.

Dalte Küeh un djunge Hüehner gen de meischte Nutze.

Wenn e Jeds vor sinere Tür fege tät, wär's ganz Dorf süfer.

Für ungeleiti Eier brücht me nit ze sorje.

Wer mit Eim will esse, der müeß au mit Eim 's Vater Unser bete helfe.

Wo viel isch, will viel ane.

Viel Händ mache en End und viel Rüssel leere e Schüssel.

's kummt Kener als Vielfraß uf d Welt, awer mer zieht Eine derzü uf.

Wo e Wibsmensch ellein Meischter isch, tüet 's selte güet.

287

Neuwiller

Wie ein ‹Eiertätsch in der Pfanne› liegt Neuwiller am Ende eines Tälchens, das sich vom Benkenberg gegen Allschwil erstreckt. Nicht so harmonisch, wie die Landschaft ist, verläuft die Landesgrenze, denn Neuwiller ist fast vollständig von der Schweiz umschloßen. Nur durch eine 800 Meter breite Öffnung ist es über eine französische Straße mit dem elsässischen Dorf Hagenthal verbunden. Als im Wiener Kongreß von 1815 das Fürstbistum Basel aufgelöst wurde, kam Neuwiller zu Frankreich. Es hätte ebensogut das Schicksal der neun birsekkischen Gemeinden teilen können, die damals dem schweizerischen Kanton Basel angegliedert wurden.

Seit alters im Besitz der Bischöfe von Basel, gelangte das Dorf 1351 als Lehen in die Hände der Herren von Eptingen. Ihr Schlößchen ist noch als Bauernhaus erhalten. Durch Einheirat gingen die Zehntenrechte dann um das Jahr 1750 an die Familie Reutern von Weyl, die bis zur Französischen Revolution über sie verfügte. 1789 erhielt das Dorf eine St.-Margarethen-Kirche, blieb aber bis 1873 nach Oberwil kirchgenössig. Eine bis anhin nicht gekannte Betriebsamkeit erreichte das Bauerndorf, das noch elf landwirtschaftlich betriebene Höfe zählt, 1969, als durch Bohrungen eine Heilquelle entdeckt wurde: Aus 1000 Meter Tiefe sprudelt schwefelhaltiges Wasser von 32 Grad Wärme an die Oberfläche und hat bis heute zehntausendfach Rheumakranken Linderung gebracht.

348 Beim Spargelnstechen, um 1955

Neben den Setzzwiebeln sind es die Spargeln, die den weitbekannten guten Ruf des Neudorfer Gemüsebaus begründet haben. Daß sich der sandige lockere Boden vorzüglich für den Anbau von Spargeln eignet, erkannten die Bauern vor rund hundert Jahren. Seitdem werden auf zahlreichen Äckern ‹Schoren› angelegt. In den langen aufgeworfenen Bodenwällen sind die jungen Triebe des Liliengewächses vor dem Licht geschützt und können zu einem zarten weißen Edelgemüse heranwachsen. – Photo Photomaag.

349 Osterkegeln, 1976

In Neuwiller ist durch sorgsame Pflege ein einzigartiger Osterbrauch erhalten geblieben: das Osterkegeln. Die Teilnehmer, die zwei Mannschaften bilden, treffen sich an Ostern jeweils auf einer Wiese in der Nähe des Dorfes. Als ‹Spielbälle› werden zwei runde Steine benutzt. Diese werden von den Spielern vom Ort des letzten Einschlags aus weitergeworfen. Diejenige Mannschaft, die ihren Stein zuerst über die Schweizer Grenze werfen kann, hat den fröhlichen Wettkampf gewonnen. – Photo Annerose Scheidegger.

Niederranspach

Niederranspach schmiegt sich sanft an die ersten grünen Höhen des Juras und bietet dem Beschauer einen reizenden Anblick. Vom Westen führt eine prachtvolle Platanenallee zum verträumten Sundgaudorf. Eine selten schöne Rundsicht läßt den Blick auf die Rheinebene und zu den Hügelzügen des nahen Schwarzwaldes schweifen. Wie die Dörfer in seiner Umgebung, gehörte Niederranspach zum dritten Lehen der Herrschaft von Landser. Die der Gerichtshoheit von Obermichelbach unterstellte Siedlung am Ramsbach, der ihr den Namen gab, galt als wichtige Station am Römerweg, der Helvetien mit Gallien verband, lag doch auf dem Scheitelpunkt des ‹Schoren›, wo heute die Häusergruppe ‹Trois maisons› steht, eine weitbekannte Herberge. Neben dem Vogesenkloster Luxeuil und dem Stift St. Leonhard waren besonders die Basler Augustiner zu St. Alban in Niederranspach reich begütert. Diese hatten sich des öftern ihrer Rechte zu erwehren, durften sich aber, wie Anno 1428, der Gunst Kaiser Sigismunds erfreuen. Den Unterhalt der Mauritius und Sebastian geweihten Dorfkirche, die auch den Gläubigen von Obermichelbach und Niedermichelbach offenstand, hatten die zahlreichen Bezüger der Zehnten zu gewährleisten. In jüngster Zeit hat sich das Leben im Dorf stark gewandelt. Nur noch wenige der gegen 600 Einwohner blieben dem Bauernstand treu; die Industrie hat auch hier augenfälligen Tribut gefordert. Deutlich spürbar ist dagegen immer noch der sprichwörtliche Gemeinschaftssinn der Niederranspacher, kennen doch die zahlreichen prosperierenden Dorfvereine keine Nachwuchssorgen. Und alle Bürger wetteifern mit

350

350 Das ausgesprochene Zusammengehörigkeitsgefühl der Niederranspacher beinhaltet auch eine spontane Hilfsbereitschaft. Stahlstich, um 1870.

Ausdauer und Liebe um die Erhaltung des Ansehens der Gemeinde als ‹Blumendorf›, das solchermaßen einen weitbekannten Ruf genießt.

Oltingen

Der im Bereich eines römischen Kastells gelegene Oltingerhof im alten elsässischen Herzogsgut kam schon früh an die Abtei Murbach. Als Folge eines langwierigen Rechtsstreites mußte ihn Abt Konrad von Staufenberg jedoch an die Ritter von Pfirt verkaufen, die das Gut bis 1407 besaßen. Während beinahe zweihundert Jahren geboten dann die Hattstätter über Haus, Hof und Mühle zu Oltingen. Die Reich von Reichenstein und Klinglin führten als nächste Regiment im Dorf. 1361 wird in Oltingen als österreichisches Lehen ein Schloß erwähnt, das aber spurlos verschwunden ist. Nach ihm nannte sich ein niedriges Adelsgeschlecht, das zu Beginn des 15. Jahrhunderts ausstarb. Über die Zollstätte in Oltingen verfügten die Münch von Löwenburg, einzelne Güter dagegen waren

u. a. im Besitz der Basler Klöster St. Clara, Gnadental, Prediger und der Reuerinnen an den Steinen. Neben der alten St. Martinskirche künden auch die ‹Britzgykapelle›, die in einer Lichtung des prächtigen Waldes zwischen Oltingen und Liebenswiller steht, die untergegangene Landolinskapelle auf dem ‹Ländeleberg› und die Katharinakapelle, die Mitten im Dorfe aufragte, von der tiefen Gläubigkeit im alten Oltingen. Zahlreiche originelle Zeugnisse aus der Vergangenheit hat in jüngster Zeit Pfarrer Bilger zusammengetragen und im sehenswerten ‹Bauern-Museum› ausgestellt. Der schon 1194 erwähnte Rebbau wird in bescheidenem Ausmaß immer noch an der warmen Südseite des ‹Berges›, der wohl südlichsten Rebhalde des Sundgaus, betrieben. Trotzdem hier kein Edelwein in den Fässern reift, spöttelt ein alter Volksspruch: «Oltinger Wi bricht eim d'Knie».

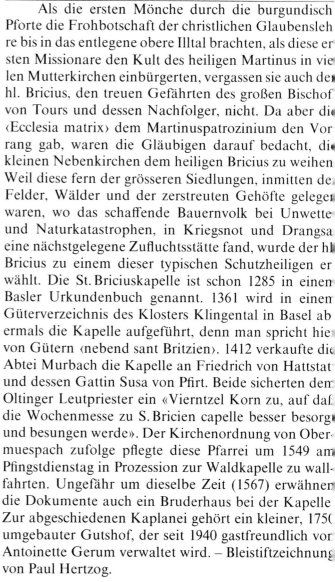

351 Die ‹St. Brytzgykapelle›, 1937

Als die ersten Mönche durch die burgundisch
Pforte die Frohbotschaft der christlichen Glaubenslehre
re bis in das entlegene obere Illtal brachten, als diese ersten
sten Missionare den Kult des heiligen Martinus in vielen
len Mutterkirchen einbürgerten, vergassen sie auch den
hl. Bricius, den treuen Gefährten des großen Bischof
von Tours und dessen Nachfolger, nicht. Da aber die
‹Ecclesia matrix› dem Martinuspatrozinium den Vorrang
rang gab, waren die Gläubigen darauf bedacht, die
kleinen Nebenkirchen dem heiligen Bricius zu weihen
Weil diese fern der grösseren Siedlungen, inmitten der
Felder, Wälder und der zerstreuten Gehöfte gelegen
waren, wo das schaffende Bauernvolk bei Unwetter
und Naturkatastrophen, in Kriegsnot und Drangsal
eine nächstgelegene Zufluchtsstätte fand, wurde der hl.
Bricius zu einem dieser typischen Schutzheiligen erwählt.
wählt. Die St. Briciuskapelle ist schon 1285 in einem
Basler Urkundenbuch genannt. 1361 wird in einem
Güterverzeichnis des Klosters Klingental in Basel abermals
ermals die Kapelle aufgeführt, denn man spricht hier
von Gütern ‹nebend sant Britzien›. 1412 verkaufte die
Abtei Murbach die Kapelle an Friedrich von Hattstatt
und dessen Gattin Susa von Pfirt. Beide sicherten dem
Oltinger Leutpriester ein «Vierntzel Korn zu, auf daß
die Wochenmesse zu S. Bricien capelle besser besorgt
und besungen werde». Der Kirchenordnung von Obermuespach
muespach zufolge pflegte diese Pfarrei um 1549 am
Pfingstdienstag in Prozession zur Waldkapelle zu wallfahrten.
fahrten. Ungefähr um dieselbe Zeit (1567) erwähnen
die Dokumente auch ein Bruderhaus bei der Kapelle
Zur abgeschiedenen Kaplanei gehört ein kleiner, 1750
umgebauter Gutshof, der seit 1940 gastfreundlich von
Antoinette Gerum verwaltet wird. – Bleistiftzeichnung
von Paul Hertzog.

352 St. Martin, 1942

Die heutige Friedhofkapelle Oltingens, deren
Martinspatrozinium auf ein frühe Kultstätte weist, ist
eine der ältesten Kirchen im Sundgau. Nach der Überlieferung
lieferung soll um das schlichte Gotteshaus mit dem gotischen
tischen Turm eine Siedlung bestanden haben. Die
Martinsglocke von 1553 läutete bis 1880 bei drohendem
dem Unwetter. Gemäß dem Dinghofrodel von 1414
befand sich diese samt dem Kirchenschatz im Innern
der Kirche, die das religiöse Zentrum für Fislis, Oltingen,
tingen, Huttingen und Lutter bildete. Den Bedürfnissen
nissen der Bevölkerung entsprechend, wurde nach 1830
im Dorf eine neue Kirche erbaut. – Bleistiftzeichnung
von Paul Hertzog.

St. Martin mit Altenge

Paul Hertzog

Ottmarsheim

Zwischen Rhein und Hardtwald gelegen, früher ein stilles Straßendorf in einer armen Gegend, höchstens einigen Kunstfreunden durch die seltsam gebaute Kirche bekannt, ist Ottmarsheim heute ein stattliches Dorf geworden. Der ‹Grand canal d'Alsace›, der nach 1918 gebaut worden ist, hat Ottmarsheim einen Rheinhafen und bedeutende industrielle Anlagen gebracht. Neue Dorfviertel sind entstanden, und die große Kanalschleuse zieht immer mehr Besucher an. Kein Tag vergeht, an dem nicht Kunstfreunde die oktogonale Kirche bewundern. Die Römerstraße, die Augusta Raurica mit Straßburg verband, zieht neben dem Dorf vorbei und wurde später durch eine neue Straße ersetzt, die den Habsburgern einen einträglichen Straßenzoll erbrachte und der Ortschaft auffallend viele Schenken. Die Rheinstraße zwischen Basel und Straßburg war durch Jahrhunderte die große Handelsstraße des Elsaß, die hier eine oft vom Rhein überflutete, unfruchtbare Landschaft durchschnitt. Erst die Regulierung des Rheins in den Vierzigerjahren des letzten Jahrhunderts bewahrte die Gegend von Ottmarsheim vor Überschwemmungen. Durch zielbewußte Bewässerung der Hardt wurde der Boden zwischen Wald und Rhein in gutes Ackerland umgewandelt.
Ottmarsheim gehörte zum Urbesitz der Habsburger, der sich über einen guten Teil des Hardtwaldes erstreckte. Rudolf von Ottmarsheim, dessen Bruder Radbot das Kloster Muri im Freiamt gegründet hat, stiftete hier mitten in der weiten Ebene eine Abtei und ließ eine Kirche bauen. Papst Leo IX., ein Grafensohn von Egisheim, weihte im

353   Ottmarsheim, 1663

«Ins gemein Otmarsen / ein Fleck im Sundgäu / nicht weit vom Rhein gelegen / und dem Lanser Ampt incorporirt, allda ein Adeliches Frauen-Stifft / (worauß sich aber diese Adeliche Persohnen wieder begeben / und verheyrathen mögen:) sampt einem Zoll; Munsterus sagt also: In diesem Flecken ligt ein Frauen-Kloster / das hat gestifftet ein Graffe von Habspurg / mit Namen Rudolph / bey Zeiten Käyser Heinrichs deß Vierdten / ungefährlich Anno 1060. diß Othmarsen sol also genendt seyn von dem Abgott Mars / der ein Tempel da gehabt / und an dem Ort verehret worden / wie sein Bildnüß / so in kurzer Zeit noch vorhanden gewesen / Anzeigung geben hat. Dieser Tempel / so rund / wird jetzo vor die Pfarr-Kirche gebrauchet / und ist wohl zu sehen. Und so viel sagt dieser. Jetzt ist dieser Ort / sampt dem Sundgäu / under Franckreichischer Jurisdiction.» – Kupferstich von M. Merian.

Jahre 1049, anläßlich seines Aufenthaltes im Elsaß, Kloster und Kirche und unterstellte diese dem päpstlichen Stuhl. Später wurde das Kloster zu einem adeligen Damenstift geformt, das seinen Nachwuchs aus den Adelskreisen der nahen Schweiz erhielt. Öfters wurde das Stift durch Kriege heimgesucht, so im Jahre 1272, als die Basler mit samt den Neuenburgern gegen Rudolf von Habsburg Krieg führten. Damals zerfiel die Burg in Ottmarsheim unter der Wucht der Belagerer. Beim Armagnakeneinfall 1444 wurden Kloster und Dorf in Brand gesteckt, einzig die Kirche blieb erhalten, weil die starken Gewölbe dem Feuer widerstanden. Im Dreißigjährigen Krieg flüchteten die adeligen Stiftsdamen vor den Schweden nach Basel. Die Französische Revolution hob das Stift auf. Nur das Gebäude neben der Kirche aus dem 18. Jahrhundert erinnert noch an die Gründung der Habsburger.

Im Jahre 1848 stifteten die Benediktinerinnen von Steinerberg im Kanton Schwyz, die zur Zeit des Sonderbundes geflüchtet waren, neben der Kirche ein neues Klösterlein. Nach 1950 durfte Ottmarsheim eine glückliche Renovierung erfahren und bildet so ein wertvolles Zeugn der ottonischen Kunst, auf das als erster der Basler Jaco Burckhardt 1844 in seiner Studie ‹Die Kirche von Ot marsheim› aufmerksam gemacht hatte.

354 Die Stiftskirche, um 1836

«Die im 11. Jahrhundert gestiftete Frauenabtey welche von Papst Leo IX. in eigener Person eingeweih worden ist, die aber durch die Revolution aufgehobe wurde, war weniger durch die reichen Schenkunge und Vermächtnisse, die sie erhielt, merkwürdig, a durch die Stifts- und Klosterkirche, die ein römische Kunstwerk und das einzige ist, welches das Elsaß auf weisen kann. Sie ist eine Rotunde, und ein preiswürdi ges Denkmal des altrömischen Kunst- und Baustyls. (1828) – Lithographie von Jacques Rothmüller.

354

Pachvogel

Dr Fusi, ich gläüb er isch Wirt, hat mit de Wibslit famos Pach, u ar hat se doch so garn. Vor e paar Wuche hat er mit zwei Wibskar e Bierreisle gmacht un alles bezahlt un züem Schluß han ne die zwe fir der Merci tüchtig duredrescht. Me behaüptet, das seyg nur arre wiert, wil er uf eimol französch hat welle rede, awer ich pack da Ding nitt racht, 's warde wohl noch andre-n-Ursache gsi si. Enf bref, kürzlig isch er an e Taifete iglade gsi. Gege Nacht hat ar ni anders könne, as im blunde Marigele, wo ihm als d Hemder mach un grad vis-à-vis gwohnt isch, e Visite ab z statte. Küm isch er awe e Stindle mit dam propre Kind im e intressant Gsprach vertieft gs so klopft's an dr Tire un im Marigele si Liebster verlangt ufgmach z ha. Dr Fusi haltet um dr Gottswille-n-a, aß nitt ufgmacht wird, d Liebster dusse schlat an d Tire un prophezeit e-n-Unglick, wenn a inekunnt. Uf das hi isch im Fusi gar 's Harz in d Hose gfalle un e fangt züem Fanster üse a Firio z schreie. Natirlig sin Lit z samme gloffe un e Polizei hat dr Fusi üs siner gfahrlige Sitüation befrei züe glicher Zit awer o ne Protokoll gmacht wage Spektakel. Dr Fi riowirt Fusi hat si verschwore, in Züekunft de Wibslit üs'm Wa z geh, awer wie lang aß ar da Schwur haltet, wan mr abwarte. Bi s ner Harzbschaffeheit dürt's sicher nitt lang. (1907)

Pfirt

‹Ferretum› (1104) war ursprünglich im Besitz der Grafen von Pfirt, eines 1324 im Mannesstamme erloschenen Adelsgeschlechts, das den größten Teil des Sundgaus beherrschte. «Anno 1271 hat dann Bischof Heinrich zu Basel diese Graffschafft von Graff Ulrichen von Pfirdt umb tausend Marck Silbers gekaufft, aber hergegen dieselbe den Graffen wider zu Lehen angesetzt.» Bischof Heinrich von Thun hatte bei diesem Handel offensicht lich seine Gefühle von seinem bekannten wirtschaftliche Weitblick verdrängen lassen, war er doch 1232 mit sei nem Gefolge bei Altkirch von Friedrich II. von Pfirt we gen ungeklärter Eigentumsrechte mißhandelt und in Ge fangenschaft genommen worden. Das kaiserliche Land gericht verurteilte den streitbaren Pfirter zu schwere Buße, Herausgabe der Dörfer Wolschweiler und Dietwei ler und zur entehrenden Strafe des ‹Harneschar›, wobe mit geschorenem Kopf ein Hund durch das Spalentor ge tragen werden mußte! Bald darauf wurde der ‹Raubrit

355 Schloß und Stadt, 1735

«Kleines Städchen mit 675 Einw., Hauptort des Kantons, 5 Stunden von Altkirch. Es ist von geringem Ansehen, und liegt eng und rauh von Bergen umgeben, am Fuße der alten Burgtrümmer gleiches Namens.

Der Geist in der Flasche

Dem Meier auf dem Pfirter Schloßberge wollte vor einigen Jahren das Vieh nicht mehr gedeihen. Die Pferde rissen sich von der Kette los und tollten jede Nacht im Stalle herum; die Kühe standen trocken. Nach langen kostspieligen Versuchen brachte der Hirte des Städtleins heraus, daß ein Geist im Stalle hause, und, zur Abbüßung seiner Sünden, hier wandeln müsse. Er beschwor ihn und bannte ihn in eine Flasche, welche versiegelt und an einem entfernten Orte vergraben wurde. Auch schlug er ein Stück geweihtes Blei an die Stallthüre, und seitdem ist Ruhe; die Pferde werden stark und rüstig; die Kühe kälbern und geben Milch. (1852)

Diese bilden den Überrest des alten Herschersitzes der umliegenden Ortschaften und Thäler, auf dem die alten Grafen von Pfirt einst hausten. Diese jetzt überall mit Epheu umwachsene Ruine ragt noch hoch, als ein mächtiges Todtengerippe über die Gegend empor. Im Jahr 1445 verwüsteten dieses Schloß die Basler, und 1633 die Schweden, welche die damals insurgirende Bauern der Umgegend hier blutig zurückgewiesen hatten. Ein 600 Fuß tiefer in die Felsen gehauener Brunnen, nebst einigen malerisch in die Ruine hineingebauten Wohnungen sind jetzt noch einer Beachtung werth. Der Herzog von Valentinois besaß ehedem die hiesige Herrschaft, und der Abt von Lützel bestellte, mit Zustimmung der Familie Libis, den Pfarrer. Bekannt und zahlreich besucht sind die hiesigen Wochen-, noch mehr aber die Jahrmärkte, deren vier hier gehalten werden.» (1828) – Stahlstich nach Joh. Heinr. Meier.

Dem Sundgaumaler Paul Hertzog in Mülhausen verdankt auch der alte Marktflecken Pfirt aussagekräftige Ansichten von alten Häusern, Brunnen, Strassen und Plätzen. 1946.

356

gressivität der Basler zu leiden, die im August 1445, nach blutigem Einfall und erbärmlicher Brandschatzung, mit reicher Beute an Getreide abzogen, das sie in Basel an die Zünfte verteilten. 1632 fiel ‹Ferrette› in die Hände der Schweden. 4000 Sundgauer schworen Rache, stürmten die Stadt und die beiden Schlösser, metzelten die Garnison nieder und stürzten den schwedischen Oberstleutnant von Erlach aus einem Fenster des Schlosses in den Burggraben. Die Vergeltung der Schweden ließ nicht lange auf sich warten: Wenige Monate später steckten sie das obere Schloß in Brand, das nie mehr aufgebaut werden konnte. Auch wurden die «aufrührischen Bauern ohne Erbarmen niedergehauen, so daß innerhalb zween Tagen ihrer mehr als 2000 umkamen und ohngefähr 900 nach Landser gefangen gebracht worden sind». 1393 erhielten die Pfirter von Herzog Leopold von Österreich das Holz- und Weiderecht, das 1442 auf eine Meile im Umkreis eingeschränkt wurde. 1659 verlieh Ludwig XIV. die ehemals habsburgische Grafschaft an Kardinal Mazarin, von dem sie an die Grimaldi gelangte und deren Nachfolger, die Fürsten von Monaco, die sich heute noch Comtes de Ferrette nennen. 1789 ging das untere Schloß, das nur wenige Meter unterhalb dem obern lag, in Flammen auf. Die Kirche von Pfirt gehörte zum Augustinerchorherrenstift auf dem Großen St. Bernhard. Seit 1450 lag der Kirchenschatz aber beim Abt von Lützel. Von der alten Stadtmauer mit den beiden Toren ist nicht mehr viel zu sehen. Erhalten geblieben sind dagegen mehrere Häuser aus dem 16. und 17. Jahrhundert und das spätgotische Rathaus von 1522. Wirtschaftlich hat sich die Kantonshauptstadt für «6 Meyerthümer, welche 34 Dörfer in sich begreifen», auch mit Hilfe des Anschlusses an das Eisenbahnnetz (1892–1953) nie bedeutsam entfalten können.

ter› bei einem tätlichen Angriff seiner beiden Söhne im Schloß ermordet. Ludwig der ‹Grimmige›, den man für den Vatermörder hielt, starb 1236 reuevoll auf einer Pilgerfahrt nach Rom. Ulrich, der zweite Sohn, gestand 1275 auf dem Totenbett: «Nicht Ludwig, sondern ich, habe meinen Vater erschlagen und den Grafen von Soyhière aus dem Wege geräumt.»
Wohl schon um 1215 zur Stadt erhoben, hatte Pfirt um die Mitte des 15. Jahrhunderts demütigend unter der Ag-

Jungnickels
Der Sundgau isch mi Heimetlang.
Er derf si zeige sapermost,
Drum nimm i gern mi Stock in d Hang
Un loß de n Anzei d Extrapost,
Die Sorg und Breschte blibe d'heim
Juhe! Do biàn i scho im Feld!
Willkumm! Willkumm, ihr griene Bäum,
Un grieß di Gott, du scheeni Welt.
Altes Sundgauer Lied

357 Verträumte Mittagsruhe, um 1950

Gewöhnlich prägt emsige Betriebsamkeit das städtische Leben, wie zu alten Zeiten, als die Bürger zahlreiche Vorrechte besaßen: «Die Privilegien des Städtgens Pfirt, welche Kaiser Friedrich IV im Jahr 1442 erneuert hat, sind diese: Der Magistrat wird aus der Bürgerschaft erwählet; diese ist in der ganzen Herrschaft zollfrey, und genießt des Alleinhandels mit dem Salze; auch dörfen die, so außerhalb dem Städtgen keine Güter besitzen, keine Abgaben entrichten; sie haben den Weidgang eine Stunde weit um Pfirt, und fünf benachbarte Dörfer liefern ihnen das Holz. Jährlich werden vier große Märkte, außer einem Wochenmarkte gehalten. Die Pfarrkirche, worein Alt-Pfirt und Rödersdorf eingepfarrt sind, stehet außerhalb dem Städtgen, und ist in eine Probstey verwandelt worden. Das Wappen der Stadt und der Herrschaft, sind zween mit dem Rücken zusammenstossende Barben. Der Feuerstellen sind es 60.» (1782) – Photo Leo Gschwind.

358 Das um die Mitte des 11. Jahrhunderts von Graf Friedrich von Mümpelgart als Kollegiatstift gegründete Gotteshaus weist romanische und gotische Elemente auf. 1914 wurde das Schiff der dem Heiligen Bernhard von Menthon geweihten Kirche umgebaut. Stahlstich nach Zuber, 1887.

Die Galgenplatte

Bei Alt-Pfirt, auf dem Berge ist ein Blöttene, worauf früher ein Galgen stand. Eine Frau, fälschlich des Diebstahls angeklagt, wurde zum Strang verurteilt und hier gehenkt. Als man im Begriffe stand ihr den Strick um den Hals zu werfen, beteuerte sie noch einmal ihre Unschuld und sprach: «So weit sich die Menge vor meinen Blicken ausbreitet – so weit wird der Platz auf ewig verödet sein, und wehe dem, für den ich unschuldig sterbe, die göttliche Rache wird ihn ereilen, ehedenn der Donner dreimal hallt!» Und siehe da! ein furchtbares Ungewitter zieht über den Wald; es zuckt und kracht und zersplittert liegt der Galgen am Boden, nur die Leiche blieb unversehrt. Es kracht zum drittenmale und vom Blitze getroffen, fällt ein Mann tot nieder. Seitdem ist der Platz eine unwirtbare Haide. Ringsum grüne Matten und blühende Bäume, nur so weit sich die Menge der Zuschauer erstreckte ist alles öde, daher der Name Galgenblöttene. (1892)

359

359 Oft als ‹Perle des Sundgaus› besungen, vermittelt das malerische Städtchen auch heute noch manche sehenswerte Erinnerung aus mittelalterlicher Zeit mit politischer Macht und kultureller Blüte. Postkarte, um 1900.

360

360 Auf dem Heimweg vom St.-Niklausen-Markt. Als Anno 1491 das Marktrecht durch obrigkeitliches Privileg ausgedehnt wurde, ward Pfirt längst als alter Marktflecken bezeichnet. Beliebtester Markttag ist seit Menschengedenken der ‹Kläusemart›. Zeichnung von E. Schweitzer, um 1880.

Dr Kläusmart z Pfirt

Z Pfirt üf em Kläusmart
Hai si ammets Kläusle feil;
Z Pfirt üf em Kläusmart
Isch allerhand als feil.
  Da luschtig Kläusmart z Pfirt!

Z Pfirt üf em Kläusmart
Sin Lit als vo durane do:
Büebe n üs alle Gmeine,
Un scheeni Jumpfere n o.
  Da luschtig Kläusmart z Pfirt!

Si chämme n üf Leiterwage;
Si chämme n üf de Scharebang.
Fir üf e Kläusmart z geh
Plange si scho lang.
  Da luschtig Kläusmart z Pfirt!

Ihr Schoppe packe d Alti.
Vo Landwirtschaft wird gred am Tisch.
Und djungi Büebe n un Maidle,
Die gehn, wu Müsik isch.
  Da luschtig Kläusmart z Pfirt!

Wu Büebe sin un Maidle,
Dert tüet's scho luschtig züegeh als!
Wu Müsik un Büebe n un Maidle sin
Geht's ammets luschtig züe!
  Da luschtig Kläusmart z Pfirt!

Und wenn's derno üf d Nacht geht,
Fahrt Wage n als üf Wage heim;
Doch djungi Büebe n un Maidle
Die gehn als nonit heim.
  Da luschtig Kläusmart z Pfirt!

Üf djungi Büebe n un Maidle
Kä Scharebang als warte müeß.
Djungi Büebe n un Maidle
Die gehn als lieber z Füeß.
  Da luschtig Kläusmart z Pfirt!

E Schnee ligt üf de Tanne.
Bim Geißbarg geht dr Wing so chalt.
Sin Maidle un Büebe binanger,
So gschpire si sicher nit chalt!
  Da luschtig Kläusmart z Pfirt!

Nathan Katz

Rantzwiller

Mitten im vorderen Sundgau, abseits der Eisenbahnlinie und doch mit der Industriestadt Mülhausen verbunden, liegt Rantzwiller. In einer Urkunde des Basler Klosters St. Alban wird es um 1102 als ‹Rantheswilre› erwähnt. Die Gegend muß schon früh besiedelt gewesen sein. Die Römerstraße, die Kembs (Cambete) mit Largitzen (Larga) verband, erinnert uns an diese Tatsache. Später siedelten hier die Alemannen. Die Benediktinerabtei St. Gallen besaß schon 757 Güter, welche ein gewisser Podal dem Abt Othmar geschenkt hatte. Rantzwiller gehörte zum Stammgut der Habsburger und kam nach den Schrecken des Dreißigjährigen Krieges 1648 an den König von Frankreich. Das Dorf besitzt einige schöne alte Häuser, so das Haus des Sängers Joseph Ignace Boetsch aus dem Jahre 1593 und an der Hauptstraße einen Gasthof mit der Jahreszahl 1607, der schöne dreigeteilte Renaissancefenster aufweist. Ein anderes Haus von 1732 trägt den Spruch «Behüt Gott dieses Haus, wer darin get und daraus» sowie die Namen Hans Sichler und Maria Reser. Das Haus des Johannes Oberhort und der Maria Anna Willig zeigt gar einen lateinischen Segensspruch: «Sit nomen Domini benedictum – ex hoc nunc et usque in saeculum.» Die Pfarrei gehörte bis 1789 mit dem ganzen Oberelsaß zum Bistum Basel und zum Landkapitel Inter Colles. Die Kirche ist dem Heiligen Georg geweiht, sein Bild (1761) schmückt auch ein Wegkreuz am Dorfeingang. Der Turm ist dreistöckig, quadratisch und stammt aus dem 13. Jahrhundert. Der obere Teil ist spätgotisch überarbeitet. Ein beachtenswertes Bild des Sebastian belegt die große Verehrung, die dieser Heilige früher im Sundgau als Patron der Schützen und als Behüter vor Seuchen genoß. Ein gotisches Sakramenthäuschen erinnert noch an die alte Kirche, die 1855 abgebrochen und dann wieder neu aufgebaut wurde.

Von der Vorgeschichte der Gegend erzählen uns Sagen, wissenschaftliche Forschungen und Ausgrabungen. Nördlich des Dorfes zieht sich, im Wald versteckt, eine ausgedehnte viereckige Schanze hin, auf der ein Schloß gestanden habe. Davon waren früher die Grundmauern, die beiden Höfe und die Wälle zu sehen. Auch von einem Schloßweiher, der sich heute noch als Sumpf präsentiert, und einem herrschaftlichen Schafstall wird berichtet. Dem Schloß gegenüber stand ein Galgen, die Richtstätte der damaligen Zeit. Später wurde dort eine Kapelle erbaut. Dieser Tradition zufolge hätten die Herren von Rantzwiller auf der nahen Römerstraße die vorüberziehenden Händler zur Zollabgabe genötigt. Als das Schloß zerstört wurde, blieb es ‹ein ungehürer Ort›, wo man den Geist des Ritters auf einem schwarzen Pferd erblicken konnte. Die großen Schätze des Grafengeschlechtes sollen beim Klingelberg begraben sein. Die nahe Römerstraße mußte natürlich Gelehrte verlocken, hier Forschungen vorzunehmen. Philippe de Golbéry war es, der 1825 die ersten Aufnahmen machte. Von einem Feldmesser begleitet, schritt er von Kembs nach Largitzen. Er stellte fest, daß die Militärstraße unter den Mauern der Kapelle lag, die Koetzingen überragt. Als de Golbéry bei seinen Forschungen von den Bauern Rantzwillers überfallen worden war, wurde er zu Boden geworfen, gehörig verdroschen und in eine Pfütze gestoßen. Dann entrissen ihm die mit Knüppel bewaffneten Männer seine Papiere, Lagezeichnungen und Karten. «Ohne einige Greise, die schlimme Folgen dieser Handgreiflichkeiten befürchteten, wären wir sicher zugrunde gegangen, wie etwa in Nubien oder in Abessinien», klagte der Gelehrte später resigniert einem Freund.

Riedisheim

Das Dorf Riedisheim liegt am nördlichsten Ausläufer des Schweizer Juras, östlich von Mülhausen. Schon in grauer Vorzeit scheint der Boden von Riedisheim bewohnt gewesen zu sein, wie prähistorische Funde von Menschen- und Tierknochen und von Schmucksachen erwarten lassen. Der erste mit Namen bekannte Bewohner hieß ‹Hruodwolf›, und von ihm erhielt der Ort, der um das Jahr 1000 zum erstenmal erwähnt wird, den Namen ‹Rudinisheim›. Riedisheim, auf dem Boden eines Grenzlandes liegend, hat eine bewegte Vergangenheit. Durch den Vertrag von Verdun 843 kam es zum Reiche Lothars und 870 zum Reiche Ludwig des Deutschen. Nach dem Dreißigjährigen Krieg wurde es 1648 Frankreich zugeschlagen. Das Dorf hat nicht nur seine Staatszugehörigkeit im Laufe der Jahrhunderte oft gewechselt, auch innerhalb der Grenzen mußte es mehrmals den Besitzer wechseln. Das Elsaß war in viele kleine Territorien aufgeteilt, die der Deutsche Kaiser als Lehen an Ritter oder Grafen verschenkte. Riedisheim und Brunstatt bildeten zusammen ein Lehen und gehörten zur Herrschaft Altkirch. Seit dem 13. Jahrhundert löste sich eine Reihe von Adelsgeschlechtern in der Lehensherrschaft über Riedisheim ab, so die Herren von Berckheim, die Herren von Huse, die Grafen von Thierstein, von Ortenburg und von Schauenstein. Und schließlich wurden Riedisheim und Brunstatt an die Stadt Mülhausen verpfändet (1621). 1655 gelangten Riedisheim und Brunstatt an eine öffentliche Gant, und der Solothurner Ratsherr von Bösenwald erstand die beiden Dörfer für 18 000 Gulden. Seiner Familie verblieb die Zehntherrschaft bis zur Französischen Revolution, in deren Verlauf sich die Familie auf ihre Güter in der Schweiz zurückzog. Der letzte Nachkomme dieser Zehntherren starb im Jahre 1927 in Solothurn. Beim Bauernaufstand im Jahre 1523 erhoben sich auch die Sundgauer Bauern, dabei gingen die Dörfer Lutterbach, Pfastatt und Riedisheim in Flammen auf. Die obdachlosen Bewohner flüchteten in die Stadt, deren Gassen voll von Flüchtlingen waren, so daß die Stadträte von Mülhausen sich gezwungen sahen, 1639 Generalmajor von Erlach mitzuteilen, ihren Untertanen bleibe nichts als eine «matte Seel in einem ausgemergelten, halb verschmachteten Leib übrig». Riedisheim zählte 1640 nur noch sieben Bürger und zwei Pflüge. 1815 wurde das Dorf von badischen Truppen überfallen, ausgeplündert und in Brand gesteckt: 24 Häuser und 18 Scheunen und ebenso viele Stallungen gingen in Feuer auf. Auch drangen barbarische Soldaten in die Kirche, erbrachen den Tabernakel und raubten wertvolle Kirchengeräte. Im Jahre 1800 zählte Riedisheim 900 Einwohner, 1850 bereits 1400 und 1914 6300. 1937 war die Einwohnerzahl auf 7177 gestiegen und beträgt heute rund 14 000; Brot und Verdienst findet der größte Teil der Bevölkerung im nahen Mülhausen. Die alten Riedisheimer beschäftigten sich zumeist mit Ackerbau, Rebbau, Viehzucht und Obstbaumwuchs. 1933 zählte man im Gemeindebann 1649 Apfelbäume, 2241 Birnbäume, 2706 Zwetschgenbäume, 1251 Kirschbäume, 1032 Pfirsichbäume, 1008 Mirabellen und 555 Nußbäume.

Im Jahre 1354 beschenkte Kaiser Karl IV. den Deutschritterorden mit der Kollatur der St.-Afra-Kirche in Riedisheim, d. h. mit dem Recht, die Pfarrstelle zu besetzen, doch blieb das Gotteshaus noch während Jahrhunderten eine Filialkirche der Komturei Mülhausen-Rixheim, die von einem Hauskaplan des geistlichen Ritterordens betreut wurde. Die Französische Revolution brachte dem kirchlichen Leben große Unordnung: Der Gemeinderat wählte einen Pfarrer, der den Eid auf die ‹gottlose Republik› abgelegt hatte, und erzwang mit Gewalt dessen Einsetzung. Aber die Gläubigen kamen nicht zum Gottesdienst, und die Glocken läuteten umsonst. Die Rechtgläubigen versammelten sich vielmehr nachts in einer Scheune, wo ein treu gebliebener Priester die Sakramente spendete, wie es damals in ungezählten Dörfern Frankreichs geschah. 1868 gründete der Redemptoristenpater Grünblatt in Riedisheim eine bescheidene Niederlassung seines Ordens. Als Unterkunft dienten der kleinen Klostergemeinschaft die alten Gebäulichkeiten einer Brauerei, namens Klösterle, das noch immer von segensreichem geistlichen Leben erfüllt ist.

362 Wie seit Jahrhunderten zeigt Riedisheim auch heute noch manchen verträumten Winkel, der an die wechselvolle Geschichte des Dorfes erinnert. Linolschnitt von L. Fuchs, 1972.

Zigeunerplage

Jn letzter Zeit ließ sich hier eine circa 50 Köpfe starke Zigeunerbande nieder, die für die hiesige Einwohnerschaft eine wahre Plage bildete. Während die Männer sich mit Pferdehandel beschäftigten stahlen die Weiber und Kinder, was ihnen gerade in den Weg kam Besonders auf das Geflügel hatten sie es abgesehen und wurde dasselbe am helllichten Tag ganz ungeniert auf der Straße abgefangen ja selbst aus verschlossenen Gehöften mittels Lasso gestohlen. Gestern endlich traf hier die Gendarmerie ein, worauf die Nomadenhorde sofort das Weite suchte. Es ist uns unbegreiflich, daß sich die Ortsbehörde und die Einwohnerschaft die Brandschatzung dieses Raubgesindels mehrere Tage gefallen ließ. Gibt es denn absolut kein Mittel gegen diese alljährlich immer wieder epidemisch auftretende wahre Völkerplage? (1907)

Die Henne mit den goldenen Eiern

Auf einem Hügel im Riedisheimer Bann steht die alte St.-Marx-Kapelle mitten in den Reben. Das kleine Gotteshaus und der ihr gegenüberliegende Brunnen sollen das letzte Überbleibsel eines alten Nonnenklosters sein, das vor vielen hundert Jahren an dieser Stelle stand. Der Heilige Marx, der Schutzpatron dieses Klosters, hatte den Bewohnerinnen seine Gnade in höchstem Maße angedeihen lassen, so daß ihre Felder ergiebiger und ihr Reichtum mit jedem Tage beträchtlicher wurden. Zu diesem Reichtum trug auch eine Henne bei, welche den Nonnen jeden Tag einen Korb voll goldener Eier legte. So war es nicht verwunderlich, daß die Klosterfrauen bei solchem Überfluß ihren Gelübden untreu wurden und sich weltlichen Genüssen hingaben.

Wo so frech gesündigt wurde, bleibt des Himmels Strafe nicht aus: Ein furchtbares Erdbeben zerstörte das Kloster, und nichts blieb übrig, als die kleine Kapelle St. Marxen und ein zerfallener Brunnen. Zu einer bestimmten Zeit hörte man einst während der Nacht ein Trippeln und Rauschen, ein Huschen und Stöhnen, und, auf einmal: ein Gluck, Gluck, Gluck! Dies war die Klosterhenne, die ihre goldenen Eier legte. Der Wanderer, der den Mut hatte, das Kirchlein zu dieser Stunde zu betreten, durfte die Eier ohne Widerstand auflesen und sie mit nach Hause nehmen, wenn er während des Eierlesens nicht vergessen hatte, drei Vaterunser laut vor sich herzubeten! Ein Bäuerlein soll erzählt haben, wie es in seiner Jugend spät abends von Mülhausen nach Rixheim wanderte und dabei von einem furchtbaren Gewitter überrascht wurde: Es hatte sich entschlossen, im Kapellchen das Ende des Unwetters abzuwarten. Und siehe, es kam genau zur rechten Zeit: Der Bauer konnte beim grellen Leuchten des Blitzes erkennen, wie eine Henne auf einem vollen Eierkorbe saß und mit ihrem lieblichen Gluck, Gluck, Gluck goldene Eier legte. Aber als er keck zugreifen wollte, wurde ihm eine schallende Ohrfeige versetzt, und er fühlte deutlich, wie ihm jemand seine Schuhe von den Füßen löste. Ehe er sich von seinem Schrecken erholte befand er sich wieder auf der Straße nach Rixheim. Der arme Bauer hatte vergessen, die notwendigen Vaterunser zu beten! Am andern Morgen, bei hellem Sonnenschein, wagte er es abermals, die Kapelle aufzusuchen. Doch die Henne mit Korb und Eiern war verschwunden, dafür standen in einer Ecke seine Schuhe, die ganz mit Wasser gefüllt waren …

Rixheim

«Das Dorf hat eine eben so freundliche als fruchtbare Lage» und erhebt sich am letzten Abhang des Hügellandes, das vom Jura zwischen Vogesen und Schwarzwald ausgeht und sich langsam in die elsässische Ebene verliert. Aus vorgeschichtlicher Zeit sind Fossilienfunde und Mammutzähne erwähnenswert, die 1858 bei Ausgrabungen zum Vorschein gekommen sind. Und in der Nähe des Bahnhofs sind reich dotierte Gräber entdeckt worden, die zum bedeutendsten fränkischen Friedhof des Oberelsasses gehören. Urkundliche Nachweise setzen 823 ein, als das Dorf der Abtei Murbach zugehörig beschrieben wird. Begütert waren schon früh auch das Kloster Ottmarsheim (1064), die Johanniterkomturei Mülhausen (1284), die Herren von Masmünster (1285) und die Herren von Huse (1351). Eine erste kriegerische Auseinandersetzung hatte Rixheim, das ursprünglich von Rixen und Escholtzheim gebildet wurde, im 13. Jahrhundert zu bestehen, als die Basler wegen geschuldeter Gelder die Friedhofmauern zerstörten und ins Dorf eindrangen. 1466 wurde das Dorf dann von den Mülhausern, die sich offenbar mit den Dörflern wegen schlechter Brotliefe rungen entzweit hatten, verwüstet. Und der Überfall de Schweden im Dreißigjährigen Krieg brachte der Gemein de so schweres Leid, daß das, was an materiellen Güter übrigblieb, keine zwei Groschen mehr wert gewesen se Einen bedeutsamen Einfluß auf die Entwicklung de Dorfes übten die Deutschritter aus, die von 1232 bis 178 in Rixheim wirkten. Von ihnen ist eine Beschreibun der Geschehnisse am St.-Martins-Tag 1575 überliefer «Der Vogt kam in das Dorf geritten und wurde mit Prun empfangen. Man hat seinen Pferden vom besten Heu ge geben. Die Kirchenglocken läuteten während einer Stun de und kündeten den Gerichtstag an. Der Dorfwächte war auf den Giebel des höchsten Hauses gestiegen, um von dort aus Ausschau über das Dorf zu halten. Das gan ze Dorf war versammelt, zuzuhören, wie der Vogt das Ur teil fällt, nachdem er Kläger und Angeklagte gehört hat te.» Zum beachtlichen Grundbesitz der Ordensbrüder ge hörte auch der Dinghof Widenacker, dem 10 sogenannt Hubhöfe unterstanden. Nach zeitweiliger Entfremdun des Eigentums, das 1594 durch den Ankauf von zwei Ak kerhöfen erweitert worden war, während des Dreißigjäh

363

rigen Krieges und durch die Überweisung der Einkünfte an den Lazarusorden durch Ludwig XIV. wurde das Ordenshaus um 1740 neu erbaut. 1789 ist das Komturhaus konfisziert worden und wurde dann als Gefängnis und später als Spital für die Armee General Moreaus benutzt, bis es 1797 als Tapetenfabrik eine neue Verwendung fand. Der Gründer dieses Unternehmens, Johann Zuber (1773–1852), stiftete der Gemeinde in seinem Todesjahr eine protestantische Kirche, mit dem Wunsch, gegenüber der mittelalterlichen St.-Leodegars-Kirche einen ‹konfessionellen Ausgleich› zu schaffen. Schon 1763 ist in Rixheim auch eine Synagoge errichtet worden.

363 Die Zublersche Tapetenfabrik, 1825

«Die schöne Residenz des Kommenthurs war eine Zierde dieses Ort. Nun ist hier eine Tapeten-Fabrike angelegt, die bey 150 Arbeiter beschäftigt, und Herrn Johannes Zuber und Comp. angehört, deren Besuch dem, der Zimmersverzierungen dieser Art liebt, einen seltenen Genuß gewährt» (1828). Der dynamische Unternehmer aus Mülhausen gründete 1804 auch die Papierfabrik in Roppentzwiller und 1842 eine ebensolche auf der Napoleoninsel, in der Gemeinde Illzach. – Lithographie von G. Engelmann nach J. Mieg.

Das Muttergottesbild zu Rixheim

Zu Rixen, im Landser Ampt, war ein Johanniter Commendaren, darin war selbiger Zeit ein Obrister von Diesbach, ein Lutherischer Berner, im Quartier; ein anderer Obrister von Lucern, des Geschlechts von Fleckhenstein, kame mit seinem Lutherischen Diener obgemeldten Herrn Obristen heimbzusuechen. Als sie derohalben alle wohl beweint waren, ersache des Obristen von Lucern sein Lutherischer Diener ein Mueter Gottes Vesperbild, welches in dem Haus für ein Stockh undt Fuesschämel ist gehalten worden, über welches dieser gottlose Diener erschröcklich Gott lästerte undt die Spöttlichiste Namen der Mueter Gottes gab; endtlichen nahm er das Bild undt wurf es zu dem Fenster hinaus. Über ein wenig Zeit rueffte der Herr seinen Diener, solte alles fertig halten, er wolle verreisen. Der Diener nahm den Mantel und die Pistolen, gienge darmit den Schnegen hinab vor das Haus, undt als er vor das Fenster da er das Mueter Gottes Bild hinausgeworffen, siehe! Da gieng unversehens sein einte Pistolen los undt erschusse sich selbsten, lage todtner unweit von dem Mueter Gottes Bild. Die Fraw in dem Haus, welche auch Lutherisch war, hat der Magd befohlen das Bild hinweg zu nemmen undt hinauff auff die Bühne zu tragen, daß es denen Leithen ab dem Gesicht käme.
Über etliche Monath kame die Priorin von der Engelporthen auff Rixen. Dahero dan die Mueter Priorin bey diser Frauwen anhaltete, sie wolle doch ihre dieses Bild lassen zukhummen. Hat das Bild auff Gebweiler in das Kloster tragen lassen, so noch verhanden undt von allen in grossen Ehren gehalten wird; steht anietzo auff S. Dominici Altar.

St-Louis

Straßen, Poststation und Grenzwache ließen allmählich aus dem uralten Weiler ‹Biesen› mit seinem Meierhof die Stadt St-Louis entstehen. Das politische Gebilde ist so jung, daß es eigentlich keine Geschichte hat; es kennt nur Geschichten! Wohl berichten Gräberfunde aus der Frankenzeit von frühen Siedlern; aber erst nach dem Dreißigjährigen Krieg beginnen sich am ‹Neuweg› bei der St.-Ludwigskapelle zuerst spärlich, dann immer zahlreicher Menschen niederzulassen. Um 1665 war die direkte Straßenverbindung von Basel nach Mülhausen auf die leicht erhöhte Terrasse über den sumpfigen Niederungen der stets wechselnden Rheinläufe verlegt worden. Der bisher in Hüningen stationierte Zoll ließ sich ebenfalls an der neuen Straße nieder. Ihm folgte um 1680 die Station der Pferdepost. Gleichzeitig mußte das Dorf Hüningen der Vaubanschen Festung weichen. Die Mehrzahl der Ausgesiedelten erbaute Neudorf, ein kleinerer Teil errichtete seine Behausungen samt den dazugehörigen Obst- und Gemüsegärten an der großen Verkehrsader nach Basel.
Am 24. November 1684 erlaubte der Sonnenkönig seinen Untertanen, am Neuweg ihre Niederlassung ‹St-Louis› zu nennen. Er befreite sie und jeden neuen Zuzüger zugleich für die nächsten drei Jahre von sämtlichen Steuern und militärischen Lasten. Trotzdem blieb die junge Siedlung vorerst bescheiden. Die topographische Aufnahme des Hüninger Militäringenieurs Cheylat von 1688 zeigt neben der Kapelle ein gutes Dutzend geduckter Häuser entlang der Straße nach Basel. Kirchlich gehörte St-Louis zu Neudorf. Doch war die Pfarrkirche wegen Überschwemmungen nicht immer erreichbar. Deswegen erhielt der damalige Postmeister Leroux in St-Louis die Genehmigung Ludwigs XV. und des zuständigen Bischofs von Basel, die baufällige Kapelle zu Ehren der Himmelfahrt Mariens neu zu errichten. Durch eine Kapitalstiftung sollte für deren baulichen Unterhalt in Zukunft gesorgt werden. Neben Funktionären der Post, der Grenzpolizei und des Zolls wählten auch Fuhrhalter, Gastwirte und Gewerbetreibende den Ort zum Wohnsitz, so daß St-Louis bei Ausbruch der Revolution bereits 61 Häuser und 530 Einwohner zählte. Diese ersuchten die Behörden, sie zu einer von Neudorf unabhängigen, politisch selbständigen Gemeinde zu erheben. Dem Gesuch wurde 1793 entsprochen. Zusammen mit dem Weiler Mi-

364 St-Louis, um 1850

«Großer stattlicher Ort mit 966 Einwohnern und einer Poststation, auf der Route von Basel nach Colmar und Straßburg. 5½ Stunden von Altkirch. Es liegt nur ¼ Stunde von dem Weichbilde der Stadt Basel, daher sich auch viele Mauthbeamte (Zöllner) hier aufhalten. Vor der Revolution hatte der Ort St-Louis arme Einwohner und war ganz ohne Gewerbsamkeit; während derselben siedelten sich verschiedene bedeutende Kaufleute hier an, und dadurch kam er zu schnellem Aufblühen.» (1828) – Der Stahlstich nach Anton Winterlin zeigt rechts den alten Bahnhof.

365 Der ‹Goldene Löwe›, um 1898

Das Gasthaus ‹Lion d'or› stellt eines der vieler Häuser von St-Louis dar, die in ihrer ursprünglicher Bauweise fast unverändert erhalten geblieben sind Nur die Gartenwirtschaft hat einem Parkplatz weicher müssen, und die unrentabel gewordene Kegelbahn wird nicht mehr betrieben. Als Quartierwirtschaft üb das Gasthaus wie eh und je eine starke Anziehungskraft aus. – Photo Höflinger.

302

chelfelden entstand ein neues Gemeinwesen mit dem Namen ‹Bourg-libre›. Namen von Heiligen und Königen waren damals unerwünscht. Der im Nordwesten gelegene Weiler Michelfelden hatte seit 1252 Zisterzienserinnen aus dem thurgauischen Tänikon beherbergt. Als die Nonnen wegen Rheinüberschwemmungen nach Blotzheim zogen, ließen sich Beginen in den Gebäulichkeiten nieder. Später kamen die Liegenschaften an das St.-Clara-Kloster und von diesem an die Stadt Basel, in deren Besitz sie bis zur Revolution verblieben.

Die Revolutions- und Kriegsjahre bis zum Sturze Napoleons brachten dem nun eigenständigen Dorf zwar manche harte Belastungen, zugleich aber auch eine rasche Entwicklung. Grenznähe, Kriegsbedürfnisse, Kontinentalsperre, von Basel aus organisierter Schmuggel jeder Art und wechselndes Kriegsglück sorgten für hektische, gefahrvolle Betriebsamkeit. Auch verdoppelte sich die Bevölkerung. Dies nicht zuletzt wegen der ständig anwachsenden Grenzwache: Jeder sechste Täufling hatte einen Zöllner zum Vater! Der Durst der alliierten Belagerer Hüningens, der aus der Brauerei Merian in Basel auf Kosten von St-Louis, wie das Dorf nun wieder heißen durfte, gestillt werden mußte, war Anlaß zur Gründung einer ersten Brauerei. Sie ging erst 1955 in einem andern Betrieb auf. Von 1840–1844 war St-Louis Endstation der Elsässerbahn. Speditionsfirmen bemächtigten sich der Waren zum Weitertransport, Herbergsbetriebe nahmen sich der Reisenden an, Gasthöfe und Wirtschaften sorgten für Marktfahrer und -besucher. So kam das Dorf zu einer auch heute noch respektablen Zahl von Gaststätten. Zwischen 1873 und 1892 hatten sich vier Basler Seidenbandfabriken in St. Ludwig etabliert, die über 3000 Beschäftigten Verdienst boten. Neue Wohnquartiere entstanden entlang dem Straßenkreuz Basel–Mülhausen und Hüningen–Belfort. Das Dorf wuchs immer mehr der Grenze entgegen. In fünf Etappen folgten auch die Zollgebäude, bis sie 1904 die Grenze erreichten. Die Seidenindustrie ist größtenteils verschwunden. An ihre Stelle

365

ist zur Hauptsache die Chemie getreten. Internationale Transportunternehmungen haben hier ihre Niederlassungen. Wer nicht in St-Louis Arbeit findet, geht als Pendler seinem Verdienst nach. Ein stürmischer Bauboom hat Wohnsilos, Schulen jeder Art, Warenhäuser und Supermarchés gebracht. Die Ästhetik ist dabei zu kurz gekommen. Vom ganz alten Baubestand ist kaum mehr etwas vorhanden. Nachdem schon 1827 St-Louis auch kirchlich von Villageneuf abgelöst worden war, wurde 1842 anstelle der alten Kapelle eine neue Kirche erbaut. Ihr folgten vierzig Jahre später ein evangelisches Gotteshaus, 1907 eine Synagoge und nach dem Zweiten Weltkrieg nochmals eine moderne Kirche. Seit den 1960er Jahren hat sich St-Louis zahlenmäßig zur Stadt ausgeweitet. Aber die mit Alt-Breisach verbrüderte Kon-glomeration ist geblieben, was sie immer war: ein Satellit! In der Vergangenheit von Hüningen und Villageneu, in der Gegenwart von Basel. Trotzdem erfüllt die Stad selbständig und unabhängig ihre wichtige Funktion i der Regio als Tor zu Frankreich mit allen Verheißunger die eben nur ein Tor zu bieten vermag.

366 Die Belforterstraße, um 1900

Die klangvolle Avenue de Gaulle wird von der al ten Belforterstraße gebildet, die St-Louis gegen Hünin gen öffnete. Der Gasthof ‹Stadt Paris› ist mittlerweil durch einen Neubau ersetzt worden. Das Bahntrasse im Vordergrund, das rechts nach Basel führt, erheb sich nun auf einem Viadukt. – Photo Höflinger.

366

367 **Das Warenhaus ‹Zur Stadt Paris›, um 1898**

Das farbenfreudig und dekorativ geschmückte Warenhaus ‹Zur Stadt Paris› vermittelte, wie das sich anschließende Wäsche- und Kleidergeschäft der Gebrüder Bloch, Waren des täglichen Bedarfs, aber auch Werkzeuge und landwirtschaftliche Geräte, und gehörte während Jahrzehnten zu den bevorzugten Einkaufsquellen der Stadt. Die Liegenschaften dienen noch heute, wie zu Großmutters Zeit, dem sorgfältig geführten Detailhandel. – Photo Höflinger.

368 **Das Hotel John, um 1898**

Das heute unter dem Namen ‹Hotel de l'Europe› bekannte Hotel John hat sich in seiner äußern Gestalt kaum gewandelt. Es steht noch immer unverrückbar in seinem ambitiösen Stil der Wilhelminischen Zeit da und nimmt vornehmlich Gäste auf, die im nahen Basel zu tun haben. – Photo Höflinger.

305

Vocabulaire carnevalistique pour Wagges

Güete Bonjour Clique, 1976

A

L'anneau du jardin de nègre	der Mo(h)rgartenring
l'appareil du lac loin	der Fernsehapparat
l'apprenti de plomb	der Bleistift

B

La bampelpfunz	die Hängelaterne
beau ventre	Schönenbuch
bläche	zahlen
le bon pour nickel	dr Bumperniggel
Bourglibre	St-Louis
les bouteilles de St-Jacques	der FC Basel
le boyau aveugle	der Blinddarm
dr Bubbele	der Knabe
d Büchküch	die Waschmaschine
le bourgeois de la derrière	dr Füdleburger
le Boulevard de grimasse	d Steinevorstadt

C

ça me chasse un ravandage en bas	es jaggt mer e Fligg ab
la cabane du poison	s Gifthüttli
le café fini	der Kaffee-fertig
la catastrophe	die Schwiegermutter
le car-naval	der Hochseewagen
c'est le croissant!	dasch dr Gipfel!
la chaise-corridor	der Stuhlgang
le château neuf du contre pape	d Residänz vom Furgler
le château lapin	d Haseburg
la chaussure	die sichere Sache
le chemin de fer	die Eisengasse
le chemin-de-fer de la glace artificielle	die Kunsteisbahn
le comestible	der Gummistiefel
le contre-ceci	das Paradies
le cour de train	der Bahnhof
le cour des mirroirs	der Spiegelhof
le cour du salaire	der Lohnhof

D

le détonateur	der Klöpfer
la détonation	der Wurstsalat
dr Dîwel	der Dubel

E

l'eau coq	der Wasserhahn
l'escalope de banque	der Schnitzelbank
l'escapade du matin	dr Morgestraich

F

le feu qui vient	die Feuerwehr kommt
le fromage de la cathédrale	Münsterkäse
le fumier	der Raucher
le fumier de chaine	der Kettenraucher

G

la galopperie	die Rennerei
gîckse	lachen
d Gille	die Jauche
le Giscard	der verfluchte Autobus
gïttig	schnell
le goche-jet	der Maulwurf
le grand rouge	der Großrat
dr Grattel	der Größenwahn
la grotte des arts	d Kunschtheeli
dr Guckel	der Hahn

H

le haut-temps	die Hochzeit
le Hubertus	dr Hueber verusse
hüpse	hüpfen

I

l'idée d'eau-de-vie	die Schnapsidee
il crache dans la serrure	es spukt im Schloß

J

le jass des jambes	dr Bajaß
je ne te porte rien en arrière	ich trage dir nichts nach

K

s Kipfle	der Kopf
krakeele	lärmen
s Krimerle	s Vierteli

L

le lac des éléctions	der Walensee
laiche	eine Freundin aufgabeln
la légumoiselle	d Gmieslere
la lumière de bras	der Armleuchter
la lune	die Laune

M

la maîtresse	die Matratze
la Marseillaise	dr Marcel und äs
le menu	der Muni
la merde est conduite	der Mist ist geführt
le merle du trottoir	die Trottoiramsel
le mirroir-œuf	das Spiegelei
la montagne des charbons	der Kohlenberg
la montagne de pierre	der Steinenberg
le musée des beaux-arts	der Mäusebussard
la musique de chambre	die Kammermusik
la musique des cornets	d Guggemuusig

N

le non-fumier	der Nichtraucher
nous n'avons jamais comme ça!	so hämmer no nie!

O

l'œil de poule	das Hühnerauge
Œuf, œuf, que lac je	ei, ei, was seh' ich
l'oiseau de manche	dr Vogel Gryff

| | | Kinderreime | Schlof, Kindele, schlof! |

P

parbrûler	durchbrennen
le parcours	die Parkuhr
parler	babble
la pauvre poitrine	die Armbrust
le pied-jambon	der Beinschinken
le pinde-nez-généreux	der Edelzwicker
le pissoir	die Schifflände
la place des pieds nus	der Barfüßerplatz
la plagette	das Planschbecken
la plume	die Blume
la pomme de four	dr Härdöpfel
la presque-nuit	die Fasnacht
le propre bâteau	das Rheinschiff

R

le reconvilier	das Rückenwehgilet
rendre fou	düwedänzig mache
le restaurant des petits cousins	die Vetterliwirtschaft
le rêve des alpes	der Alptraum
le Rhin des fleurs	der Blumenrain
le ribord	das Rheinbord
s Rîdikül	die Handtasche
la route	die Rute
la rue de la période	die Schneidergasse
la rue du collège	die Ruhe des Kollegen
la rue du petit boulanger	die Klybeckstraße
la ruelle des tuilleries	das Trillengäßlein

S

le salami	der Mist-Kollege
dr Schwellemer	der Allschwiler
le sextouple	der Sex-Dubel
le singe de pâte	dr Daigaff
la sous-maîtresse	die Untermatratze
la sous-préfecture	das Finanzdepartement
le superflu	die Gewaltsgrippe

T

taiwele	toben
le tournedo	der Rasensprenger
la Tour-de-Peilz	die Pintenkehr
la très quatre fille	die Serviertochter
le trou des alpes	s Dalbeloch

U

| un joli sein | ein Tscholi sein |
| l'usine | der Unsinn |

V

la vache	die Wache
le vacherin	die Wache am Rhein
veau	wo
la voleur-puce	die Filzlaus
le voyeur	der Blick

W

| Wagges | Waggis |

Schlof, Kindele, schlof!
Dien Vadder hied die Schof,
Dien Muedder hied die Lämmele,
Drum schlof, du guldi's Engele;
Schlof, Kindele, schlof!

Ninele, Nanele
Wäjele Stroh,
's Kätzel isch g'storwe,
's Miesel isch froh!

D Sunne schient,
's Vegele grient,
's hubbelt uff 'm Lade,
D Mueder geht geh bade;
Der Vadder isch im Wirthshuß,
Belzt alli Gläser us;
Wirft sie hinder die Diehre,
Holt sie wieder fiehre,
Wirft sie in die Äsche,
Mueß sie wieder wäsche,
Wirft sie zuem Fenster uß,
Macht wieder neue druß.

Z Basel uff'm Blumeblatz,
In der änge Gasse,
Gygt e Fuchs, unn dantzt e Has,
's Esele schlad die Drumme.
Alli Diärle wo Wädele han,
Miän zur Hochzit kumme.
Kruckestiel unn Ofegawle,
Das sinn myne Hochzitknawe,
Edellidd unn Beddellidd,
Diß sinn myne Hochzitlidd.

Miäderla hat mi in 's Gärdle g'schickt,
J soll geh Pederle bräche;
Jsch e bucklig Männle k'hue,
Unn het mi welle frässe.
Riedde, riedde Roß,
Ze Basel steht e Schloß,
Ze Basel steht e Herrehuß,
Gucke drei scheeni Jungfre 'ruß.
D ein spinnt Siede,
D ander dräid Wiede,
D dritt schnied Hawwerstroh,
's Kindel macht's au e so,
E so, e so, e so!

Veïe, Rose, Bliemelein,
Merr singe-n-um die Kiechelein!
D Kiechle sinn gebache,
Merr heere d Pfanne krache.
Der Herr het e scheeni Dochter,
Sie het d Hoor scheen geflochde.
Merr heere die Schlissel klinge,
D Frau wurd' die Kiechle bringe.
Kiechle 'ruß! Kiechle 'ruß!
Glick und Heil in's Herrehuß!

369 Der Bahnhof, um 1913

«Mit dem heutigen Tage ist der neue provisorische Bahnhof in Betrieb genommen worden. Um 12 Uhr nachts wurde der Betrieb in dem alten nun 65 Jahre bestandenen Bahnhof eingestellt, und die heutigen Morgenzüge wurden bereits auf dem neuen Bahnhof abgefertigt. Während der Nacht erfolgte der Umzug derjenigen Bureauabteilungen, welche vorher nicht verlegt werden konnten. Der neue Bahnhof bringt für den Verkehr eine Reihe wichtiger Veränderungen. Zunächst haben die im Dorfe wohnenden Personen, welche die Bahn benützen wollen, einen erheblich weiteren Weg zurückzulegen und müssen die Straßenbahn bis zur Endstation benützen. Die Fortführung der Straßenbahn bis zum Bahnhof dürfte in allernächster Zeit erfolgen; die hierüber zwischen der Gemeindeverwaltung St. Ludwig und den Basler Straßenbahnen gepflogenen Verhandlungen sind bereits zum Abschluss gelangt. Dagegen hat die Verwaltung der Basler Straßenbahnen die Fortführung der Straßenbahn bis zum neuen Güterbahnhof abgelehnt. Der Postwagenverkehr nach Niederhagental und Volkensberg hat ebenfalls durch die Bahnhofverlegung einschneidende Veränderungen erfahren; die Ankunftszeiten mußten früher und die Abgangszeiten später gelegt werden, was anfänglich einige Unzuträglichkeiten zur Folge haben dürfte. Der Bahnverkehr wickelte sich unter den veränderten Verhältnissen ohne erhebliche Störungen und Verspätungen ab.» (1913) – Photo Höflinger.

370

370 Die Baselstraße, um 1910

Die an die große Kreuzung stoßende Häuserzeile hat bis heute kaum eine Veränderung erfahren. Vor Mayers Möbelmagazin stehen noch immer die kleinen Bürgerhäuser ‹La diligence› und ‹Aux trois lys› und erinnern auch mit ihren Namen an die gute alte Zeit. – Photo Höflinger.

371 Am Zollübergang, um 1914

Seit der Inbetriebnahme des neuen Zollgebäudes Anno 1904 vollzieht sich die Abfertigung des Grenzverkehrs direkt bei der Landesgrenze. Der Landser mit Pickelhaube und Gewehr vor dem Schildwachhäuschen weist in die Zeit des Ersten Weltkriegs. Der Aufmarsch von bewaffneten Soldaten erstaunt einigermaßen, lag St-Louis damals, durch einen elektrisch geladenen Zaun vom übrigen Elsaß getrennt, doch in einer neutralen Zone. Im Hintergrund ist das Schweizer Zollamt zu sehen, und hinter dem kurzgeschorenen Knabenkopf der Stein, der die Grenze zwischen den beiden Ländern markiert. – Photo Höflinger.

309

372 An der Grenze, um 1913

Vor dem 1912 errichteten Gebäude des neuen
Zollamtes läßt sich die französische Belegschaft photographieren. Die zweite Teilstrecke der Tramlinie
Marktplatz–St. Johann–St-Louis ist zur Freude der Bevölkerung im Juli 1900 in Betrieb genommen worden.
«Die Frequenz ist sehr groß und für die Bahnverwal-
tung befriedigend.» – Photo Höflinger.

Sundgauer Volksreime
Sechs mol sechs isch sechs e drissig,
Wann der Mann isch noch so flissig.
Un die Frau isch liederlich,
So geht Alles hinter sich.

Fürchte Gott vor allen Sachen,
So wird er auch für dich und dein Haus wachen.
Bitt für uns heilige Agatha,
Daß uns Gott vor Feuer und Unglück bewahr.

Viel leiden, viel meiden, gern scheiden.
Nicht zagen, nicht fragen, nicht klagen.
Geborgen, nicht sorgen für morgen.
Geschlagen, still tragen die Plagen.
Ohn' Eigen, sich neigen und schweigen.
Frohsinnig, herzinnig, gottminnig.
Aufstreben, hergeben sein Leben.
Nicht weilen, gleich Pfeilen hineilen.
Gott loben, gehoben nach Oben.
Das wähle, o Seele, vermähle
Auf ewig dem Herrn dich als Braut.

ses Jahr an diesen Stellen von der Kilbi fast nichts; man scheint sich schon daran gewöhnen zu wollen, die Baslerstraße für die künftige Straßenbahn frei zu halten. Man hat dieses Jahr nun den Versuch gemacht, das ganze Kilbitreiben nach der Hüningerstraße, die weder einen starken Fahr- noch Personenverkehr aufweist, zu verlegen und man muß sagen, es ist gut gelungen.» (1901) – Zeichnung von A. Dreßler nach R. Weiß.

373 Kilbebetrieb, um 1885

«22. Juli. Wie von jeher, so hat auch Sonntags der erste Kilbitag wieder eine ungeheure Menschenmenge hierher gelockt, denn die St. Ludwiger Kilbi übte immer eine große Anziehungskraft, namentlich auf die Basler aus. Gegenüber früheren Jahren weist sie einige wesentliche Veränderungen auf. Der frühere starke Fuhrwerkverkehr auf der Straße zwischen Basel und St. Ludwig hat fast ganz aufgehört. Soweit die Besucher den Weg zu Fuß machten, hat die Straßenbahn den ganzen Verkehr absorbiert, nur dann und wann erinnert ein Einspännerfuhrwerk an den Fahrverkehr früherer Zeiten. Die Straßenbahn hatte von Mittag bis spät in die Nacht vollauf zu thun; alle 6 Minuten brachte sie jeweils zwei mit Besuchern dicht besetzte Wagen. Aber auch im Orte selbst wurden in Bezug auf die Plazierung der einzelnen Verkaufsstände und Buden große Veränderungen vorgenommen. Während früher ein großer Teil des festlichen Treibens sich auf der Basler und der Bahnhofstraße abwickelte, bemerkt man die-

Blutiger Basler Ehrenhändel

Basels Trennungswirren in den 1830er Jahren hatten auch zur Folge, daß das bisher gemeinsame Kriegsmaterial, wie die übrigen kantonalen Vermögenswerte, prozentual zur Bevölkerungszahl unter die neuen Halbkantone geteilt werden mußten. Für die militärischen Belange waren auf städtischer Seite Major Wilhelm Geigy, für die Landschaft Major Jakob von Blarer zuständig. Bei der Bewertung der Waffen wurden sich die beiden Patrioten nicht einig: jedenfalls artete ihr diesbezügliches Gespräch in persönliche Beschimpfungen aus. Blarer, der immerhin in auswärtigen Diensten gestanden hatte, fühlte sich in seiner Ehre gekränkt und forderte seinen Widerpart auf ein Duell mit schweren Säbeln. So trafen sich die Kampfhähne am 30. Oktober 1833, begleitet von ihren Sekundanten, in der Scheune des Gasthofs zur Krone in St-Louis. Schon sechs Minuten nach Kampfbeginn landete Geigy einen kräftigen Treffer auf Blarers Kopf, so daß dieser blutend und betäubt zu Boden ging. Kaum hatte ihn aber der Begleiter Geigys, der Chirurg Professor Mieg, verbunden, wollte sich der Getroffene wieder auf seinen Gegner stürzen. Blarers Sekundant, der Kommandant der Hüninger Garnison, verhinderte den Fortgang des Duells und erklärte Kampfabbruch. Beide Partein, die eine befriedigt, die andere enttäuscht, kehrten in ihren Kutschen wieder in die heimatlichen Gefilde zurück.

Sierentz

Die heute bedeutende Ortschaft verdankt ihre Entstehung und Entwicklung am Fuße der ersten Sundgauhügel wohl der Nähe der alten Römerstraße, die das heutige Besançon mit Kembs verbunden hatte. Später trug die Straße Colmar–Basel zur Ausdehnung des Dorfes bei. Denn hier befand sich bis 1898 ein weitbekanntes Gasthaus, wo die Pferde für die Postwagen gewechselt wurden. Als dann 1840 die Eisenbahnlinie Straßburg–St-Louis neue Perspektiven eröffnete, sicherte sich Sierentz

sogleich eine Station, so daß sich eine expansionsfähige Industrie ansiedelte, wie eine Gewehrschäftefabrik und eine Ziegelei sowie Sägereien und Kies- und Lehmgrubenbetriebe. Bereits im 18. Jahrhundert hatte die Familie Bian in Sierentz die Seidenbandweberei eingeführt, ihren Sitz allerdings später nach Sentheim verlegt. Die guten Möglichkeiten zur Handelstätigkeit zogen viele Juden an, die bald eine Synagoge errichteten.
Sind in der Sandgrube Kannengießer vorgeschichtliche Funde freigelegt worden, so erfolgte zur Karolingerzeit (835) die erste Erwähnung der ‹villa regia›. 877 schenk-

te Karl der Dicke das Dorf den Grafen von Aargau. Um 900 war der Ort Eigentum des Bistums Basel, besaß der Bischof doch hier zwei Dinghöfe. Den obern Dinghof samt Gütern in Waltenheim, Geispitzen, Uffheim und Bartenheim, und das halbe Präsentationsrecht zu Hochkirch und Stetten vergabte Bischof Adalbero 916 dem Stift Einsiedeln. 1392 verkauften die Einsiedler den Sierentzer Hof den Münch von Landskron, die ihn ihrerseits ein Jahrhundert später den Edlen von Hallwil veräußerten. 1533 gingen die Rechte an die Waldner von Freundstein. Diese legten auf dem Sierentzer Schloßberg einen großen Park an und ließen für den Dorfbach den Runzgraben ausheben. Die Erinnerung an sie lebt auch im Kreuzgang des Basler Münsters weiter.

Die Mutterkirche von Sierentz, zu der auch Geispitzen, Uffheim, Waltenheim und Kembs gehörten, lag außerhalb des Dorfes und trug die Bezeichnung ‹Hochkirch›. Sie stand bis zum Abbruch Anno 1835 am alten Römerweg ‹Hochsträßle›, der von Cambete nach Larga führte. An ihrer Stelle wurde im Dorf eine neue Kirche erbaut und mit einem prachtvollen Barockhochaltar ge-

schmückt. Von sakraler Bedeutung war auch das ‹Was brünla› (Bösbrunnen), welches von Gläubigen, die nac Mariastein und Einsiedeln pilgerten, aufgesucht wurde Im Garten des ehemaligen Pfarrhauses bezeugen noc immer gotische Fragmente von der Meinradskapelle di einstige Anwesenheit von Mönchen aus Einsiedeln. Sei 1948 ist Sierentz, das 1409 fast vollständig verwüstet wor den war, Hauptort des Kantons Landser.

---

374 Erntedankfest um die Mitte des letzten Jahrhunderts: Die festtäglich gekleidete Bevölkerung trägt die Früchte des Feldes und des Gartens zur feierlichen Danksagung in die Kirche.

374

Tagolsheim

Tagolsheim liegt im untern Illtal, 12 km von Mülhausen entfernt. Anno 977 wird das Dorf in einer Urkunde Kaisers Otto II. erstmals erwähnt, und zwar in einem Tauschgeschäft zwischen der Abtei Murbach und einem Eigentümer namens Gotfrid. Es handelte sich dabei um eine Verschreibung von neun ‹Mansen› von ‹Dagolfesheim› und Heidweiler im Breisgau. Die Lage der Siedlung und zahlreiche Funde aus der Römer- und Merowingerzeit lassen vermuten, daß das Schicksal des Dorfes mit

den umliegenden Wohnsiedlungen eng verbunden war. ‹Tagl'se› gehörte im Mittelalter zum Meiertum des Hundsbachertals und gegen Ende des 17. Jahrhunderts zu demjenigen von Aspach. Die Abteien Murbach und Masmünster, St. Morand und die Basler Nonnenklöster St. Clara und Klingental besaßen hier zahlreiche Güter. Rund um Tagolsheim befanden sich drei heute verschwundene Dörfer: im Norden ‹Willer›, im Osten ‹Rölingen› und im Westen ‹Crispingen›. Die Friedhöfe von Illfurth, Tagolsheim und Walheim sind heute noch in diesen Gebieten angelegt. In kirchlicher Hinsicht wurde Tagolsheim von Rölingen und später von Walheim betreut, die vom Bischof von Basel abhängig waren. Von 1802 bis 1808 war Tagolsheim Vikariat und bis 1843 eine Filiale von Luemschwiller. Seither bildet es eine selbständige Pfarrei. 1801 zählte das Dorf 213 Einwohner, 1851 aber bereits 435. Dieser starke Zuwachs ist durch die Niederlassung der sogenannten ‹Hammerschmiede› Schmerber zu erklären (1848), die heute mit ihren 160 Arbeitsplätzen unter dem Namen ‹Sagita› wesentlich zum Wohlstand der Gemeinde beiträgt. Seit einigen Jahren bringen auch eine mechanische Werkstatt, ein Bauunternehmen und ein Steingrubenbetrieb Verdienst ins Dorf. Um die Bedürfnisse der stark angewachsenen Bevölkerung zu erfüllen, mußten in jüngster Zeit die öffentlichen Aufwendungen und Dienstleistungen stark gefördert werden.

375 Stimmungsvolle, von der St.-Leodegar-Kirche beherrschte Tagolsheimer Landschaft, welche um die Mitte des letzten Jahrhunderts von zahlreichen für die Seidenraupenzucht notwendigen Maulbeerbäumen mitbestimmt war. Bleistiftzeichnung von Paul Hertzog, 1946.

Waldighoffen

Das Sundgaudorf Waldighoffen im obern Illtal soll der Alemannensiedlung Waldingen entsprossen sein. Seine erste urkundliche Erwähnung im Jahre 1315 zeigt bereits eine Verbindung zur Stadt Basel, indem zwischen Gerhard von Wippingen, Bischof von Basel, und Johann, Heinrich und Peter von Eptingen im Banne von Waldighoffen gelegene Güter gegen solche in Allschwil getauscht werden. Während der Armagnakenwirren im Jahre 1444 stellten sich die Edlen des Sundgaus, Lehensmänner des österreichischen Kaisers, auf die Seite der Ar-

magnaken und empfingen, aus Haß gegen die Eidgenossen, den Dauphin in ihrem Weiherschloß. Der spätere König Ludwig XI. bewohnte das Schloß von Waldighoffen vom 23. bis 28. August 1444 und leitete von hier aus den Angriff gegen Basel, welcher bei St. Jakob ein unglückseliges Ende finden sollte. Wenig später rächten die Basler die Gastfreundschaft Hermanns von Eptingen dem Dauphin gegenüber und stürmten am 20. Mai 1445 mit 1200 Mann die Illfeste Waldighoffen: Sie legten Schloß und Dorf in Schutt und Asche. Und am 21. Juli desselben Jahres entzog der Rat von Basel den Rittern Hermann und Konrad von Eptingen das Bürgerrecht.

Das Schloß Waldighoffen wurde erst 1529 von Jakob von Eptingen wieder aufgebaut. Durch die Heirat Hans Puliants von Eptingen mit Anna von Ramstein ging das neue Schloß in eine Gauerbschaft, und Ramsteiner und Eptinger bewohnten fortan gemeinsam das geteilte Gut. Hier erblickte 1594 Beat Albrecht von Ramstein das Licht der Welt, der 1629 zum Generalvikar von Arlesheim aufstieg und schließlich 1646 auf den bischöflichen Stuhl erhoben wurde. Während des Dreißigjährigen Krieges hatten die Edlen von Waldighoffen in Basel Zuflucht gefunden, und das baufällige und leerstehende Schloß wurde im Zuge der Revolution von 1789 von der aufgebrachten Bevölkerung zerstört und abgebrochen. Hatte bereits das Ende des napoleonischen Reichs große Armut über die Bevölkerung gebracht, so raffte Anno 1814 eine Pestepidemie innert zweier Monate einen Siebtel der Einwohnerschaft dahin. Erst als gegen Ende des 19. Jahrhunderts die Textilfabrik Emanuel Lang & Sohn mit 500 Arbeitern und 600 Webstühlen sich zu einem blühenden Unternehmen entwickelte, hielt ein gewisser Wohlstand Einzug im Dorf, das mit seinen rund 1000 Einwohnern bis heute den unverkennbaren Reiz einer Landgemeinde bewahrte.

pelle von Waldighoffen, die bis 1700 eine von Grenzingen abhängige Kaplanei bildete, abermals als zu klein, und so wurde in den Jahren 1905 bis 1907 ei stattliches Gotteshaus errichtet. Das alte Kirchlei blieb völlig erhalten und wurde geschickt in den Neu bau einbezogen. Der schöne Barockaltar mit einer Dar stellung der Vermählung Mariens ist das Werk des e sässischen Künstlers Josef Xavier Hauwiller. Auf de linken Seite befindet sich im Chor ein sehenswertes go tisches Sakramentshäuschen aus Stein. – Federzeich nung von René Minéry, 1975.

377   Die Eisenbahn, um 1916

Zu Beginn des Ersten Weltkriegs errichtete deutsche Genietruppen die Eisenbahnlinie St-Louis Waldighoffen. Die kleine Nebenlinie sollte den strate gisch wichtigen Anschluß an den Eisenbahnknoten punkt Weil am Rhein herstellen. Das Eisenbähnchen das mit einer Höchstgeschwindigkeit von 40 Stunden kilometern durch die Landschaft dampfte, bestand in der Regel aus einer Komposition von Zweit-, Dritt und Viertklaßwagen. Letztere wurden besonders vo Bauern gebucht, die ihre Waren auf die Märkte vo St-Louis und Basel führten. Während in Oberdorf di Hauptstraße den Bahnhof bildete, erhielt Waldighof fen, anstelle der alten Bahnhofanlage der Linie Al kirch–Pfirt, einen großzügigen Neubau. Am 28. Mär 1955 wurde der Personentransport aufgehoben. Un zwei Jahre später mußte aus wirtschaftlichen Gründe auch der Güterverkehr sistiert werden.

376   Die St.-Peters-Kapelle, um 1840

Die St.-Peters-Kapelle ist vermutlich im 14. Jahrhundert von den Edlen von Eptingen erbaut worden. Nach ihrer Zerstörung Anno 1445 wurde sie durch ein Kirchlein im Stil der Spätgotik ersetzt. Anfang des 20. Jahrhunderts erwies sich die 1834 vergrößerte Ka-

Hirotslustig

In dr Umgegend vu Waldighofe wohne drei Jumpfre, wu fam garn Manner hatte. Wie mang Flaschle Rosewasser han se schu ve brücht, ohne aß de güete Duft so ne ‹Hosevieh› azoge hat! Wie vi Mol han sie schu d Tischle gruckt oder gwundert! Wil ihre Manne sucht im ganze Dorf bekannt isch, so han Konskrits bschlosse, dane Zimperle ne Spück z spiele. Un dr Wiehnachte sin zwei a Christkindle verkleide un uf'm e-n-Esel züe dane Jumpfre d Stuwe gritte. Dert han se derno afange-n-a z schmüse, aß dar Jumpfre 's Harz im Lib glacht hat. Im Esel isch awer die Sach n halwer gange. Uf eimol fangt er a z schreie und loßt ebbis falle, w absolüt nitt in e Stuwe paßt. Uf das hi han sich die Bursch mit' Esel wieder dervu gmacht un dane Jimpferle ihre Freid isch in Eselsmist gfalle. Dr Esel isch noch verstandiger gsi as d Bursch, hat doch mindestens dane Jumpfre ebbis gstirt. Hoffentlig wi dane güete Kinder ihre Sahnsucht in dam Johr befriedigt. 's wi ein güet ufgnu, wenn er o ohne Esel züe-n-ene kunnt. Avis aux ama teurs! (1905)

314

Waltenheim

Zu den wichtigen Lokalitäten gehörten in Waltenheim zu Beginn dieses Jahrhunderts auch die Mühle am Gutzwillerbach und der Kalkbruch. Rund hundert Jahre zuvor «nährten sich die Einwohner allerdings noch ausschließlich vom Ackerbau, der hier ziemlich gut lohnt.»

Als 1939 bei Befestigungsarbeiten in Waltenheim ein Goldschatz von wertvollen Münzen aus dem 15. Jahrhundert gefunden wurde, rückte das verträumte Dorf bei Sierentz für einen Moment in den Brennpunkt des öffentlichen Geschehens. Vielleicht hatten die Herren von Hallwyl, die damaligen Besitzer der Herrschaft Landser, die Goldmünzen eingraben lassen. Denn die Angst vor Überfällen war latent. 1445 wurde Waltenheim wirklich eingeäschert, als die Basler mit den Österreichern Krieg führten, ebenso 1499 während der Fehde zwischen den Eidgenossen und Maximilian I. Günstige Voraussetzungen für den Rebbau weckten das Interesse der Basler Klöster St. Alban, Klingental, Prediger, Gnadental und Steinen wie derjenigen von St. Gallen und Einsiedeln am Landerwerb. 1568 hatte Waltenheim den Edlen von Waldner, die am Schloßberg in Sierentz residierten, den großen Zehnten für Wein und den kleinen Zehnten für Früchte zu entrichten. Auch nach der im Anschluß an den Westfälischen Frieden von 1648 erfolgten Aufnahme in eine französische Seigneurie blieben die Regierungsgeschäfte bei den Waldner. Christian von Waldner gründete 1771 in Sierentz eine Stoffdruckerei und eine Porzellanmanufaktur, die der ganzen Gegend wirtschaftlichen Aufschwung brachte.

Dorfstrasse

Kirche

Schulhaus

Gruss aus Waltenheim b/Sierenz

Auch in Waltenheim bleiben dem aufmerksamen Beobachter liebenswürdige Details reizvoller Sundgauer Baukultur nicht verborgen! Bleistiftzeichnung von Paul Hertzog, 1938.

Winkel

Das Dorf Winkel liegt am Fuße des waldreichen Jura und des Glaserberges. Im 13. Jahrhundert nannt sich ein Adelsgeschlecht nach dem Dorf, das zum Meier tum Mörnach der Grafschaft Pfirt (Ferrette) gehörte. I französischen Dokumenten wird die Siedlung als ‹Van chelle› bezeichnet. Um das Jahr 1850 zählte das Dor über 700 Einwohner mit gegen 20 verschiedenen Hand werken (u. a. Holzschuhmacher, Rechenmacher, Küfer Holzhändler, Fuhrwerker, Leiternmacher, Pfeifenma cher, Zimmermannsleute). Viele arbeiteten auch in de Gießerei in Lützel, deren Unternehmen eine Erzgrube i Winkel ausbeutete. Nach der Schließung dieses Werke übersiedelten viele Arbeiter nach Balsthal-Klus. Heut zählt die Gemeinde Winkel kaum noch die Hälfte der da maligen Einwohnerschaft.

Oberhalb des Dorfes liegt die Quelle der Ill, des Flusse der das Elsaß durchfließt und sich in Straßburg in de Rhein ergießt. Unterhalb des Dorfes versickert die Ill i Boden und tritt erst vor Ligsdorf wieder zutage: «Bei Dorfe Winkel, beim letzten Bauernhaus / springt lusti unser Flüßchen Ill heraus / es glänzt so kristallisch rein es hüpft von Stein zu Stein / kann reden schon un schwätzen / daß sich die Leut' ergötzen.» Die Pfarr Winkel wurde bis zur Revolution durch die Abtei Lütze verwaltet, deren Mönche die Kirche erbaut hatten. Da neuerrichtete Gotteshaus wurde 1784 durch Feuer völli

---

Reiselustige Schwalbe

Letzten Herbst erlaubte sich ein hiesiger Bürger den Spaß, vor ihrem Abzug ein Schwälbchen zu fangen, das unter seiner Laube wohnte, und hängte ihm wohlverwahrt ein Zettelchen unter seine Flügel, worauf geschrieben stand: «Während des Sommers 1910 wohnte ich bei A. R. in Waltenheim Ob. Els. und ich soll ihm die Nachricht bringen, wo und bei wem ich mich während meiner Abwesenheit aufgehalten habe.» Vorgestern nun erschien der kleine Gast zur größten Freude aus fremden Landen wieder und suchte sein altes Nest wieder auf. Sofort bemerkte man, daß es ebenfalls ein Zettelchen angebunden hatte. Als man dasselbe öffnete waren folgende Worte zu lesen: «Ich wohnte bei dem Schuhmachermeister Josef Bady auf der Insel Martinique und ich soll meinen alten Quartiergeber recht herzlich grüßen.» (1911)

Vandalismus

Mit der allgemeinen öffentlichen Sicherheit scheint es zur Zeit i unserem Dorfe recht mißlich bestellt zu sein. Vor einigen Jahre schon sind hier nächtlicherweile, dem Vermuten nach von ein Bande junger Leute, verschiedene Fälle groben Unfugs vorgekon men, deren Urheber bis jetzt noch unbekannt geblieben sind. S wurden mehreren Bürgern mittels schwerer Steine die Fenster ei geworfen; den damaligen Lehrer suchte man dadurch zu ärger daß man ihm die Kartoffelstauden und das Kraut auf dem Ack abmähte, einem anderen Bürger streute man Eisenteile auf d Wiese in das hochstehende Gras, um dasselbe nicht mähen zu kö nen. Am letzten Dienstag Abend wurden dem Ackerer Anto Schmitt die Fenster eingeworfen und der Fensterflügel zertrü mert; glücklicherweise gelang es den Täter zu ermitteln und zur A zeige zu bringen. Hoffentlich wird eine exemplarische Strafe nic ausbleiben, als Warnung für andere. (1910)

vernichtet. Schon vier Jahre später aber konnte der Bischof von Basel, Joseph von Roggenbach, den Neubau einweihen. Während der Hauptaltar mit einer Darstellung des Heiligen Laurentius, des Patrons der Pfarrei, geschmückt wurde, gedachte man bei den Seitenaltären der Rosenkranzbruderschaft und dem Heiligen Wendelin. 1792 ‹erbte› Winkel von Lützel die beiden 1728 dem Heiligen Josef und der Heiligen Agathe gewidmeten Altäre, die heute unter Denkmalschutz stehen.

380 Die Warthkapelle, um 1945

Die einfache Dorfkapelle ist wohl zur Erinnerung an Baron von Warth erbaut worden, der 1308 – der Mittäterschaft bei der Ermordung König Albrechts I. überführt – den Tod durch das Rad erlitt. Das Maria geweihte, mit einer ‹Braunen Muttergottes› und einem historischen Glöckchen ausgestattete Gotteshaus ist gegenüber dem Schloß der Herren von Warth errichtet worden und bildet, neben der Dorfkirche und der St.-Antonius-Kapelle, das dritte sakrale Gebäude der kleinen waldreichen Sundgauergemeinde.

Zimmersheim

Noch im 13. Jahrhundert nannte man das Dorf ‹Zumarsheim›, d. h. Hof des Ziumar, und 1303 hieß es allgemein ‹Zuemersheim›. In der Gegend wohnten einst Kelten und Germanen, wie reiche Funde bestätigen. Der ‹Herrenweg› erinnert an die Römerzeit, als die römischen Legionäre durch den Rixheimer und Zimmersheimer Bann zogen. 1223 wird der Ort zum ersten Mal erwähnt. Der Deutschherrenorden besaß Liegenschaften, und auch die Abtei Lützel war hier begütert. Zimmersheim gehörte zum Amt Unter-Landser und war seit 1323 denen ‹von Husen› als Lehen unterstellt. Dieses Lehensrecht ging 1418 durch Heirat an die Grafen von Andlau, die es bis zur Großen Revolution innehatten. Kirchlich zählte Zimmersheim zum Bistum Basel und zum Landkapitel ‹inter colles›, d. h. zum ‹Hügelstrich› mit Dekanatssitz in Landser. Der jeweilige Dompropst von Basel übte das Patronatsrecht aus: «Unser Lieben Frawen Guot zu Zymersheimb» heißt es in einer Urkunde von 1544.
Trotz seiner geschützten Lage hat Zimmersheim unter den Kriegen und Wirren der Zeit viel gelitten, besonders als die Horden der Armagnaken das Elsaß durchzogen. Immerhin blieb das Gotteshaus verschont. Noch heute steht im Glockenturm ein Quaderstein mit der Jahreszahl 1336. Als in Mülhausen die Reformation eingeführt wurde, blieb das Dorf der alten Lehre treu. Doch beim Bauernkrieg von 1525 packte auch die Zimmersheimer die Glut der Aufständischen. Sengend und plündernd durch-

zogen sie das Land, bis das Bauernheer vor den Toren von Thann seine Bezwinger fand. Parallel zur Heerstraße, die durch Habsheim und an der Kapelle vorbeiführte, verband ein höher gelegener Bergweg über Zimmersheim die beiden Städte Mülhausen und Basel, der noch heute ‹Baselpfad› genannt wird. Als Mülhausen mit den Eidgenossen ein Bündnis schloß, begegneten sich die beiden Abordnungen auf der Höhe von Zimmersheim, beim sogenannten Klauser. Während der Zeit des Schwedenkrieges verließen viele Leute das Dorf und flüchteten in die Stadt. Zu diesen gehörte auch der Pfarrer von Zimmersheim. Er wurde noch im selben Jahr zu einer Gefängnisstrafe und einer Geldbuße von hundert Gulden verurteilt, weil er im protestantischen Mülhausen eine katholische Ehe eingesegnet hatte. Der Bischof von Basel bat die Obrigkeit, ihn freizusprechen, doch blieb seine Bitte ohne Erfolg. Durch den Westfälischen Frieden kam die österreichische Landvogtei des obern Elsasses 1648 an Frankreich. Die Privatrechte der Lehensherren blieben aber bestehen, wie einem wertvollen Zehntenbuch mit dem Siegel derer von Andlau, das in der Mairie von Zimmersheim verwahrt wird, entnommen werden kann. Es heißt darin: «Weckhans Oettle in der Hoeck, Schultheiß allhier zu Zimmersheimb, setzt die Zinsen seines Herrn, des heyligen römischen Reichs Gebiteren von Andlaw, oberländischen Stammes (Andlau-Homberg) fest: Zünß für Wein, Korn, Oehl, Wachs, Geltzünß, Matten, fellig in der *holen Gassen, in der Velder Gassen, füer Wolfsgrueben usw.»* Das anbrechende 19. Jahrhundert verwischte die letzten Spuren der alten Gesellschaftsordnung und bildete den Übergang zu einer neuen Epoche. Eine beachtenswerte Besonderheit Zimmersheims stellt immer noch das vielbesuchte Barbara-Brünnlein dar, dessen Quelle unter dem St.-Barbara-Altar entspringt.

381   Sundgauer Spinnerin bei der traditionellen Feierabendarbeit am häuslichen Herd, um 1860.

Zwei Kinderreime

I wott ich lieg un schlief
Zehntoüisig Klofter tief
Mit Äpfelküchle zugedeckt
Un Brotwürscht um die Füß.

's Büchel isch jetz üs,
Un dort läuft e Müs.
Un wer sie fangt,
Bikummt e schöni Pelzkapp drüs.

Weihnachtsbräuche im Sundgau

Zu den wenigen alten Volksbräuchen, die sich im Sundgau erhalte haben, zählen einige Weihnachtsbräuche, welche an einzelnen Or ten auch heute noch ausgeübt werden. Das Einläuten des Weih nachtsfestes wird hierzulande ‹Heiliwoogläuten› genannt. Wäh rend des Heiliwoogläutens werden die Obstbäume mit Strohbän dern umwickelt, damit sie im kommenden Jahre reichlich Früchte bringen sollen. An manchen Orten zieht am Weihnachtsabend di Schuljugend von Haus zu Haus und singt das alte Weihnachtslied

> Mitte in dr Nacht
> Die Hirte gäwe Acht!
> Un in dr Höh das Klinge,
> Das Gloria singe,
> Där himmlische Schar,
> Gebore Gott war!

Für diese Aufmerksamkeit werden die kleinen Sänger mit Obst un Nüssen, und auch manchmal mit Geld beschenkt. Eine Reihe der artiger Gebräuche wurde noch vor wenigen Jahrzehnten im ganze Sundgau ausgeübt. So zogen zum Beispiel während des Heiliwoog läutens der Sakristan und die Meßdiener mit dem Weihwasserke sel von Haus zu Haus, Wohnung und Stallung mit Weihwasser be sprengend, dabei den alten Weihnachtsspruch hersagend:

> Heiliwoog,
> Gott isch do,
> Glick in's Hüs,
> Unglick drüs!

wofür sie mit Gaben in Natura und in Geld belohnt wurden. Ga mancher schöne Gebrauch und gar manche fromme Ansicht wa beim Landvolke mit der Christnacht verbunden. So hieß es, wer a Weihnachtsabend, genau zur Mitternachtsstunde, einen Stall be tritt, der wird sämtliches Vieh auf den Knien liegend antreffen, s wie einst im Stalle zu Bethlehem Ochs und Esel vor dem neugebor nen Heiland auf den Knien lagen. Nach einer alten Meinung müss auch jeder Dieb am Weihnachtsabend etwas stehlen, und wäre nur der Wert eines Strohhalmes, deshalb auch die verdoppel Wachsamkeit der Landbewohner während des Christabends. A der Hexenglaube noch unter dem Landvolke rumorte, da hieß e daß man am Weihnachtsabend die Hexen des Dorfes erkenne könne, wenn man einen gefundenen Eggezahn durchbohre un am Weihnachtsabend während der Mitternachtsmesse durch ih schaue. Während der Wandlung kehrten die Hexen dem Altare de Rücken, und statt der Hauben hätten sie Milchgeschirre auf de Köpfen. Wer aber solches unterfange, mußte sich sputen, vor Bee digung des Gottesdienstes unter dem heimischen Dach zu sein, un es vor dem Klang der Betglocke nicht mehr zu verlassen, sonst wä er der Gewalt der Hexen verfallen. Am Weihnachtsabend da nicht gesponnen werden, sonst wird das Garn von den Mäusen ge fressen. Auch zur Vorausbestimmung der Witterung für's komme de Jahr ist die Weihnachtszeit maßgebend. Eine Zwiebel wird en zweigeschnitten, zwölf Schalen daraus geformt und in diese etw Salz gestreut. Diese werden dann in der Wohnstube auf dem Ofe der Reihe nach aufgestellt und sollen die Zwölf Monate des kom menden Jahres vorstellen. Je nachdem sich in der einen oder and ren mehr oder weniger Feuchtigkeit bildet, so soll der betreffenc Monat des kommenden Jahres feucht oder trocken sein. Die zwö Tage von Weihnachten bis Dreikönige werden ‹Lostage› genan und dienen den ländlichen Wetterpropheten gleichfalls zur Vorau bestimmung der Witterung. (1922)

Tafel der Mitarbeiter

Abbé Joseph Ackerer, Eschentzwiller
Louis Bach, Tagolsheim
Alphonse Bacher (†), Bettlach
Fritz Breh, Malsburg-Marzell
Christoph Brodbeck, Biel-Benken
M. Broeglin, Koestlach
Rolf Brüderlin, Schopfheim
E. F. Bühler, Steinen
Dr. Emil A. Erdin, Möhlin
Paul Faller, Auggen
Trudi Gerster, Blotzheim/Basel
Lucien Golfier, Altkirch
Pater Hieronymus Haas, Mariastein
Erich F. Hampich (†), Wehr
Marcel Harnist, Linsdorf
Giselher Haumesser, Kandern
Johannes Helm, Badenweiler
Abbé H. Henlin, Winkel
Paula Hollenweger, Müllheim
Dr. Fridolin Jehle (†), Säckingen
Lucien Kiechel, Hüningen
Guy Klaeylé, Didenheim

Martin Lindler, Weil
René Minéry, Waldighoffen
Karl Mink, Tannenkirch
Gerhard Moehring, Hauingen
Robert Müller, Egringen
Gustav Oberholzer, Hausen
Prof. Raymond Oberlé, Mulhouse
Willy Oser, Rheinfelden
Abbé Joseph Perrin, Heidwiller
Dr. Erhard Richter, Grenzach
Gertrud Ritter, Blansingen
Prof. Dr. Paul Rothmund, Eichsel
Prosper Ruetsch, Bouxwiller
Edmond Runser, Folgensbourg
Dr. Konstantin Schäfer, Neuenburg
Fritz Schülin, Binzen
Prof. Paul Stintzi, Mulhouse
Werner Thomann, Wallbach
José Warmund, Waltenheim/Basel
Jean-Jacques Wolf, Habsheim
Dr. Ernst Zeugin, Pratteln
Marcel Zwiller, Flaxlanden

Quellenverzeichnis (Auswahl)

Aufschlager, Johann Friedrich: Das Elsaß. 1825ff.
Baader, Bernhard: Neugesammelte Volkssagen aus dem Lande Baden. 1859.
Barth, Médard: Handbuch der elsässischen Kirchengeschichte im Mittelalter. 1960.
Bechtold, Wolfgang: Der Kreis Lörrach. 1971.
Beck, E.: Allerlei Volkskunde aus dem Markgräflerland. 1911.
Clauß, Josef: Die Heiligen des Elsaß. 1935
Clauß, Joseph M. B.: Historisch-Topographisches-Wörterbuch des Elsaß. 1895.
Dietsche, Richard: Die industrielle Entwicklung des Wiesentales bis zum Jahre 1870. 1937.
Eberlin, August: Geschichte der Stadt Schopfheim und ihrer Umgebung. 1878.
Eisele, Albert: Bilder aus der Geschichte der Stadt Kandern. 1962.
Fecht, C.G.: Die Großherzoglich Badischen Amts-Bezirke Waldshut, Säckingen, Lörrach, Schopfheim. 1859.
Gießbach, Winfried. Aus der Geschichte von Welmlingen. 1970.
Herbster, Karl: Zur Geschichte der Lörracher Industrie von ihren Anfängen bis zur Mitte des 18. Jahrhunderts. 1926.
Hertzog, Paul: Sundgaulandschaft. Eine Malerfahrt. 1942.
Historique de Folgensbourg et le Bicentaire de son Eglise. 1976.
Humbert, Th.: Das Wiesental. 1920.
Jahrbuch des Sundgau-Vereins. 1933ff.
Jehle, Fridolin: Geschichte der Stadt Säckingen. 1968/69 – Wehr. 1969.
Katz, Nathan: Sundgäu. Gedichte. 1930.
Keller, Ludwig: Geschichte der Stadt Weil am Rhein. 1961.
Kolb, J.B.: Historisch-statistisch-topographisches Lexicon von dem Großherzogthum Baden. 1813ff.
Kost, W.: Aus der Dorfgeschichte von Blansingen. o.J.
Kraus, Franz Xaver: Die Kunstdenkmäler des Kreises Lörrach. 1901.
Krieger, Albert: Topographisches Wörterbuch des Großherzogthums Baden. 1904/05.
Landolt, Elisabeth: «Des Mulberg Badts beschreibung» von Felix Platter. 1974.
Lefftz, J.: Elsässische Dorfbilder. 1958.
Lienhart, Hans: Elsässische Ortsneckereien. 1927.
Lutz, Markus. Oberrheinisches Orts-Lexikon. 1828.
Martin, E.: Heimatkunde des Amtsbezirks Müllheim. 1918.
Meier, Eugen A.: Basler Erzgräber, Bergwerksbesitzer und Eisenhändler. 1965. – Marienverehrung und Mariengebete im mittelalterlichen Basel. 1967.
Oberlé, Raymond und Livet, Georges: Histoire de Mulhouse des origines a nos jours. 1977.
Rathgeber, Julius: Achthundert Sprichwörter und sprichwörtliche Redensarten aus dem Elsaß. 1883.
Reichsland Elsaß-Lothringen. Landes- und Ortsbeschreibung. 1898ff.
Schäfer, Konstantin: Neuenburg. 1963.
Schefold, Max: Der Schwarzwald. 1965.
Schneider, J.J.: Das Badische Oberland. 1839.
Schoepflin, Johann Daniel: Alsatia illustrata. 1751ff.
Schülin, Fritz: Ortschronik von Binzen. 1967. – Ortschronik von Brombach. 1974. – Istein und der Isteinerklotz. 1977.
Stintzi, Paul: Häsingen. 1952. – Hegenheim. 1972. – Hirsingen. 1936. – Landser. 1952. – Lützel. 1973. – Oltingen. 1965. – Ottmarsheim. 1974. – Die Sagen des Elsasses. 1929. – Le Sundgau à travers les âges. 1975.
Stocker, F.A.: Dorf und Schloß Blotzheim. 1888. – Dorf und Schloß Hegenheim. 1890.
Stöber, August: Die Sagen des Elsasses. 1892. – Elsässisches Volksbüchlein. 1842.
Tombleson's Upper Rhine. o.J.
Universal-Lexikon vom Großherzogthum Baden. 1843.
Vocke, Helmut: Die Chronik des Kreises Lörrach. 1966.

Bildverzeichnis

Baselbieter Gemeinden

Leider erlaubte es der zur Verfügung stehende Raum nicht, die in
ersten Band in Aussicht gestellte Darstellung von 13 weitern Basel
bieter Ortschaften als Nachtrag zu publizieren. Der Autor ist des
halb dem Verlag und der Redaktion der Basellandschaftlichen Ze
tung in Liestal zu großem Dank verpflichtet, daß diese Serie – in
September 1978 jeweils als Beilage veröffentlicht – nun als Sonde
druck vorliegt.

Nachwort

Darf ich auf der letzten Seite der dreiteiligen Regiobuch-Seri
«Rund um den Baselstab» wohl sagen: «Die Zielsetzung ist er
reicht!»? Es wäre vermessen, diese Frage vorbehaltlos zu bejahen
denn einiges, das die ursprüngliche Disposition beinhaltet hat, is
nicht oder nicht ganz in der vorgesehenen Form zur Darstellung ge
kommen. Anderes aber hat während der Bearbeitung an Gewich
gewonnen und trug dazu bei, die Bedeutung des Unternehmens z
heben. Von den nicht weniger als 320 Gemeinden, die von Basel au
in einem Umkreis von 30 Kilometer liegen, haben 235 eine Be
schreibung erfahren. Und dies ist, so meine ich, ein beachtliches E
gebnis, wenn man die doch sehr unterschiedliche Quellenlage be
rücksichtigt. Wer annimmt, jede Ortschaft sei über ihre Geschich
hinreichend dokumentiert, dem fehlt der Einblick in die Struktu
der einzelnen Gemeinwesen. Denn was dem Geschichtsfreund a
Selbstverständlichkeit erscheint, bedeutet für manche Persönlich
keit des öffentlichen Lebens auch im Zeitalter der sogenannten Nc
stalgie noch immer etwas Nebensächliches, das nicht der besonder
Aufmerksamkeit bedarf. So kommt es, daß wertvolle Zeugnisse de
Vergangenheit verloren gegangen sind, ohne daß die Nachwelt vo
ihnen hätte Notiz nehmen können. Daß sich trotz solchen nich
mehr zu schließenden Lücken ein umfassendes Geschichtswer
über die Regio Basiliensis edieren ließ, ist der Mithilfe zahlreiche
kompetenter Lokalhistoriker und verantwortungsbewußter Ge
meindebehörden zu danken, die dem Herausgeber spontan ihr
Unterstützung erwiesen. Es ist mir ein aufrichtiges Bedürfnis, hie
besondern Dank abzustatten an Dr. Emil A. Erdin (Möhlin), Pate
Hieronymus Haas (Mariastein), Lucien Kiechel (Hüningen), Ge
hard Moehring (Hauingen), Fritz Schülin (Binzen) und Paul Stint
(Mülhausen). Sodann gilt mein herzlicher Dank auch Maris
Meier-Tobler, Theodor Birkhäuser, Dr. Hans J. Briner, Charle
Einsele, Rudolf Friedmann, Albert Gomm, Hansjörg Graf, Marc
Jenni, Söffeli Schweizer und Regierungsrat Dr. Edmund Wy
Schließlich aber schulde ich ebenso großen Dank Heinz Höfling
für die freundschaftliche und uneigennützige Öffnung sein
einzigartigen Bildarchivs, was eine außergewöhnlich reiche und i
teressante Illustration erlaubte. Mit diesem herzlichen Dank für d
erwiesene vielfältige Hilfsbereitschaft aus allen Teilen der Regio s
der Wunsch verbunden, «Rund um den Baselstab» möge sich a
viel gelesenes Werk von praktischer Ausstrahlung in die Sammlu
bedeutsamer Basler Literatur einreihen.   Eugen A. Mei